古汉语基础

主　编　王兴才

副主编　段文华　李桂林　熊健余

电子科技大学出版社

University of Electronic Science and Technology of China Press

·成都·

图书在版编目（CIP）数据

古汉语基础 / 王兴才主编. — 成都：电子科技大
学出版社，2023.11
ISBN 978-7-5647-9734-8

Ⅰ.①古… Ⅱ.①王… Ⅲ.①古汉语—基本知识
Ⅳ.①H109.2

中国版本图书馆 CIP 数据核字（2022）第104899号

古汉语基础
GUHANYU JICHU

王兴才　主编

策划编辑　罗　雅
责任编辑　于　兰

出版发行　电子科技大学出版社
　　　　　成都市一环路东一段159号电子信息产业大厦九楼　邮编　610051
主　　页　www.uestcp.com.cn
服务电话　028-83203399
邮购电话　028-83201495

印　　刷　成都市火炬印务有限公司
成品尺寸　170mm×240mm
印　　张　23.5
字　　数　536千字
版　　次　2023年11月第1版
印　　次　2023年11月第1次印刷
书　　号　ISBN 978-7-5647-9734-8
定　　价　98.00元

目 录

MU LU

绪　论

　　《古汉语基础》是为古代汉语这门课程编写的教材。古代汉语是汉语言文学专业学生必修的专业基础课，又是一门实践性很强的语言工具课。要求学生通过本课程的学习，较为系统地掌握古代汉语文字、词汇、语法、修辞、音韵等方面的知识，了解古代汉语的基本面貌和汉语演变的一般规律，能运用古注和工具书阅读先秦到唐宋时期的古文，提高语言素养，为批判性继承宝贵的古代文化遗产打下坚实的语言基础。学习古代汉语需要明确三个问题：一是古代汉语的性质和对象，二是学习古代汉语的必要性，三是学习古代汉语的方法。

一、古代汉语的性质和对象

（一）性质

　　古代汉语是高等院校汉语言文学专业开设的一门专业基础课，是一门实践性很强的语言工具课。

　　古代汉语课程的性质决定了它不是一门理论课，古代汉语相对于中国古代文学、文献学、文字学、古代哲学等课程来说是一门基础学科，是一门古代语言工具课。古代汉语既要教授学生古代语言的理论基础知识，还要培养学生阅读古书的能力。古代汉语是一门实践性较强的工具课，课程设置中安排了语音、词汇、语法、古注等理论知识，但这门课程在讲述基础理论知识的同时还要引导学生思考，初步形成古代汉语的理论体系，从而培养学生阅读古书的能力，为学习其他专业课程奠定知识基础。

（二）对象

　　五四运动提倡白话文，成为古代汉语与现代汉语的分界线。古代人们的口头语言如今已没有办法接触到，我们所接触到的古代汉语，是保存下来的有文字记载的书面形式。五四运动之前的古代汉语有四个时期：远古时期、上古时期、中古时期、近古时期。殷商为远古时期，周秦两汉为上古时期，魏晋南北朝至唐宋为中古时期，元明清为近古时期。这四个时期可以大致归入文言和古白话两大系统：文言是以先秦口语为基础而形成的上古汉语书面语，以及后来历代作家仿古作品中的语言；古白话是唐宋以来以北方话为基础而形成的书面语。文言和古白话虽同属于古代汉语范畴，但古代汉语课主要以文言为研究对象。文言是在口语的基础上形成的，一经形成便用文字记录下来，具有较强的独立性。虽然语言是不断发展演变的，但居于正统地位的文言可以基本保持不变。文言的地位十分稳固，汉民族的古代文献都是用文言记录的。文言在词汇、语法、语音等方面与现代汉语存在较大的差异，成为人们阅读古代文献的障碍。因此，古代汉语课应以文言为主要学习内容。古白话是中古与近古时期的语言材料，宋元以后随着社会的发展与繁荣，市井出现一些新的文体，一些接近口语的话本、诗词多是口耳相传，经长期的发展形成古白话，这些古白话容易理解，与现代汉语的差异没有文言那么大，加之用古白话写成的作品数量不多，所以它不是古代汉语课程的学习对象。

综上，古代汉语这门课程的学习对象是文言，即这门课程所指的古代汉语是以先秦口语为基础，历时较长、总量丰富且始终居于正统地位的文言。

二、学习古代汉语的必要性

中华民族有着几千年的文化历史，拥有极其珍贵的文化遗产。从文化角度来考虑，学习古代汉语能够帮助我们阅读、学习古代文化典籍，从而吸收优秀的文化遗产，发扬优秀的中华传统文化。从语言学的角度考虑，古代汉语与现代汉语在某种意义上是"源"与"流"的关系，古代汉语是现代汉语的基础，现代汉语是对古代汉语的继承和发展。语言经过了不同时期的发展演变，古代汉语和现代汉语在语音、词汇、语法等方面都有一定差异，但也有一致性。学习古代汉语有助于我们更好地掌握现代汉语。

（一）为了批判继承文化遗产

我国有着悠久的历史文化，留下了丰富的文化典籍，古代的典籍从政治、军事、经济、哲学、文学、地理、农学、医药等各个方面记录了中国几千年的发展历程。这些典籍通过历代的文字记录才得以保存下来，是非常珍贵的文献资料，需要我们学习古代汉语知识，去了解这些文化典籍，继承我国优秀的文化遗产。我国古代的典籍大多数都是用文言写的，要继承它就需要学习它，读懂它，借助古代汉语的知识扫除语言文字障碍。

（二）为了更好掌握现代汉语

古代汉语是现代汉语的基础，现代汉语是对古代汉语的继承和发展，学习古代汉语能够更好地掌握现代汉语。现代汉语和古代汉语一脉相承，现代汉语的一些构词法和语法结构是从古代汉语演变而来的，成语典故更是直接从古代汉语中继承而来的。不了解古代汉语，就不能深入地学习现代汉语。

从古今词汇方面来讲，现代汉语中依然保留着古代汉语中许多基本的单音节词汇，"山、水、人、手、牛、羊、大、小"等单音节词汇在历史发展中都保持不变。现代汉语中一些双音节词汇是以古代汉语中的单音节词作为构词语素，如古代汉语中的"聪、衣、恩、俭、备、虎、斧"作为构词语素，加上其他语素构成了现代汉语中的"聪明、衣裳、恩情、节俭、完备、老虎、斧头"。即使一些词汇的语义在古今发展中存在一些差异，但也存在一定的联系。

从古今语法方面来看，汉语词汇在语法结构中词序比较固定，古今差异较小，主语在谓语之前、动词在宾语之前、修饰语在被修饰词之前，除了少数的特殊宾语前置的情况外，语法结构的词序古今具有一致性。语气词是汉语特有的词汇，虽然古代汉语中的句首、句中语气词在现代汉语中已经消失了，但句尾语气词古今汉语中都有。

从语音方面来讲，上古、中古语音与现代语音都存在密切的联系，如：中古汉语有平、上、去、入四个声调，以声母的清浊为条件，声调发生了分化与合流，现代汉语普通话中有阴平、阳平、上声、去声四个声调。

根据上述的一些具体的语言事实，可以明确古代汉语与现代汉语在词汇、语法、语音方面都存在"源"与"流"的关系，学好古代汉语对更好地掌握现代汉语具有重要的意义，学好现代汉语也必须学好古代汉语。

三、学习的方法

前人学习古代汉语一般采取死记硬背或片面学习古代汉语理论知识的方式，这两种方式都不可取，前者花费了大量的时间才获得了阅读古书的能力，后者只传授了古代汉语的知识。学好古代汉语需要高效的学习方法，重视语言自身的规律，掌握丰富的语言材料，将理论知识与理性认识有机结合起来。在古代汉语的学习过程中，我们要注意文选和通论的结合、课堂内容与课后练习的结合、课内阅读与课外阅读的结合。具体方法有以下几种。

（一）从三方面学习，以词汇为主

在学习的过程中要学好语音、词汇、语法等方面的基础知识，并运用这些知识阅读文言作品。古代汉语的语法体系比较成熟，要熟练掌握特殊的文言句式和文言虚词，对于知识要点不能死记硬背，在理解的基础上要结合文选来理解和把握，这样才能事半功倍。汉语演变过程中，语音也发生了巨大变化。掌握古汉语语音知识固然重要，但古书中使用的是书面语言，跟语音的关系不大，所以学习古汉语这门课程，语音部分不是重点。重点和难点是词汇的学习，因为词汇的变化最快，有些词古代常用，现在却比较罕见或根本不用；有些词，古代还没产生。而且同一个词，古今含义或者完全不同或者大同小异，读古书的时候稍不留神就会误解词义。因此词汇是课程学习的重心，必须尽可能多地掌握古今异义的常用词。掌握好常用词的词义，需要在文选中积累常用词知识，熟悉多义词之间的关系，掌握词的本义、引申义、派生义。可见，古汉语语法、语音、词汇等三方面知识都要学，但尤以词汇知识的学习为重、为要、为主。

（二）做到三落实、三结合、三联系

学习古代汉语时要做到三落实、三结合、三联系。"三落实"即阅读文

选时，每个字、每个词、每句话都要弄懂，要做到字词句三落实。"三结合"即文选、通论、常用词的互相结合、印证。本教材每章包括通论、文选、常用词例释三个部分，在学习过程中需要将通论、文选、常用词三者结合起来。通论与文选相互印证：通论学习理性知识，文选为理性知识提供感性材料支撑，并在语言材料中印证理性知识。常用词例释帮助学生积累一定数量的常用词，随文识词，触类旁通，记忆深刻。"三联系"即上下联系（即从历史的角度去厘清、去思考）、前后联系（即从先后学习到的课程知识中去梳理、去理解）和左右联系（即从共时的角度去比较、去触类旁通）。

（三）熟读和背诵是学习的好方法

熟读和背诵文选也是学习古代汉语的好方法。熟读和背诵需要建立在理解的基础上，而不是死记硬背。熟读和背诵是学习古代汉语的重要途径，熟读或背诵文选时切勿囫囵吞枣，需要将学习到的文言句式、词汇等知识加以巩固，将感性知识上升到理性认识。本书安排了多篇文选，背诵一定数量的文选，是获得感性知识和古代汉语语感的基本途径。

（四）加强课内外的阅读和练习

学习古代汉语知识，仅依靠老师课堂上的讲授是远远不够的，还需要加强课内外的阅读与练习。课堂上的学习只是积累这门学科的相关知识，学得好不好，需要通过完成一定数量的习题加以巩固，更需要用这些知识去解决阅读方面的问题，只有这样才能提高古代汉语的运用能力。因此，本书在通论部分之后都精心设置了一定量的练习题，旨在帮助学生提高阅读文选的能力，并通过文选加深对知识的理解，达到事半功倍的效果。自主进行课外阅读时，能够把老师课堂中讲授的知识转化为阅读古书的能力，可以利用工具书并结合注释理解文言作品。

（五）勤查工具书

学会勤查工具书，熟悉常用工具书编排体例。古代汉语有文字方面、词汇方面、音韵方面的工具书。常用的工具书中有大量古汉语知识点，在学习古代汉语的过程中要充分利用工具书的功能。工具书是我们阅读古书的宝典，要善于运用工具书解决学习中有关文字、词汇、语音等方面的语言障碍。

思考题

1. 古代汉语的性质和对象分别是什么？
2. 简述学习古代汉语的必要性。
3. 学习古代汉语的方法有哪些？

（以上内容由王帮容负责编写）

第一章 文　字

通论

第一节　常用字典简介

一、几种检字法

学习古代汉语时，难免会遇到一些晦涩难懂的生字、生词。字音、字形、字义、典故、虚词等方面的问题会对学习者造成一些障碍，在学习中必须善于使用语言文字方面的工具书。一般字典辞书按照音序、部首和笔画、号码排列。使用工具书检字时，需要明白字典排列的方法，这样才能快速准确地找准所查字的位置。要尽可能多地掌握几种检字法，并且精通其中的一种或两种。这里主要介绍部首检字法和四角号码检字法。

（一）部首检字法

按照部首排列的工具书有《说文解字》《说文解字注》《康熙字典》《汉语大字典》《汉语大词典》《辞源》《辞海》《中华大字典》等，这里以《说文解字》为例说明其检字方法。

如查"瓒"。在"部首索引"中找"玉"部，在"第一上"，四页，"瓒"是"玉"部的第二个字。

如查"梨"。在"部首索引"中找"木"部，在"第六上"，二十页，"梨"是"木"部的第三个字。

（二）四角号码检字法

按照号码排列，通常使用的是四角号码检字法。汉字有四个角，每个角有十种形式，用0到9十个号码来表示，四个角的顺序依次是左上角、右上角、左下角、右下角。为了方便记忆有一个口诀："横一垂二三点捺，叉四插五方框六，七角八八九是小，点下有横变零头。"如果字的上部或下部只有一画，按照规则只能算左角号码，相应的右角号码记为"0"。如：

左上角　　　　右上角

截

左下角　　　　右下角

左上角"叉"的代码是4，右上角"点"的代码是3，左下角"垂"的代码是2，右下角"插"的代码是5。"截"的四角号码是4325。

二、常用字典介绍

学习古代汉语需要阅读一些古代文献，难免遇到不少语言文字等问题，这就需要熟悉和使用一些文字方面的工具书。我国有很多字典辞书，每种工具书都有其特点与用途，这里我们主要介绍学习古代汉语时需要的几种常用工具书。

（一）《说文解字》

《说文解字》，简称《说文》。东汉许慎著，是我国文字学的奠基之作，也是我国第一部系统完备的字典。"依类象形，故谓之'文'，其后形声相益，即谓之'字'。"许慎将其命名为"说文解字"说明了这本书是对独体的"文"、合体的"字"进行分析。全书收字9353个、重文1163个。按照部首排列，共有540个部首，首创了部首检字的字典编纂法。所谓"部"，就是部首，是字形结构部类之首。《说文》的部首是据义归部，是造字法部首。与后来以楷书为对象、据形归部的检字法部首的要求相距较远。

（二）《康熙字典》

《康熙字典》是我国第一部收字最多、规模最大的官修大型汉语字典。问世300多年的时间里，它一直是一部使用最广泛的字典。

《康熙字典》是张玉书、陈廷敬等30人在明代梅膺祚的《字汇》和张自烈的《正字通》的基础上编纂的，成书于康熙五十五年（1716年）。字头按部首排列，分成214部；部首又按十二地支，分成子丑寅卯辰巳午未申酉戌亥12集，每集分上、中、下三卷。笔画少的部首排在前面，同部首的字再按笔画数目排列。它收字、字义、引证均十分丰富，许多其他工具书中查不到的字都可以从中查到。它汇集古今韵书的音切，博采《尔雅》《说文》等书的义训，对字的音、形、义多加以辨证。每个字先列历代主要韵书的反切，再解释字义，字义还引古书为证。

《康熙字典》也存在一些错误，清代王引之的《字典考证》和王力的《康熙字典音读订误》纠正了原版字典中的一些引书和音读方面的错误。学者对《康熙字典》进行了编校整理，《康熙字典》（现代版）是一部既保留了它的本来面貌，又具有现代风格和科学系统的工具书。

（三）《中华大字典》

《中华大字典》是由陆费逵、欧阳溥存主编的，1915年由中华书局出版。它是继《康熙字典》后出现的第二部大型字典，采用部首排列，收字

48 000多个。注音主要采用《集韵》的反切，还加注直音，释义也比较简明。《中华大字典》是在《康熙字典》的基础上进行整理、增删、修订的，两部辞书可以参照使用。

（四）《汉语大字典》

1986年，四川辞书出版社和湖北辞书出版社联合出版的《汉语大字典》由徐中舒主编，是一部以解释汉字的音、形、义为主要任务的大型语文工具书。《汉语大字典》是对汉字楷书单字的汇编，共计收列单字56 000个左右，收字以《康熙字典》为蓝本。它在继承前人成果的基础上，注意汲取今人的新成果。它注重形音义的密切配合，尽可能历史地、正确地反映汉字形音义的发展。

在字形方面，于楷书单字条目下收列了能够反映形体演变关系的、有代表性的甲骨文、金文、小篆和隶书形体，并简要说明其结构的演变。

在字音方面，它对所收列的楷书单字尽可能地注出了现代读音，并收列了中古的反切，标注了上古的韵部。现代音依据《汉语拼音方案》标注；中古音列出中古反切，并标明声韵调，中古反切以《广韵》《集韵》为主要依据；上古音只标注韵部，以近人考订的三十部为准。出现于近代的字不标注中古音和上古韵部，出现于中古的字不标注上古韵部。多音多义字，用（一）（二）（三）等分列音项；同一音项有几个区别意义的反切，用㊀㊁㊂等分列。

在字义方面，多义字按照本义、通假义、地名义、姓氏义的顺序用❶❷❸等分项排列；一个义项下需分小项的，用1、2、3等表明；如需再分层次，用a、b、c等标示。

（五）《古汉语常用字字典》

《古汉语常用字字典》是1974—1975年由北京大学中文系汉语专业的师生和北京齿轮厂等单位的工人编写的，1979年由商务印书馆出版。这本字典收古汉语常用字3700多个，后附难字表，收难字2600多个。在释义中，重视词义的概括性和各词义之间的内部联系，注释简明通俗。1993年出版了修订版，按照汉语拼音字母次序排列，书前附《汉语拼音音节索引》和《部首检字表》，除了对原版字典增补了一些条目，还对一些引证作了修改。

（六）《新华字典》

《新华字典》是新华辞书社编纂的，1953年出版注音字母音序排列本，1954年出版部首排列版，1959年出版了汉语拼音字母音序排列本，1979年修订重排，不断修改补充，成为目前流行最广的字典。使用这本字典时可以按照音序进行查字，也可以按部首检字表检字。这本字典是供中等文化程度的人使用的，收字范围大致以现代汉语所用字为主，释义只限于现代汉语的用法，也适量收录了古代文献中的词汇及外来语。

（七）《经籍籑诂》

《经籍籑诂》是由清代阮元主编的，本书将唐代及唐以前古籍中旧注和汉、晋以来的各种字书资料汇集在一起，以平水韵106韵分部编排，汇编而成的一部古代训诂资料。

全书收单字12 000字左右，每个字列出了唐以前各古书注解对该字的解释，再列出本义、引申义、假借义，各义项下给出了原文及注释出处。与其他辞书不同的是，该书只有释义没有注音，只列训诂，不标反切。

《经籍籑诂》收集了古代丰富的训诂资料，书证出处也有错误之处，引用时应该核对古书原著。该书按照平水韵编排，检索不便，近年的影印版附有笔画索引的目录。

思考题

1. 简要介绍几种检字方法。
2. 举例说明四角号码检字的方法。

第二节　汉字的构造

文字是社会发展的产物。随着社会的发展，人类为了将信息永久地流传下来便创造了记录有声语言的文字。文字是记录语言的书写符号，是扩大语言在时间和空间上的交际作用的一种重要工具。汉字是记录汉民族语言的书写符号。汉字的字形和意义有着密切的关系，分析字形有助于了解字义，我们学习古代汉语更需要了解汉字的构造理论。

一、汉字构造理论述略

（一）六书说

关于汉字的形体结构，传统上有六书说。六书一词最早见于《周礼》。《周礼·地官·保氏》："保氏掌谏王恶，而养国子以道，乃教之六艺，一曰五礼，二曰六乐，三曰五射，四曰五御，五曰六书，六曰九数。"《周礼》并没有对六书做详细说明，直至东汉，班固、郑众、许慎列出了六书的细目名称。东汉班固的《汉书·艺文志》明确了六书是指象形、象事、象意、象声、转注、假借六种造字方法。郑众认为六书指象形、会意、转注、处事、假借、谐声。许慎列出了六书的名称并进一步做了详细的解释，每一方法后面还列举了例字。许慎《说文·叙》："周礼八岁入小学，保氏教国子，先以六书。一曰指事，指事者，视而可识，察而见意，上下是也；二曰象形，象形者，画成其物，随体诘诎，日月是也；三曰形声，形声者，以事为名，取譬相成，江河是也；四曰会意，会意者，比类合谊，以见指撝，武信是也；五曰转注，转注者，建类一首，同意相受，考老是也；六曰假借，假借者，本无其字，依声托事，令长是也。"

据唐兰考证，三家之说同出一源，皆出于西汉末古经创始大家刘歆。所以他们三家对六书的解释，尽管名称用字和排列的次序互不相同，但基本内容和思想是一致的。至于六书的名称及次序的最后性规定，是由唐人张参在《五经文字叙》中确定的，采用许慎的名称及班固的次序。后世沿袭，遂成定论。这样六书的名称和次序就是：象形、指事、会意、形声、转注、假借。

（二）四体二用说

古人还有四体二用说。六书中的前四书象形、指事、会意、形声与后二书转注、假借的性质不同，并不在同一平面上。象形、指事、会意、形声与汉字形体结构有关，是造字方法；转注、假借与汉字形体无关，是用字方法。许慎把结构类型与用字方法都摆到一个平面上，在实际分析造字方法时，却只用了前四书，并没有转注和假借。把两种不同性质的东西人为地放在一个统一的层面来处理，这种分类方法本身就缺乏严密性。因此，戴震进一步把六书分为四体、二用两大类，四体是讲汉字的形体构造特点和结构类型的，二用是讲汉字的功能的，以后研究六书的人多沿袭了这一说法。戴震的"四体二用"打破了"六书造字之本也"的原理，首先破除了对六书的迷信，虽然也有人反对，但得到了清代诸多说文家如段玉裁、桂馥、朱骏声、王筠等的支持。段玉裁说："指事、象形、会意、形声四者，字之体也；转注、假借二者，字之用也。"王筠说："指事、象形、会意、形声四者为经，造字之本也，转注、假借二者为纬，用字之法也。"即使到了现代，四体二用说也有相当大的影响。

（三）三书说

当代文字学家鉴于传统的六书说提出了三书说，主要有以下几种说法。

1. 唐氏三书说

唐氏三书说提出时间较早且较有影响，由唐兰提出。唐兰在1934年写成的《古文字导论》中把汉字结构分为象形、象意、形声三类；后来，他又在1949年出版的《中国文字学》中，进一步提出对传统六书的批判并阐发自己的三书理论。他认为六书的界说不明确，用六书分类，每个字的归属不清晰，现在能见到的古文字更多，六书不完全适用，有必要寻找新的分类法。为此，唐兰提出汉字应分为象形、形声、象意三类。象形文字是象单体物形的独体象形字，形声文字是有声符的表音文字，象意文字指文字上的"合体象形"以及大部分会意字和指事字。

2. 陈氏三书说

陈梦家于20世纪50年代在《殷墟卜辞综述文字章》中指出唐氏三书说的问题，并提出自己新的三书说，即象形、假借、形声。陈梦家的三书说将象形、形声、假借列为汉字的基本类型。陈氏的三书说是把唐氏三书说中的象形、象意合并统称为象形，把假借列为汉字的基本类型之一，形声则与唐氏观点相同。把假借列为一类，是陈氏学说的一个重要特点。

3. 裘氏三书说

裘锡圭在唐氏和陈氏三书说的基础上构建了自己新的三书说，他在《文字学概要》一书中系统地阐述了他的三书说理论。裘锡圭认为唐兰的三书说存在四个方面的问题：①把三书跟文字的形意声相比附；②没有给非图画文字类型的会意字留下位置；③象形、象意划分的意义不大；④把假借排除在汉字的基本类型之外。认为陈梦家的三书说基本上是合理的，但应把"象形"改为"表意"。这样，裘氏的三书就是指表意、假借、形声。

二、许慎的《说文解字》

《说文解字》，东汉许慎著，简称《说文》，是我国最早的一部系统完备的字典，成书东汉建光元年（公元121年）。《说文》包括"叙"共15篇，收字9353个，重文1163个。每个字基本都是以小篆形体为字头，先解释字义，再说形体结构，有的还会说明读音，列出"重文"等。

许慎根据自己对字形的结构分析归纳出540个部首，再将其依次排列，以"一"部为首，"亥"部为末，首创了部首检字的字典编纂法。部首之间则"据形系联"，一般尽量将篆文形体相近或相关的部首编排在一起。部首的创制使结构复杂、数量庞大的汉字可以按照汉字的内部规律得以归类。

绝大多数部首是形旁，是表意的，所以同一部首下尽量按照意义相近或相关来排列汉字，即"以类相从，不相杂越"。例如：王部中将"璙、瓘、璲、珛等"排列在一起，这些字都跟玉相关。《说文》以字形为纲，字义为目，将9353个字安排得井然有序。

《说文》主要通过对字形的解析指出该字的原始意义，就是字的本义。《说文》严格遵守先训释字义，再据六书分析汉字结构，最后是注音的体例。《说文》解说形声字时用"某声""某亦声""某省声"等方法给汉字标注注音，还有一些字用"读若""读同"等术语来注音。现在看到的《说文》中的反切法注音实际上是后人添加的，比如南唐徐锴的《说文解字系传》中的反切为南唐朱翱所加，徐铉校订的《说文》中的反切是根据唐代孙愐《唐韵》所加。

《说文》"博采通人，至于大小，信而有证，稽转其说"，是许慎整理研究的学术成果。《说文》保存了许慎所能见到的先秦字体和文字训诂资料，为研究古汉语、考释上古文字提供全面的文字资料，为汉代以后的文字演变提供了重要线索。《说文》是我国第一部以汉字本身为研究对象，对汉字进行析形、训义、辨音的字典，其中采用的部首制，为后人编纂字典辞书提供了借鉴。因此，在汉语史和文字学史上，《说文》具有划时代的意义。

三、六书理论的解析

六书是古人分析汉字构形而总结出来的六种条例。班固、郑众、许慎列出了六书的细目名称，后世六书都采用许慎的名称及班固的次序，本书也沿用这种习惯。许慎对六书条例的说明，每条仅用八字，内容过于抽象，条例之间的界限也不是很清楚。《说文》中对某些字的解释，又不完全符合实际，因此，自宋代以来学者们对六书条例的解释，也各抒己见，分歧颇多。这里将《说文·叙》对六书条例的说明以及后来学者们的不同意见，择其主要，分别介绍如下。

（一）象形

"象形者，画成其物，随体诘诎，日月是也。"象形是一种图画式的造字方法，它的特点就是将所描绘的物体的轮廓画出来，笔画随物体轮廓线条的弯曲而曲折，比如日、月（⊙、☽）就是这样。

根据形象物体的不同轮廓，象形字大体可以分成三种类型。

1. 全体象形

全体象形，即用整个字去描写事物的轮廓，让人一看就知道它所代表的事物。例如：

〤（水）像流动的水。

木（木）像有根、有树干、有树枝的树。

来（来）像一株麦穗，来的本义是麦子，后假借为来回的来。

鹿（鹿）像一只鹿。

耳（耳）像人的耳朵。

弓（弓）像弯曲的弓。

户（户）像古代的单扇门。

网（网）像打鱼狩猎的网。

2. 局部象形

局部象形即画出事物局部的轮廓，有些汉字比较复杂，为了简便就描绘事物最具特征的部分，以局部代表整体。例如：

车（车）像双轮车，突出双轮与车身。

牛（牛）像牛头，以牛头代替牛，突出牛向上弯曲的角。

ᵞ（羊）像羊头，以羊头代替羊，突出羊向下弯曲的角。

3. 合体象形

有一些事物用简单的笔画不能让人一眼辨认，需要将与之相关的物体一起画出来，两个符号共同组合成一个字，这就是合体象形。例如：

ᶜ（眉）像眉毛，"眉"如果没有部件"◠"作陪衬，人们就很难辨认上面的笔画，表示的是眉毛之形。

（向）像房屋的窗户，如果只画一个方口，很容易与嘴巴相混淆，以部件宀（⌂）作陪衬，才让人能够看出"向"表示房屋墙上的方口，"向"本义表示"窗子"。

川（州）像江河中的陆地，只画几个小圆圈不能准确地表示陆地，用"川"作陪衬，两个符号共同表示水中的陆地。

（齿）像牙齿，只画"⊓"人们很难辨认牙齿之形，借助口的形象，两种符号组合在一起就能准确辨认牙齿之形。

（二）指事

"指事者，视而可识，察而见意，上下是也。"指事是在象形的基础上添加指事符号，一看就能记住，一般仔细观察后就能准确明白它的含义。比如上、下（⼆、◠）就是这样。上、下（⼆、◠）从字形上来看，都不表示某种物种的形状而是抽象的符号。在六书造字法中，指事字的数量最少，一般有以下几种类型。

1. 纯符号指事

用抽象的线条来表示事物，例如上、下、一、二、三（⼆、◠、一、⼆、三），初看"上、下"像"二"字，仔细观察发现两条横线长短不同，利用不同横线的相对位置来表示上、下方位。一、二、三也是由抽象的线条表示的。

2. 增加指事符号

增加指事符号，即在象形字的基础上增加一个指事符号。例如：

ᚠ（亦）：人的臂下加点，表示这里是腋下，"亦"是"腋"的古字。

ᚠ（血）：皿上加小圆圈，表示血液，古代歃血为盟，用皿盛血。

ᚠ（母）：字加两点，表示是哺乳婴儿的妇女，指母亲。

ᵛ（甘）：口中加"-"，表示口中含有物体，并且是甜的，否则就会吐出来，"甘"本义指甜。

还有常见的本、末、朱、刃、寸等字，都是在象形字的基础上增加一个指事符号，表示新的字。

3. 减少指事符号

减少指事符号，即在象形字的基础上减少一个指事符号。例如：

Ḥ（片）：木字去掉一半，这里表示木片。

》（夕）：月字去掉表示月光的点，表示没有月光，即傍晚。

4. 变向指事符号

变向指事符号，即在象形字的基础上，通过翻转改变指事符号的方向来表示字的意义。例如：

ʔ（左）：把右（彐）翻转后，改变右的方向表示左。

ϒ（屰）：把人倒立，表示顺的相对面，即逆，"屰"后写作"逆"。

然而，许氏对"指事"的界说并不是很明确，"视而可识"，近于象形；"察而见意"，近于会意，致使后来不少学者不能正确理解指事，往往把它同象形字、会意字相混。

后人对指事的理解，有的偏重"事"，有的偏重"指"。清代文字学家王筠的理解偏重在"事"，他在《文字蒙求》卷二中指出："指事：有形者，物也；无形者，事也。物有形，故可象；事无形，则圣人创意以指之而已。夫既创意，不几近于会意乎？然会意者，会合数字以成一字之意也；指事或两体，或三体，皆不成字，即其中有成字者，而仍有不成字者，介乎其间以为之主，斯为指事也。"王筠认为，指事与象形的区别在于，物有形可象，而事无形不可象，只能通过某种方式来表达其意；指事与会意都是为了无形可象的事而造的字，其区别在于：构成会意的几个偏旁原先都可以独立成字，而指事字的构成部分却可能包含了不独立成字的部分。

今人对"指事"理解则偏重在"指"，认为文字中如果含有抽象性的符号以指示意义之所在，即属于指事。例如"本"篆文字是在"木"的根部加一短横作为指事符号来指明意义，"亦"篆文像在"人"的两腋处加上指事符号来指明意义。

用指事造字，局限性很大，字数不多。据清人王筠统计，《说文》中的指事字只有 129 个。后代也基本上不用此法创造新字。

（三）会意

"会意者，比类合谊，以见指㩅，武信是也。"意思是：会意就是合并此字和彼字的义类，标示出新意义的指向，"武信"二字就是这样。"武"篆文字形由"止""戈"二字组成，许氏根据《左传》"止戈为武"之语，认为"武"字本义是制止干戈（战争），所以造字者用"止""戈"来会合成意；"信"的本义是诚实，人言必须诚实，所以用"人""言"来会合成意。按许氏的理解，会意造字法就是用几个字构成一句话（或短语）来表达新字的意义。又如"休"字，由"人""木"二字组成，本义是人靠在树上歇息。

象形字和指事字一般只能对简单单一的事物进行图画描绘，随着社会的发展，简单的符号不能成为记录语言的工具，于是人们用几个图形相结合的方式来表达一个新的意义。会意字为合体字，从字的结构来看，会意字可以分为两类。

1. 同体会意字

同体会意字是由几个相同的形体、按一定组合顺序构成的会意字。例如：

（从）两个人同向排列，表示一人跟随另一个人。"从"的本义是跟随。

（北）两个人反向排列，表示人的脊背。

（众）三个人并列，表示人多。

（多）两"夕"上下排列，表示数量大。

（炎）火上下排列，表示火光向上，"炎"的本义是火苗向上。

按照符号的组合方式，一般有并列式、上下重叠式，还有品字式、并列重叠式，如"森、磊、淼、犇、玨、品"。

2. 异体会意字

异体会意字，是由多个不同的形体构成的会意字。例如：

（及）像一个人在前面跑，后面有一个人抓住了他，表示追赶上了。"及"的本义是追上。

（保）像一个人背着孩子，意思是背着。

（执）像一个人手戴刑具，被拘捕了。"执"的本义是拘捕。

（宫）像房子正面的墙上有两个窗口，表示这是住人的屋子。

（益）像盆中的水太满了而溢出。"益"是"溢"的古字。

（暮）像日落在草地，表示天黑了。"暮"的本义是日落的时候。

汉字产生的早期，即汉字构成的偏旁符号的形象程度比较高的商周时期，会意字基本上都属于以形会意；战国、秦汉及以后，汉字偏旁符号的形象程度大大降低乃至消退了，不能靠观察字形理解字义，以义会意的会意字才逐渐增多起来。例如：

俩：两个人。

尘：极小粒的土是尘土。

歪：不正就是歪。

孬：不好就是孬。

尖：上小下大的物体就有尖。

卡：上下两难就是被卡住了。

会意字是在象形和指事的基础上发明的汉字，由两个及以上的字组合成的新字，是合体字。而象形字与指事字，是独体字。会意字更容易理解和记忆，突出汉字意会性的特点。

（四）形声

"形声者，以事为名，取譬相成，江河是也。"所谓形声就是用一个表示事物类别的字作为形符，取一个与该事物名称声音相同或相近的字作为声符，组成一个新字，"江、河"就是典型的形声字。关于形声字，人们将表示意义的部分称为形符或意符，把表示声音的部分称为音符或声符。

形声字由形旁和声旁构成，形旁和声旁的位置不固定，大致可以分为以下八种形式。

左形右声：俱、伦、河、悟、域、惜、材等。

右形左声：故、放、鸭、攻、剑、战、瓶等。

上形下声：蔓、管、竿、露、霖、空、室等。

下形上声：臂、袋、贷、怒、努、盆、裂等。

外形内声：阁、圈、园、圆、衷、褒、固等。

内形外声：问、闻、闷、辨、辩、辩、瓣等。

形符占一角：哉、裁、载、栽、翅、腾、颖等。

声符占一角：旗、病、府、超、越、进、飓等。

形声字形符和声符的位置大致分为以上八种。一些形声字有省形和省声的情况，为了减少某个字的笔画或构形美观而省去汉字的部分形符或声符。省形就是将形旁省去了一部分，例如"亭，从高，丁声"。省声就是将声旁省去了一部分，例如"梓，从木，宰省声"。省形的作用与省声相同，也是传统的简化汉字的方法之一。但省去形符的笔画，就不易看出它的形旁来。省声和省形可以使字形简化，不致过于繁复，应当说是可取的。但正如上文所说，省声易使人读错字，省形易使人找不出部首而影响查阅工具书，这些都给人们带来了不便。因此省声和省形既有积极的一面，也有消极的一面。

形声字的意符表示该字的意义范畴和类属。例如：

木旁的字大多和树木相关：松、杨、桃、杆、楼、枝、柳、根等。

金旁的字大多和金属相关：铁、铝、铃、针、链、锤、铜、镊等。

心旁的字大多和心理活动有关：忍、感、急、愁、恐、恳、怒等。

日旁的字大多和太阳有关：昭、晴、晞、昕、晚、昧、暗、晦等。

这样的形声字可谓数不胜数，形声字的意符表示该字的意义范畴，那么同一个意符的字之间其意义必然存在相关、相近、相反的联系，这样可以帮助改进汉字教学，有助于判别字义。

值得注意的是，形声字意符的表意功能主要指字的本义和部分与本义较近的引申义，不能表示较远的引申义和假借义。

形声字的声符是表音的。声旁读音和形声字读音是一致的，声旁的主要作用是表读音，大约有1/4的形声字声旁与整个字的读音相同，但由于古今语音的演变，大概有3/4的形声字的读音与其声旁不一致。如用"工"作声旁的"江、杠、项、竿、瓨、缸"等，没有一个字的读音与声旁的读音一致。汉语的语音也发生了巨大变化，因此形声字声旁不能准确表示形声字读音。

一些形声字的声旁也具有表意的功能，《说文》把这种情况称作"亦声"。例如：

驷：一乘也，从马四声。驷的本义是四匹马拉的车。

仲：中也，从人中声。"中"表示"中间、中央"，"仲"表示在中间。

忡：忧也，从中心声。表示心中有不顺心的事。

论：议也，从言仑声。表示议论要有条理。

驾：马在轭中也，从马加声。本义表示把车轭加在马上。

形声字具有表音、表意的功能，有象形、指事、会意字所不具有的优点，使用更为方便。因此产生了大量形声字，占了汉字总数的绝大多数。

（五）转注

"转注者，建类一首，同意相受，考老是也。"许慎在《说文》中没有明确指出哪些属于转注，后人对转注的认识因此也未取得一致意见。根据《说文》中对汉字部首的排列方式推测，"建类一首"应该是根据事类建立统一的部首，《说文》540部以"一"部开始，"亥"部终结，每一部首下选定一个表示事物类属的字作为字头统帅该部首的所有字，所以在每个部首后许慎都会附上一句"凡某之属皆从某"。所谓"同意相受"，就是同一部首中的字，若意思相同就可以相互解释，"考、老"就是这样。如：口部中，呻，吟也；吟，呻也。言部中，议，论也；论，议也。许氏在《说文》中所解释的9353个汉字中，并没有指出哪些属于转注结构，后人对"转注"的理解存在诸多分歧。几十家不同的解释大致可以归为形转、音转、义转三派。

（1）形转派。形转派以南唐徐锴、清代江声为代表，主要从字的形体偏旁部首来说明转注的意义。他们认为《说文》的每个部首后附上一句"凡某之属皆从某"。"一首"指字形上同一部首（"老"和"考"两字同属"老"这一部首），即分类建立部首，同一部首的字归于一处为转注。

（2）音转派。音转派以近人章太炎、黄侃为代表，主张从字音方面解释转注。他们认为"一首"指词源上同韵或同声（"老"和"考"两字同属一韵），音义相关或相近，来自同一语源，在声音和意义上都有联系的字都是转注。

（3）义转派。义转派以清代戴震、段玉裁为代表，主张从字义方面来解释转注。他们认为"一首"指同一主要意义（"老"和"考"的主要意义相同，可以互训），即在意义方面凡可以互训则为转注。

另外，朱骏声认为古人从某一本义引申出另一意义时，不另造一字，那就是转注。他在《说文通训定声》中说："转注者，体不改造，引意相受，令长是也。"他认为"令、长"不是假借，而是引申。

对于转注，可谓众说纷纭，没有定论。裘锡圭指出："这是争论了一千多年的老问题。对转注的不同理解非常多，几乎所有可能想到的解释都已经有人提出过了。在今天要想确定许慎或创立六书者的原意，恐怕是不可能的。这些年来讲转注的人，多数把转注解释为新字产生的途径。不过他们所说的转注现象的具体范围则或广或狭，仍然很不一致。新字如何产生，当然是很值得研究的问题。然而研究这个问题完全可以抛开转注问题不管，把二者纠缠在一起，只有好处没有坏处。我们应该把转注问题看作文字学史上已经过时的一个问题，完全没有必要再去为它花费精力。"到目前为止，学界对"转注"未取得一致的认同，也不曾完全理解许慎所说的转注。

（六）假借

"假借者，本无其字，依声托事，令长是也。"所谓假借就是语言中的某个事物没有记录它的专字，而是依照声音相同或相近的字来记录该事物，许慎认为秦汉官职中的"令"和"长"就是假借字。

随着社会的发展、新事物的不断涌现，词汇也在大量增长，需要更多文字来记录。如果每一个事物都造一个汉字来表示，那么汉字数量就会急剧增加，多到让人难以承受。因此使用假借可以限制汉字的数量，借用同音字来记录语言，可以避免汉字急剧增长。汉语中有许多复杂、抽象的词，不能用象形、指事、会意、形声的方法来造字。比如一些只有抽象语法意义的虚词和部分实词，只能用现有的字来表示。例如：

"而"是名词，本义是"胡子"，后来假借为第二人称代词、连词。

"与"是动词，本义是"付给"，后来假借为介词、连词、语气词。

"求"本义是"皮袄"，后来假借为请求。

"管"本义是"竹管"，后假借为管理的管。

关于六书中的假借，文字学界主要有如下两种看法。

一种认为许氏所说的假借，指纯粹借音的假借。即只借字表音，把整个字当作纯粹的音符而不论原字的意义。这种看法认为许氏所举"令""长"二例是不妥的。按《说文》的解释，"令"的本义是"发号也"，"长"的本义是"久远也"。一般认为后来县令之"令"与命令之"令"，县长之"长"与长久之"长"，都是分别由它们的本义引申而来，即它们之间是属于词义引申的关系。因此清代朱骏声在《说文通训定声》中改举"朋""来"为例。

另一种认为许氏所说的假借，指引申本义的假借。假借和被借之间除声音上的联系外，也可以有意义上的联系。假借包括纯粹借音的假借和引申本义的假借。章太炎等赞成这种说法。

在今天看来，词义引申与文字假借是两种不同性质的现象。引申是一个词内部的事，是一个词词义的扩展，是历时的、纵向的。而假借是两个词之间文字的借用，是文字之间的位移，是共时的、平面的。假借对汉字的发展有着重大的影响，形声字就是在假借同音字的基础上创造出来的一种表音结构的字体。

上面介绍的是六书的基本内容，许慎的《说文》明确了六书的条例和具体内容，并运用六书理论从字形、字义和字音三个方面分析了9353个汉字。《说文》具有崇高的学术价值，是我们研究古代汉语的重要工具书。

四、汉字的形体演变

汉字是记录汉语的书写符号。汉字是最古老的文字之一，殷商的甲骨文距今已有3500多年的历史了。从甲骨文到现行使用的楷书，汉字经历了一个漫长的演变历程。汉字形体演变出现了六个阶段，这六个阶段的汉字形体是：商代的甲骨文、周代的金文、战国文字、秦代的小篆、汉代的隶书、魏晋至今的楷书。以秦汉之界将汉字形体演变分为古文字阶段和今文字阶段，秦代的小篆及秦以前的文字称为古文字，汉代及汉之后的文字称为今文字。为方便了解汉字形体演变的过程，我们需要将各阶段的汉字形体做一个简单介绍。

（一）甲骨文

甲骨文又称"殷墟文字""卜辞""契文""殷契"等，是商代和西周早期刻在龟甲、兽骨上的文字，如图1-1所示。甲骨文的产生与当时社会流行的占卜有密切关系。商代的统治者崇尚鬼神，凡事都会通过占卜预测吉凶。人们会将龟甲、兽骨进行灼烧，通过观察灼烧的裂痕来判断吉凶，并将占卜的内容和结果刻在龟甲、兽骨上保存下来。

1899年，在河南省安阳市郊小屯村发现了带有文字符号的甲骨，该地是殷王朝废墟的遗址。经过多次挖掘，安阳共出土了15万多片带字的甲骨。根据孙海波《甲骨文编》（1965），人们隶定了正编1723个字和附录2949个字，共收字4672个。甲骨文的发现为研究上古汉语和古文字提供了大量真实的材料。

甲骨文有以下两个方面的特点。

1. 甲骨文具有独特的书写风格

甲骨文大部分都是用刀刻在坚硬的龟甲兽骨上，刀刻这种特殊的书写方法决定了甲骨文特殊的书写风格，即甲骨文形体笔画线条纤细、笔顺曲折、

图1-1　商代甲骨文

字形瘦长。

2. 字的结构没有完全定型

早期的汉字中象形字居多，形声字很少，象形字十分抽象仍具有图画性，比如马（🐎）、象（🐘）、鸟（🐦）。很多字没有完全定型，字的方向可以变换，有的字可以正写，也能反写，还可以倒写斜写，例如"人"可以写成〈，也可以写成〉；有的字偏旁部首可以移动、变换；有的把两个、三个字合写在一起为"合文"。象形字的笔画线条比较简单，往往会造成一个字形表示多个不同的字，这几个字之间并没有任何联系。这种现象不多见，在汉字的发展过程中逐渐消失了。

（二）金文

金文又称"钟鼎文""铜器铭文"，是铸刻在青铜器上的文字。古代把铜叫作金，因此学界将西周和春秋时期铸在青铜器上的文字叫作金文，也称"吉金文字"。夏代就有青铜器，但那时没有在青铜器上铸刻文字，商中期开始出现铭文，在青铜器发展的鼎盛时期，铭文内容逐渐变长。据考古发现，最长的铭文是梓州周宣王时期的《毛公鼎铭》，共计497个字。在西周史料中，金文作为一个时代最具风格的文字，使用最多，所以西周文字以金文为代表，如图1-2所示。

图1-2　西周金文

金文与甲骨文相比较，更为成熟。金文有以下几个特点。

第一，金文形体的汉字直观性和形象性减弱，不像甲骨文追求逼真的形象，金文更注重突出文字明显的特征，使文字逐渐摆脱图画性。仍有少数表示族名、族徽的文字，还保留着之前的图画性。

第二，金文是铸在青铜器上的文字，因此铸刻时更加注重每个字的笔画、结构、章法布局，铭文比甲骨文圆劲遒美，结构严谨，章法精湛，笔画趋于圆转均衡，越来越注重文字自身的美观、协调。

第三，字形结构趋向定型。文字的方向不会像甲骨文那样随便变换；文字偏旁部首有了固定的位置，例如甲骨文中"彳"左右位置不固定，在金文中一律固定在左边；异字同形和合文现象大大减少。

第四，金文中形声字增多，新造的字多为形声字。据统计，甲骨文中形声字只有20%左右，金文中形声字达到50%左右。

（三）战国文字

战国文字是指春秋末年至秦朝统一之前这一时期各诸侯国使用的文字。许慎《说文·叙》："其后诸侯力政，不统于王，恶礼乐之害己，而皆去其典籍。分为七国，田畴异亩，车涂异轨，律令异法，衣冠异制，言语异声，文字异形。"战国时期诸侯割据，致使各国的文字在结构和书写风格上有许多差异。战国时期的各国文字比较复杂，有六国文字和秦国文字两大系统。

1.六国文字

战国时期随着社会经济和文化的发展，文字应用范围也随之扩大，不仅在祭祀用的礼器上铸刻铭文，还在兵器、玺印、货币、简帛、石器等上铸刻或书写文字。各国文字存在明显差异，但也存在相同点。比如随着生产力的发展，人们追求简易、快捷的书写方式，便出现了简体字；由于人们求简，在书写上也较随意，出现了简写、省写，破坏了汉字书写的规范性。

2.秦国文字

学者们一般将战国时期的秦国文字叫作籀文，也就是大篆。大篆的主要文字资料有《史籀篇》和唐初出土的"石鼓文"，因文字刻在像石鼓一样的石墩上，故称石鼓文，如图1-3所示。还有，许慎的《说文》中收录了223个籀文。

图1-3 石鼓文

大篆主要有以下特点：笔画工整，书写时结构规整匀称；线条圆润且较长，多用圆笔。

（四）小篆

秦始皇统一天下后，实行"书同文"政策，统一了全国的文字。小篆是在大篆的基础上形成的，也对少数大篆做了一些改变。许慎《说文·叙》："秦始皇帝初兼天下，丞相李斯乃奏同之，罢其不与秦文合者。斯作《仓颉篇》，中车府令赵高作《爰历篇》，太史令胡毋敬作《博学篇》，皆取史籀大篆，或颇省改，所谓小篆者也。"小篆在战国末年就已基本形成，李斯等人做了一些统一整理的工作，使小篆更加规范化、标准化，如图1-4所示。

图1-4　秦始皇二十六年（前221年）铜诏版

小篆主要有以下特征：第一，字的结构基本定型化，偏旁部首有了固定的位置；第二，书写格式规范化，线条笔画匀称，粗细相当，字的形体规整；第三，汉字的图画性减弱、线条化、符号化进一步增强，使整个汉字构形进一步系统化。

（五）隶书

小篆虽然正气规整，但书写并不方便，于是坊间早就出现了隶书的萌芽。晋代卫恒《四体书势》说："秦既用篆，奏事繁多，篆字难成，即令隶人佐书，曰隶字。"根据史料记载，所谓隶字就是当时下层小吏、差役在日常中常用的字体。

隶书是由小篆演变而成的一种字体，分为"秦隶"和"汉隶"两个阶段。初创阶段，多数汉字的字形还带有小篆的书意，后人将不成熟的隶书称为古隶或秦隶。在长期的使用过程中经过加工、改造，隶书出现了新的变化，有了"挑法""波势""波磔"等笔法，后人将这种成熟的隶书称为汉隶。一般说到隶书，主要指汉隶。

汉字从篆书到隶书的演变在汉字演变史上具有里程碑的意义，开启了古文字向今文字转变的新纪元，文字研究者将这种演变过程称为"隶变"。隶变使汉字彻底除去了象形性，进一步符号化。这种变化主要体现在以下两个方面。

一是同化，即小篆中的不同部件在隶书中被归并为同一部件。

二是分化，即小篆中同一字或同一部件在隶书中分化为不同的字或不同的部件。

（六）楷书

楷书又叫"正书""真书"，产生于东汉末、魏晋初，到隋唐时期基本成熟，是由隶书演变发展而来的一种字体。因其形体方正，笔画平直且规整，实为楷模，所以称为楷书。汉字形体发展到楷书后，一直沿用至今。楷书在隶书的基础上做了一些改变，主要区别是笔形不同。楷书的笔画比隶书丰富，楷书的笔画已经完全摆脱了篆书的线条形态，字形方正，书写更加简便。因此魏晋以后取代隶书，成为沿用至今的通用字体。

从商代到现在，汉字形体经过了多次重大变化，形成了多种字体。其中甲骨文、金文、篆书、隶书、楷书以及行书和草书，是具有代表性的正式通用的字体。从汉字字体演变的历史来看，汉字发展的总趋势是简化。而促使汉字体态演变的重要因素，是书写工具和承载材料的不断变换与改进。

思考题

1. 古代的六书是什么？其中最重要的是哪些？简要说明理由。

2. 六书通常被分为"四体二用"，"四体""二用"指的是什么？许慎《说文》对六书的解释是什么？

3. 简述汉字字体形成的大致过程。

第三节　古书中的用字

汉字在几千年的历史发展中，字形发生了很大的变化。利用汉字记录语言的情况比较复杂，往往会出现多个字形记录同一个词或者一个字形记录多个词的情况，还会存在因为词的语音相同而使用一个字形的情况。可见汉字的字形与汉语语音、词义并不完全是一一对应的关系，我们需要了解古人用字的特点才能读懂古书，需要明白汉字使用过程中的古今字、异体字、繁简字，并弄清楚古字与今字、正字与俗字、繁体字与简体字之间的对应关系。

一、古今字

古今字这一术语，最早由东汉经学家郑玄在《〈礼记·曲礼〉注》中提出："伯父实来，余一人嘉之。余、予古今字。"郑玄首次提出古今字的说法，后来多为世人所采纳。宋人娄机编有《班马字类》，收有一些所谓的古今字。到了清代，许多学者也十分重视古今字，戴震、段玉裁也研究过古今字问题。古今字现象被广泛注意，但学者们对古今字术语的理解各不相同，对古今字的叙述和认知也没有明确的标准，导致古今字的范围难以划定。凡读古书，需要了解古今字。

（一）什么是古今字

古今字又称"分别字"或"区别字"，同一个词在古书中先后使用不同的文字来记录，出现时代在先的叫作古字，出现时代在后的叫作今字，合称"古今字"。

对古今字的正确理解应注意以下几点：①所谓"同一个词"，可以理解为同一个词义，例如表示"逃避"意义的词，古字是"辟"，今字是"避"，这里需要把字和词两个概念区分开来。②所谓"不同文字"，不是就书体而言，而是就结构而言。③所谓"古今"也是相对而言的，对今人来说，清代以前都算"古"；对于汉代人来说，则先秦为"古"，汉代为"今"。大多数古今字都是在秦汉至魏晋这一段时期内形成的，所以很多所谓的"今字"，就现代而言已经有很长的历史了。

（二）古字与今字的意义有宽窄之分

由于早期文字较少，文字除了表示本义以外，还用于表示引申义、假借义等多个义项，由此形成一个字表示多种词义的现象。如果某一个字记录的词义较多就会造成混淆，增加阅读障碍。为了明确文字所表示的词义，减少阅读障碍，人们往往把表示多种词义的文字加以改造，分成两个或多个字来分担原字记录词义的负担。因此古字和今字所记录的词义有宽窄之分：一类是古今字等义，古字和今字的意义完全相同；另一类是古今字不等义，古字的意义较多，今字分担了古字的义项。

古今字不等义，基本上都是分化字。今字分担古字的部分意义，有三种情况：一是今字分担古字的本义，二是今字分担古字的引申义，三是今字分担古字的假借义。

第一，今字分担古字的本义，古字被引申义、假借义占用，需要一个新字表示本义。例如：

华—花，"华"的本义是花朵，《诗经·周南·桃夭》："桃之夭夭，灼灼其华。"后来"华"被引申义占用，另外造了一个"花"来表示本义。

莫—暮，"莫"的本义是日落的时候，《庄子·齐物论》："朝三莫四。"后来"莫"借作否定性的无定代词，"莫"被假借义占用，另外造了"暮"来表示"日落的时候"，将"莫"的本义分化出去。

第二，今字分担古字的引申义，本义仍然由古字表示，另造一个新字表示古字的引申义。例如：

昏—婚，"昏"的本义是"黄昏"，古人是在黄昏时结婚，"昏"引申为"结婚"，后来造了一个新字"婚"表示引申义。

说—悦，"说"的本义是"说明、解释"，引申义表示"喜悦"，《论语·学而》："学而时习之，不亦说乎？"后来造了一个新字"悦"表示引申义。

第三，今字分担古字的假借义，古字表示本义，另造一个新字表示假借义。例如：

舍—捨，"舍"的本义是"屋舍"，经常假借为"舍弃"，《荀子·劝学》："锲而舍之，朽木不折。"后来造了一个新字"捨"表示假借义。

適—嫡，"適"的本义是"往"，常假借为"嫡长"，后来造了一个新字"嫡"表示假借义。

（三）古今字是一种历史现象

古今字是不同时代为了记录同一个词而先后使用的一组形体不同的字。大多数古今字不等义，属于分化字。分化字是汉字孳乳过程中出现的一种历史现象。

（四）古今字的来源

古代通用的汉字常常"身兼数职"，一个字往往需要同时记录词的本义、引申义、假借义。一个字表示的词义太多了，往往会影响语言的交际功能。为扫除阅读障碍和保证交际效果，人们就在原字的基础上增加或替换部件构成新字，还可以对原字稍加改造构成新字。从古今字来源看，主要有两个方面：一是因为同源分化而产生，二是因为同音假借而产生。不管属于哪种情况，新字与原字在时间上有古今之别，因此训诂学家提出了古今字的概念。

（五）古字与今字的关系

大多数古字与今字在意义和字形上存在一定的联系，前面我们讨论了古今字在意义上的联系即今字分担古字的本义、今字分担古字的引申义、今字分担古字的假借义。古字与今字在字形上也存在一定联系。古字和今字的关系可以从形体和意义两个方面来看。

1.古今字的形体关系

大多数今字都是在古字字形基础上稍加改变而成的，今字与古字在字形上存在或多或少的联系。

第一，以古字为基础增加一个部件构成今字。如：

益—溢　禽—擒　正—征　要—腰

其—箕　采—採　然—燃　县—悬

第二，以古字为基础改变一个部件构成今字。如：

没—殁　適—嫡　赴—讣　裳—常

第三，在古字的基础上，对古字形体进行改造构成新字。如：

气—乞　巳—已　母—毋　不—丕

2.古今字的意义关系

从意义方面来看，今字只是表示古字的部分义项。今字出现以后，古字依然存在，只是表示的义项少了一些。古今字各司其职，各尽其责，而不是说今字完全取代古字。

二、异体字

不同地方和不同时代的人在记录同一个词时，使用了不同的字，这些字在交际过程中就形成了异体字的关系。其中普遍使用的字成为正体，其他不常使用的成为异体。异体字在《说文》中叫重文，《说文》共收字9353个，重文1163个。在汉字实行规范化之前，异体字不便于人们学习和有效交际，所以为了规范使用汉字，逐渐淘汰了一批批异体字。

（一）什么是异体字

异体字是指在某一个历史时期读音、意义完全相同的，在任何情况下都可以相互替代而形体不同的两个或两个以上的字。如果从文字和词的对应关系看，异体字就是表示同一个词的几个不同的字形。简单地说，就是异形同词。例如：期—朞、鷄—鶏、遍—徧等，虽然字形不同，但音义及记词功能完全一样，在任何情况下都可以互换。

（二）异体字产生的原因

异体字的产生不是孤立的汉字变异现象，是汉字构造或书写过程中产生的形体冗余现象，造成一词多字的局面。异体字的产生是因为汉字并非由一时、一地、一个人所造。不同时代、不同地域、不同的人可以从不同的角度着眼，或是选用不同的造字方法，或是采用同一种造字方法而选用不同的构件，或是选取相同的构件而指向不同。这些都是同一个词造字的方法。这就出现了同一个词有两个或两个以上不同形体的现象。而社会对这种同字异形的现象又不加整理和规范，人们便各用其体，代代相传，留存了许多异体字。在阅读古书时，需要对异体字进行辨别和区分。

（三）异体字的类型

从字形结构看，异体字常见的形体关系有以下几种。

第一，造字法不同，正体为非形声，异体为形声。如：岳（会意）—嶽（形声）、嵩（会意）—崧（形声）、泪（会意）—淚（形声）、羴（会意）—膻（形声）、俛（会意）—俯（形声）等。

第二，同为形声，所取意符不同。如：逼—偪、杯—盃、遍—徧、暖—煖、歌—謌、燈—镫、睹—覩、秕—粃、糠—穅等。

第三，同为形声，所取声符不同。如：线—綫、达—達、蚓—螾、礼—禮、猿—猨、柏—栢、梅—楳、仿—倣、袴—裤等。

第四，同为形声，所取声符和意符都不同。如：穠—秔、诉—愬、粳—秔、迹—跡、剩—賸、村—邨、椀—盌、妆—粧等。

第五，偏旁部首所处的位置不同。如：群—羣、峰—峯、鹅—鵞、鞍—鞌、略—畧、够—夠、秋—秌、裏—裡、和—咊等。

第六，笔道形态略有不同。如：冰—氷、皂—皁、並—竝、吴—吳等，这往往是由于书写的风格、习惯的不同而造成字体的差异。

（四）注意事项

我们在阅读古书时需要识别异体字。识别时需要注意以下几种情况。

1. 辨别异体字要有时代观念

辨别异体字要有时代观念，有些字在历史上的某个时期是异体字，但后世发生了分化，记词功能有了分工，这就由异体字演变成非异体字。例如"喻与谕"，原来"晓谕义、比喻义"都可以通用，曾是一对异体字。后来发生分化，"晓谕义"用"谕"，"比喻义"用"喻"，不再是异体字。又如"份"与"彬"，原来通用，指文质兼备的样子，后世分化，"彬"仍表本义，而"份"改读"fèn"，用作量词。再如"育与毓""蹊与徯""拓与摭"等也有类似的变化。读古籍时，对于这一类异体字一定要作历史的考察，切不可轻率地以今律古而误解文意。

2. 异体字须音义、功能完全相同

异体字必须音义完全相同，记词功能也要相同，在某一时期内无论什么情况下都可以互相代替。有些字在某一意义上经常通用，后代读音也相同，但记词功能并不完全一致，则不能视为异体字。例如"游"与"遊"，只是在"游玩义"上相通，可以互用，但游水义古代只用"游"而不用"遊"；又如"穫"与"獲"，在"收割谷物义"上可以通用，但"猎取禽兽义"上一般用"獲"而不能用"穫"。这说明它们的记词功能虽有相同的方面，也有不同的方面，并不完全重合，因此不能视为异体字。类似的如"置与寘""寔与实""酤与沽"等都不能视为异体字。

有些字尽管在文献中常常混用，但意思上根本没有关系，这表示它们记录的是完全不同的词，因此不能看成是异体字。例如"雕"是"猛禽"的意思，"凋"是"凋零"的意思，"彫"是"雕饰"的意思，三个意思本不相干，但后来在使用中，"雕"的使用范围最宽，三个意思有时都写作"雕"；"彫"次之，可表示"雕饰、凋零"两个意思；"凋"只能表示"凋零"。类似的还如"升与昇"等。

在对异体字的具体处理中，有广义和狭义两种标准。狭义的异体字仅指音义完全相同，记词功能完全相同而形体不同的字。广义的异体字除了包括狭义的异体字外，还包括一部分在文献中经常混用或借用的字以及古今字。1955 年，文化部（现文化和旅游部）和中国文字改革委员会（简称文改会）联合发布的《第一批异体字整理表》收录异体字 810 组，就是广义的异体字。

三、繁简字

简化字与被简化的繁体字合称为繁简字。如"蘇"简化后写作"苏"，"蘇"是繁体，"苏"是简体，"蘇、苏"就是一组繁简字。所谓繁体和简体，是就同一个字构形时所使用的构件或笔画的多少相对而言的。构件或笔画多的是繁体字，构件或笔画少的是简体字。汉字有繁简之分，自古就有。今天通行的简化字，绝大部分都是历代相传下来的。汉字的繁体和简体，若从字的记词功能和用法而言，实质上是异体的一种。

而我们所说的"繁简字"是有其特定含义的。所谓"简化字"，指的是1956年国务院公布的《汉字简化方案》（1964年3月，文化部、教育部、文改会《关于简化字的联合通知》又作了一些补充和局部调整）所规定的2336个简化字。凡未列入上述两个文件的简体字（包括历代出现的简体字），只能一概视为异体字或俗体字。1977年，文改会公布的《第二次汉字简化方案（草案）》所收的853个简化字，已经被宣布停止使用。其中流行于民间的，只能算是俗体字。所谓"繁体字"特指与简化字相应的繁写楷书字体。

（一）汉字简化的原则

繁体字简化为简体字后，它们的语音、语义在任何时候都是完全相同的。1986年重新发布了《简化字总表》，从这些公布的简化字来看，汉字简化的原则有以下几种：

第一，繁体字省去一些笔画。如：

聲—声　與—与　採—采　雲—云　氣—气

第二，同音代替。如：

幾—几　餘—余　製—制　薑—姜　穀—谷

第三，符号替换。如：

歡—欢　觀—观　鄧—邓　這—这　鳳—凤

第四，采用会意或形声的方法造新字。如：

蠶—蚕　寶—宝　驚—惊　遠—远　憂—忧

上面简化汉字的原则，都是为了便于辨认、书写和使用，多数繁体字符合上述的简化原则。我们在学习繁简字时，还需注意简体字与繁体字之间的关系。

（二）简化字与繁体字的关系

阅读古籍，只认识简化字是远远不够的。古代典籍采用的是繁体字，我们在阅读古籍时需要积累一定量的繁体字，须对简化字与繁体字之间的对应、归并、替代等关系有所了解。

1. 对应关系

繁体字简化为简体字时必须清楚二者的对应关系。在简化过程中，一些偏旁是可以类推的。例如：

"幾"简化为"几"，则"機""嘰""磯"等都可以类推作"机""叽""矶"等。

"義"简化为"义"，则"議""儀""蟻"等都可以类推作"议""仪""蚁"等。

不过这种偏旁类推的对应关系是有限的，拥有同一个偏旁的一类字，有的可以类推，有些却不可以类推。例如"練"简化为"练"，"煉"和"揀"可以类推作"炼"和"拣"，但"諫"与"闌"只能简化为"谏"与"阑"，显然不能类推。

2. 归并关系

繁体字和简体字大多是一对一的对应关系，但也有几个繁体字简化为一个简体字的情况。几个繁体字归并为一个简体字，我们不管是阅读繁体字排版的古籍，还是阅读简体字排版的古籍，都需要把它们分辨清楚，以便准确理解文意。例如：

锺（酒器）、鐘（乐器）——钟

復（返回）、複（夹衣）——复

歷（经历）、曆（日历）——历

隻（量词）、衹（仅仅）——只

昇（升起）、陞（升级）、升（容量单位）——升

乾（干湿）、幹（才干）、榦（树干）、干（干戈）——干

两个繁体字简化为同一个字，与同音替代字都是属于一个简化字兼任几个繁体字的职能现象。区别在于：同音替代字是从现有的汉字中找一个笔画较少的字来作为简化字；两字共简化为一个字，则是新造一个简化字来代替两个繁体字。两字简化为一个字，加剧了一字表多词的状况。阅读简化字排版的古籍时，应注意防止混淆。

3. 替代关系

有些简体字，来源于意义不同的同音字或语音相近的字。繁体字简化后，简体字的职能也就增加了。所以不管是阅读繁体字排版的古籍，还是阅读简体字排版的古籍，都需要把同音替代字辨别清楚。例如：

後（先后）——后（君主，后引申为皇后）

鬥（争斗）——斗（量器"斗升"）

徵（徵求）——征（征伐）

醜（美丑）——丑（地支的第二位）

禦（抵抗）——御（驾驭车马）

思考题

1. 试举例说明什么是古今字、异体字、繁简字。
2. 试举例说明古今字与通假字、古今字与异体字的区别。
3. 简述繁简字的关系。

（以上内容由王帮容负责编写）

文选

本章"文选"的五篇文章，均选自《左传》。《左传》是我国第一部叙事详细的完整的历史著作，相传《左传》为春秋鲁国史官左丘明所作，其所记载的历史年代大致与《春秋》相当，同起于公元前722年，讫年比《春秋》晚28年，即止于公元前453年。为《左传》作注的很多，现在最通行的是《十三经注疏》中的《春秋左传注疏》（晋杜预注，唐孔颖达疏）。

第一篇　郑伯克段于鄢（隐公元年）

【原文】

初，郑武公娶于申，曰武姜。生庄公及共叔段。庄公寤生①，惊②姜氏，故名曰"寤生"，遂恶之。爱共叔段，欲立之。亟③请于武公，公弗许。及庄公即位，为之请制④。公曰："制，岩邑也，虢叔死焉，佗邑唯命⑤。"请京，使居之，谓之京城大⑥叔。

【注释】

①寤生：倒着出生，即难产。寤，通"牾"，逆的意思。
②惊：使动用法，使……受惊。
③亟（qì）：屡次。
④制：古地名，又名"虎牢"，在今河南巩义东。
⑤佗邑唯命：佗，隶变后写作"他"。唯命，是"唯命是从"的省略。
⑥大（tài）：后写作"太"。

【原文】

祭仲①曰："都城过百雉②，国之害也。先王之制，大都不过参国之一③，中五之一，小九之一。今京不度④，非制也。君将不堪。"公曰："姜氏欲之，焉⑤辟害？"对曰："姜氏何厌之⑥有？不如早为之所⑦，无⑧使滋蔓。蔓，难图也；蔓草犹不可除，况君之宠弟乎？"公曰："多行不义，必自毙，子姑待之。"

【注释】

①祭（zhài）仲：郑国的大夫。

②雉：古代计算城墙的量词，高一丈长三丈为一雉。

③参国之一：国都的三分之一。参，三。古代分数表示法，单位名词放在分母数字之后。

④不度：不合法度。

⑤焉：疑问代词，哪里。

⑥之：标志助词，前置的宾语是"何厌"。

⑦为之所：给共叔段安排一个地方（处所）。为，动词，这里指"安排"之类的意思。之，指共叔段，充当"为"的间接宾语。所，处所，"为"的直接宾语。

⑧无：通"毋"，不要。

【原文】

既而大叔命西鄙、北鄙贰于己。公子吕曰："国不堪贰，君将若之何？欲与大叔，臣请事之；若弗与，则请除之。无生民心①。"公曰："无庸②，将自及。"大叔又收贰以为己邑，至于廪延。子封曰："可矣。厚将得众。"公曰："不义不暱，厚将崩。"

【注释】

①无生民心：不要使民生二心。生民心，双宾语结构。

②庸：用。

【原文】

大叔完聚，缮甲兵，具①卒乘，将袭郑。夫人将启之。公闻其期，曰："可矣！"命子封帅②车二百乘以伐京。京叛大叔段。段入于鄢，公伐诸③鄢。五月辛丑，大叔出奔共。

【注释】

①具：准备。

②帅：通"率"。

③诸："之于"的合音字。

【原文】

遂寘姜氏于城颍，而誓之曰："不及黄泉，无相见也。"既而悔之。

颍考叔为颍谷封人，闻之，有献①于公。公赐之食，食舍②肉。公问之，对曰："小人有母，皆尝小人之食矣，未尝君之羹。请以遗之。"公曰："尔有母遗，繄我独无！"颍考叔曰："敢问何谓也？"公语之③故，且告之悔。对曰："君何患焉？若阙地及泉，隧④而相见，其谁曰不然？"公从之。公入而赋："大隧之中，其乐也融融！"姜出而赋："大隧之外，其乐也洩洩⑤！"遂为母子如初。

【注释】

①有献：有所献。献，用作名词。

②舍：放着，后来写作"捨"。

③之：间接宾语。

④隧：名词用作动词，挖隧道。

⑤洩洩（yì yì）：和"融融"的意思差不多，都是形容快乐的样子。

【原文】

君子曰："颍考叔，纯孝也。爱其母，施及庄公。《诗》曰：'孝子不匮，永锡尔类。'其是之①谓乎？"

【注释】

①之：标志助词，提前的宾语是"是"。

【要点提示】

（一）音义

恶（wù），讨厌，厌恶。

施（yì），蔓延、影响。

阙（jué），挖掘。

亟（qì），屡次。

祭（zhài），姓。

遗（wèi），给予。

鄢（yān）。

虢（guó）。

（二）文字

1.古今字

（1）大/太 （请京，使居之，谓之京城大叔）

（2）辟/避 （姜氏欲之，焉辟害）

（3）舍/捨 （食舍肉）

2.通假字

（1）寤/牾 （庄公寤生）

（2）无/毋 （无使滋蔓）

（3）锡/赐 （孝子不匮，永锡尔类）

3.异体字

暱/昵 （不义不暱，厚将崩）

（三）词语

都城、毙、鄙、羹、遗、洩洩、融融。

（四）语法

1.词类活用

（1）惊姜氏。惊，使动用法，使……受惊。

（2）爱共叔段，欲立之。立，使动用法，使……立。

（3）今京不度，非制也。度，名词用作动词，合乎规定。

（4）多行不义必自毙。义，名词用作动词，符合道义。

（5）无生民心。生，使动用法，使……产生。

（6）有献于公。献，动词用作名词，献给的东西。

（7）公赐之食。食，动词用作名词，指吃的东西。

（8）隧而相见。隧，名词用作动词，挖隧道。

2. 判断句

（1）制，岩邑也。

（2）都城过百雉，国之害也。

（3）颍考叔，纯孝也。

3. 宾语前置

（1）敢问何谓也？

（2）君何患焉？

（3）姜氏何厌之有？

（4）其是之谓乎？

4. 双宾语句

（1）谓之京城大叔。

（2）不如早为之所。

（3）无生民心。

第二篇　齐桓公伐楚（僖公四年）

【原文】

四年，春，齐侯以诸侯之师侵蔡。蔡溃，遂伐楚。楚子使与师言曰："君处北海，寡人处南海，唯①是风马牛不相及也。不虞②君之涉吾地也，何故？"管仲对曰："昔召康公命我先君大公曰：'五侯九伯，女实征之，以夹辅周室。'赐我先君履：东至于海，西至于河，南至于穆陵，北至于无棣。尔贡包茅不入，王祭不共③，无以缩酒，寡人是征④；昭王南征而不复，寡人是问。"对曰："贡之不入，寡君之罪也，敢不共给？昭王之不复，君其问诸水滨。"

师进，次于陉。

【注释】

①唯：句首语气词。

②不虞：不料。

③共：供给，后来写作"供"。

④征：索取。

【原文】

夏，楚子使屈完如①师。师退，次于召陵。

齐侯陈诸侯之师，与屈完乘而观之。齐侯曰："岂不穀②是为？ 先君之好是继！与不穀同好，如何？"对曰："君惠徼③福于敝邑之社稷，辱收寡君，寡君之愿也。"齐侯曰："以此众战，谁能御之！ 以此攻城，何城不克！"对曰："君若以德绥④诸侯，谁敢不服？ 君若以力，楚国方城以为城，汉水以为池，虽众，无所用之！"

屈完及诸侯盟。

【注释】

①如：往，到……去。

②不穀：不善，诸侯的谦称。

③徼：求。

④绥：安抚。

【要点提示】

（一）音义

给（jǐ），供应。

共（gōng），供给。

徼（yāo），求取。

召（shào），古人名、地名。

（二）文字

1. 古今字

（1）共/供（尔贡包茅不入，王祭不共）

（2）大/太（昔召康公命我先君大公曰）

2. 通假字

风/放（唯是风马牛不相及也）

（三）词语

风、夹辅、征、次、诸、不穀、绥、城、池。

（四）语法

1. 判断句

（1）唯是风马牛不相及也。

（2）贡之不入，寡君之罪也。

（3）君惠徼福于敝邑之社稷，辱收寡君，寡君之愿也。

2. 宾语前置

（1）无以缩酒，寡人是征。

（2）昭王南征而不复，寡人是问。

（3）岂不榖是为？先君之好是继！

（4）楚国方城以为城，汉水以为池。

3. 双宾语句

赐我先君履。

第三篇　烛之武退秦师(僖公三十年)

【原文】

晋侯、秦伯围郑，以其无礼于晋，且贰于楚也。晋军函陵，秦军氾南。佚之狐言于郑伯曰："国危矣，若使烛之武见秦君，师必退。"公从之。辞曰："臣之壮也，犹不如人；今老矣，无能为也已。"公曰："吾不能早用子，今急而求子，是寡人之过也。然郑亡，子亦有不利焉！"许之。

夜缒①而出，见秦伯。曰："秦、晋围郑，郑既知亡矣。若亡郑而有益于君，敢以烦执事。越国以鄙远，君知其难也。焉用亡郑以陪②邻？邻之厚，君之薄也。若舍郑以为东道主，行李③之往来，共其乏困，君亦无所害。且君尝为晋君赐矣，许君焦、瑕，朝济而夕设版焉，君之所知也。夫晋，何厌之有？既东封④郑，又欲肆其西封；若不阙秦，将焉取之？阙秦以利晋，唯君图之。"

秦伯说，与郑人盟。使杞子、逢孙、杨孙戍之，乃还。

【注释】

①缒：这里指用绳子缚住烛之武从城墙上送下来。

②陪：增加（土地）。

③行李：外交使节。

④封：疆界，用作动词。

【原文】

子犯请击之，公曰："不可。微夫人之力不及此。因①人之力而敝之，不仁；失其所与，不知②；以乱易整，不武。吾其还也。"亦去之。

【注释】

①因：靠。

②知：后来写作"智"。

【要点提示】

（一）音义

阙（quē），损害。

舍（shě），舍弃。

说（yuè），喜悦。

逢（páng），姓。

知（zhì），聪明。

（二）文字

1. 古今字

（1）共/供（若舍郑以为东道主，行李之往来，共其乏困）

（2）说/悦（秦伯说，与郑人盟）

（3）知/智（失其所与，不知）

2. 通假字

（1）已/矣（今老矣，无能为也已）

（2）厌/餍（夫晋，何厌之有）

（三）词语

执事、鄙、东道主、行李、封、微、夫人。

（四）语法

1. 词类活用

（1）越国以鄙远，君知其难也。鄙，名词用作动词，把……当作边邑。

（2）烛之武退秦师。退，动词的使动用法，使……退。

（3）既东封郑。封，名词用作动词，把……当作疆界。

（4）邻之厚，君之薄也。形容词用作动词。厚，变雄厚。薄，变薄弱。

2. 判断句

（1）是寡人之过也。

（2）君之所知也。

（3）邻之厚，君之薄也。

3. 宾语前置

夫晋，何厌之有？

第四篇　晋灵公不君（宣公二年）

【原文】

晋灵公不君。厚敛①以雕墙。从台上弹人，而观其辟②丸也。宰夫胹熊蹯③不孰，杀之，寘诸畚④，使妇人载以过朝。赵盾、士季见其手，问其故而患之。将谏，士季曰："谏而不入，则莫⑤之继也。会请先⑥，不入，则子继之。"三进及溜，而后视之。曰："吾知所过矣，将改之。"稽首而对曰："人谁无过？过⑦而能改，善莫大焉。诗曰：'靡不有初，鲜克有终。'夫如是，则能补过者鲜矣。君能有终，则社稷之固也，岂惟群臣赖之。又曰：‘衮职有阙，惟仲山甫补之。’能补过也。君能补过，衮不废矣。”

【注释】

①厚敛：加重赋税。

②辟：躲避，后来写作“避”。

③熊蹯（fán）：熊掌。

④畚（běn）：草绳编成的筐子一类的器物。

⑤莫：否定性的无定代词，等于说“没有谁”。

⑥先：动词，这里是说先谏。

⑦过：动词，指犯了错误。

【原文】

犹不改。宣子骤[①]谏。公患之，使鉏麑[②]贼[③]之。晨往，寝门辟[④]矣。盛服[⑤]将朝，尚早，坐而假寐[⑥]。麑退，叹而言曰：“不忘恭敬，民之主[⑦]也。贼民之主，不忠；弃君之命，不信。有一于此，不如死也。”触槐而死。

【注释】

①骤：多次。

②鉏麑（chúní）：晋国力士。

③贼：刺杀。

④辟：开着。

⑤盛服：穿戴好上朝的礼服。

⑥假寐：不解衣冠而睡，坐着打盹儿。

⑦主：春秋战国时期称公卿大夫为主。

【原文】

秋九月，晋侯饮[①]赵盾酒，伏甲[②]将攻之。其右[③]提弥明[④]知之，趋登[⑤]，曰：“臣侍君宴，过三爵[⑥]，非礼也。”遂扶以下。公嗾[⑦]夫獒焉。明搏而杀之。盾曰：“弃人用犬，虽猛何为！”斗且出。提弥明死之[⑧]。

【注释】

①饮（yìn）：给人喝，使动用法。

②甲：披甲的士兵。

③右：车右，又称“骖和”。

④提弥明：晋国勇士，赵盾的车右。

⑤趋登：快步上殿堂。

⑥三爵：三巡。爵，古时的酒器。

⑦嗾（sǒu）：唤狗的声音，这里用作动词。

⑧死之：为之死。之，指赵盾。

【原文】

初，宣子田[①]于首山[②]，舍[③]于翳桑[④]。见灵辄[⑤]饿，问其病，曰：“不食三日矣。”食之[⑥]，舍其半。问之，曰：“宦[⑦]三年矣，未知母之存否。今近焉，请以遗[⑧]之。”使尽之，而为之箪食与肉，寘诸橐[⑨]以与之。既而与为公介，倒戟以御公徒，而免之。问何故，对曰："翳桑之饿人也。"问其名居，不告而退。——遂自亡也。

【注释】

①田：后来写作"畋"，打猎。

②首山：首阳山，在今山西永济市南。

③舍：住一晚。

④翳（yì）桑：首山附近的地名。

⑤灵辄：人名，晋国人。

⑥食（sì）之：给他东西吃。食，给……吃。

⑦宦（huàn）：外出学习为宦之事。

⑧遗（wèi）：送给。

⑨橐（tuó）：两头有口的口袋，用时以绳扎紧。

【原文】

乙丑，赵穿①攻灵公于桃园。宣子未出山而复。大史②书曰："赵盾弑其君。"以示于朝。宣子曰："不然。"对曰："子为正卿，亡不越竟③，反④不讨贼⑤，非子而谁？"宣子曰："乌呼⑥！'我之怀⑦矣，自诒⑧伊⑨戚'，其我之谓矣！"

【注释】

①赵穿：晋国大夫，赵盾的堂兄弟。

②大史：太史，掌管记载国家大事的史官。这里指晋国史官董狐。

③竟：后来写作"境"。

④反：后来写作"返"。

⑤贼：弑君的人，这里指赵穿。

⑥乌呼：感叹词，即"呜呼"。

⑦怀：眷恋。

⑧诒：通"贻"，给。

⑨伊：指示代词，那个。

【原文】

孔子曰："董狐，古之良史①也，书法②不隐③。赵盾，古之良大夫也，为法受恶④。惜也，越竟乃免。"

【注释】

①良史：好史官。

②书法：记事的法则。

③隐：隐讳，不直写。

④恶：指弑君的恶名。

【要点提示】

（一）音义

蹯（fán），掌。

寘（zhì），放置。

鉏麑（chúní），人名。

饮（yìn），使……喝。

嗾（sǒu），唤狗的声音。

食（sì），给……吃。

遗（wèi），给。

橐（tuó），口袋。

弑（shì），杀。

（二）文字

1. 古今字

（1）辟/避（而观其辟丸也）

（2）孰/熟（宰夫腼熊蹯不孰）

（3）反/返（反不讨贼）

（4）竟/境（亡不越竟）

（5）田/畋（宣子田于首山）

2. 通假字

（1）溜/霤（三进及溜）

（2）阙/缺（衮职有阙）

（三）词语

腼、寘、诸、莫、焉、社稷、假寐、恭敬。

（四）语法

1. 词类活用

（1）晋侯饮赵盾酒。饮：使动用法，给……喝。

（2）提弥明死之。死：形容词用作动词，为……死。

（3）食之。食：使动用法，给……吃。

2. 判断句

（1）不忘恭敬，民之主也。

（2）翳桑之饿人也。

（3）董狐，古之良史也。

（4）赵盾，古之良大夫也。

3. 宾语前置

（1）则莫之继也。

（2）虽猛何为！

（3）其我之谓矣！

4. 双宾语句
（1）晋侯饮赵盾酒。
（2）为之箪食与肉。

第五篇　齐晋鞌之战（成公二年）

【原文】

癸酉①，师②陈于鞌。邴夏御齐侯③，逢丑父④为右⑤。晋解张⑥御郤克⑦，郑丘缓为右。齐侯曰："余姑翦灭此而朝食⑧！"不介马⑨而驰之⑩。郤克伤于矢，流血及屦，未绝鼓音⑪，曰："余病⑫矣！"张侯曰："自始合，而矢贯余手及肘，余折以御，左轮朱殷，岂敢言病？吾子忍之！"缓曰："自始合，苟有险，余必下推车，子岂识之？——然子病矣！"张侯曰："师之耳目，在吾旗鼓，进退从之。此车一人殿之，可以集事。若之何其以病败君之大事也？擐甲执兵，固即死也；病未及死，吾子勉之！"左并辔，右援枹而鼓，马逸不能止，师从之。齐师败绩。逐之，三周华不注。

【注释】

①癸酉：成公二年（前589年）的六月十七日。

②师：指齐晋两国军队。

③邴（bǐng）夏御齐侯：邴夏给齐侯驾车。邴夏，齐国大夫。御，动词，驾车。齐侯，齐国国君，指齐顷公。

④逢（páng）丑父：齐国大夫。

⑤右：车右。

⑥解张：和下文中的郑丘缓都是晋臣，"郑丘"是复姓。

⑦郤（xì）克：晋国大夫，又称"郤献子""郤子"等，是这次战争中晋军的主帅。

⑧余姑翦灭此而朝食：这句话是成语"灭此朝食"的出处。姑，副词，姑且。翦灭，消灭，灭掉。朝食，早饭，这里是"吃早饭"的意思。

⑨不介马：不给马披甲。介，甲。这里用作动词，披甲。

⑩驰之：驱马追击敌人。之，代词，指晋军。

⑪未绝鼓音：鼓声不断。古代车战，主帅居中，亲掌旗鼓，指挥军队。"兵以鼓进"，击鼓是进军的号令。

⑫病：负伤。

【原文】

韩厥①梦子舆②谓己曰："旦辟左右③。"故中御④而从齐侯。邴夏曰："射其御者⑤，君子也。"公曰："谓之君子而射之，非礼也⑥。"射其左，越于车下；射其右，毙于车中。綦毋张丧车，从韩厥曰："请寓乘。"从左右⑦，皆肘之⑧，使立于后。韩厥俛定其右。

逢丑父与公易位。将及华泉，骖絓于木而止。丑父寝于轏中，蛇出于其下，以肱击之，伤而匿之，故不能推车而及。韩厥执絷马前，再拜稽首，奉觞加璧以进，曰："寡君使群臣为鲁卫请，曰无令舆师陷入君地。下臣不幸，属当戎行⑨，无所逃隐。且惧奔辟而忝两君。臣辱戎士，敢告不敏，摄官承乏。"丑父使公下，如华泉取饮。郑周父御佐车，宛茷为右，载齐侯以免。

【注释】

①韩厥：晋大夫，在这次战役中任司马（掌祭祀、赏罚等）。

②子舆：韩厥的父亲。

③旦辟左右：明晨交战，避开车之左右而居中。旦，即明日早晨。辟，后来写作"避"，避开。

④中御：在战车中间为御者。

⑤御者：指韩厥，其仪态如君子，邴夏请齐侯射之。

⑥非礼也：戎事（打仗）以杀敌为礼，齐侯的话说明他不懂戎礼。

⑦从左右：跟随（韩厥）想站左边、右边。

⑧皆肘之：都用肘推挡他。肘，名词用作动词，用肘推挡。

⑨属当戎行：恰巧遇到您（齐军）的军队。属，恰巧。当，遇到。戎行，兵车的行列，指齐军。

【原文】

韩厥献丑父，郤献子将戮之。呼曰："自今无有代其君任患者，有一于此，将为戮①乎！"郤子曰："人不难以死免其君②，我戮之不祥。赦③之，以劝④事君者⑤。"乃⑥免之。

【注释】

①为戮：被杀。为，介词，表被动，相当于"被"。

②人不难以死免其君：不以用死换得其君脱离危难为难。难，认为……难，把……看作难事。免，使……免，使……脱身，使动用法。

③赦：赦免。

④劝：鼓励，勉励。

⑤事君者：侍奉国君的人。

⑥乃：副词，表示前后两事事理相因，相当于"于是，就"。

【要点提示】

（一）音义

陈（zhèn），军队按队形排列。

行（háng），行列。

逢（páng），姓。

朝（zhāo），早晨。

解（xiè），姓。

殷（yān），黑红色。

当（dāng），处在某个地方或时候。

郤（xì），姓氏。

屦（jù），鞋。

擐（huàn），穿。

辔（pèi），马缰绳。

綦（qí）毋，姓氏。

辒（zhàn），棚车。

絓（guà），挂。

（二）文字

1. 古今字

（1）陈/阵（师陈于鞌）

（2）辟/避（旦辟左右）

（3）奉/捧（奉觞加璧以进）

2. 通假字

（1）介/甲（不介马而驰之）

（2）绩/迹（齐师败绩）

（3）无/毋（无令舆师陷入君地）

（4）絓/挂（骖絓于木而止）

3. 异体字

（1）枹/桴（右援枹而鼓）

（2）俛/俯（韩厥俛定其右）

（三）词语

翦灭、吾子、病、集、擐、执、即、勉、属、当、忝、劝。

另外，注意下面的同义词辨析。

殷：黑红色。《左传·成公三年》："左轮朱殷。"

朱：深红色。杜甫《自京赴奉先县咏怀五百字》："朱门酒肉臭，路有冻死骨。"

赤：大红色，正红色。《后汉书·华佗传》："面赤不食。"

丹：丹砂的颜色，比赤浅些。《国语·吴语》："皆赤裳、赤旗、丹甲、朱羽之矰，望之如火。"

红：粉红。《说文·系部》："红，帛赤白色。"

（四）语法

1. 词类活用

（1）不介马而驰之。介，甲，名词用作动词，披上甲。

（2）从左右，皆肘之。肘，名词用作动词，用肘推挡。

（3）臣辱戎士，敢告不敏。辱，形容词的使动用法，使……受辱。

（4）人不难以死免其君，我戮之不祥。难，形容词的意动用法，以……为难。免，使动用法，使……免（脱身）。

（5）邴夏御齐侯。御，动词的为动用法，给……驾车。

2. 判断句

（1）射其御者，君子也。

（2）谓之君子而射之，非礼也。

3. 被动句

（1）郤克伤于矢。用介词"于"引进主动者。

（2）将为戮乎！用"为"表被动。

（3）故不能推车而及。及，被……赶上了。

4. 双宾语句

谓之君子而射之。

（以上内容由王华树负责编写）

常用词例释

1. 乘

例：缮甲兵，具卒乘。（《左传·隐公元年》）

例句中"乘"是"车子""战车"之意，由"乘"的本义引申而来。

"乘"的甲骨文像人乘木之形。周绪全、王澄愚认为，"乘"的本义是①"升、登"。《九章·涉江》："乘鄂渚而反顾兮。"由于古时"驾驭马车"的动作与"攀登"的动作有相似之处，故由"攀、登"引申为②"驾驭"。《论语·雍也》："乘肥马，衣轻裘。"驾驭这一动作涉及的对象是车或船，所以又通过动作相关特指③"乘车、乘船"。《左传·庄公十年》："公与之乘。"乘车的特定工具是车子，动作与动作对象相关，故由"乘车、乘船"引申为④"车子、战车"。《左传·隐公元年》："缮甲兵，具卒乘。"车轮在地上滚动这一动作，可看成车子碾轧地面，动作与动作对象相关，所以还可引申为⑤"碾轧"。《国语·晋语》："驾而乘材。"将人或物踩在脚下和碾轧在动作上都是置于下面，意图上都含有"践踏"的意思，所以通过相似性把"碾轧"引申为⑥"践踏"。《史记·十二诸侯年表》："强乘弱，兴师不请天子。"一个人面对他人的践踏行为一般会进行防守，故"践踏"引申为⑦"防守、防御"。《汉书·高帝纪上》："兴关中卒乘边塞。"

其引申线索图示如下：

①升、登→②驾驭→③乘车、乘船→④车子、战车→⑤碾轧→⑥践踏→⑦防守、防御

2. 除

例：若弗与，则请除之。（《左传·隐公元年》）

例句中"除"是"诛杀"之意，由"除"的假借义引申而来。

"除"的本义是台阶，假借为"去"，是①"去掉、清除"的意思。《左传·隐公元年》："蔓草犹不可除。"由相似性至少可引申出四个词义：第一，清除某物和诛杀某人都是让某个对象消失，二者目的相似，故"清除"引申为②"诛杀、诛灭"。《左传·隐公元年》："若弗与，则请除之。"第二，清除某物和免除人的官职或责任都是让某个对象不复存在，二者结果相似，故"清除"又引申为③"免除"。《汉书·眭两夏侯京翼李传》："有可蠲除减省以便万姓者。"第三，清除某个对象就是对该对象进行一定的处理、整治，根据相似性，"清除"还引申为④"清理、整治"。张溥《五人墓碑记》："即除魏阉废祠之址以葬之。"第四，某对象被清除掉了就不存在了，故"清除"通过相关性又可引申为⑤"过去、逝去"。王安石《元日》："爆竹声中一岁除。"

其引申线索图示如下：

$$
\begin{array}{c}
③免除 \\
\uparrow \\
②诛杀、诛灭←①去掉、清除→④清理、整治 \\
\downarrow \\
⑤逝去、过去
\end{array}
$$

3. 甲

例：缮甲兵，具卒乘。（《左传·隐公元年》）

例句中"甲"是"铠甲"之意，由"甲"的本义引申而来。

甲，《说文·甲部》："东方之孟，阳气萌动，从木戴孚甲之象。"本义是①"草木萌芽时所戴的种壳"。《齐民要术·大豆》："戴甲而生。"动物的外壳和植物的种壳都是硬硬的，二者性质相似，由此引申为②"动物护身的外壳"。曹植《神龟赋》："肌肉消尽，唯甲存焉。"古代军人作战时所穿的铠甲与动物外壳相似，故引申为③"铠甲"。《左传·隐公元年》："缮甲兵，具卒乘。"士兵作战时必定穿上铠甲，二者相关联，"铠甲"引申为④"士兵"。《资治通鉴·汉纪》："今战士还者及关羽水军精甲万人。"

其引申线索图示如下：

①草木萌芽时所戴的种壳→②动物护身的外壳→③铠甲→④士兵

4. 处

例：君处北海，寡人处南海。（《左传·僖公四年》）

例句中"处"是"居住"之意，由"处"的本义引申而来。

处，《说文·几部》："止也。"本义是①"停留"。《孙子·军争》："卷甲而趋，日夜不处。"通过相关性可引申出其他意义：长期停留在某个地方就相当于居住，故本义引申为②"居住"。《左传·僖公四年》："君处北海，寡人处南海。"居住必须有个场所，故"居住"又引申为③"场所、处所"。陶渊明《桃花源记》："处处志之。"对住处必然要作一些处理、安排，故由"处所"引申为④"处理、安排"。《资治通鉴·汉纪》:"愿将军量力而处之。"另外，"处"在某种境况中与停留在某地性质相似，故本义通过相似性还可引申为⑤"处在、处于"。王勃《滕王阁序》:"处涸辙以犹欢。"

其引申线索图示如下：

①停留→②居住→③场所、处所→④处理、安排
　　↓
⑤处在、处于

5. 从

例：公从之。(《左传·僖公三十年》)

例句中"从"是"听从"之意，由"从"的本义引申而来。

按甲骨文，"从"是会意字，像"二人相随"。本义是①"跟随、随从"。《史记·廉颇蔺相如列传》:"臣尝从大王与燕王会境上。"动词"随从"在相关性的作用下特指②"随从的人"。《诗经·齐风·敝笱》:"其从如云。"为保护和伺候好主人，随从的人必须时刻紧跟主人，由动作的相关性可由"随从的人"引申为③"挨着、依傍"。《史记·项羽本纪》:"樊哙从良坐。"古时人死后将活人与自己一起下葬称为殉葬，殉葬是跟随已逝者而去，与"跟随"意思相通，故"跟随"通过两个词之间的相似性引申为④"殉葬"。《诗经·秦风·黄鸟》:"谁从穆公。"跟随某人一般就会参与其生活，故"跟随"通过相关性引申为⑤"参与"。《论语·微子》:"今之从政者殆而。"个人要参与某件事情并找到归属感，必须多人聚合到一起形成特定的环境，故"参与"通过相关性引申为⑥"聚合、归属"。《庄子·渔父》:"同类相从，同声相应。"追赶和跟随两个动作相似，故"跟随"又引申为⑦"追赶"。《左传·成公二年》:"故中御而从齐侯。"愿意跟随一个人说明对这个人很顺从、对这个人的意见十分听从，故"跟随"由动作上的相关性引申为⑧"顺从、听从"。《左传·僖公三十年》:"公从之。"同理，顺从某人往往会任凭其安排，故"顺从"通过相关性引申为⑨"听凭、任凭"。蒋捷《霜天晓角·人影窗纱》:"折则从他折去，知折去、向谁家。"

其引申线索图示如下：

　　　⑦追赶　⑧顺从、听从→⑨听凭、任凭
　　　　↑　　　　↑
①跟随、随从→②随从的人→③挨着、依傍
　　↓　　　　↓
④殉葬　⑤参与→⑥聚合、归属

6.过

例：是寡人之过也。(《左传·僖公三十年》)

例句中"过"是"过错"之意，由"过"的本义引申而来。

过，《说文·辵部》："度也。"本义是①"走过、经过"。杜牧《阿房宫赋》："雷霆乍惊，宫车过也。"从具体的始源域映射到抽象的目标域，"过"由"走过、经过"演变为②"超过、胜过"。《史记·项羽本纪》："不过二十里耳。"再通过语用推理和词义虚化，由"超过、胜过"演变出程度副词③"过分、过于"。柳宗元《小石潭记》："以其境过清。"超过了正确界限的结果就可能犯错，故"胜过、超过"演变为④"犯错"。《左传·宣公二年》："过而能改，善莫大焉。"犯错就是出现错误，故"犯错"演变为⑤"过错、错误"。《左传·僖公三十年》："是寡人之过也。"另外，犯错往往会受到责备，"犯错"由因果相关演变成⑥"责备"。《史记·项羽本纪》："闻大王有意督过之。"一般来说，去拜访某人就会走过某一个地方，本义"走过"又演变为⑦"拜访"。归有光《项脊轩志》："一日，大母过余曰。"

其引申线索图示如下：

①走过、经过→②超过、胜过→④犯错→⑤过错、错误
    ↓   ↓   ↓
⑦拜访   ③过分、过于 ⑥责备

7. 补

例：夫如是，则能补过者鲜矣。（《左传·宣公二年》）

例句中"补"是"弥补"之意，由"补"的本义引申而来。

补，《说文·衣部》："完衣也。"本义是①"补衣服"。《吕氏春秋·慎大览》："田赞衣补衣而见荆王。"修补其他东西和补衣服，目的都是使修补的对象变好，所以本义通过目的相似引申为②"修补"。杜甫《佳人》："牵萝补茅屋。"弥补过错和修补东西，目的都是让某个有瑕疵有缺陷的对象变得更好，于是"修补"引申为③"弥补、补救"。《左传·宣公二年》："则能补过者鲜矣。"修补破烂的东西，往往要补充一些材料，所以"修补"又引申为④"补充"。《齐民要术·种谷》："稀穊之处，锄而补之。"得到补充，当然是有好处的，因而由"补充"引申为⑤"裨益"。《庄子·外物》："静然可以补病。"

其引申线索图示如下：

①补衣服→②修补→③弥补、补救
                    ↓
             ④补充→⑤裨益

8. 信

例：弃君之命，不信。（《左传·宣公二年》）

例句中"信"是"守信"之意，由"信"的本义引申而来。

信，《说文·言部》："诚也。"本义是①"诚实、言语真实"。《史记·屈原列传》："信而见疑。"诚实的人说话讲信用，所以"诚实"和"讲信用"两个意思具有共存关系，本义由相关性引申为②"守信"。《左传·宣公二年》："弃君之命，不信。"为人诚实，别人会更容易相信此人，本义由因果相关又

引申为③"相信"。《史记·李广苏建传》："且单于信女。"在古代，传达上级命令的凭证叫作符信，具有言语真实的特征，故本义也引申为④"凭证、符信"。《战国策·燕策》："今行而无信。"古时候为别人送符信的人被称为使者，故"符信"引申为⑤"使者"。《史记·司马相如列传》："故遣信使晓喻百姓以发卒之事。"

其引申线索图示如下：

②守信

↑

①诚实、言语真实→③相信

↓

④凭证、符信→⑤使者

9. 朝

例：盛服将朝，尚早，坐而假寐。（《左传·宣公二年》）

例句中"朝"是"朝拜"之意，由"朝"的本义引申而来。

朝，甲骨文作😊），上下为"莽"字，左边中间为"日"，右边为"月"，表明太阳已从草丛升起，月亮还未落，所以本义是①"早晨"。《论语·里仁》："朝闻道，夕死可矣。"古代臣子拜见君主的时间一般是在早晨，"早晨"通过时间相关的规律引申为②"朝见、朝拜"。《左传·宣公二年》："盛服将朝，尚早，坐而假寐。"朝见君主的目的是处理政务，根据动作与动作目的相关性，所以"朝见"引申为③"朝政"。《吕氏春秋·贵直论》："期年不听朝。"处理朝政是在特定的场所进行，根据地点相关性，所以"朝政"又引申为④"朝廷"。《战国策·齐策》："于是入朝见威王。"一个朝廷的存在及其主持政务都有一定的时期，往往称一代君主的统治或者具有同一血统的几代君主的统治为"朝"，根据时间相关性，所以"朝廷"又引申为⑤"朝代"。杜甫《蜀相》："两朝开济老臣心。"

其引申线索图示如下：

①早晨→②朝见、朝拜→③朝政→④朝廷→⑤朝代

10. 事

例：赦之，以劝事君者。（《左传·成公二年》）

例句中"事"是"侍奉"之意，由"事"的本义引申而来。

事，《说文·史部》："事，职也。"本义是①"事情"。诸葛亮《出师表》："事无大小，悉以咨之。"政治上、军事上突然发生的事情叫事变，因此引申为②"事变、变故"。贾谊《过秦论》："享国之日浅，国家无事。"事情必有人去做，故本义又引申为③"做、从事"。王安石《答司马谏议书》："今日当一切不事事"的第一个"事"就是这个意思。为君主或者比自己地

位高的人做事则为侍奉，故由"做、从事"引申为④"侍奉"。《左传·成公二年》："赦之，以劝事君者。"

其引申线索图示如下：

②事变、变故←①事情→③做、从事→④侍奉

（以上内容由李桂林负责编写）

第二章　词　汇

通论

第一节　常用词典简介

一、《辞源》

《辞源》，陆尔奎、方毅等人编写，于1915年由商务印书馆出版。《辞源说略》对《辞源》的编撰思想作了说明："吾国编纂辞书，普通必急于专门。且分为数种，亦不如合为一种。"这充分说明《辞源》是一部以解释常用语词、普及百科知识的辞书。《辞源》以繁体字排印，采用部首排序法，《辞源》中的单字以部首笔画数为序依次排列，在单字下收录古今常用复音词或词组。《辞源》释义方式是先释单字音、义，再释复音词词义，最后引用书证。

在首版《辞源》中，注音方式采用《音韵阐微》中反切注音，收词涵盖文言词语、社会科学及自然科学等方面词目。此后，为适应时代发展及词典分工需要，国家自1958年起开始对《辞源》进行修订，删去原《辞源》中自然科学、社会科学等方面的词目，专收文言词语和古代文化知识方面的词目，词目收录的时间下限也定在鸦片战争爆发年（1840年）。

修订版《辞源》注音采用了中文拼音字母和注音字母标注，中古音则用《广韵》反切标注，反切后标注声、韵、调。2015年，《辞源》第三次修订本出版，共收单字14 210个、复音词92 646个。

二、《辞海》

《辞海》，舒新城、沈颐、张相等人主编，于1936年由中华书局出版。这部词典在体例、收词上与《辞源》大致相当，是一部综合百科知识的语文工具书。

《辞海》首版比《辞源》晚约二十年，在很多方面与前者相比有所改进，例如增收新名词、引文标注篇目等；此外，相比《辞源》的"溯源性"，《辞海》行文更具"通俗概括性"。

《辞海》同样经历几次修订，首次修订工作从1958年开始，与《辞源》

《现代汉语词典》等词典的分工不同，修订版《辞海》兼收语词、自然社会科学等百科词语，首次修订本于1979年由上海辞书社出版。修订版《辞海》虽然字数不及《辞源》，但收词广度、范围更大，如禁军名"神武军"、佛教名"禅机"、逻辑术语"私名"等词目在《辞源》中找不到，但却被收录在《辞海》中。

《辞海》修订本由于使用简体字排印，按部首笔画编排，因此不再使用《康熙字典》214个部首，而用250个部首。单字注音采用汉语拼音字母，比较冷僻的字再加上直音，释义和引证都很准确，书中附有"笔画查字表"和"汉语拼音索引"，其后又出了单行本《辞海四角号码检字表》。2009年，第六版《辞海》正式发行，第七版《辞海》网络版也于2020年上线运行。

三、《汉语大词典》

《汉语大词典》由五省一市的专业工作者共同编纂，罗竹风任主编。上海辞书出版社1986年出版《汉语大词典》第一卷，之后的各卷则改由汉语大词典出版社出版，至1993年出齐12卷，并附有附录和检索。《汉语大词典》按照"力求做到古今兼收源流并重"的编辑方针，在词目收录上，突出语文性和历史性，只收古今汉语一般语词，不收人名地名等专科词语，是一部大型的历史性的汉语语文词典。

全书单字条目按部首笔画编排，采用的是《汉语大字典》一样的200个部首。词目以繁体字立目，简化字括注于后，多字条目按"以字带词"的方式列于单字条目之下。《汉语大词典》采用繁体字、简体字并排排印，引用古代书籍用繁体字，引用现代书籍用简体字。单字注音以拼音字母注现代音，以《广韵》的反切标注中古音，同样也标注声母、韵部和声调。

《汉语大词典》最大的特点是收词数量多，共收词目约37万条，全书5000余万字，是迄今为止收词最多的汉语语文词典。在词义解释上，《汉语大词典》释义确切，层次清楚，引例丰富，文字简练。

四、《现代汉语词典》

《现代汉语词典》由中国社科院语言研究所词典编辑室编纂，由吕叔湘、丁声树先后任主编。《现代汉语词典》是以记录普通话语汇为主的中型现代语文词典，收词目56 000多条。词典从1956年开始编写，1960年印出"试印本"征求编写意见，并于1965年推出试用本，1979年由商务印书馆正式出版，从开始编写到正式出版历时20余年，是我国第一部规范性的语文词典。

《现代汉语词典》除了收录普通话语汇之外，为查考需要还收录了少量常见的文言词语和方言词语，并且采用了特殊标记。在释义方式上，主要采用下定义的方式解释词语，并且通过提供例句的方式使读者更准确地理解词义和用法。

在此后的版本修订中，《现代汉语词典》中收录的词目也随着时代和语言的发展而更新，及时增收新词，删除少数陈旧词汇。截至目前，已历经七次修订，商务印书馆于2016年出版了《现代汉语词典》（第7版）。

五、《经传释词》

《经传释词》由清代学者王引之编著，出版于清嘉庆二十四年（1819年）。这是一部着重研究先秦和汉代经传中虚词用法的著作，全书选取周、秦、西汉古书中虚词160个，依次解释其用法及源流情况。在编排上，以古汉语声母类别为纲，一共分为十卷。《经传释词》较为充分地研究了虚词的特殊用法，疏于谈论虚词的通常用法，不过仍不影响它成为辅助虚词研究的重要著作。

六、《词诠》

《词诠》为近代人杨树达所著，出版于1928年，这是一部专门解释古汉语虚词的词典，共分486个条目，含各类虚词545个。

在编排体例上，《词诠》按照当时通行的注音字母ㄅ、ㄆ、ㄇ、ㄈ、ㄉ、ㄊ、ㄋ、ㄌ……编排，书前附有"部首目录"供不懂当时注音字母的读者查阅。

《词诠》释词范围比《经传释词》更广，既包括古籍中常见虚词的通常用法，也包括虚词的特殊用法。释词时依次指出词性、释义，最后举例。对于读者来说，书中每个词都标明了词性，且引例严整丰富，便于读者学习研究。

七、《古代汉语虚词词典》

《古代汉语虚词词典》，由中国社科院语言研究所古代汉语研究室编，商务印书馆1999年出版印行。编者从汉语史的角度出发，对每个虚词进行了研究，力求做到既反映虚词的用法意义，又反映虚词的历史变化。在编排体例上，全书按汉语拼音字母顺序排列。

《古代汉语虚词词典》所收词类包括副词、介词、连词、助词等虚词。收词上既收单音虚词，也收复音虚词，共收单音节虚词762条，复合虚词491条，惯用词组289条，固定格式313条，共计有条目1855条（其中也有近代汉语虚词），是古代汉语虚词专著编纂史上规模最大的一部词典。在释义上，一般简要描绘其虚化过程，指出了其在不同历史时期的不同用法，用"可译作……""可译为……"的方式准确、概括地说明条目的语义特征。此外，在少数词条中增加辨析，用来辨析该词和其他词的差异。

思考题

请简要说明《辞源》《辞海》《汉语大词典》的性质和体例。

第二节　古今词义的异同

一、古今词义异同的基本情况

词汇是语言中最活跃的要素，社会各个方面的变化、发展都将反映在词汇中。词义是随着历史的发展而变化的：一方面，有的词随着历史发展，一部分词义或者整个词逐渐被淘汰；另一方面，有的词一直流传下来，并且仍然活跃在口语和书面语中。

（一）古用今废词

1. 完全用新词代替旧词

在古用今废词中，一些词汇所指称的事物仍然存在，但是这些词本身已经消亡，完全被新词取代。例如"醯"，在古代表示"醋"的意思，《说文·皿部》："醯，酸也。"《荀子·劝学》："树成荫而众鸟息焉，醯酸而蜹聚焉。"然而，现在生活中已弃用"醯"，完全用"醋"来代替。"囹圄"，在古代表示"监狱"的意思，《韩非子·三守》："至于守司囹圄，禁制刑罚，人臣擅之，此谓刑劫。"现在已用"监狱"一词代替，"囹圄"只存在于成语"身陷囹圄"中。

2. 词义的概括使古代区别很小的旧词消亡了

随着社会的不断进步，古代区别很小的词逐渐概括化，到今天不再有明显的区分。如古代表示牛的年龄、牛的体色就有不同的词，《说文·牛部》记载"牻"专指白黑杂毛牛，而"牷"则专指纯色牛。再如三岁年龄的牛用"犙"表示，四岁年龄的牛则用"牭"表示。这些词，今天已不再使用了。

3. 古代某些事物不存在了，代表它的词也就逐渐被淘汰

在社会进步过程中，一些事物逐渐在现实生活中消失，而作为最生动反映社会生活的一些词汇也就会相应地从语言中消失。例如周代产生的八佾、大射、宗子、冢祀、室老、祝史、玄冠、庭燎、饭含、蓽鼓、告朔、武闱等事物今天已经不存在了，这些词今天也不再使用。这种情形在古代地名中表现得较为突出，如《左传·隐公元年》中表示地名的"虢""颍"，也都早已不再使用。

（二）古今传承词

一些词语因使用频率高、稳定性强而被人们世代相传。从古今词义比较来看，既有相同之处，也有不同的地方。我们把古今词义相同的称为古今义同词，古今词义有差别或不同的叫作古今义异词。

1.古今义同词

汉语中一部分词的词义从古至今基本未有变化，它们是组成汉语基本词汇的重要部分。例如，我们现在常常使用的"鸡""牛""大""小""木""花""风""草""雨""国家""犹豫"等这些词，它们所指称的事物从古到今一直没有变化，这些词早已成为我们词汇生活中必不可缺的部分，它们的古今传承也充分体现了语言的稳固性。

2.古今义异词

除了古今义同词外，还有很多词属于古今义异词，这在我们汉语中非常普遍。例如"字"字在古代表示"养育小孩"的意思，《说文·字部》："字，乳也。从子在宀下，子亦声。"段玉裁注："乳也，人及鸟生子曰乳。"《左传·成公十二年》："又不能字人之孤而杀之。"然而现在"字"则表示"文字"的意思，古今词义迥异。又如"行李"在古代有表示"使者"的意思，《左传·僖公三十年》："行李之往来，共其乏困。"杜预注："行李，使人。"然而现在"行李"则指旅途中所携带的东西，古今词义差别很大。

此外，也有很多词古今词义相差不大，属于词义微殊的古今词，这些词在我们研读古籍时值得注意，必须谨慎考量词义，以免出现误读。如"走"在古代有"跑"的意思，《说文·走部》："走，趋也。"《乐府诗集·木兰诗》："双兔傍地走，安能辨我是雄雌?"今天"走"仍有"以脚步行"的意思，只不过词义已发展成"较为缓慢地行走"之意。又如"再"，在古代仅仅表示"两次"或者"第二次"的意思，《左传·庄公十年》："一鼓作气，再而衰，三而竭。"现代生活中"再"不仅有"两次"的意思，也有"重复很多次"的意思。

二、古今词义的发展变化

词汇的发展变化，不仅表现在旧词的消亡、新词的出现及词义的古今传承上，还表现在词义的发展变化上。词义的发展变化一般体现在扩大、缩小和转移方面，另外还表现出词义的褒贬色彩和轻重程度的不同。

（一）词义的扩大

词义的扩大是指词从原义发展到新义，其所代表的词义由下位概念发展成上位概念，词义外延进一步扩大。词的古义是词的新义范围中的一部分，古义范围小于今义，一般表现在词义由具体到抽象，由个别到一般。

例如"河"在汉代以前专指黄河，《山海经·夸父逐日》："饮于河、渭，河、渭不足。"河、渭指的就是黄河、渭河。后来"河"的词义外延扩大，由"黄河"的下位概念发展成"泛指所有河流"的上位概念。

"本"古义指树根。《说文·木部》："本，木下曰本，一在其下。"《国语·

晋语》：“伐木不自其本，必复生。”后来，“本”的意义外延扩大，泛指一切事物的根本、基础。

“焚”的古义是专指烧毁山林围猎，《说文·火部》：“焚，烧田也。”《左传·襄公二十四年》：“象有齿以焚其身。”意思是大象因为有值钱的象牙，因此导致自身遭受围猎。后来“焚”的词义范围扩大，泛指所有的焚烧行为。

（二）词义的缩小

词义的缩小是指词从原义发展到新义，其所代表的词义由上位概念发展成下位概念，词义外延进一步缩小。词的新义是词的古义范围中的一部分，古义范围大于今义，一般表现在词义由抽象到具体，由一般到个别。

如“瓦”在上古是陶制品的总称，《说文·瓦部》：“瓦，土器已烧之总名。”《荀子·性恶》：“夫陶人埏埴而生瓦。”《诗经·小雅·斯干》：“乃生男子，载弄之璋；乃生女子，载弄之瓦。”这里“瓦”均指陶制品。后来“瓦”的词义范围缩小，专指铺屋顶的一种建筑材料，也即我们现在常称的瓦。

“坟”古义指大土堆。段玉裁注：“‘坟，墓也’，此浑言之也。土之高者曰坟。”《九章·哀郢》：“登大坟以远望兮，聊以舒吾忧心。”这里的“坟”泛指平地上较高的土堆，后来“坟”的词义范围缩小，专指埋葬逝者的土堆，也即我们现在常称的坟。

“金”古义指金属的总称，《说文·金部》：“金，五色金也。”《周易·系辞上》：“二人同心，其利断金。”意思是兄弟二人同心协力，金属也可切断。后来，“金”的词义外延缩小，专指金属中的黄金。

（三）词义的转移

词义的转移，是指词义的内涵和外延发生了转变，词义中心发生了转移。词所代表的概念发生了更替，词义指称由甲事物变化为乙事物。

例如“兵”本义是兵器。《说文·收部》：“兵，械也。”《荀子·议兵》也记载：“之兵，戈、矛、弓、矢而已。”《孟子·梁惠王上》：“孟子对曰：王好战，请以战喻。填然鼓之，兵刃既接，弃甲曳兵而走。”后来“兵”的词义发生转移，指称军队，《史记·项羽本纪》：“使人收下县，得精兵八千人。”这个词义也一直延续至今。

“涕”古义是指“眼泪”。《说文·水部》：“涕，泣也。”《庄子·大宗师》：“哭泣无涕，中心不戚。”意思是哭泣的时候没有眼泪。《诗经·陈风·泽陂》：“寤寐无为，涕泗滂沱。”说的是哭得很厉害，眼泪鼻涕像下雨一样。汉代以后，由于“泪”指称“眼泪”，“涕”的词义发生转移，基本上专指鼻涕，王褒《僮约》：“目泪下落，鼻涕长一尺。”这个词义也延续至今。

“物色”古义是表“相貌”。《后汉书·严光传》：“帝思其贤，乃令以物色访之。”李贤注：“以其形貌求之。”《新唐书·颜杲卿传》：“尝送徒于州，亡其籍，至廷，口记物色，凡千人，无所差。"这两处的"物色"均是指"相貌"。后来"物色"词义发生转移，成为"寻找、挑选"的意思。宋代周辉《清波别志·卷上》："令臣搜访诗人，臣已物色得数人。"明代孙仁孺《东郭记·第二十二出》："我想遍国之人俱利小人耳，焉能物色我于尘埃之内乎？""物色"的这个词义一直延续至今。

（四）褒贬色彩和轻重程度不同

古今词义的变化，除了词义扩大、缩小及转移外，还存在着褒贬色彩以及轻重程度的不同。褒贬色彩是指对人或客观事物的主观评价，包括赞扬、贬低评价等；所谓轻重程度的不同，是说古今词义程度有加深或减弱的变化。

"饿"古指没有食物可吃，比同样表此义的"饥"程度更重。《韩非子·饰邪》："语曰：家有常业，虽饥不饿；国有常法，虽危不亡。"《淮南子·说山训》："宁一月饥，无一旬饿。"后来"饿"义的程度减轻，同"饥"表饥饿程度一样，现在已经同等使用了。

"恨"古义指遗憾、不满。司马迁《报任安书》："而长逝者魂魄私恨无穷。"《汉书·苏武传》："子为父死，亡所恨。"两处的"恨"都表示遗憾、不满。后来"恨"的词义加重，表示仇恨、厌恶。

"阴谋"古义为暗中谋划、策划，属于中性词。《史记·秦始皇本纪》："高乃与公子胡亥、丞相斯阴谋破去始皇所封书赐公子扶苏者，而更诈为丞相斯受始皇遗诏沙丘，立子胡亥为太子。"《韩非子·存韩》："韩秦强弱在今年耳，且赵与诸侯阴谋久矣。夫一动而弱于诸侯，危事也。"两处"阴谋"均为"暗中策划"义。后来"阴谋"贬义色彩加重，指设计诡计、危害他人，由中性词变化为贬义词。

"风骚"古指《诗经》《离骚》等诗文之事，属于中性词。高适《同崔员外、綦毋拾遗九日宴京兆府李士曹》："今日好相见，群贤仍废曹。晚晴催翰墨，秋兴引风骚。"其中的"风骚"指诗文。此外，"风骚"还可表示才情，宋代刘克庄《菩萨蛮·戏林推》："道是五陵儿，风骚满肚皮。"后来"风骚"贬义加重，今义指风流放荡，由中性词变化为贬义词。

思考题

1.请分别寻找四个古今词义扩大、缩小、转移及褒贬程度发生变化的词，并简要分析。

2.请查阅有关字典，指出下列各词古今义的异同。

臭、身、菜、嘴、颜色、丈人

第三节　单音词　复音词

一、古汉语词汇的构成

（一）相关概念

1.字

"字"即文字，是记录语言的符号，汉字是记录汉语的符号。古代汉语以单音词为主，古人一般把一个字当成一个词，用"字"称呼词，用"字义"指词义。

2.词

词由语素构成，词是语言中最小的能够独立运用的有音、有义的语言单位。词的特点是能够单独使用，即能够回答问题或充当句法成分。

3.语素

语素是最小的语法单位，是最小的语音、语义结合体。语素有两个明显特点，一是最小的语法单位，二是有意义。如"高铁""钢笔""窗户"这些双音节词都不是语素，因为它们每个词还可以划分为"高"与"铁"，或"钢"与"笔"，或"窗"与"户"等更小的有意义的语法单位，即还可以进行语素划分；而同样是双音节词的"葡萄""匍匐"就已经是最小的语素了，因为"葡萄""匍匐"再划分出"葡""萄""匍""匐"都没有具体意义，只有在它们组成"葡萄""匍匐"时才是有意义的语法单位。

（二）词的构成

1.词按音节分为单音词、复音词

单音词，即单个音节成为的词。古汉语中80%的词是单音词，特别是先秦文献，单音词数量更多。复音词，即由两个或两个以上音节组成的词，现代汉语中数量较多。

汉语词汇从以单音词为主过渡到以复音词（特别是双音词）为主，是汉语发展史上的一大变化。这一变化是一个漫长的过程，如果说汉语至少有一万年的历史，那么在距今两千多年前的先秦时代，这一变化则已经开始。

汉语由单音词向复音词转变，一是由于社会的发展进步，事物越来越繁多，以往的单音词已不能完全表达新事物；二是因为汉语原有音节数量有限，如果通过创造新的单音词则会造成同音词的增加，所以需要通过创造复音词来指称新事物。

2.复音词的类型

复音词可以分为不同的类型。若按音节分，可分为双音节词、三音节词、多音节词等；若按语素分，可分为单纯词和复合词。

单纯词是指由一个语素构成的复音词，一般也称为"单纯复音词"。复合词是指由两个或两个以上语素构成的复音词，也称"合成复音词"。区分单纯词与复合词，主要看包含几个语素。包含一个语素即是单纯词，包含两个或两个以上语素则是复合词。

3. 单纯复音词的类型

单纯复音词包括叠音词和联绵词。所谓叠音词，就是重叠两个相同音节而构成的双音节词。叠音词作为单纯词的一种，具有单纯词的特点，即仅含有一个语素。

叠音词在我们生活中常常用于描绘动作、形貌和模拟声音。崔颢《黄鹤楼》："晴川历历汉阳树，芳草萋萋鹦鹉洲。"《诗经·周南·桃夭》："桃之夭夭，灼灼其华。"其中"历历""萋萋""夭夭"都是描绘形貌的叠音词，它们不能再拆分，是一个单独语素，具备单纯词的特点。叠音词声韵优美、朗朗上口，在古代文学作品中被广泛运用。

联绵词是指由两个音节连缀成义的单纯词。联绵词按照声韵异同又可分作四种类型：一是双声联绵词，即两个音节声母相同，如：蒹葭、参差、伶俐、仿佛、蜘蛛；二是叠韵联绵词，即两个音节韵母相同，如窈窕、荒唐、混沌、披靡、逍遥；三是双声叠韵联绵词，即两个音节声母韵母均相同，如辗转、夭夭、芊芊、萋萋、滚滚；四是非双声叠韵联绵词，即两个音节声母韵母均不相同，如浩荡、滂沱、芙蓉、葡萄、蚯蚓。

联绵词是不可分割的整体。构成联绵词的两个字只起标音的作用，字义与联绵词的意义没有关系，因此一个词常有多种书写形式。如："彷徨"可写成"仿偟""仿徨"；再如"委蛇"，按照洪迈《容斋随笔·五笔》记载，"委蛇"还可写作"逶迤""委佗""委佗""逶迤""倭迟""威夷""逶夷""委移""蜲蛇""逶蛇""逶移""威迟"等十二种字形。

4. 合成复音词的类型

专名复词，是指古代专门指称特定事物的合成复音词，包含指称地名、官职、年龄等多种方面。这类词语意义固定，一般不会轻易发生改变。如"阳夏""天姥"等地名，又如古代以"桃李"指学生，以"南冠"指囚犯，以"豆蔻"指十三四岁的女子，以"翠黛"指美丽的女子等。

加缀复词，是由一个语素作为词根加上一个词头或词尾组成的合成复音词，其意义主要由非词缀的语素承担。古汉语中的词头有"有、言、薄、于"等，由这些词头可产生如有夏、有周、言归、薄言、于归等加缀复词；由"然、如、若、乎"等词尾可构成"欣然""惠然""宴如""涣若""确乎"等加缀复词。

偏义复词，是由两个意义相关、相对、相反的语素组成的合成复音词。其中一个语素主导整个合成词的意义；另一个语素并不对语义产生影响，只起陪衬作用。如"生死"侧重于表达"死亡"的意义，林则徐《赴戍登程口占示家人》中"苟利国家生死以，岂因祸福避趋之"，着重表达的是作者愿意为国赴死的决心。

同义复词，是指两个意义相同或相近的语素构成的合成复音词。同义复词的两个语素所表达的意义，处于并列地位。如"宾客""朋友""跋涉""寻常""亲戚"等词，其中前一个语素和后一个语素所表达的意义相同或相近。

二、学习单音词、复音词应注意的问题

（一）不要把单音词连用误解为是复音词

古汉语中有时候两个单音词的组合，表面看上去很像现代汉语中常见的双音词，但实际上它们两个单音词分别有各自的意义。我们不能以今天的认知习惯，去理解这些古代词汇。

《礼记·学记》："玉不琢，不成器。人不学，不知道。"其中"知道"，很像现代汉语的复音词"知道"，表示"明白、了解"意义，但句中应该分开解释，"知"表"懂得"，"道"表"道理"，实际上是"懂得道理"的意思。《晏子春秋·内篇杂下》："橘生淮南则为橘，生于淮北则为枳，叶徒相似，其实味不同。""其实"很容易被理解为现代副词"其实"，不过"其实"是两个单音节词连用，应理解为"它的果实"。

（二）不要把复合词误认为是单音词连用

古代汉语中，除了不应把连用的单音词误解为是复音词外，也不能把复合词误认为是单音词连用。古代注释家有时把复合词误认为是两个单音词连用，分别予以解释，这是错误的。《左传·成公二年》："自始合，而矢贯余手及肘，余折以御，左轮朱殷，岂敢言病？吾子忍之！"其中"吾子"就已凝结成复合词，表示对人的尊称，显然不能当作"吾"与"子"两个单音词连用，更不能将"吾子"理解成"我的儿子"。

（三）要准确把握偏义复词的意义所在

偏义复词，是指复合词的词义只落在其中一个语素上，另一个语素只起陪衬作用。我们要认识这类复合词的特点，这样才能正确理解词义和文段的意义。

《墨子·非攻上》："今有一人，入人园圃，窃其桃李，众闻，则非之。"其中"园"表示"果园"，"圃"表示"菜园"，"园圃"重在表"果园"，"圃"无义。

《韩非子·解老》："狱讼繁，则田荒；田荒，则府仓虚。""府"是指储存文书财物的地方，"仓"则表示"仓库"，"府仓"放在一起，着重表"仓库"义，"府"成为羡余。整段意思是诉讼案件繁多，田地就荒芜；田地荒芜，仓库就空虚。

（四）联绵词不能拆开解释

我们在认识和使用联绵词时，不能凭借字面意思将联绵词拆开来解释。如"仿佛"不能拆分成"仿"和"佛"，更不能凭字面意思理解为"模仿佛爷"，只有将"仿"和"佛"连缀在一起，"仿佛"才有"好像、貌似"的意义；再比如"从容"也不能拆分成"从"和"容"，只有"从"和"容"放在一起连用时，"从容"才有"淡定自若"的意义。例如"披靡"是草木随风偃伏的样子，也用来比喻军队的溃败。《史记·项羽本纪》："汉军皆披靡。"可是张守节《史记正义》称："靡，言精体低垂。"单讲"靡"字，那么"披"则没有着落。"披靡"实际上是联绵词，不能拆开解释。

（五）叠音词和单音词的叠用，不属于同一范畴

叠音词与单音词叠用，表面上看并无不同，其实二者区别很大。叠音词，是重叠同一个音节而构成的双音节词，属于词的本身构造形式的问题；单音词叠用，则是属于用词的方法问题，二者不属于同一范畴。

叠音词和单音词的叠用的主要区别在两个方面：一是产生和使用方式的不同，叠音词主要是为了临摹事物的形貌、状态，而将两个相同音节组合在一起成为词，如《诗经·周南·关雎》："关关雎鸠，在河之洲。"其中"关关"模拟鸟叫声。《诗经·周南·桃夭》："桃之夭夭，灼灼其华。""夭夭""灼灼"描摹桃树和桃花繁盛的样子。而单音词的叠用是用词的方法问题，如李绅《锄禾》："谁知盘中餐，粒粒皆辛苦。""粒粒"不模拟声音，也不描绘状貌，而是两个单音词放在一起重叠使用，表示"每一粒"的意思，在句中充当成分。二是词义构成的不同，叠音词的词义与其构成的单字义无关；而单音词的叠用，其词义与单字义往往有关。如《诗经·卫风·氓》："淇水汤汤，渐车帷裳。""汤汤"与"汤"字的意义无关。李绅《锄禾》："谁知盘中餐，粒粒皆辛苦。""粒粒"则与"粒"字的意义紧密相关。

思考题

1. 查阅参考书，说明"恨"和"怨"古今意义发生了什么变化。
2. 举例说明联绵词有哪些类型。

第四节　同　义　词

一、同义词的定义及辨别意义

同义词，是指词义相同或相近的词。同义词中多数是部分意思相同或相近，即少数义项相同，较少有全部义项完全相同的词。

古代汉语同义词数量十分丰富，并且彼此之间的关系也比较复杂，古人

在表达某一概念时很注重用词的推敲，常常借助同义词的异同来加强表达效果。我们在阅读古籍时，如果只是囫囵吞枣地阅读，不注重辨析同义词的差别，那么就不能够准确理解作者的意图，这样一来便容易造成误解。

二、古汉语同义词的特征

古汉语同义词，跟现代汉语同义词比较，有自己的特色。

（一）有时代的差别

现代汉语的同义词是就同一个时代来说的，只要从横的方面来分析就行了。而古汉语的同义词则包括不同时代的积累，因此要从纵的方面来考察，必须用发展变化的观点来看待古代汉语的同义词：有的词在上古是同义词，但到了中古或近代却不是同义词了；反过来，有的词在上古不是同义词，而到了中古或近代却变成了同义词。

（二）有社会的印记

词汇具有社会性，它总是要反映一定的社会生活。吕叔湘曾经指出：《诗经·鲁颂·駉》这首诗提到马的名称就有16种，全部《诗经》里，马的名称更多。他说这是因为马在古代人的生活里占有重要位置，特别是那些贵族很讲究养马。这说明一个问题，那就是词具有社会性。中国在历史上长期处于奴隶社会和封建社会，尤其因为两千多年来封建礼教的约束，宗法观念根深蒂固，等级森严。为了别贵贱、寓褒贬，同一概念要用不同的词表示，这样就给同义词打上了社会的烙印。《礼记·曲记下》："天子死曰崩，诸侯曰薨，大夫曰卒，士曰不禄，庶人曰死。"

（三）同义关系复杂

古汉语同义词多是单音词，而单音词的一词多义现象又非常普遍，因而就构成了复杂的同义关系。一个词有好几个意义，各自与别的词语构成同义关系，也就有好几组同义词，这种情况要比现代汉语显著、突出得多。

三、同义词辨析应遵循的原则

（一）分清同中之异

古代汉语中的同义词往往只是一个或者其中几个义项相同，除了相同意义以外，不同之处是有很多的，所以我们在辨析古代汉语同义词时要注意把握同中之异，注意区分不同之处。比如"疾""病"，二者都有"身体染恙、不安康"之意，但是它们在词义的轻重程度上有差别。《说文》："疾，病也。"又："病，疾加也。"《论语·子罕》："子疾病。"郑玄注："病谓疾益困也。"包咸注："疾甚曰病。"可见，"疾""病"有轻重之分，这是它们的同中之异。此外，"疾"还有"厌恶、憎恨、妒忌、快、急速"等义，"病"还有"弊病、担心"等义，这些就不在同义词辨析之列了。

（二）着重指明上古时期的异同

"官""吏"都可指治人的人，但在上古"吏"指"官吏"，"官"一般指官署（行政机关），后来引申为"官吏"，才与"吏"同义。但它们之间仍有区别："官"指一般官员，"吏"指下级官员。《石壕吏》"有吏夜捉人"中的"吏"就是指下级官员，不可换为"官"。

四、同义词的主要差异

同义词之间的差异主要体现在词义上的差异和使用上的差异。只有掌握了这些具体的差异，我们才能准确地辨析同义词，才能真正读懂古文，正确理解文章的前后文。

（一）词义上的差异

1.指称对象的差异

如同义词"人""民"，这两个词表示的都是"人类的社会成员"，然而它们在指称的对象上却有所不同。"人"与禽兽相对，是人类社会成员的统称。《荀子·非相》："人之所以为人者，非特以二足而无毛也，以其有辨也。"而"民"指称的范围比"人"小，它是指人类社会成员当中被认为愚昧无知的部分，即被奴役者、被统治者。《说文·民部》："民，众萌也。"王筠《说文句读》："萌，冥昧也，言众庶无知也。"

再如同义词"鼎""镬""锜""釜""甑"，这五个词都表"烹饪器具"的意义，不过它们之间也各有差异。其中，"鼎""镬"表示煮肉的器具；"锜""釜"是做饭食的器具，"锜"有足，"釜"无足；而"甑"是用来蒸煮的器具。

2.物体质料的差异

同义词"布"和"帛"都有表"织品"的意义，但它们在质地、材料上有一些差异。麻织品为"布"，丝织品为"帛"。《礼记·礼运》"治其麻丝，以为布帛"，就是指的以麻织品制成布，以丝织品制成帛。

3.所在部位的差异

同义词"须""髯"都有"胡须"的意义，但胡须所在的身体部位却有差异。长在下巴上的叫"须"，长在两颊上的叫"髯"。《说文·须部》："须，面毛也。"段注："须，颐下毛也。""髯"所指的部位则在面颊。《说文·须部》："髯，颊须也。"《汉书·高帝纪》："美须髯。"颜师古注："在颐曰须，在颊曰髯。"

4.行为方式的差异

如同义词"观""察""看""望"，这四个词都有表示"看"的意义，但

"看"的方式不同。"观"和"察"指仔细地看。《说文·见部》："观，谛视也。"《左传·僖公二十三年》："（公子重耳）及曹。曹共公闻其骈胁，欲观其裸。浴，薄而观之。""察"的意义与"观"相近。《说文·宀部》："察，覆也。"《尔雅·释诂》："覆，察审也。""察"指翻来覆去细细审看，力图看出究竟。《左传·庄公十年》："小大之狱，虽不能察，必以情。"《孟子·梁惠王上》："明足以察秋毫之末，而不见舆薪。""看"的本义是以手加额遮目而望。桂馥《说文义证》："《九经字样》：'凡物见不审，则手遮目看之，故看从手下目。'""望"表示向高处、远处看。《左传·庄公十年》："吾视其辙乱，望其旗靡，故逐之。"可以看出，同义词"观""察""看""望"虽都是表"看"义，但看的方式不同，有的属于仔细看，有的是遮手望，有的是向高远处看。

5. 动作姿态的差异

如同义词"寝""卧""睡"都有"睡觉"的意义，但它们又各有区别。"寝"的本义是躺在床上睡觉，既可以指睡着了，也可以指没有睡着。《战国策·齐策》："秦王恐之，寝不安席，食不甘味。"《庄子·大宗师》："古之真人，其寝不梦，其觉无忧。""卧"是身子趴在矮小的桌子上睡觉或打瞌睡。《说文·卧部》："卧，伏也。从人、臣，取其伏也。"《孟子·公孙丑下》："坐而言，不应，隐几而卧。"这里的"隐"通"依"，"几"则指一种矮小的桌子。"隐几而卧"就是趴在矮小的桌子上睡觉。"睡"的本义是坐着合上眼皮打瞌睡。《说文·目部》："睡，坐寐也。"《战国策·秦策》："读书欲睡，引锥自刺其股，血流至足。"可见，"寝""卧""睡"是动作姿态不同的同义词。

6. 轻重程度的差异

如同义词"饥"和"饿"，这两个词都有"饿肚子"的意义，但两者在不饱的程度上却有所不同。"饥"是一般的吃不饱，"饿"是完全没有食物吃。《韩非子·饰邪》："家有常业，虽饥不饿。"《淮南子·说山训》："宁一月饥，无一旬饿。"《左传·宣公二年》："见灵辄饿，问其病，曰：'不食三日矣。'"

（二）使用上的差异

同义词除了词义有差异外，还在使用方法上表现出差异。

1. 场合或对象差异

"园""圃"都有种植园的意思，但使用场合有差异。"园"指种果树的地方。《说文·囗部》："园，所以树果也。""圃"指种菜的地方。《说文·囗部》："圃，种菜曰圃。"

"肥""腯"都指牲畜兽类膘肥肉厚。《说文·肉部》："腯，牛羊曰肥，豕曰腯。"段玉裁注："人曰肥，兽曰腯，此人物之大辨也。又析言之，则牛羊得称肥，豕独称腯。"可见，"肥"和"腯"用于人类和兽类、牛羊和猪时，都有不同。

2. 组合功能的差异

"适"和"往"都有"到达、去往"义，但二者功能有差异："适"一般用作及物动词，后面带宾语。如《庄子·逍遥游》："适莽苍者，三餐而反，腹犹果然。""往"则通常用作不及物动词。如《史记·项羽本纪》："请往谓项伯，言沛公不敢背项王也。"

"畏"和"惧"都有"害怕"之义，但它们在语法功能上有差异。"畏"多用作及物动词。如《诗经·周颂·我将》："畏天之威，于时保之。""惧"则多用作不及物动词。如《周易·象传》："君子以独立不惧，遁世无闷。"

3. 感情色彩有差异

"杀""诛""弑"都有"杀死"义。"杀"是中性词，重在陈述杀害的事实。《史记·项羽本纪》："项伯杀人，臣活之。""诛"指杀害有罪过的人，是中性词。《韩非子·奸劫弑臣》："赏不加于无功，而诛必行于有罪者也。""弑"指晚辈杀害长辈、下级杀害上级，是贬义词。《史记·高祖本纪》："赵相贯高等谋弑高祖，高祖心动，因不留。"《左传·宣公十八年》："凡自内虐其君曰弑，自外曰戕。"

思考题

1. 请简要说明辨析同义词的意义。
2. 请简要列举三个同义词，并说明它们之间的差异。

第五节　词的本义和引申义

一、本义和变义、基础义和引申义

古代汉语中很多词都不止一个义项，有的词甚至有十几个义项，但是词的本义只有一个。所谓词的本义，即是这个词最初的、最基本的意义，通常是指与该词的书写形式相应并有文献参证的最古的意义。例如"解"字最初写作"⚘"，字形似分解动物肢体的动作，这是其本义。《庄子·养生主》："庖丁为文惠君解牛。"随着事物不断发展变化，词语往往会按照人们的思考方式、联想脉络而拥有新的义项，这些新的义项相较于词的本义来说，就是词的变义。所谓变义，是指在词义发展中由本义直接或间接通过多种途径派生出来的意义。词的变义是一个相对的概念，它必须建立在词的本义基础上而产生变化。

凡属于直接派生引申义的意义都是基础义。基础义既可以是本义，也可以是变义。换言之，引申义既可以以本义为基础引申出来，也可以由变义引申出来。在词的本义或变义的基础上发展派生出来的意义叫引申义。由本义直接引申出来的意义叫直接引申义或近引申义，而由变义引申出来的意义叫间接引申义或远引申义。

二、分析本义和引申义的必要性

（一）词义变得有条理

如前文所述，古汉语词义丰富。分析词的本义和引申义，能帮助我们厘清词语的义项多少及各义项之间的意义联系，进而使一个词纷繁的词义，变得简单而有条理。

（二）理解词义更透彻

阅读文选，一般需要结合注释进行。而注释中对某个词语的解释，需要我们对该词语的词义系统进行梳理。只有分析这个词的本义和引申义，才能对该词注释意义的理解更透彻一些。如《战国策·赵策》："秦军引而去。""引"的注释是："引，向后退。"句中"引"怎么就是"向后退"的意思呢？我们不妨结合"引"的本义来加以理解。《说文·弓部》："引，开弓也。"开弓就是把弓弦向后拉，所以就由"向后"这个动作引申为军事上的"退却"。"秦军引而去"就是秦军退却下来并且离开了。

（三）解释词义有把握

分析词的本义和引申义，可以有把握地判断词语的解释是否准确。语文工作者常常会遇到这样一种情况：阅读古书时，我们查阅字典发现某个词的所有义项放到文中都解释不通，或有时字典根本没有解释，这个时候就需要我们结合上下文对这个词语作出解释。而这种解释是否有根据，须梳理词义系统然后由本义推想而知。如果既符合上下文又与本义有关联，说明这种解释是正确的。

三、辨别词的本义的方法

（一）字形分析法

本义多是造字时所表达的意义，所以探求词的本义一般都是从汉字字形入手，并结合文献加以参证。这就是字形分析法。

"生"字最初字形写作""，形似草木生长于土地之上。《说文·生部》："生，进也。象草木生出土上。"《荀子·劝学》："蓬生麻中，不扶而直。"通过"生"的字形分析，我们可以看出"生"的本义就是指草木生长。

"引"字造字之初的字形似一把弓箭，本义是开弓。《说文·弓部》："引，开弓也。"《孟子·尽心下》："君子引而不发。"可见，"引"的本义就是打开弓弦。

（二）多义归纳法

古代汉语中很多字"因形示义"的特点并不突出，所以这些字不能用字形分析法来探究其本义，而需要通过多义归纳法来确定本义。多义归纳法，就是遵循词义发展的规律而推求本义的一种科学方法。词义引申不论多么复杂，但总是有规律可循的。词义是不断发展变化的，通常都经历由具体到抽象、由个别到一般、由部分到整体的变化发展过程。一个词的不同词义之间，存在着相似之处或相互关联，这些便成为本义辨析的纽带。

"年"的义项有：①谷物成熟。《穀梁传·桓公三年》："五谷皆熟为有年也。"②时间单位，即是一年365天。《孟子·滕文公上》："禹八年于外，三过其门而不入。"③年纪、岁数。《世说新语·方正》："时年七岁。"可以看出，文中列出的这几个义项存在一定的联系：由谷物成熟→时间单位→年纪、岁数。因为谷物多为一年一熟或一年两熟，所以由谷物成熟的具体意义发展到时间单位的抽象义，再发展到年纪、岁数。根据多义归纳法，我们判定"谷物成熟"应当是"年"的本义。

四、词义引申的方式

（一）延展引申

延展引申，是突出或延展某个词的某一特征或特点，从而引申出新义项的一种词义引申方式。

发，《说文·弓部》："发，射发也。"其本义是指射箭。《礼记·射义》："循声而发。"《史记·李将军列传》："其射，见敌急，非在数十步之内，度不中不发，发即应弦而倒。"射箭的动作是将箭射发出去。在射箭这个特征之上，"发"的词义延展引申出"出发""发出"等义。《资治通鉴·汉纪》："卿与子敬、程公便在前发。"《史记·廉颇蔺相如列传》："大王欲得璧，使人发书至赵王，赵王悉召群臣议"。

临，《说文·卧部》："临，监临也。""临"的字形像人俯视器物的样子，本义指从高处往低处查看。《荀子·劝学》："不临深溪，不知地之厚也。"突出或延展"临"的"从上往下查看"这一特征，"临"在此基础上发生词义引申，引申为上对下、尊对卑等阶级阶层上的监视、审视。《墨子·尚贤下》："临众发政而治民。"《宋史·赵普传》："今陛下君临四方。"

（二）条件引申

条件引申，是指某词的某一词义在某种自然条件或社会因素的影响下，发展为表示另一词义的引申方式。换言之，一个词要从基础义引申出新的意义，需要借助一定的条件。缺少这个条件，就不能产生新的意义。

昏，《说文·日部》："昏，日冥也。"昏的本义指黄昏。《淮南子·天文训》："日至于虞渊，是谓黄昏。"因古代婚礼多在傍晚举行，所以"昏"引申为婚礼之义。《诗经·邶风·谷风》："宴尔新昏，如兄如弟。"《礼记·昏义》："昏礼者，将合姓之好，以事宗庙，而下以继后世也。"

（三）比喻引申

比喻引申，是指用表示这一事物的词，引申去表示另一被该词所比喻的事物。即以原词作为喻体，用它去比喻新的事物，从而引申出新的词义。

斗是象形字，像一个柄，本义是计量单位。《说文·斗部》："斗，十升也。"由于喝酒容器与计量单位密切联系，便引申出"酌酒器"义。《史记·项羽本纪》："玉斗一双，欲与亚父。"又因为"酌酒器"的柄状形似北斗星，继而引申出"北斗星"之义。《诗经·小雅·大东》："维北有斗，不可以挹酒浆。"

心腹本指人体器官的心和腹。《战国策·秦策》："秦韩之地形，相错如绣。秦之有韩，若木之有蠹，人之病心腹。"由于心和腹是人体中重要的器官，古人用心腹比喻人际关系和交往中那些"忠诚、要害、诚意的人"，于是心腹便产生了"忠诚、要害、诚意的人"之义。邹阳《狱中上书自明》："披心腹，见情素，隳肝胆，施德厚。"《后汉书·隗嚣传》："乃诏嚣当从天水代蜀，因此欲以溃其心腹。"

（四）邻近引申

邻近引申是指某个词义在时间、空间上与另一义项紧密相连，由此发生的一种词义引申方式。

书，《说文·聿部》："书，箸也。"本义是书写、记录。《左传·宣公二年》："太史董狐书曰：赵盾弑其君。"因为书写的成果即是文字，"书写"和"文字"邻近，因而又引申出"文字"义。李贺《感讽》："怀中一方板，板上数行书。"文字集成即是篇章，两者联系密切，"书"在"文字"义上引申出"篇章、信件、书籍"等义。杜甫《春望》："烽火连三月，家书抵万金。"《史记·礼书》注："书者，五经六籍总名也。"

厉，本义是磨刀石。《说文·厂部》："厉，旱石也。"段注："旱石者，刚于柔石者也。"因为磨刀的动作与磨刀石紧密相连，"厉"由"磨刀石"引申出"磨、磨快"义。《荀子·性恶》："钝金必将待砻厉然后利。"由于磨刀动作是对刀进行打磨，继而引申出对人性品格的打磨，于是就有"磨砺"义。《左传·僖公三十三年》："郑穆公使视客馆，则束载、厉兵、秣马矣。"柳宗元《柳河东集》："参之谷梁氏以厉其气。"

（五）词性引申

词性引申是指一个词在不同句法环境中充当不同成分而引起的词性及词义变化的一种词义引申方式。

树，《说文·木部》："树，生植之总名。"段玉裁注："植，立也。""树"的本义是种植，在句中作动词。《孟子·滕文公上》："后稷教民稼穑，树艺五谷。""树"还可以用作名词。陶渊明《归园田居》："狗吠深巷中，鸡鸣桑树颠。""树"显然发生了词性引申。辛弃疾《永遇乐·京口北固亭怀古》："斜阳草树，寻常巷陌，人道寄奴曾住。"

梳，《说文·木部》："梳，理发也。"《释名·释首饰》："梳，言其齿疏也。""梳"可以是名词性成分。《新唐书·吴兢传》："朝有讽谏，犹发之有梳。"也可以表示梳理这一动作，意为"用梳子整理头发"。扬雄《长杨赋》："头蓬不暇梳。"白居易《和梦游春诗一百韵》："风流薄梳洗，时世宽妆束。"

五、词义引申的类型

词义引申的类型，既包括由本义引申出并列引申义的直接引申，也包括一个接着一个递进式引申下去的间接引申，还包括直接引申和间接引申相结合使用的综合引申。

（一）直接引申

直接引申是以本义为中心，在同一层次上向不同方面直接引申，直接引申产生的引申义，在地位上是平等的、并列的。

问，《说文·口部》："问，讯也。"问的本义是询问、过问。《左传·僖公四年》："昭王之不复，君其问诸水滨。"柳宗元《童区寄传》："恣所为不问。"

从"问"的"询问""过问"义，并列引申出以下几个义项。①审讯。《诗经·鲁颂·泮水》："淑问如皋陶。"②问候、慰问。《论语·雍也》："伯牛有疾，子问之。"③责问。《左传·僖公四年》："昭王南征而不复，寡人是问。"④音讯。《晋书·陆机传》："羁寓京师，久无家问。"⑤过问、管、干预。柳宗元《童区寄传》："恣所为不问。""问"的其他五个义项均是直接在"问"的"询问""过问"义基础上引申出来的，这些引申义都与本义有密切联系，彼此间是并列关系。

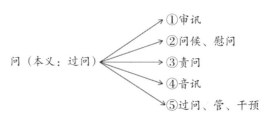

际,《说文·𨸏部》:"际,壁会也。""际"的本义是指两面墙的交界、接缝。在本义基础上,"际"还可以并列引申出下列的其他义项,这些义项均跟"两面墙的交界、接缝"密切联系。①交界处。《左传·定公十年》:"居齐鲁之际而无事,必不可矣。"②靠边缘处。《楚辞·天问》:"九天之际,安放安属?"③会合、交际。《周易·坎卦》:"樽酒簋贰,刚柔际也。"④接近。《汉书·严助传》:"际天接地。"

（二）间接引申

间接引申,是由本义引申出一个义项后,又从这个引申义再引申出另一个新的义项,以此类推逐个引申。与直接引申不同的是,间接引申出的引申义不是并列关系,而是递进关系。

朝,《说文·倝部》:"朝,旦也。"《说文·旦部》:"旦,明也。"可见,朝的本义是早上,《水经注·三峡》:"或王命急宣,有时朝发白帝,暮到江陵。"又因为古代臣下晋见君王都是在早上,所以朝在本义基础上引申出"朝见、上朝"之义。《左传·宣公二年》:"晨往,寝门辟矣,盛服将朝。"《史记·廉颇蔺相如列传》:"相如每朝时,常称病。"又因为"朝见、上朝"发生的地点在朝堂、朝廷,所以朝又引申出"朝堂、朝廷"之义。《史记·萧相国世家》:"赐带剑履上殿,入朝不趋。"在"朝堂、朝廷"词义基础上,由于朝廷往往历经许多年,所以朝又引申出"朝代"义。杜牧《江南春》:"南朝四百八十寺,多少楼台烟雨中。"

朝（本义:早上）→①朝见、上朝→②朝堂、朝廷→③朝代

（三）综合引申

综合引申,是指在一个词的引申系统中,既有直接引申又有间接引申,两种方式交叉出现。

"极"的本义是房屋的正梁,即最高的一根横梁。《说文·木部》:"极,栋也。"因为物理意义上"最高"的特征,引申出第二个义项"顶点"。《世说新语·文学》:"不知便可登峰造极不?"由"顶点"引申出阶级阶层上的"最高"义,即表示"君位"。《封氏闻见记·儒教》:"今上登极,思宏教本。"因为古代君王拥有至高的权力,在"君位"义上引申出副词"最、非常"。陶渊明《桃花源记》:"初极狭,才通人。复行数十步,豁然开朗。"因

为正梁是房屋高度上的尽头、极限，所以"极"在本义的基础上引申出"尽头、极限"。《孟子·梁惠王上》："何使我至于此极也！"又引申出动词义"穷尽，竭尽"。王粲《登楼赋》："平原远而极目兮，蔽荆山之高岑。"因为体力上一样有穷尽的特征，于是引申出"疲劳"义。《汉书·王褒传》："人极马倦。"

思考题

1.举例说明词义引申的基本趋势是什么。

2.请简要说明"引""年""亡"的词义引申脉络并举例说明。

（以上内容由熊健余负责编写）

文选

本章"文选"的五篇文章，均选自《战国策》。《战国策》是一部战国时期的史料汇编，作者已无可考。流传到现在的本子是经西汉刘向整理过的，共33篇，书名亦为刘向所拟定。对这部书，前人只作了一些零星的校勘工作，东汉高诱的注，已经残缺。现在通行的本子是清代嘉庆时黄丕烈重刊的宋姚氏本，商务印书馆国学基本丛书本就是根据黄本排印的。

第一篇　冯谖客孟尝君①(齐策)

【原文】

齐人有冯谖者②，贫乏不能自存③，使人属④孟尝君，愿寄食⑤门下。孟尝君曰："客何好⑥？"曰："客无好也。"曰："客何能？"曰："客无能也。"孟尝君笑而受之曰："诺⑦。"

左右⑧以⑨君贱之⑩也，食⑪以草具⑫。居有顷⑬，倚柱弹其剑，歌曰："长铗归来乎⑭，食无鱼！"左右以告⑮。孟尝君曰："食之，比门下之客⑯。"居有顷，复弹其铗，歌曰："长铗归来乎，出无车！"左右皆笑之，以告。孟尝君曰："为之驾⑰，比门下之车客⑱。"于是乘其车，揭⑲其剑，过⑳其友曰："孟尝君客我㉑。"后有顷，复弹其剑铗，歌曰："长铗归来乎，无以为家㉒！"左右皆恶㉓之，以为贪而不知足。孟尝君问："冯公有亲乎？"对曰："有老母。"孟尝君使人给㉔其食用，无使乏。于是冯谖不复歌。

【注释】

①《战国策》原来没有小标题，这是编者加的，以下各篇同。谖(xuān)，一本作"煖"，《史记·孟尝君列传》作"驩"，都读xuān。客，用作动词，这里是做门客之义。孟尝君，姓田，名文，齐国的贵族，封于薛（故城在今山东滕州），孟尝君是他的封号。他

是战国四公子之一（另外三个是魏国的信陵君、赵国的平原君、楚国的春申君），门下有食客数千人。本文写的是孟尝君的门客冯谖为他出谋划策来巩固他的政治地位。

②者：语气词，表提顿。

③存：存在，这里指生活。

④属（zhǔ）：嘱托。后来写作"嘱"。

⑤寄食：就是依靠别人吃饭。这里指到孟尝君门下做食客。

⑥何好（hào）：爱好什么。

⑦诺（nuò）：答应的声音。

⑧左右：指在孟尝君左右为他办事的人。

⑨以：因为。

⑩贱之：以之为贱，意思是看不起他。贱，用作动词，意动用法。

⑪食（sì）：给……吃。

⑫草具：粗恶的饮食。具，馔具，饮食的东西。

⑬居有顷：待了不久。

⑭长铗（jiá）归来乎：长铗啊，咱们还是回去吧！铗，剑把，这里指剑。

⑮以告：把（冯谖唱歌的事）告诉（孟尝君）。"以"是介词，省略了宾语。

⑯比门下之客：比照一般门客。

⑰为之驾：给他准备车马。这是双宾语结构。

⑱车客：可以坐车的门客。

⑲揭：高举。

⑳过：拜访。

㉑客我：以我为客，也就是把我当客。客，用作动词。

㉒无以为家：没有用来养家的东西，等于说没法养家。为，动词。

㉓恶（wù）：厌恶。

㉔给：供应，使足够。

【原文】

后孟尝君出记①，问门下诸客："谁习②计会③，能为文收责④于薛者乎？"冯谖署⑤曰："能。"孟尝君怪之，曰："此谁也？"左右曰："乃歌夫'长铗归来'者也⑥。"孟尝君笑曰："客果有能也，吾负之⑦，未尝见也。"请而见之，谢⑧曰："文倦于事⑨，愦于忧⑩，而性懦⑪愚，沉⑫于国家之事，开罪⑬于先生。先生不羞⑭，乃⑮有意欲为⑯收责于薛乎？"冯谖曰："愿之⑰。"于是约车⑱治装⑲，载券契⑳而行，辞曰："责毕收㉑，以何市而反㉒？"孟尝君曰："视吾家所寡有者。"

【注释】

①记：类似文告一类的公文。

②习：熟习。

③计会（kuài）：会计。

④责（zhài）：债务，债款，后来写作"债"。

⑤署：签名。

⑥乃歌夫"长铗归来"者也：就是唱那"长铗归来"的人啊。乃，就。夫，指示代词，那。

⑦吾负之：我对不住他。

⑧谢：道歉。

⑨文倦于事：我因琐事搞得疲劳。于，介词，引进原因，下句的"于"同。事，指琐事。

⑩愦（kuì）于忧：因忧虑搞得心烦意乱。愦，心乱。

⑪懦：懦弱。

⑫沉：沉溺。

⑬开罪：等于说得罪。

⑭不羞：不以为羞。

⑮乃：却，竟。

⑯为（wèi）：介词。

⑰之：代词。指"为收责于薛"。

⑱约车：套车。

⑲治装：整理行装。

⑳券（quàn）契：大致和后世的契据合同相当。借贷双方各持一份书牍（竹木做成的），刻齿其旁，以便合齿验证。所以下文说"合券"。

㉑毕收：完全收了。

㉒以何市而反：用收回的债款买什么东西回来？以，介词。市，买。反，返回，后来写作"返"。

【原文】

驱而之薛①，使吏召诸民当偿者②，悉③来合券。券徧合④，起，矫命以责赐诸民⑤，因⑥烧其券，民称万岁。

长驱⑦到齐，晨而求见⑧。孟尝君怪其疾⑨也，衣冠而见之⑩，曰："责毕收乎？来何疾也！"曰："收毕矣。""以何市而反？"冯谖曰："君云'视吾家所寡有者'。臣窃计⑪，君宫中积珍宝，狗马实⑫外厩，美人充下陈⑬。君家所寡有者以⑭义耳！窃以为君市义⑮。"孟尝君曰："市义奈何⑯？"曰："今君有区区⑰之薛，不拊爱子其民⑱，因而贾⑲利之。臣窃矫君命，以责赐诸民，因烧其券，民称万岁。乃臣所以为君市义也⑳。"孟尝君不说㉑，曰："诺，先生休矣㉒！"

【注释】

①驱：本为赶马，这里指驾车。

②当偿者：应当还债的人。

③悉：尽，都。

④徧合：普遍地合过了。徧，同"遍"。

⑤以责赐诸民：把债款赐给老百姓。

⑥因：于是。

⑦长驱：一直赶着车，指毫不停留。

⑧晨而求见：清晨就求见孟尝君。

⑨疾：快。

⑩衣冠而见之：穿好衣服戴好帽子来接见他，以表恭敬。衣，冠，都是名词用作动词。

⑪窃：私自，谦辞。计：考虑。

⑫实：和下句的"充"是同义词，都当充实讲。

⑬下陈：古代殿堂下陈放礼品、站列婢妾之处。借指后宫中的侍姬。

⑭以：疑是衍文。

⑮窃以为（wèi）君市义：我用债款替你买了义。以，用，介词。为，介词。

⑯奈何：怎么样。

⑰区区：小小的。

⑱子其民：以其民为子，就是把薛地的人民看成自己的子女。子，用作动词。

⑲贾（gǔ）：藏货待卖。

⑳乃臣所以为君市义也：这就是我用来替你买义的方式啊。所，特指代词。以，介词。这里"所以"意思是"用来……的方式"，不同于现代汉语的"所以"。

㉑说（yuè）：喜悦，高兴。后来写作"悦"。

㉒休矣：算了吧。休，停止。

【原文】

后朞年①，齐王②谓孟尝君曰："寡人不敢以先王之臣为臣③。"孟尝君就国④于薛，未至百里⑤，民扶老携幼，迎君⑥道中。孟尝君顾谓冯谖："先生所为文市义者，乃今日见之。⑦"

【注释】

①朞（jī）年：一周年。古代单说"朞"，也指一周年。朞，又写作"期"。

②齐王：指齐愍（mǐn）王。

③寡人不敢以先王之臣为臣：我不敢把先王的臣为我的臣。这是委婉语，实际上是撤他的职。先王，指齐宣王。

④就国：前往自己的封邑。

⑤未至百里：还差百里没到。

⑥君：指孟尝君。

⑦这句话的大意是：先生替我买义的道理，今天才见到了。乃，副词，才。

【原文】

冯谖曰："狡兔有三窟，仅得免其死耳①。今君有一窟，未得高枕而卧②也。请为君复凿二窟。"孟尝君予③车五十乘，金五百斤，西游于梁④，谓惠王⑤曰："齐放⑥其大臣孟尝君于诸侯，诸侯先迎之者，富而兵强。"于是梁王虚上位⑦，以故相为上将军⑧，遣使者，黄金⑨千斤，车百乘，往聘孟尝君。冯谖先驱⑩，诫⑪孟尝君曰："千金，重币⑫也；百乘，显使⑬也。齐其闻之矣⑭。"梁使三反⑮，孟尝君固辞⑯不往也。

【注释】

①耳：语气词，同"而已"，相当于现代汉语的"罢了"。

②高枕而卧：垫高枕头，安心躺着，比喻没有忧虑。高，用作动词。

③予：给。

④梁：就是魏国。魏惠王迁都大梁（今河南开封），所以魏也叫"梁"。

⑤惠王：即梁惠王。

⑥放：放逐。

⑦虚上位：就是把上位（指相位）空出来。虚，用作动词，使……虚。

⑧以故相为上将军：把原来的宰相调为上将军。故，原来的。

⑨"黄金"前省略了介词"以"。

⑩先驱：先赶车回去。

⑪诫：告诫。

⑫币：这里指聘币，是古代聘请人时送的礼物。

⑬显使：显贵的使臣。

⑭齐其闻之矣：齐国大概听说了。其，句中语气词，表示委婉语气。

⑮梁使三反：梁国的使臣往返三次。

⑯固辞：坚决推辞。

【原文】

齐王闻之，君臣恐惧，遣太傅赍①黄金千斤，文车二驷②，服剑③一，封书谢④孟尝君曰："寡人不祥⑤，被于宗庙之祟⑥，沉于谄谀⑦之臣，开罪于君。寡人不足为也⑧；愿君顾⑨先王之宗庙，姑⑩反国统万人乎？"冯谖诫孟尝君曰："愿请先王之祭器，立宗庙于薛！⑪"庙成，还报孟尝君曰："三窟已就⑫，君始高枕为乐矣。"

孟尝君为相数十年，无纤介⑬之祸者，冯谖之计也。

【注释】

①赍（jī）：持有，携带。

②文车二驷：绘有文采的四马车两辆。驷，这里指四马拉的车的单位。

③服剑：佩带的剑。

④谢：道歉。

⑤不详：不善。

⑥被于宗庙之祟（suì）：遭受祖宗降下的灾祸。被，遭受。宗庙，这里借指祖宗。祟，神祸。

⑦谄谀（chǎnyú）：巴结逢迎。

⑧寡人不足为也：我是不值得您帮助的。为，指帮助。

⑨顾：顾念。

⑩姑：暂且，副词。

⑪这句话的意思是：希望你向齐王请求先王传下来的祭器，在薛建立宗庙。按：古人重视宗庙，这样就可以使孟尝君的地位更加巩固。

⑫就：完成。

⑬纤（xiān）介：细小。纤，细。介，通"芥"，小草。

【要点提示】

（一）音义

属（zhǔ），嘱托。后来写作"嘱"。

好（hào），爱好。

食（sì），给……吃。

恶（wù），厌恶。

计会（kuài），就是会计。

责（zhài），债务，债款，后来写作"债"。

说（yuè），喜悦，高兴。后来写作"悦"。

（二）文字

1. 古今字

（1）属/嘱（使人属孟尝君）

（2）责/债（谁习计会，能为文收责于薛者乎）

　　　　　（责收毕，以何市而反）

（3）说/悦（孟尝君不说）

（4）反/返（责收毕，以何市而反）

2. 通假字

（1）拊/抚（不拊爱子其民）

（2）介/芥（无纤介之祸）

（3）祥/详（寡人不祥）

3. 异体字

（1）朞/期（后朞年）

（2）徧/遍（券徧合，起矫君命以责赐诸民）

（三）词语

贱、草具、顷、揭、过、谢、约、治、市、悉、合券、实、下陈、因而、贾、所以、就、顾、放、赍、被、宗庙、诟谇、为、纤介。

（四）语法

1. 词类活用

（1）左右以君贱之也。贱，意动用法，认为……贱。

（2）孟尝君客我。客，处动用法，把……当作门客。

（3）孟尝君怪之。怪，意动用法，认为……奇怪。

（4）先生不羞。羞，意动用法，以……为羞。

（5）孟尝君怪其疾也。怪，意动用法，认为……奇怪。

（6）衣冠而见之。衣、冠，名词用作动词，穿衣服、戴帽子。

（7）晨而求见。晨，名词用作状语，在早晨。

（8）因而贾利之。贾，名词用作状语，用商人的手段。

（9）未得高枕而卧也。高，使动用法，使……高。

（10）西游于梁。西，名词用作状语，向西。

（11）于是梁王虚上位。虚，使动用法，使……虚（空）。

（12）不拊爱子其民。子，处动用法，把……当作儿女。

2. 判断句

（1）乃歌夫"长铗归来"者也。

（2）乃臣所以为君市义也。

（3）千金，重币也；百乘，显使也。

（4）孟尝君为相数十年，无纤介之祸者，冯谖之计也。

3. 宾语前置

（1）客何好？

（2）客何能？

（3）以何市而反？

4. 双宾语句

为之驾，比门下之车客。

第二篇　赵威后①问齐使（齐策）

【原文】

齐王②使使者③问④赵威后，书⑤未发⑥，威后问使者曰："岁⑦亦无恙⑧耶？民亦无恙耶？王亦无恙耶？"使者不说，曰："臣奉使⑨使⑩威后，今不问王而先问岁与民，岂先贱而后尊贵者乎⑪？"威后曰："不然⑫，苟⑬无岁，何以⑭有民？苟无民，何以有君？故有问，舍本而问末者耶⑮？"

【注释】

①赵威后：赵惠文王的妻。本文写她的政治见解，突出了她的民本思想。

②齐王：指襄王的儿子，名建。

③使（shì）者：奉使命的人。

④问：聘问，是当时诸侯之间的一种礼节。

⑤书：指齐王给赵威后的书信。

⑥发：启封。

⑦岁：收成。

⑧恙（yàng）：忧患，灾害。

⑨使：名词，使命。

⑩使：动词，出使。

⑪岂先贱而后尊贵者乎：难道把贱的搁在前头，把尊贵的搁在后头吗？先、后，都用作动词，处动用法。贱，指民众。

⑫不然：不是这样。

⑬苟：假如，假设连词。

⑭何以：靠什么。

⑮这句话的大意是：有问话不问根本而问末节的吗？本，指岁于民。末，指君。

【原文】

乃进而问之曰："齐有处士①曰钟离②子，无恙耶？是③其为人也，有粮者亦食④，无粮者亦食；有衣⑤者亦衣⑥，无衣者亦衣。是⑦助王养其民也，何以⑧至今不业⑨也？叶阳子⑩无恙乎？是其为人，哀⑪鳏⑫寡⑬，恤⑭孤⑮独⑯，振⑰困穷，补不足⑱。是助王息⑲其民者也，何以至今不业也？北宫之女婴儿子⑳无恙耶？彻㉑其环㉒瑱㉓，至老不嫁，以养父母。是皆率㉔民而出于孝情者也，胡为㉕至今不朝㉖也？此二士弗业，一女不朝，何以王齐国㉗、子万民㉘乎？於陵㉙子仲㉚尚存乎？是其为人也，上不臣于王㉛，下不治其家，中不索㉜交诸侯。此率民而出于无用㉝者，何为至今不杀乎？"

【注释】

①处士：有才能而未曾出来做官的人。

②钟离：复姓。

③是：指示代词，指钟离子，这里当这个人讲。

④食（sì）：给食物吃。下句的"食"同。

⑤衣（yī）：名词，衣服。

⑥衣（yì）：用作动词，给衣服穿。下句的两个"衣"字分别同⑤⑥注释。

⑦是：指以上的行为。

⑧何以：因为什么。

⑨不业：不使他成就功业（意思是不用他）。业，用作动词。

⑩叶（旧读shè）阳子：齐国的处士。叶阳，复姓。

⑪哀：怜悯。

⑫鳏（guān）：年老无妻。

⑬寡：寡妇。

⑭恤（xù）：顾念。

⑮孤：年少无父。

⑯独：年老无子。

⑰振：救济。

⑱不足：指缺少衣食。

⑲息：动词，繁殖。鳏寡孤独困穷的人得到救济，不至于死亡，就是使民繁殖。

⑳婴儿子：姓北宫的女子的名字。

㉑彻：拿掉。

㉒环：耳环。

㉓瑱（tiàn）：用玉做的耳饰。

㉔率：领导。

㉕胡为：为什么。胡，疑问代词，什么。

㉖不朝：不上朝。古代妇女有封号的才能上朝，所以这里的"不朝"实际上是指不加封号。

㉗王（wàng）齐国：为齐国之王。王，动词，成为王。

㉘子万民：把人民看成自己的子女。这和统治阶级所说的"为民父母"是同样的意思。子，用作动词。

㉙於（wū）陵：齐邑名，在今山东邹平。

㉚子仲：齐国的隐士。

㉛不臣于王：不向王称臣，就是不做官。臣，用作动词，称臣。

㉜索：求。

㉝无用：没有作用，等于说同统治者不合作。

【要点提示】

（一）音义

恙（yàng），忧患、灾害。

说（yuè），喜悦，高兴。后来写作"悦"。

食（sì），给食物吃。

叶（yè，旧读shè），姓。

瑱（tiàn），用玉做的耳饰。

王（wàng），动词，成为王。

於（wū），地名用字。

（二）文字

1. 古今字

振/赈　（振困穷，补不足）

2. 通假字

（1）故/胡　（故有问，舍本而问末者耶）

（2）彻/撤　（彻其环瑱，至老不嫁）

（三）词汇

使、岁、本、末、处、士、息、索、交。

（四）语法

1. 词类活用

（1）岂先贱而后尊贵者乎？先，用作动词，把……搁在前头。后，用作动词，把……搁在后头。贱，形容词用作名词，贱的东西。尊贵，形容词用作名词，尊贵的东西。

（2）是其为人也，有粮者亦食，无粮者亦食；有衣者亦衣，无衣者亦衣。食，动词的使动用法，使……食。衣，名词作动词，给衣服穿。

（3）何以至今不业也？业，名词的使动用法。

（4）胡为至今不朝也？朝，动词的使动用法。

（5）何以王齐国、子万民乎？王，名词用作动词，成为王。子，名词用作动词，处动用法，把……当作儿女。

2. 宾语前置

（1）苟无民，何以有君？

（2）胡为至今不朝也？

（3）何为至今不杀乎？

第三篇　江乙对荆宣王①（楚策）

【原文】

荆宣王问群臣曰："吾闻北方②之③畏昭奚恤④也，果诚何如⑤？"群臣莫⑥对。江乙对曰："虎求⑦百兽而食之，得狐。狐曰：'子无敢⑧食我也！天帝使我长百兽⑨，今子食我，是逆天帝命也。子以我为不信⑩，吾为子先行⑪，子随我后，观百兽之见我而敢不走⑫乎？'虎以为然⑬，故遂与之行，兽见之，皆走。虎不知兽畏己而走也，以为畏狐也。今王之地方五千里⑭，带甲⑮百万，而专属之昭奚恤⑯，故北方之畏奚恤也，其实⑰畏王之甲兵也——犹⑱百兽之畏虎也！"

【注释】

①江乙：一本作"江一"，魏人，有智谋，当时在楚国做官。荆宣王：就是楚宣王，因楚又称荆。宣王名良夫。

②北方：当时指中原各诸侯之国。

③之：助词，作用在于取消"北方畏昭奚恤"的独立性，使它作为"闻"的宾语。

④昭奚恤（xù）：楚国的贵族，是当时的名将。

⑤果诚何如：真正怎么样呢？"果""诚"是同义词，真正的意思。何如，怎么样。

⑥莫：否定性无定代词，相当于现代汉语"没有谁"或"没有人"。

⑦求：寻找。

⑧无敢：不敢。

⑨长（zhǎng）百兽：做群兽的首领。长，首领。这里用作动词。

⑩不信：指说谎。信，言语真实。

⑪吾为（wèi）子先行：我为你在前边走。为，介词。行，相当于现代汉语的"走"。

⑫走：相当于现代汉语的"跑"。这里指逃跑。

⑬虎以为然：老虎以为狐的话说得很对。以为，认为，觉得。然，对，不错。

⑭地方五千里：五千里见方，即东至西五千里，南至北五千里。"地"和"方"不是一个词，读到"地"时应略停一下。

⑮带甲：披铠甲，这里指披铠甲的战士。

⑯专属（zhǔ）之昭奚恤：把百万军队专托付给昭奚恤。属之昭奚恤，双宾语结构。专，专一，单独。属，委托。之，指百万军队。

⑰其实：这件事（指北方之畏昭奚恤）的实情。"其实"是状语，"北方之畏昭奚恤"是本句的主语，"畏王之甲兵"是本句的谓语。

⑱犹：好像。

【要点提示】

（一）音义
长（zhǎng），首领。
属（zhǔ），委托。

（二）文字
古今字
属/嘱（而专属之昭奚恤）

（三）词语
莫、然、信、走、以为、地方、其实、甲兵。

（四）语法
1. 词类活用
天帝使我长百兽。长，用作动词，做群兽的首领。
2. 宾语前置
果诚何如？
3. 双宾语句
而专属之昭奚恤。

第四篇　鲁仲连义不帝秦①（赵策）

【原文】
秦围赵之邯郸②。魏安釐王③使将军晋鄙④救赵，畏秦，止于荡阴⑤，不进。

魏王使客将军⑥辛垣衍间入⑦邯郸，因⑧平原君⑨谓赵王⑩曰："秦所以急围赵者，前与齐愍王争强为帝⑪，已而复归帝⑫，以齐故⑬；今齐愍王已益弱⑭，方今唯秦雄⑮天下，此非必贪邯郸，其意欲求为帝。赵诚⑯发使尊秦昭王为帝，秦必喜，罢兵去⑰。"平原君犹豫未有所决。

【注释】
①本文记叙的事发生在赵孝成王八年（前258年）。鲁仲连：齐人，一生不做官，好为人排难解纷。义：根据正义，名词用作状语。不帝秦：不尊秦王为帝。帝，用作动词。本文生动地刻画了反对妥协投降及功成不居的鲁仲连、国难当头束手无策的平原君和只图名利毫无政治远见的辛垣衍。

②邯郸（hándān）：赵国国都，今河北邯郸。

③魏安釐（xī）王：魏昭王的儿子，名圉（yǔ）。釐，通"僖"。

④晋鄙：魏国的大将。

⑤荡（tāng）阴：今河南汤阴县，是赵魏两国交接的地方。

⑥客将军：别国人在魏做将军，所以称客将军。

⑦间（jiàn）入：偷偷地进入。

⑧因：靠，通过。

⑨平原君：赵孝成王的叔父，名胜，封平原君，是战国四公子之一，当时为赵相。

⑩赵王：指孝成王，名丹。

⑪周赧王二十七年（前288年），齐愍王（宣王子，名地）称东帝，秦昭王（名稷）称西帝。

⑫归帝：归还帝号，也就是取消了帝号。

⑬以齐故：苏代劝齐愍王取消了帝号，秦昭王因之也取消帝号，所以说"以齐故"。以，因。

⑭今齐愍王已益弱：秦围邯郸时，齐愍王已死二十余年，此句疑有误，意思可能是"今之齐比愍王时益弱"。益，更加。

⑮雄：称雄，用作动词。

⑯诚：真，这里含有假设的意思。

⑰去：离开邯郸。

【原文】

此时鲁仲连适①游赵，会②秦围赵，闻魏将欲令赵尊秦为帝，乃见平原君曰："事将奈何③矣？"平原君曰："胜也何敢言事！百万之众折于外④，今又内⑤围邯郸而不去⑥。魏王使客将军辛垣衍令赵帝秦，今其人在是⑦。胜也何敢言事？"鲁连⑧曰："始⑨吾以君为天下之贤公子也，吾乃⑩今然后知君非天下之贤公子也。梁客辛垣衍安在⑪？吾请为君责而归之⑫！"平原君曰："胜请为绍介⑬而见之于先生。"

平原君遂见辛垣衍曰："东国⑭有鲁连先生，其人在此，胜请为绍介而见之于先生。"辛垣衍曰："吾闻鲁连先生，齐国之高士⑮也。衍，人臣也，使事有职⑯，吾不愿见鲁连先生也。"平原君曰："胜已泄之⑰矣。"辛垣衍许诺⑱。

【注释】

①适：副词，正巧，恰在这时。

②会：副词，正巧碰上。

③奈何：怎么办。

④赵孝成王六年（前260年）秦将白起大破赵兵于长平（在今山西高平市西北），坑赵降兵四十余万人。折，挫败。

⑤内：状语，指深入国内。

⑥去：离开，使动用法，指打败秦军使之离开。

⑦是：指示代词，等于说"这里"。

⑧鲁连：即鲁仲连。

⑨始：当初。

⑩乃：这才，副词。

⑪安在：在哪里。安，疑问代词。

⑫归之：使之归，就是叫他回去。

⑬绍介：即介绍。原文作"胜请为召而见之于先生"，今据《史记·鲁仲连列传》校正。

⑭东国：指齐国。因齐在赵的东方，所以称东国。

⑮高士：品行高尚而不做官的人。

⑯使事有职：使臣的事，有一定的职守。

⑰之：指辛垣衍到赵国来这件事。

⑱许诺：答应。

【原文】

鲁连见辛垣衍而无言。辛垣衍曰："吾视居此围城之中者，皆有求于平原君者也。今吾视先生之玉貌，非有求于平原君者，曷为①久居此围城中而不去也？"鲁连曰："世以鲍焦无从容而死者，皆非也。②今众人不知，则为一身。③彼秦者④，弃礼义而上⑤首功⑥之国也，权使其士⑦，虏使其民⑧；彼则肆然而为帝⑨，过而遂正于天下⑩，则连有⑪赴东海而死矣，吾不忍为之民也⑫！所为见将军者，欲以助赵也。⑬"辛垣衍曰："先生助之奈何？"鲁连曰："吾将使梁及燕助之，齐楚则固⑭助之矣。"辛垣衍曰："燕则吾请以从矣⑮；若乃⑯梁，则吾梁人也，先生恶⑰能使梁助之耶？"鲁连曰："梁未睹⑱秦称帝之害故也；使⑲梁睹秦称帝之害，则必助赵矣。"辛垣衍曰："秦称帝之害将奈何？"鲁仲连曰："昔齐威王⑳尝为仁义矣，率天下诸侯而朝周。周贫且微㉑，诸侯莫朝，而齐独朝之。居岁余㉒，周烈王崩，诸侯皆吊，齐后往。周怒，赴㉓于齐曰：'天崩地坼㉔，天子下席㉕，东藩㉖之臣田婴齐后至，则斫㉗之！'威王勃然㉘怒曰：'叱嗟㉙！而㉚母，婢也！'卒为㉛天下笑。故生㉜则朝周，死㉝则叱之，诚不忍其求㉞也。彼天子固然㉟，其无足怪㊱。"

【注释】

①曷（hé）为：为什么。曷，何，疑问代词。

②这两句的大意是：世人中凡是认为鲍焦由于心地狭隘而死的那些人，都不对（意思是都认识错了）。按：鲁仲连说这话，在于说明鲍焦不是为个人利害而死。以，以为（认为）。鲍焦，周时隐士，相传因不满当时政治，抱木饿死。从容，指胸襟宽大。无从容，指心地狭隘。

③这两句的大意是：一般人不了解鲍焦，以为他是为个人打算。隐喻鲁仲连不是为个人打算。《史记》没有"今"字。

④者：语气词，表提顿。

⑤上：通"尚"，崇尚。

⑥首功：斩首之功。秦制，爵二十级，作战时斩得敌人的首级（脑袋）越多，爵位越高。这是为了奖励作战时多杀敌人。

⑦权使其士：以权诈之术来使用他的士。权，名词用作状语，用诈术。

⑧虏使其民：把他的人民当作奴隶来使用。虏，名词用作状语，当奴隶。古人把俘虏作为奴隶。

⑨彼则肆然而为帝：那秦国假如毫无忌惮地自称为帝。则，假如，假设连词。《史记》作"即"。肆然，放肆地，毫无忌惮地。

⑩过而遂正于天下：这句话不好懂，疑有误字。《史记》作"过而为政于天下"。司马贞《索隐》："谓以过恶而为政也。"以备参考。

⑪有：含"只有"的意思。

⑫吾不忍为之民也：我不忍于给他当老百姓。原句是双宾语句。

⑬这两句的大意是：我见你的原因，就是想借此帮助赵国。为（wèi），介词。所为，表示原因。以，介词。

⑭固：本来，副词。

⑮燕则吾请以从矣：燕国嘛，那么请您允许我认为它是会听从你的。请，客气语，有请求允许的意思。以，以为，认为。

⑯若乃：至于。

⑰恶（wū）：怎么，疑问代词作状语。

⑱睹（dǔ）：看见。

⑲使：假如，假设连词。

⑳齐威王：名婴齐，宣王的父亲。

㉑微：弱小。

㉒居岁余：过了一年多的时间。

㉓赴：使人奔告丧事，即报丧，后来写作"讣"。

㉔天崩地坼（chè）：比喻天子死。坼，裂开。

㉕下席：指孝子离开原来的官室，寝在苫（shān，草垫子）上守丧。

㉖东藩：指齐国。藩的本义是篱笆，引申为屏蔽的意思。古代封建诸侯，为的是屏藩王室，所以称诸侯为藩国。齐国在东方，故称东藩。

㉗斫（zhuó）：斩杀。

㉘勃然：生气时变了色的样子。然，词尾。

㉙叱嗟（chìjiē）：怒斥的声音。

㉚而：代词，你的。

㉛为：介词，表被动。

㉜生：指周烈王活着的时候。

㉝死：指周烈王死后。

㉞求：苛求。

㉟固然：本来这样，指凭自己是天子，随便作威作福。

㊱其无足怪：不值得奇怪。其，语气词，表示委婉语气。

【原文】

辛垣衍曰："先生独未见夫仆①乎？十人而从一人者，宁②力不胜、智不若③耶？畏之也。"鲁仲连曰："然梁之比于秦④，若仆耶？"辛垣衍曰："然⑤。"鲁仲连曰："然则⑥吾将使秦王烹醢⑦梁王！"辛垣衍怏然⑧不悦，曰："嘻⑨！亦太甚矣，先生之言也！⑩先生又恶能使秦王烹醢梁王？"鲁仲连曰："固也！待吾言之：昔者鬼侯、鄂侯、文王⑪，纣之三公⑫也。鬼侯有子⑬而好⑭，故入⑮之于纣，纣以为恶⑯，醢鬼侯；鄂侯争之急，辨⑰之疾⑱，故脯⑲鄂侯；

文王闻之，喟然㉑而叹，故拘之于牖里㉑之库百日，而欲令之死。曷为与人俱称帝王，卒就脯醢之地也？㉒

【注释】

①仆：奴仆。

②宁：难道，疑问副词。

③不若：比不上。若，及，动词。

④比于秦：跟秦国比。

⑤然：代词，表示同意，等于说"是的"。

⑥然则：既然这样，那么。

⑦烹醢（hǎi）：都是古代的酷刑。醢，剁成肉酱。

⑧怏（yàng）然：不高兴的样子。

⑨嘻：惊欢声。

⑩这两句中，"先生之言"是主语部分，"亦太甚"是谓语部分，谓语部分前置，表示的感叹语气比较强烈。甚，厉害，过分。

⑪鬼侯、鄂侯、文王：都是纣时的诸侯。鬼侯的封地在今河北临漳县境；鄂侯的封地在今山西中阳县境；文王就是周文王，其封地在今陕西西安鄠邑区一带。

⑫公：这里指诸侯。

⑬子：指女儿。在上古时代，子本是男女的通称。

⑭好：貌美。

⑮入：进献。

⑯恶（è）：丑。

⑰辨：通"辩"。

⑱疾：跟上句的"急"同义。

⑲脯（fǔ）：干肉，这里用作动词，做成肉干。

⑳喟（kuì）然：叹气的样子。

㉑牖（yǒu）里：一作"里"，在今河南汤阴县北。

㉒这两句的大意是：为什么一个人跟别人都称王，终于走向被脯被醢的地位呢？这暗指梁和秦都是称王的平等国家，不应甘居人下，处于受秦宰割的地位。

【原文】

"齐闵王将之鲁①，夷维子②执策而从，谓鲁人曰：'子③将何以④待吾君？'鲁人曰：'吾将以十太牢⑤待子之君。'夷维子曰：'子安取礼而来待吾君⑥？彼吾君者，天子也。天子巡狩⑦，诸侯辟舍⑧，纳筦键⑨，摄衽抱几⑩，视膳于堂下⑪；天子已食⑫，而听退朝也⑬。'鲁人投其籥⑭，不果纳⑮，不得入于鲁。将之薛⑯，假涂⑰于邹。当是时，邹君死，闵王欲入吊。夷维子谓邹之孤⑱曰：'天子吊，主人必将倍殡柩⑲，设北面于南方⑳，然后天子南面吊也。'邹之群臣曰：'必若此，吾将伏剑而死㉑。'故不敢入于邹。邹、鲁之臣，生则不得事养㉒，死则不得饭含㉓，然且欲行天子之礼于邹、鲁之臣，不果纳㉔。今秦万乘之国㉕，梁亦万乘之国，交㉖有称王之名。睹其一战而胜，欲从而帝之，是使三晋㉗之大臣，不如邹、鲁之仆妾也。

【注释】

①齐闵王：就是齐愍王。齐愍王四十年，燕合五国之兵共攻齐，愍王逃跑到卫，因态度傲慢而激怒了卫人，于是离开卫国要到鲁国去。

②夷维子：齐人，以邑为姓。

③子：你们。

④何以：用什么礼节。

⑤十太牢：牛羊豕各十只。

⑥子安取礼而来待吾君：你们从哪里取得这种礼节来款待我们的国君？安，疑问代词，哪里。夷维子因为以十太牢待愍王是诸侯之礼，他要鲁人以天子之礼待愍王，所以提出质问。

⑦巡狩（shòu）：天子巡视诸侯之国。

⑧诸侯辟舍：诸侯离开自己的宫室而让给天子，自己居住在外。辟，避开，离开，后来写作"避"。

⑨纳筦键：把锁篰（yuè）交给天子。纳，接纳。筦（同"管"）键，《史记》作"筦篰"，筦指锁外面的管状部分，键指插入锁管内的部分。

⑩摄衽（rèn）抱几：提起衣襟，捧着几案。摄，持，提起。衽，衣襟。

⑪视膳于堂下：诸侯在堂下伺候着天子在堂上吃饭。视膳，伺候别人吃饭。

⑫已食：吃完了饭。

⑬而听退朝也：诸侯退回自己的朝廷上去听政办公。

⑭投其篰：开关下锁。

⑮不果纳：没有让愍王入境。果，副词，表示成为事实，常以"不果"二字连用。纳，使入。

⑯薛：见《冯谖客孟尝君》注。

⑰假涂：借道。涂，通"途"，道路。

⑱孤：父亲死了，儿子叫孤。这里指已故邹君的儿子。

⑲倍殡枢：不正面对着灵柩。古代丧礼，未葬时，灵枢停在西阶上，丧事主人位于东阶上，正面对着灵枢。天子吊来时，主人则站在西阶上，面向北哭。倍，背，指不正面对着。

⑳设北面于南方：在西阶上的南面设置坐南向北的主人位置。面，动词，向。与下文"南面"的"面"同。下文"天子南面吊"指天子于阶上南面而吊。

㉑吾将伏剑而死：我们将用剑自刎而死。这是委婉语，实意是坚决拒绝。

㉒事养：侍奉供养。

㉓饭（fàn）含：把米放在死人口中叫饭，把玉放在死人口中叫含。连上句，极言邹鲁之贫弱，以致国君生时不能侍养，死后也无力备饭含的东西。

㉔然且欲行天子之礼于邹、鲁之臣，不果纳：然而当齐想让邹鲁之臣行天子之礼时，邹鲁之臣最终还是没有让愍王入境。然，然而，连词。且，还，副词。

㉕万乘之国：拥有一万辆兵车的国，是大国。

㉖交：皆，都。

㉗三晋：春秋时的晋国分裂为赵、魏、韩三国，所以称赵、魏、韩为三晋。晋国本是春秋时的强国，这里用"三晋"，含有讽意。

【原文】

"且秦无已①而帝②,则且变易③诸侯之大臣,彼将夺其所谓不肖④,而予⑤其所谓贤,夺其所憎,而与其所爱;彼又将使其子女⑥谗妾,为诸侯妃姬,处⑦梁之宫,梁王安得晏然而已乎⑧? 而将军又何以得故宠⑨乎?"

于是辛垣衍起,再拜谢曰:"始以先生为庸人⑩,吾乃今日而知先生为天下之士也! 吾请去,不敢复言帝秦!"

【注释】

①无已:没有止境。

②帝:用作动词,称帝。

③变易:撤换。

④不肖:不贤,不才。

⑤予:给。后文"与其所爱"中的"与"同义。二字《史记》都作"与"。

⑥子女:这里专指女。

⑦处:住。

⑧梁王安得晏然而已乎:梁王哪里能平安地了事呢? 晏然,平安地。

⑨故宠:旧日的尊荣地位。

⑩庸人:平凡的人。

【原文】

秦将闻之,为却军①五十里。适会魏公子无忌夺晋鄙军以救赵击秦②,秦军引③而去。

于是平原君欲封鲁仲连。鲁仲连辞让者三④,终不肯受。平原君乃置酒⑤,酒酣⑥,起,前⑦,以千金为鲁连寿⑧。鲁连笑曰:"所贵于天下之士者,为人排⑨患释难、解纷乱而无所取也;即⑩有所取者,是⑪商贾⑫之人也。仲连不忍为也。"遂辞平原君而去,终身不复见。

【注释】

①却军:退兵。

②魏公子无忌夺晋鄙军以救赵击秦:魏公子无忌,就是信陵君,魏昭王的少子,安釐王的异母托弟,也是战国四公子之一。他托魏王的爱姬如姬盗出兵符,假传魏王的命令夺得晋鄙军去救赵。事详见《史记·魏公子列传》。

③引:向后退。

④三:多次。

⑤置酒:设置酒宴。

⑥酒酣:酒喝得很畅快的时候。

⑦前:动词,指走到鲁仲连面前。

⑧为鲁连寿:祝鲁仲连长寿。这是双宾语结构。

⑨排:排除。与后文的释(消除)、解(解开)是同义词。

⑩即:假如。

⑪是:指示代词,做主语。

⑫商贾(gǔ):商人的统称。古代以贩卖货物者为商,藏货待卖者为贾。

【要点提示】

（一）音义

荡（tāng），荡阴，今河南汤阴县，是赵魏两国交接的地方。

间（jiàn），间入，指偷偷地进入。

恶（wū），怎么，疑问代词做状语。

斫（zhuó），斩杀。

醢（hǎi），剁成肉酱。

牖（yǒu）里，一作"羑里"，在今河南汤阴县北。

不肖（xiào），不贤、不才。

（二）文字

1.古今字

（1）赴/讣（周怒，赴于齐曰）

（2）辟/避（天子巡狩，诸侯辟舍）

2.通假字

（1）上/尚（彼秦者，弃礼仪而上首功之国也）

（2）涂/途（将之薛，假涂于邹）

（3）釐/僖（魏安釐王使将军晋鄙救赵）

（4）正/政（过而遂正于天下）

（5）辨/辩（鄂侯争之急，辨之疾）

间、发、去、益、绍介、从容、若乃、天崩地坼、叱嗟、固然、然则、子、太牢、假涂、客将军、饭舍、不肖、商贾。

（四）语法

1.词类活用

（1）鲁仲连义不帝秦。义，名词作状语，表凭借。帝，名词用作动词，处动用法，把……当作帝。

（2）方今唯秦雄天下。雄，名词用作动词，称雄。

（3）且秦无已而帝。帝，名词用作动词，称帝。

（4）彼秦者，……权使其士，虏使其民。权，名词用作状语，表凭借，依靠权术。虏，名词用作状语，表对人的态度，像对待俘虏那样。

（5）今又内围邯郸而不能去。去，动词的使动用法，使……离开。

（6）吾请为君责而归之。归，动词的使动用法，使……归。

2.判断句

（1）吾闻鲁连先生，齐国之高士也。

（2）衍，人臣也。

（3）则吾乃梁人也。

（4）尔母，婢也。

（5）昔者鬼侯、鄂侯、文王，纣之三公也。

3. 被动句

卒为天下笑。

4. 主谓倒装

亦太甚矣，先生之言也！

5. 宾语前置

子将何以待吾君？

6. 动量表示法

鲁仲连辞让者三，终不肯受也。

第五篇　触龙说赵太后①（赵策）

【原文】

赵太后新用事②，秦急攻之。赵氏求救于齐。齐曰："必以长安君③为质④，兵乃⑤出。"太后不肯，大臣强谏⑥。太后明谓⑦左右："有复言令长安君为质者⑧，老妇必唾其面⑨。"

【注释】

①本文故事发生在赵孝成王元年（前265年）。触龙，赵国的左师（官名），原为触詟(zhé)，《史记·赵世家》、1973年长沙马王堆三号汉墓出土的帛书《战国策》作"触龙"，后据此而改。赵太后，就是赵威后，孝成王的母亲。本文写爱国的触龙针对赵太后的自私心理，巧妙地说服了赵太后。

②公元前266年，赵惠文王死，子孝成王立，年幼，所以由赵太后执政。新，刚开始。用事，这里指执政。

③长安君：赵太后最小的儿子的封号。

④质（zhì）：抵押。当时诸侯间结盟，常常把自己的子孙交给对方做抵押，以取得信任。

⑤乃：副词，才。

⑥强（qiǎng）谏：竭力谏诤。

⑦明谓：明明白白地说给。

⑧者：特指代词，这里代人，相当于"……的人"。

⑨唾其面：吐口水在他的脸上。

【原文】

左师触龙言愿见太后，太后盛气而揖之①。入而徐趋②，至而自谢，曰："老臣病足③，曾④不能疾走，不得见久矣，窃自恕⑤，而恐太后玉体之有所郄⑥也，故愿望见太后。"太后曰："老妇恃辇而行。"曰："日⑦食饮得无⑧衰乎？"曰："恃粥耳。"曰："老臣今者⑨殊不欲食，乃自强步⑩，日三四里，少益耆食⑪，和⑫于身。"太后曰："老妇不能。"太后之色少解⑫。

【注释】

①太后盛气而揖之：太后很生气地等着他。揖，《史记·赵世家》作"胥"。"揖"当是"胥"字传写之误。"胥"通"须"，等待。

②趋：快步走。当时臣见君，按礼当快步走，只因触龙脚上有毛病，所以只能徐趋，其实只不过作出"趋"的姿势罢了。

③病足：脚上有毛病。

④曾：放在"不"字前面，加强否定的语气。

⑤自恕：自己原谅自己。

⑥郄（xì）：不舒适。

⑦日：每天，时间名词作状语。

⑧得无：类似现代汉语的"该不会"。

⑨今者：近来。

⑩乃自强步：自己却勉强散散步。乃，这里当"却"讲。步，慢慢走，动词。注意它和"趋"的区别。

⑪少（shǎo）益耆食：稍微更加喜欢吃东西。少，副词，稍稍。益，副词，更加。耆，后来写作"嗜"，喜爱。

⑫和：舒适。

⑬太后之色少解：太后的怒色稍稍地消了一些。解，消。

【原文】

左师公曰："老臣贱息①舒祺，最少，不肖。而臣衰②，窃爱怜③之，愿令得补黑衣之数④，以卫王宫，没死以闻⑤。"太后曰："敬诺⑥。年几何⑦矣？"对曰："十五岁矣。虽少，愿及未填沟壑⑧而托之。"太后曰："丈夫⑨亦爱怜其少子乎？"对曰："甚于妇人⑩。"太后笑曰："妇人异甚⑪。"对曰："老臣窃以为媪⑫之爱燕后⑬，贤⑭于长安君。"曰："君过⑮矣，不若长安君之甚⑯。"左师公曰："父母之爱子，则为之计深远⑰。媪之送燕后也，持其踵为之泣⑱，念悲其远也⑲，亦哀之矣。已行⑳，非弗思也，祭祀必祝之，祝曰：'必勿使反㉑。'岂非计久长，有子孙相继为王也哉？㉒"太后曰："然。"

【注释】

①贱息：对人谦称自己的儿子。息，子。

②衰：衰老。

③怜：爱。

④愿令得补黑衣之数：希望让他得以补充卫士的数目。这是客气的说法，意思就是请求让他当一名卫士。得，表示客观情况的容许。黑衣，卫士的代称，因当时王宫的卫士都穿黑衣。

⑤没死以闻：冒着死罪把这话告诉你。没死，就是昧死（昧，通"冒"）。以，介词，省略了宾语。闻，使闻，即禀告的意思。

⑥敬诺：遵命。

⑦几何：多少。

⑧填沟壑（hè）：指死后没人埋葬，尸体被扔在山沟里。这里是谦虚的说法，就是指死。

⑨丈夫：男子的通称。

⑩甚于妇人：比妇人厉害。于，介词，在形容词后表比较。

⑪异甚：特别厉害，"异"是状语。

⑫媪（ǎo）：对年老妇人的尊称。

⑬燕后：赵太后的女儿，嫁到燕国为后，所以称为燕后。

⑭贤：胜，超越。

⑮过：动词，错。

⑯不若长安君之甚：不像（爱）长安君那样厉害。

⑰计深远：作长远打算。计，动词，打算，考虑。

⑱持其踵（zhǒng）为之泣：握着她的脚后跟为她而哭。持，握。踵，脚后跟。

⑲念悲其远也：惦念着她而且伤心她远嫁于外。

⑳已行：已经走了之后。

㉑必勿使反：一定别让他回来。古代女子出嫁，只有被弃才回娘家。诸侯的女儿远嫁到他国，只有被废或亡国后才回到本国，所以赵太后祭祀时祝女儿别回来。反，回来，后来写作"返"。

㉒这两句的大意是：难道不是作长远打算，希望燕后有子孙世世代代相继为王吗？也哉，都是语气词，"也"表判断，"哉"表反问，语气的重点落在"哉"字上。

【原文】

左师公曰："今三世以前①，至于赵之为赵②，赵主之子孙侯者，其继③有在者乎？"曰："无有。"曰："微独④赵，诸侯有在者乎⑤？"曰："老妇不闻⑥也。""此其近者祸及身，远者及其子孙。岂人主之子孙则必不善哉？位尊而无功，奉⑦厚而无劳，而挟重器⑧多也。今媪尊长安君之位⑨，而封之以膏腴⑩之地，多予⑪之重器，而不及今令有功于国。一旦山陵崩⑫，长安君何以自托于赵⑬？老臣以⑭媪为长安君计短也，故以为其爱⑮不若燕后。"太后曰："诺。恣君之所使之⑯。"于是为长安君约车百乘，质于齐，齐兵乃出。

【注释】

①三世以前：赵肃侯时。三世，就是三代，父子相继为一世。

②至上赵之为赵：上推到赵氏开始建成赵国的时候。指赵烈侯由晋国的一个大夫成为万乘之国的国君。

③继：指继承人，就是后嗣。

④微独：不仅，不但。

⑤这句话的主语不是"诸侯"，而是"诸侯之子孙侯者，其继"。

⑥不闻：没有听说。

⑦奉：后来写作"俸"，指俸禄。

⑧重器：贵重的宝物，指金玉珍宝钟鼎等。

⑨尊长安君之位：使长安君的地位很高。

⑩膏腴（yú）：肥沃。

⑪予：给。

⑫山陵崩：一种委婉的说法。这里比喻赵太后死去。

⑬长安君何以自托于赵：长安君凭什么在赵国寄托身躯呢？

⑭以：认为。

⑮其爱：对长安君的爱。

⑯恣君之所使也：任凭你怎样支使他。恣，动词，任凭。

【原文】

子义①闻之，曰："人主之子也，骨肉之亲也，犹②不能恃无功之尊③，无劳之奉，而守金玉之重也，而况人臣乎?"

【注释】

①子义：赵国的贤士。

②犹：还。

③尊：指尊高的地位。

【要点提示】

（一）音义

强（qiǎng）谏，竭力谏诤。

曾（zēng），乃，竟然。

郤（xì），不舒适。

少（shǎo）解，稍稍地消解。

少（shào），年纪轻（跟"老"相对）。

（二）文字

1. 古今字

（1）反/返 （必勿使反）

（2）奉/俸 （奉厚而无劳）

（3）耆/嗜 （少益耆食）

2. 通假字

没/殁 （没死以闻）

3. 异体字

郤/隙 （而恐太后玉体之有所郤也）

（三）词语

用事、强谏、质、趋、走、步、解、贱息、不肖、丈夫、爱怜、及、甚、贤、祝、世、恣、约。

（四）语法

1. 词类活用

（1）赵王之子孙侯者，其继有在者乎？侯，名词用作动词，封侯。继，动词用作名词，继承人。

（2）今媪尊长安君之位。尊，形容词的使动用法，使……尊。

（3）乃自强步，日三四里，少益嗜食。日，名词用作状语，每一天。三四里，数量词用作动词，走三四里路。

2. 判断句

人主之子也，骨肉之亲也。

3. 宾语前置

长安君何以自托于赵？

4. 双宾语句

多予之重器。

（以上内容由王梓凝负责编写）

常用词例释

11. 谢

例：谢曰："文倦于事，愦于忧。"（《战国策·齐策》）

例句中"谢"是"道歉"之意，由"谢"的本义引申而来。

谢，《说文·言部》："辞去也。"本义是①"告辞、告别"。《史记·魏公子列传》："乃谢客就车。"客人告辞时，往往要向主人道谢，因此引申为②"感谢、道谢"。《史记·项羽本纪》："哙拜谢，起，立而饮之。"辞别就是告诉主人，自己要离去了，本义又引申为③"告诉"。《木兰诗》："多谢后世人，戒之慎勿忘！"人死了就要告别人世，本义还引申为④"死"。范缜《神灭论》："形谢则神灭。"告别原来的职务则为辞职，故本义还引申为⑤"辞职、推辞"。《史记·孙子吴起列传》："膑谢曰：'刑余之人不可。'"人们辞职或者推辞做某事的时候总会礼貌性地表示歉意，"辞职、推辞"引申为⑥"道歉"。《战国策·齐策》："谢曰：'文倦于事，愦于忧。'"

其引申线索图示如下：

<pre>
                    ②感谢、道谢
                         ↑
    ③告诉←①告辞、告别→⑤辞职、推辞→⑥道歉
                         ↓
                       ④死
</pre>

12. 被

例：被于宗庙之祟。（《战国策·齐策》）

例句中"被"是"遭受"之意，由"被"的本义引申而来。

被，《说文·衣部》："寝衣。"本义是①"被子"。《招魂》："翡翠珠被。"

被子是盖在人身上的，因此引申为②"覆盖"。阮籍《咏怀·其三》："凝霜被野草。"覆盖就是把一种东西加在另一种东西之上，故由"覆盖"引申为③"加于……之上"。《荀子·臣道》："泽被生民。"有施加就必有承受，故由"加于……之上"引申为④"蒙受、遭受"。《战国策·齐策》："被于宗庙之祟。"遭受什么事情往往是被动的，故"遭受"引申为⑤"被"。《史记·屈原列传》："信而见疑，忠而被谤。"

其引申线索图示如下：

①被子→②覆盖→③加于……之上→④蒙受、遭受→⑤被

13. 发

例：书未发，威后问使者曰："岁亦无恙耶?"（《战国策·齐策》）

例句中"发"是"打开"之意，由"发"的本义引申而来。

发，《说文·弓部》："发，射发也。"本义是①"把箭射出去"。《史记·孙膑传》："暮见火举而俱发。"把箭射出去时，总是一支一支地发射的，故本义引申为②"支"。《汉书·匈奴传》："弓一张，矢四发。"把人派出去与把箭射出去在动作上有相似之处，因此本义又引申为③"派出、派遣"。《史记·陈涉世家》："发闾左适戍渔阳九百人。"受到派遣，就会出发，故由"派遣"引申为④"出发"。郦道元《三峡》："有时朝发白帝，暮到江陵。"发射枪弹与把箭射出去在动作上相似，所以由本义又引申为⑤"发射、射击"。徐珂《清稗类钞·冯婉贞》："度不中而轻发，徒糜弹药。"要把箭射出去，就得把弓拉开，因而本义又引申为⑥"打开"。《战国策·齐策》："书未发。"启发思维好比打开门窗，故"打开"引申为⑦"启发、开导"。《论语·述而》："不愤不启，不悱不发。"

其引申线索图示如下：

⑥打开→⑦启发、开导
↑
②支←①把箭射出去→⑤发射、射击
↓
③派出、派遣→④出发

14. 臣

例：上不臣于王，下不治其家。（《战国策·齐策》）

例句中"臣"是"臣服"之意，由"臣"的本义引申而来。

臣，像一只竖立的眼睛形，人在低头时眼睛即处于竖立的位置，字形表示了俯首屈从之意，本义是①"奴隶"。《韩非子·五蠹》："虽臣虏之劳不苦于此矣。"在奴隶社会，奴隶最卑贱，所以臣也用来表示谦称，可译为②"我"。《战国策·齐策》："臣诚知不如徐公美。"因为大臣与国君的关系类似于奴隶与主子的关系，所以引申为③"大臣"。诸葛亮《出师表》："此悉贞良死节之臣。"大臣对君主要表示臣服，故"大臣"引申为④"臣服"。

《战国策·齐策》："上不臣于王，下不治其家。"

其引申线索图示如下：

②我←①奴隶→③大臣→④臣服

15. 使

例：臣奉使使威后。（《战国策·齐策》）

例句中第一个"使"是"使命"之意，由"使"的本义引申而来。

使，张舜徽注："调命令指使也。"本义是①"命令、派遣"。《左传·僖公四年》："楚子使屈完如师。"命令往往要叫人做什么事，因此引申为②"叫、让"。袁枚《黄生借书说》："为一说，使与书俱。"古时受君主命令出国外交则为出使，故本义又引申为③"出使"。《史记·廉颇蔺相如列传》："臣舍人蔺相如可使。"出使的人就是使者，故"出使"引申为④"使者"。《史记·屈原列传》："楚使怒去，归告怀王。"使者接受的命令称为使命，故"使者"引申为⑤"使命"。《战国策·齐策》："臣奉使使威后"的第一个"使"即为"使命"之意。

其引申线索图示如下：

②叫、让←①命令、派遣→③出使→④使者→⑤使命

16. 兵

例：其实畏王之甲兵也！（《战国策·楚策》）

例句中"兵"是"士兵"之意，由"兵"的本义引申而来。

兵，《说文·收部》："械也。"本义是①"兵器、军械"。贾谊《过秦论》："收天下之兵，聚之咸阳。"士兵往往要拿兵器，本义通过相关性引申为②"士兵"。《战国策·楚策》："其实畏王之甲兵也。"众多的士兵可组成军队，"士兵"引申为③"军队"。《史记·廉颇蔺相如列传》："欲勿予，即患秦兵之来。"军队与打仗相关，因此"军队"引申为④"打仗、战争"。《左传·隐公四年》："夫兵，犹火也。"打仗必须讲求策略，故由"打仗"引申为⑤"战略、策略"。《孙子·谋攻》："故上兵伐谋，其次伐交。"

其引申线索图示如下：

①兵器、军械→②士兵→③军队→④打仗、战争→⑤战略、策略

17. 间

例：魏王使客将军辛垣衍间入邯郸。（《战国策·赵策》）

例句中"间"是"秘密地"之意，由"间"的本义引申而来。

金文、篆文的"间"由"门"＋"月"构成，像月光通过门缝照射进来，本义指①"门缝"。《史记·管晏列传》："其御之妻从门间而窥其夫。"因为其他东西的缝隙与门缝相似，通过相似性将词义扩大引申为表泛指的②"缝隙、空隙"。《庄子·养生主》："彼节者有间。"特指人在感情上有缝隙，"缝隙"就通过相似性将词义抽象化引申为③"嫌隙、隔阂"。《左传·哀公二十七年》："故君臣多间。"人为地制造或扩大人家的隔阂就是挑拨离

间，所以由"嫌隙"引申为④"离间"。《史记·项羽本纪》："乃用陈平计间项王。""离间"别人往往要偷偷去观察对方的行为，动作与动作方式之间紧密相关，又引申为⑤"窥伺"。《国语·鲁语》："齐人间晋之祸。"而窥伺是秘密进行的，故"窥伺"引申为⑥"秘密地、悄悄地"。《战国策·赵策》："魏王使客将军辛垣衍间入邯郸。"秘密地从事某事和抄小路都有保密性，由"秘密地"引申为⑦"抄小路"。《史记·项羽本纪》："从骊山下，道芷阳间行。"从事窥伺的人被称为"间谍"，"窥伺"又引申为⑧"间谍"。《孙子兵法·用间》："必索敌人之间。"

其引申线索图示如下：

⑧间谍
↑

①门缝→②缝隙、空隙→③嫌隙、隔阂→④离间→⑤窥伺→⑥秘密地、悄悄地→⑦抄小路

18. 却

例：秦将闻之，为却军五十里。（《战国策·赵策》）

例句中"却"是"撤退"之意，由"却"的本义引申而来。

却，朱骏声注："退也。"本义是①"退、后退"。《史记·廉颇蔺相如列传》："相如因持璧却立。"把东西退给别人表示不接受，引申为②"推辞、拒绝"。李斯《谏逐客书》："王者不却众庶。"后退的时候可能会回头看，故本义又引申为③"回头"。《孔雀东南飞》："却与小姑别。"行军打仗时向后退称为撤退，故本义还引申为④"撤退"。《战国策·赵策》："秦将闻之，为却军五十里。"撤退的原因一般是被打败了，故"撤退"通过因果相关引申为⑤"打退、击退"。苏洵《六国论》："李牧连却之。"击退了就不见了、没有了，故"击退"引申为⑥"去掉"。聂夷中《咏田家》："剜却心头肉。"

其引申线索图示如下：

②推辞、拒绝←①退、后退→③回头
↓
④撤退→⑤打退、击退→⑥去掉

19. 病

例：老臣病足，曾不能疾走。（《战国策·赵策》）

例句中"病"是"有病"之意，由"病"的本义引申而来。

病，《说文·疒部》："疾加也。"本义是①"重病"。《史记·留侯世家》："毒药苦口利于病。"生了重病往往担忧、焦虑，因果相关，本义引申为②"忧虑、担心"。陶渊明《感士不遇赋》："病奇名之不立。"生重病必然损坏身体，本义又引申为③"损害、毁坏"。《史记·货殖列传》："二十病农，九十病末。"生了重病就会十分痛苦，本义还引申为④"困苦不堪"。《论语·卫灵公》："不病人之不己知。"精神上和物质上的困苦在状态上都有"艰

难"的意思，所以"困苦不堪"引申为⑤"贫困"。《左传·哀公十四年》："孟孙为成之病。"将"重病"进行词义扩大，可引申为表泛指⑥"有病"。《战国策·赵策》："老臣病足，曾不能疾走。"将人身体有病的意义由具体域投射到抽象域，就是人的缺点，"有病"又引申为⑦"弊病、缺点"。司马光《训俭示康》："吾不以为病。"缺点往往会被批评，"缺点"引申为⑧"批评、责备"。司马光《训俭示康》："今人乃以俭相诟病。"

其引申线索图示如下：

②忧虑、担心
↑
③损害、毁坏←①重病→⑥有病→⑦弊病、缺点→⑧批评、责备
↓
④困苦不堪→⑤贫困

20. 甚

例：甚于妇人。/妇人异甚。（《战国策·赵策》）

例句中"甚"是"厉害"之意，由"甚"的本义引申而来。

甚，《说文·甘部》："尤安乐也。"张舜徽注："许云甘匹耦者，谓沈于色也。"本义是①"宠爱配偶"。《礼记·内则》："子甚宜其妻。"宠爱往往是过分的爱，因此引申为②"过分、厉害"。《战国策·赵策》中"妇人异甚"的"甚"就是"厉害"之意。过分就是超过了正常情况，故由"过分"引申为③"超过、胜过"。《墨子·非攻上》："其不义又甚入人园圃窃桃李。"宠爱配偶说明爱的程度很深，所以由本义又引申为④"很、非常"。《庄子·养生主》："动刀甚微。"

其引申线索图示如下：

④很、非常←①宠爱配偶→②过分、厉害→③超过、胜过

（以上内容由李桂林负责编写）

第三章 语法（一）

通论

第一节 语法专著简介

一、马建忠《马氏文通》

《马氏文通》（以下简称《文通》），是我国第一部系统研究古汉语的语法学著作。该著作以先秦两汉古文为研究材料，以拉丁语语法为参照，首次建构起完整的汉语语法体系，对后来汉语语法研究产生了巨大影响，为中国现代语言学奠定了坚实基础。

马建忠（1845—1900年），字眉叔，江苏丹徒（今江苏镇江）人。幼年求学于上海，曾学习拉丁文、希腊文、英文和法文，1876年清政府以郎中资格派往法国留学，成为我国第一个到欧洲学习社会科学的留学生。回国后用十年时间完成《文通》。

《文通》全书30余万字，最早版本为竹纸铅排线装本，共十卷，前六卷题"光绪二十四年孟冬"，后四卷题"光绪二十五年季冬"，上海商务印书馆印行。全书内容包括四大部分：第一部分"正名"，即界定各种语法术语；第二部分"实字"，即实词；第三部分"虚字"，即虚词；第四部分"句读"，"句"大致相当于现代语言学所指的句子，"读"则与短语或分句相当。

《文通》建立起比较完整的字（词）类系统。首先将汉语的字分成实字和虚字两大类，然后分别阐述内部小类。其中实字共五类：名字（即名词）、代字（即代词）、静字（即形容词）、动字（即动词）、状字（即副词）。虚字共四类：介字（即介词）、连字（即连词）、助字（即语气助词）、叹字（即感叹词）。其中各个小类内部又可以细分，如名字包括公名和本名，助字包括传信和传疑等。《文通》主要参考字的"意义"来对字进行分类，但偶尔也会涉及字的功能。《文通》指出："字各有义，而一字有不只一义者，古人所谓'望文生义'者，此也。义不同而其类亦别焉。故字类者，亦类其义焉耳。"但考虑到"字"的意义在实际使用中会发生变化，为此提出"字无定义，故无定类"（即"字无定类"）的字（词）类划分观。

《文通》首次尝试建立汉语句法体系。对实字、虚字的详细论述，实质是为了进一步阐述句读内容。《文通》例言说："是书本旨，专论句读。"虽然句读仅占全书一卷，但并不表明句读不重要。相反，句读理论实为《文通》语法体系的灵魂。实际上，字类部分的讨论已经贯穿了与具体字类相关的句法问题。如首次将句子成分称为词，并分出七种词：起词（主语）、语词（动词谓语）、表词（非动词谓语）、止词（动词宾语）、司词（介词宾语作状语、补语等）、转词（近似间接宾语）、加词（介词结构等）。同时还提出"次"的概念，具体包括主次、宾次、偏次和正次。主次为主语位置的名、代字，宾次为处在宾语和介词结构中的名、代字。偏次为处于定语位置的名、代字，正次则是充当中心词的名代字。

《文通》用例宏富，理论总结建立在广泛的材料之上。全书共征引古汉语例句七八千句，用例十分丰富。在《文通》出版之前，汉语语法研究还未从训诂学、辞章学和文学评论中独立出来，这一语法著作的诞生打开了汉语研究，尤其是语法研究的新局面。同时代的一些语法书都把《文通》作为参照。如章士钊《中等国文典》、陈承泽《国文法草创》等研究词类的划分基本沿袭了《文通》体系。后来黎锦熙的《新著国语文法》等著作均对此有所继承，这些表明《文通》对后来语法著作产生了深远影响。

当然，由于《文通》是参照国外语法所作，其中难免带有"模仿"痕迹。再加上《文通》出版两年，马氏便不幸逝世，来不及对全书进行修改和校订，致使该书在术语、引例、释文等方面有不少前后矛盾的地方。学界一直对《文通》褒贬不一。梁启超用"中国之有文典，自马氏始。推其所自出，则亦食戴学之赐也"（《论中国学术思想变迁之大势》）评价该书，王力认为"《马氏文通》可以说是富于创造性的一部语法书。他开创中国语法学的功劳是很大的，正所谓'不废江河万古流'"；也有学者认为《文通》"概念混乱""削足适履"等。但无论如何，不可否认的是，《文通》全面深入地揭示了古汉语的特点和规律，建立了大体完整而合理的古汉语语法体系，其出版标志着汉语语法学的正式诞生。

二、黎锦熙《新著国语文法》

《新著国语文法》（以下简称《文法》），是继《文通》后汉语语法研究的一部重要著作。1924年商务印书馆出版。《文法》是在国语运动背景下出现的中国第一部成规模的系统讲解白话文的著作，该著作奠定了现代汉语语法研究的基础，标志着现代汉语语法学的正式诞生。

黎锦熙（1890—1978年），字劭西，湖南湘潭人。现当代著名语言学家、教育家，现代汉语语法研究奠基者。从事语文教学和研究工作几十年，在语音、语法、修辞、辞典编纂、文字改革与普通话推广等方面有较深造诣。

《文法》共二十章。第一、二、三章是文法的基本内容，包括词、语、句、词类、句类等基本概念，以及词的分类状况、单句的句子成分及图解法。第四、五、十二、十三章主要讨论各类用词造句的变化，属句法内容，如实体词的七位、主要成分的省略、单句的复成分、附加成分的后附等内容。第六至十一章分别介绍名词、代词、动词、形容词、副词、介词的详细情况。第十四、十五、十六章分别介绍包孕复句、等立复句、主从复句。第十七、十八章分别介绍语气（助词）和叹语。第十九章为段落篇章和修辞举例。第二十章为标点符号和结论。

《文法》参考英国《纳氏英文法》，以"句本位"为指导思想建立起一个新的语法体系。句本位思想首先体现在词类划分上。黎氏根据"凡词，依句辨品，离句无品"思想，将词分为五类九品：（1）实体词：名词、代名词；（2）述说词：动词；（3）区别词：形容词、副词；（4）关系词：介词、连词；（5）情态词：助词、叹词。事实上，《文法》在词类划分时一方面采用意义标准，另一方面又主张从句法功能上鉴别。

句本位思想还表现在句子结构分析上。《文法》提出六大句子成分，并对内部关系进行了阐述。六个成分可划为三个层次，第一层主语、述语，为主要成分；第二层宾语、补足语，为连带成分；第三层定语、状语，为附带成分。在分析句子时采用句子成分分析法，由于在分析过程中要求首先找出全句的中心词（主语或谓语），让其他成分分别依附于中心词上，因而又叫中心词分析法。

《文法》第一次系统地研究了白话文语法，形成了一个完整的现代汉语语法体系，同时《文法》以其完整的体系、丰富的内容、严密细致的分析，被视为现代汉语语法学诞生的标志。

三、周法高《中国古代语法》

《中国古代语法》是我国古代语法研究的集大成之作，同时也是研究古代汉语语法篇幅最长的著作。它以春秋战国文献为主，研究殷商至汉魏六朝的汉语语法。从著作自序来看，《中国古代语法》计划编四编：称代编、构词编、造句编、虚词编。1959—1962年，台湾"中央研究院"先后出版了《称代编》《造句编》和《构词编》。《造句编》下卷和《虚词编》未出版。

周法高（1915—1994年），字子范，江苏东台人，著名语言学家。1939年毕业于南京中央大学，后入北京大学文科研究所学习。先后担任台湾历史语言研究所研究员，香港中文大学中国语文系讲座教授、系主任，台湾东海大学中文研究所讲座教授等。他一生从事古汉语语法研究，出版语言文字著作600余万字。

《称代编》包括八章内容。第一章通论，介绍代词的定义、范围，代词的转变，代词的位，代词的序。第二至五章分别介绍第一、二、三身代词，询问代词以及其他代词。第六章为称数。第七章谈论代词性助词（所、攸、者）。第八章介绍省略情况。

《构词编》包括四章内容。第一章音变，介绍形态方面的音变。第二章重叠，介绍双音节形式的重叠以及不同叠音形式和部分叠音形式，重叠形式与其他成分的结合情况等。第三章附加语，讲解词的附加成分。包括三种情况：①前附语，即位于词前的成分，又称"词头""前加成分"等，如"有夏""有殷""有周"中的"有"为名词前附语。②中附语，即出现在词内部的成分，古汉语比较少见。如"商之丘""庚公之斯"中的名词中附语"之"。③后附语，即位于词后的构词部分，又称"词尾""接尾语""后加成分"，如"惠然""油然""沛然""芒芒然"中的"然"，为状语后附语。第四章复词，即复合词。

语法体系上吸收西洋语言学理论，篇幅宏大，资料丰富，分析细密。

《造句编》上卷包括四部分内容：第一章句型，介绍古汉语中两种通行的句型：判断句、说明句。第二章词类，将古代汉语的词分为实词、虚词两大类，然后再进一步细分。第三章句子成分，分别论述谓语、名语、副语、补语、外语五种。第四章复句，将复句分为假设句、容认句、因果句、时间句、转折句、平行句六大类，每大类进一步细分小类。《造句编》下卷（未出版）将介绍语序、时间与方所词、疑问与否定，语气、节律等内容。

《中国古代语法》将古代汉语大致分为四期：第一期，殷周时期，包括殷后期和西周。研究材料包括殷代甲骨文、西周金文和《书经》《诗经》等。第二期，列国时期，包括春秋、战国和秦代。重要研究材料包括《论语》《孟子》《左传》《国语》等。第三期，两汉时期。研究材料包括汉代诸子、汉末佛经和《史记》《汉书》等。第四期，魏晋南北朝时期，重要研究材料包括《三国志》《世说新语》和一些史书、子书、诗文集等。

《中国古代语法》的语法体系主要吸取了布龙菲尔德、叶斯柏森、赵元任以及伦敦学派的部分学说而形成。如将构词形态、构形形态归入词的形态以及所谓的"主谓式谓语"，采用层次分析法分析句子等。其中理论部分的探讨更是兼探古今中外诸家之说，颇有创见，而书中材料和书证为后世古汉语研究提供了素材和借鉴。

四、王力《汉语语法史》

《汉语语法史》是我国第一本汉语语法通史，为汉语的语法史研究建构了完整的理论框架。该著作由王力《汉语史稿》中册"语法的发展"更名而来。

王力（1900—1986年），字了一，广西博白县人。教育家、翻译家、散文家，我国现代语言学奠基人之一。在汉语语法学、音韵学、词汇学、汉语史、语言学史等方面作出了重要贡献。代表作包括《汉语音韵学》《汉语史稿》《中国现代语法》等。

《汉语语法史》共二十六章，从词法、句法两个方面论述了汉语语法发展的历史面貌、发展阶段及内在规律。第一章概述，阐述了汉语语法稳固性的特点，具体体现在：第一，词序较为稳固，主语在谓语之前，修饰语在被修饰语之前，动词在宾语之前等；第二，虚词较为稳固。如"之、于、以、而、则"等一直使用至今；第三，各地方言的语法基本一致。同时指出，语法的稳固性并不意味着语法一成不变。第二章至第十二章，为词法研讨内容，分别以具体实例介绍名词、单位词、代词（人称、指示、疑问）、动词、形容词、副词、介词、连词内部小类以及在不同历史时期的基本情况，如名词前附成分"老"的发展情况。第十一章讨论了汉语构词法的发展，指出汉语构词法沿着单音节词向复音节词的道路发展。第十三至二十六章为句法研讨内容，分别探讨了汉语词序的发展、长句的发展、名词的关系位，能愿式、连动式、使成式、处置式、被动式等特殊句式的产生和发展情况，以及语气词和省略法等内容。如在词序问题上，认为上古有一些特殊的词序，如"吾谁欺""不我欺"。提出使成式产生于上古后期，处置式产生于中古等观点。

王力运用历史比较的方法分析了大量语料，系统考察了汉语句法结构的特点。尤其指出上古汉语的主语与表明语之间不用系词这一重要特点，是中国语言学家初次摆脱西方语法的束缚，研究汉语自身特点而取得的重大成果。《汉语语法史》材料丰富、系统性强，规模可观，是语法学研究的一部重要著作。

五、杨伯峻、何乐士《古汉语语法及其发展》

《古汉语语法及其发展》是继《文通》后全面详尽介绍古汉语语法实际面貌，构建符合汉语自身特点的语法理论体系的重要著作，具有较高的理论价值和实用价值。《古汉语语法及其发展》包括上、下两册，分上、中、下三编，约80万字，1992年由语文出版社出版。

杨伯峻（1909—1992年），原名杨德崇，湖南长沙人，著名语言学家。先后任中山大学讲师，北京大学、兰州大学中文系副教授，中国语言学会理事。研究领域包括古汉语语法、虚词以及古籍整理与译著。

何乐士（1930—2007年），语言学家，河南郏县人。1961年毕业于北京大学中文系，任职于中国社会科学院语言研究所。研究领域为古汉语语法、词汇。

《古汉语语法及其发展》运用静态描写、历史比较、数量统计等研究方法，为古汉语语法学的体系构拟了一个较为合理的框架。《古汉语语法及其发展》上编为概述，中编为词类，下编为句法。上编共四章，介绍古汉语的特点、词法、句法基本情况；中编共十一章，对学界关于词类研究的成果进行了整理，并将介词、助词等词类的成员全部列举；下编共十四章，对谓语的各种结构及复句的构造作了详细分析。下编最后一章为"语段"，讨论超句子成分。虽然该章篇幅较短，但在古汉语语法著作中设立专章谈语段问题却是第一次，具有开创之功。

《古汉语语法及其发展》并非语法史专著，其任务也并非谈论汉语语法的历史演变。该著作以介绍古汉语语法体系为出发点，秉承"在继承前人成果的基础上写一部新的语法书"的指导思想而作的一部专书。此书在研究和举例上，以秦汉时期的古汉语为主，在需要联系历史发展时，则或向上追及甲骨文、金文，或向下推至唐宋及明清，尽可能让读者对一些重要的语法现象的历史演变多一些了解，加深对古汉语语法面貌的全面认识。全书内容翔实，资料丰富，分析细致，从300多种古籍中选取例句8000多条，是少见的一本规模宏大的语法专著。

六、李佐丰《古代汉语语法学》

《古代汉语语法学》对古代汉语语法做了全面论述。全书注重科学性、系统性，不比附现代汉语语法，在诸多方面有所创新，建立了新的上古汉语语法体系。

李佐丰，1941年生，北京人。毕业于北京大学中文系，中国传媒大学文学院博士生导师，中国语言学会理事。研究领域为先秦汉语语法和广播电视语言。曾获北京大学王力语言学奖。

《古代汉语语法学》共分三个部分，九章内容。第一部分，即第一章，概述古代汉语语法学的研究对象、古代汉语语法学与相关学科、古代汉语语法的特点及研究方法。第二部分包括第二至八章，从语法基础知识、实词、虚词、短语、句型、句类、复句等方面介绍古代汉语的语法体系。第二章语法基础，分析了语法的基本单位、句类和句型、短语、词类、复音词的构成。第三章和第四章对词展开分类描写。其中实词包括动词、行为动词、性状动词、名词、时间词、方位词、量词、代词，虚词包括副词、区别词、介词、连词、语气词、决断词、结构助词。第五章将短语分为述宾、述补、状中、连谓、谓词性联合短语、介宾、计数、定中、同位、连体、联合、助词。第六章句型。第七章句类。第八章复句。第三部分对古代汉语语法的研究工作进行评述，即第九章研究简史。

七、杨剑桥《古汉语语法讲义》

《古汉语语法讲义》是近年来古汉语语法研究的一部重要著作。2010年由复旦大学出版社出版。

杨剑桥，1947年生，上海人，复旦大学中文系教授、博士生导师，中国音韵学研究会理事。主要研究领域为汉语音韵学、训诂学、汉语史、中国语言学史、汉藏比较语言学。著有《汉语现代音韵学》《汉语音韵学讲义》《实用古汉语知识宝典》等。

《古汉语语法讲义》是作者对高校本科生、研究生"古代汉语"和"古汉语语法研究"课程讲义的进一步修改和整理。全书共六章。第一章和第二章主要讨论汉语的实词和虚词。实词包括名词、动词、形容词、代词、副词、数词、量词七大类，虚词包括介词、连词、助词、语气词和叹词五类。第三章讨论结构成分及结构类型。第四章分析古汉语的词序、省略及插说。第五章探讨词类活用及特殊的动宾结构。第六章对判断句、被动句和称数法作了讨论。

在全面描写上古汉语语法现象和总结上古汉语语法体系的同时，《古汉语语法讲义》详细讨论了介词和连词的区分、人称代词的格位关系、副词"弗"与"不"的区别、动量词的产生、助词表被动态和受动态、动补结构的产生，以及使动、意动、为动用法和被动句的类型等问题，内容丰富，论述科学严密，是学习古汉语及古汉语语法的重要参考书目之一。

思考题
1. 请谈谈《马氏文通》的特点及影响力。
2. 请根据王力《汉语语法史》整理出汉语语法发展的脉络。

第二节 判 断 句

一、判断句的定义及特点

（一）判断句的定义
判断句指由名词或名词性词组充当谓语，表示判断的句子。

现代汉语判断句通常需在主语和谓语间添加判断词"是"，如"他是一名教师"。先秦以前，判断句一般不用"是"，而借用其他方式表达判断，如借用语气词"也"表示判断。例如：

①制，严邑也。（《左传·隐公元年》）
②而母，婢也。（《战国策·赵策》）
③都城过百雉，国之害也。（《左传·隐公元年》）

（二）判断句的特点
1. 从谓语角度看
判断句是根据句子谓语类型所分出的类别之一，其谓语由名词或名词性短语充当，语义上说明主语是什么或不是什么，即对事物的某一属性或特征做出判断。古汉语中也有一类比较特殊的判断句，其谓语由动词或动词性词组充当。王力认为，该类判断句主要用来解释原因，是判断句活用的表现。本书将其视为一种特殊的判断句。例如：

①良庖岁更刀，割也；族庖月更刀，折也。（《庄子·养生主》）

②持其踵为之泣，念悲其远也。（《战国策·赵策》）

2. 从主谓语义关系看

（1）谓语和主语表示同一事物或者属于同一类别。此种类型为古汉语判断句中最主要的表意类型。例如：

①夺项王天下者，必沛公也。（《史记·项羽本纪》）

②当立者乃公子扶苏。（《史记·陈涉世家》）

例①中"夺项王天下者"所指的正是其后谓语中的"沛公"，例②中"当立者"所指的为"公子扶苏"。句子的主语和谓语所指相同。

（2）谓语对主语所述关系进行比喻说明。例如：

①如今人方为刀俎，我为鱼肉。（《史记·项羽本纪》）

②晋与鲁卫，兄弟也。（《左传·成公二年》）

例①在阐述"他人"和"我"之间的关系，将二者关系比喻为"刀俎和鱼肉"的关系。同样，例②中将"晋"和"鲁卫"之间的关系比喻为兄弟。

（3）谓语表示对主语所指事物的解释和说明。例如：

①夫战，勇气也。（《左传·庄公十年》）

②劫天子，恶名也。（《战国策·秦策》）

例①中谓语"勇气"是对"作战"情况的一种说明，例②中"恶名"是对"劫天子"这件事情的说明。

3. 从结构形式看

（1）古汉语判断句最典型的结构形式为"主语+者，谓语+也"。其中语气词"者"表示停顿，"也"增强判断语气。例如：

①南冥者，天池也。（《庄子·逍遥游》）

②臣之所好者，道也。（《庄子·养生主》）

③陈胜者，阳城人也。（《史记·陈涉世家》）

（2）第二种形式为"主语，谓语+也"，即直接带有句末语气词"也"表示判断。例如：

①董狐，古之良史也。（《左传·宣公二年》）

②而母，婢也。（《战国策·赵策》）

③都城过百雉，国之害也。（《左传·隐公元年》）

（3）第三种形式为"主语+者，谓语"，即主语后带有"者"表停顿，谓语不带语气词"也"。例如：

①陈婴者，故东阳令史。（《史记·项羽本纪》）

②兵者，不祥之器。（《老子·三十一章》）

③粟者，民之所种。（晁错《论贵粟疏》）

（4）第四种形式为"主语，谓语"，即不带任何语气词，谓语对主语所述内容表示判断。例如：

①刘备，天下枭雄。（《资治通鉴·汉纪》）

②夫鲁，齐晋之唇。（《左传·哀公八年》）

除以上几种形式外，部分判断句还使用"乃、即、必、为"等词表示判断。

二、乃、即、非、为与判断句

（一）乃、即、非的词性及作用

出现在判断句中的"乃、即、非"均为副词，作用在于加强判断语气。例如：

①吾乃梁人也。（《战国策·赵策》）

②梁父即楚将项燕。（《史记·项羽本纪》）

③是非君子之言也。（《礼记·檀弓上》）

上例中的"乃、即、非"均为副词，其中"乃、即"表达肯定语气，大致相当于现代汉语中的"便（是）、就（是）"。"非"表达否定语气，语义上相当于现代汉语中的"不（是）"，但"非"为加强语气的副词，而不是表示否定判断的动词。带有"非"的否定判断句在古汉语中也较为常见。例如：

①惠子曰："子非鱼，安知鱼之乐？"（《庄子·秋水》）

②此庸夫之怒也，非士之怒也。（《战国策·魏策》）

③楚虽大，非吾族也。（《左传·成公四年》）

（二）为的词性及作用

古汉语判断句中也常出现"为"。例如：

①吾乃今日而知先生为天下之士也！（《战国策·赵策》）

②知之为知之，不知为不知，是知也。（《论语·为政》）

③长沮曰："夫执舆者为谁？"子路曰："为孔丘。"（《论语·微子》）

④四体不勤，五谷不分，孰为夫子？（《论语·微子》）

上面例子中的"为"很像现代汉语的系词"是"，有人称为"准判断词"。事实上古汉语中的"为"含义广泛。上面例句里的"为"虽然可以用"是"字来对译，但不能就此认定它是真正的系词。只有在少数情况下，"为"的动词义消失了，才可将它视为判断动词。例如：

桀溺曰："子为谁？"曰："为仲由。"（《论语·微子》）

三、是、者与判断句

（一）是的词性及用法

古汉语中"是"既可以用作指示代词，也可以用作判断词。

1. 指示代词

"是"在古汉语中最常见的性质是指示代词，充当句子的主语。例如：

①曰："是何也?"曰："无何也。是天地之变，阴阳之化，物之罕至者也。"（《荀子·天论》）

②日月星辰瑞历，是禹桀之所同也。（《荀子·天论》）

③是不为也，非不能也。（《孟子·梁惠王上》）

上例中的"是"均为指示代词，作用和"此"一样。其中，例③中虽然后一分句带有表判断的词"非"，但句中的"是"仍是指示代词，充当判断句的主语。

2. 判断词

用作判断词的"是"是在指示代词"是"的基础上发展演变而来的。大概在汉朝时期已出现判断词"是"的用法。例如：

①问今是何世。（陶渊明《桃花源记》）

②不知木兰是女郎。（《木兰诗》）

③客人不知其是商鞅。（《史记·商君列传》）

（二）者的词性及用法

"者"大致有特别指示代词和语气助词两种词性。

1. 特别指示代词

古汉语中出现在动词、形容词或动词词组以及主谓结构后的"者"为特别指示代词，语义上表达"……的人"或"……的事物"，还可以直接用在数词后面表示几种人、几件事物或几样东西。例如：

①假舆马者，非利足也，而致千里；假舟楫者，非能水也，而绝江河。（《荀子·劝学》）

②杨子过于宋东之逆旅，有妾二人，其恶者贵，美者贱。（《韩非子·说林上》）

③臣闻地广者粟多，国大者人众，兵强则士勇。（李斯《谏逐客书》）

上例中，"者"分别出现在动词词组、形容词以及主谓短语后，构成名词性短语，表示"借助马车的人""丑/美妾"以及"土地广大的国家"的意思。

2. 语气助词

"者"也可用作语气助词，通常用于主语和谓语之间，表示提示语气。例如：

①古有伯夷叔齐者，武王让以天下而弗受，二人饿死首阳之陵。（《韩非子·奸劫弑臣》）

②鱼，我所欲也；熊掌，亦我所欲也，二者不可得兼，舍鱼而取熊掌者也。（《孟子·告子上》）

③ 战士怠于行陈者，则兵弱也；农夫惰于田者，则国贫也。（《韩非子·外储说左上》）

例①和例③中的"者"都是语气助词，例②中出现两个"者"，"二者"中的"者"为代词，后一个"者"用于句末，没有实在意义，其性质为助词。

四、判断句的活用

古汉语中存在一类比较特殊的判断句。特殊之处在于"句子的主语和谓语的关系不能按照形式逻辑的要求加以分析"。学界通常把这类现象称为判断句的活用，将这类句子视为特殊的判断句，具体包括以下小类。

（一）表比喻的判断句

该类判断句的主语和谓语之间不存在一般判断句所具有的相等、类属、包含等语义关系，而是一种比喻关系。例如：

① 曹公，豺虎也。（《资治通鉴·汉纪》）

② 如今人方为刀俎，我为鱼肉。（《史记·项羽本纪》）

③ 晋与鲁卫，兄弟也。（《左传·成公二年》）

例①中，将主语"曹公"比喻为"豺虎"，其中谓语"豺虎"是对主语所具有的某一种性质或特点的比喻。同样，例②中将"人"比喻为"刀俎"，将"自己"比喻为"鱼肉"，对两者的关系进行说明。例③中，将"晋和鲁卫"之间的关系比喻为"兄弟"关系。虽然都是一种比喻，但实际上同样是对主语或主语间关系的一种说明和判断。

（二）表丰富复杂内容的判断句

该类判断句通常用紧缩的形式来传达丰富复杂的内容。例如：

① 夫战，勇气也。（《左传·庄公十年》）

② 劫天子，恶名也。（《战国策·秦策》）

同样，这类判断句中主语和谓语间不存在相等关系。我们不能说"战"等同于"勇气"，而只能理解为"作战靠的是勇气"或者"勇气是打赢战争的条件"。句子形式上比较简单，但内部的语义内容则相对复杂。

（三）表原因的判断句

谓语对主语所述事件或内容产生的原因进行说明，即用判断句的形式来解释原因。例如：

① 桀为天子，能制天下，非贤也，势重也。（《韩非子·功名》）

② 桓公九合诸侯，不以兵车，管仲之力也。（《论语·宪问》）

③ 良庖岁更刀，割也；族庖月更刀，折也。（《庄子·养生主》）

例①中，"非贤也，势重也"是对"桀为天子，能制天下"的原因的阐述，余两例用法同此。

思考题

1. 什么是判断句？判断句的主要格式有哪些？
2. 简要论述判断句的主要表意类型。

第三节 叙 述 句

以动词或动词性短语为谓语，叙述人或事物行动变化的句子为叙述句。

一、双宾语句

（一）双宾语句的定义

动词后带有两个宾语的句子为双宾语句。例如：

① 晋侯饮赵盾酒。（《左传·宣公二年》）

② 公赐之食。（《左传·隐公元年》）

上例中"酒"和"食"分别是谓语动词"饮"和"赐"的直接宾语（又称"远宾语"），"赵盾"和"之"是间接宾语（又称"近宾语"）。双宾语实际上有主次之分，指事物的宾语被视为主宾语，指人的宾语被视为副宾语。

需注意的是，如果谓语动词后面的两个名词属同一类事物，二者为并列关系，则不是双宾语，而是联合词组作宾语。例如：

乃诈称公子扶苏、项燕。（《史记·陈涉世家》）

"公子扶苏"和"项燕"都是人名，是并列关系，二者都是谓语动词"称"所涉及的对象，没有直接、间接之分，也没有主、次之别。在句法分析时，通常将二者视为联合词组，充当句子宾语。同样，谓语动词后若有多个具有并列关系的名词，也都算作联合词组充当宾语。例如：

此地有崇山、峻岭、茂林、修竹。（王羲之《兰亭集序》）

（二）双宾语句中动词的特征

古汉语中带双宾语的动词通常包括以下几类。

（1）具有给予义的动词赐、与、予、遗、贻等。这些动词后所带宾语分为近宾语和远宾语，其中，近宾语表示给予的对象，远宾语表示给予的内容。例如：

① 公赐之食。（《左传·隐公元年》

② 赐赵凤耿，赐毕万魏。（《史记·晋世家》）

③秦亦不以城予赵，赵亦终不予秦璧。（《史记·廉颇蔺相如列传》）

（2）具有告知、教示义的动词语、告、教、示等。它们所带近宾语表示语、告、教、示的对象，远宾语表示语、告、教、示的内容。例如：

① 公语之故，且告之悔。（《左传·隐公元年》）

② 于是逡巡而却，告之海曰："……。"（《庄子·秋水》）

③ 后稷教民稼穑，树艺五谷。（《孟子·滕文公上》）

（3）动词为、输、闭、立等可带双宾语。这些动词后常带有代词之，构成"为之×"式的双宾语句，其中，"之"为近宾语，"×"为远宾语。例如：

① 不如早为之所，无使滋蔓。（《左传·隐公元年》）

② 故为之说，以俟夫观人风者得焉。（柳宗元《捕蛇者说》）

③ 晋饥，秦输之粟；秦饥，晋闭之籴。（《左传·僖公十五年》）

④ 天生民而立之君。（《左传·襄公十四年》）

这些动词发展到现代汉语已不能再带双宾语了。

（三）双宾语的位置

在双宾语句中，一般是间接宾语在前，直接宾语在后，但直接宾语在前，间接宾语在后的，也不乏其例。例如：

① 越人饰美女八人，纳之太宰嚭。（《国语·越语上》）

② 范痤献书魏王。（《战国策·赵策》）

③ 毛遂奉铜盘而跪进之楚王。（《史记·平原君虞卿列传》）

④ 颖阴侯言客去。（《史记·魏其武安侯列传》）

⑤ 请奉盆缶秦王，以相娱乐。（《史记·廉颇蔺相如列传》）

⑥ 又献玉斗范增。（《汉书·高帝纪》）

至于什么情况下间接宾语在前，什么情况下直接宾语在前，似乎并无严格的规律可循。大体而言，具有"奉献"义的动词带有双宾语时，直接宾语总是在间接宾语的前面，因为只有这样，说话者才能把奉献的内容迅速地表达出来。如上面所列举的"纳之太宰嚭""献书魏王""进之楚王""奉盆缶秦王""献玉斗范增"等均是如此。

需要注意的是，代词"之"用在双宾语句中充当宾语时，无论是作间接宾语，还是作直接宾语，它总是居于前面而紧挨动词。放在前面充当间接宾语的如"赐之卮酒""赐之彘肩"等。例如：

多予之重器。（《战国策·赵策》）

放在前面充当直接宾语的，如"进之楚王""言之上"等。例如：

① 吾既已言之王矣。（《墨子·公输》）

② 得璧，传之美人。（《史记·廉颇蔺相如列传》）

各例中的"之"字宾语和名词宾语的顺序不能颠倒。只有"且告之悔"可以说成"且告悔之"，颠倒后已不是双宾语结构，而变成了动宾词组"悔之"作"告"的宾语。

一般情况下，宾语是放在动词后面的。在双宾语结构中，间接宾语在符合宾语前置的条件下，也可以提到动词的前面。例如：

① 若受吾币而不吾假道，将奈何？（《吕氏春秋·慎大览》）

② 所谓诚其意者，毋自欺也，如恶恶臭，如好好色。此之谓自谦。（《礼记·大学》）

例①中，"不吾假道"的正常语序应为"不假吾道"，动词"假"的后面既跟了直接宾语"道"，又跟了间接宾语"吾"，由于本句为否定句，"吾"是代词作宾语，符合宾语前置的条件，所以语序变为"不吾假道"。例②中"此之谓自谦"的正常表达是"谓此自谦"，为了强调间接宾语"此"，将其提到动词"谓"前，并在前置的宾语"此"后添加"之"作为标记，所以变成了"此之谓自谦"。

（四）双宾语句的翻译

双宾语句在古代汉语里的应用范围比现代汉语广，其翻译成现代汉语的情况也有所不同。

一是由"给予"义、"告知"义类动词构成的双宾语句。翻译时，有的可以保留原语序不变，有的则可以用"把"等介词将远宾语提前。例如：

① 公语之故，且告之悔。（《左传·隐公元年》）

② 予我千金，吾生若。（方苞《狱中杂记》）

二是由动词"为"构成的双宾句。翻译时，应该根据文章的上下文语境，灵活处理。例如：

① 故为之说，以俟夫观人风者得焉。（柳宗元《捕蛇者说》）

② 有司业、博士为之师。（宋濂《送东阳马生序》）

二、被动句

（一）意念被动句

和现代汉语一样，古代汉语叙述句的主语，也可以是谓语动词所表行为的被动者。例如：

① 蔓草犹不可除，况君之宠弟乎？（《左传·隐公元年》）

② 君能补过，衮不废矣。（《左传·宣公二年》）

③ 谏行言听。（《孟子·离娄下》）

例句中，"蔓草"是被"除"的对象，"衮"是被"废"的对象，"谏"和"言"是"行"和"听"的内容，均表达意念上的被动。

（二）语法被动句

1. 助词"见"与被动句

"见"和"于""为"不同，因为它不能引进行为的主动者，因而不是介词，不能和别的词组成介宾词组。"见"的词性有助动词、能愿动词、助词、副词、特殊副词等不同的说法，以助动词的说法为宜，用在动词前面作状语。例如：

盆成括见杀。（《孟子·尽心下》）

这种表示被动的"见"字，后来发展成为指代性副词。它可以代替第一人称。例如：

生孩六月，慈父见背。（李密《陈情表》）

2. 介词"于"与被动句

先秦时期，在表达被动意义时，通常在动词后用介词"于"引出动作行为的主动者，构成"主语+动词+于+行为主动者"的格式。例如：

兵破于陈涉，地夺于刘氏。（《汉书·贾山列传》）

需要注意的是，具有上述格式的句子也并非一定是被动句。句子是否为被动句取决于动词。若动词本身在句中含有被动意义，则句子为被动句，此时"于"引出的便是"行为的主动者"，否则句子不是被动句。例如：

① 赵氏求救于齐。（战国策·赵策》）
② 虎兕出于柙。（《论语·季氏》）
③ 王坐于堂上。（《孟子·梁惠王上》）
④ 肃追于宇下。（《资治通鉴·汉纪》）

上面四个例句中的动词"求救""出""坐""追"均不表达被动意义，"于"所引出的也并非动作行为的主动者，而是动作行为涉及的对象或处所。这些句子尽管符合上面所说的格式，但却不是被动句。

3. "见……于……"与被动句

在"见……于……"句式里，"见"是助动词，用在动词前面作状语；"于"是介词，引出行为的主动者，整个介宾词组用在动词后面充当补语。例如：

吾长见笑于大方之家。（《庄子·秋水》）

在"见……于……"句式里，用"见"的地方也可以用"受"。"受"字也应视为助动词，作状语。例如：

吾不能举全吴之地，十万之众，受制于人。（《资治通鉴·汉纪》）

4. 介词"为"与被动句

"为"和"于"一样，也可以引进行为的主动者并与之组成介宾词组表示被动。不同的是，"于"与被引成分构成的短语一般位于动词之后，而"为"所构成的短语则通常位于动词之前。例如：

而身为宋国笑。（《韩非子·五蠹》）

此外，"为"所引行为主动者可以不出现，而"于"所引行为主动者必须出现。当"为"所引成分不出现时，"为"也由介词变成表被动的助动词，不过它仍然可以用在动词前面作状语。例如：

父母宗族，皆为戮没。（《战国策·燕策》）

5. "为……所……"与被动句

在"为……所……"句式里，"为"是介词，和它所引进的行为主动者组成介宾词组作状语。"所"字的词性，说法不一。有人说是动词词头，有人说是结构助词，有人说是助动词。以助词的说法为宜。例如：

其印为予群众所得。（沈括《梦溪笔谈·活板》）

6. 介词"被"与被动句

除了用"于"和"为"外，古汉语中也存在用"被"引出动作行为主动者，表达被动的例子。"被"与其所引介的成分组成介宾词组用在动词前作状语。例如：

① 信而见疑，忠而被谤，能无怨乎？（《史记·屈原贾生列传》）
② 臣被尚书召问。（蔡邕《被收时表》）

四、叙述句中语气词"矣""焉"的用法

古汉语中的叙述句通常带有语气词"矣"和"焉"。

（一）"矣"

"矣"通常将事物发展的现阶段作为新情况告诉别人。例如：

① 吾知所过矣。（《左传·宣公二年》）（原先不知道，现在知道了。）
② 寝门辟矣。（《左传·宣公二年》）（原先是关着的，现在开了。）
③ 余病矣。（《左传·成公二年》）（本来是好好的，现在受重伤了。）

当句子中出现表时间的副词"已""既""尝"等时，"矣"强调某一情况已经如此或曾经有某一情况。例如：

① 平原君曰："胜已泄之矣。"（《战国策·赵策》）
② 且君尝为晋军赐矣。（《左传·僖公元年》）

带有"矣"的叙述句有时也可以将未出现但会出现的情况告诉他人。例如：

① 孔子曰："诺，吾将仕矣。"（《论语·阳货》）
② 虞不腊矣。（《左传·僖公五年》）

此外，"矣"也可以用于祈使句中，表达说话者希望对方实现某种行为或完成某一动作，如下例①；还可用于疑问句中帮助表达疑问语气，如下例②。

① 年几何矣？（《战国策·赵策》）
② 何如斯可谓之士矣？（《论语·子路》）

（二）"焉"

"焉"既可用作指示代词，也可用作语气词。用作指示代词时指代某一范围或方面。例如：

① 君何患焉？（《左传·隐公元年》）

② 既富矣，又何加焉？（《论语·子路》）

③ 王若隐其无罪而就死地，则牛羊何择焉？（《孟子·梁惠王上》）

当"焉"与"于"字介宾词组同时出现时，其代词词性减弱，语气词性质突出。例如：

① 寡人之于国也，尽心焉耳矣。（《孟子·梁惠王上》）（"焉"和"于国"同时出现）

② 夫子言之，于我心有戚戚焉。（《孟子·梁惠王上》）（"焉"和"于我心"同时出现）

有时候，"焉"虽然没有和"于"字介宾词组同时出现，但也完全失去了代词词性，作为纯粹的语气词，带有引人注意的语气。例如：

① 击之，必大捷焉。（《左传·僖公三十二年》）

② 宗庙之事，如会同，端章甫，愿为小相焉。（《论语·先进》）

"焉"字也可以用于疑问句，既可以放在动词之前作状语，构成"焉+V（动词）"的形式，也可以放到动词之后作宾语。因疑问代词"焉"作宾语，符合宾语提前的条件，所以"焉"作动词的宾语，其句法形式与"焉"作状语的形式相同（都是"焉+V"）。如何区分呢？主要看"焉"的语义。"焉"作状语时有"哪里""怎么"之义，询问的是动作行为以"何种（或怎么样）的方式"而进行；"焉"作宾语时有"什么""哪里"之义，询问的是动词行为涉及"什么样"的事物或动词的"什么"处所。例如：

①姜氏欲之，焉辟害？（《左传·隐公元年》）

②若不阙秦，将焉取之？（《左传·僖公三十年》）

③天下之父归之，其子焉往？（《孟子·离娄上》）

④归去来兮，请息交以绝游，世与我而相违，复驾言兮焉求。（陶渊明《归去来兮辞》）

例①、例②中的"焉"是疑问代词作状语，"焉"是"怎么""哪里"的意思；例③、例④中的"焉"是疑问代词作宾语而提前，例③"焉往"即"往焉"，表示"往哪里"；例④"焉求"即"求焉"，表示"求什么"。

思考题

1.什么是双宾语句？

2.以下哪些句子是宾语前置句？

①唯余马首是瞻。（《左传·襄公十四年》）

②句读之不知，惑之不解。（韩愈《师说》）

③时人莫之许也。（陈寿《隆中对》）

3. 说说以下"焉"字的用法。

①王若隐其无罪而就死地，则牛羊何择焉？（《孟子·梁惠王上》）

②夫子言之，于我心有戚戚焉。（《孟子·梁惠王上》）

③制，严邑也，虢叔死焉。（《左传·隐公元年》）

第四节　否　定　句

一、否定句的定义

表达否定的句子为否定句。否定句中均都带有相应的否定词。例如：

① 朽木不可雕也。（《论语·公冶长》）

② 大车无輗，小车无軏，其何以行之哉？（《论语·为政》）

③ 自经于沟渎而莫之知也。（《论语·宪问》）

如上例所示，例①中含有否定副词"不"，例②中带有否定动词"无"，例③中含有否定性无定代词"莫"，均表达否定意义。古汉语否定副词除"不"以外，还包括"弗、毋、勿、未、否、非"等，它们的用法存在细微区别。

二、常见否定词的用法

古汉语否定词大致包括三类：一类为否定副词，如"不、弗、勿、毋、非"等；一类为否定动词，如"无"；一类为表否定的无定代词，如"莫"。各个否定词在具体用法和表义方面不完全一致。

（一）不、弗

"不"和"弗"均为古汉语常见的否定词，二者词汇意义基本相同，均表示一般的否定。但二者所表达的语法意义存在细微区别。

1. 不

"不"的用法灵活多样，通常用在动词、形容词谓语前表示否定。例如：

① 厩焚。子退朝，曰："伤人乎？"不问马。（《论语·乡党》）

② 故不登高山，不知天之高也；不临深溪，不知地之厚也。（《荀子·劝学》）

③ 若网在纲，有条而不紊。（《尚书·盘庚》）

上例中"不"依次出现在动词"问""登""知""临"和形容词"紊"之前，表达否定意义，动词后须带有宾语。有时"不"后的动词也可不带宾语。例如：

老妇不闻也。（《战国策·赵策》）

也就是说，"不"所否定的动词既可以是及物动词，也可以是不及物动词。

"不"还可以出现在名词前表达否定。需注意的是，"不"后的名词，此时多用作形容词或动词。例如：

①晋灵公不君。（《左传·宣公二年》）

②此子也才，吾受子之赐；不才，吾唯子之怨。（《左传·文公七年》）

③我实不德，齐师何罪？罪我之由。（《左传·庄公八年》）

例①否定词"不"后所接的名词"君"实则用作动词，表示"不行君王之道"。同样，后两例中的"才"和"德"均为名词用作动词，分别表示"不成才"和"缺乏德行"的意思。

2. 弗

"弗"一般用于否定及物动词，而动词的宾语通常不出现。例如：

①一箪食，一豆羹，得之则生，弗得则死。（《孟子·告子上》）

②弗知而言为不智，知而不言为不忠。（《战国策·秦策》）

③（灌夫）后家居长安，长安中诸公莫弗称之。（《史记·魏其武安侯列传》）

上例中"得""知""称"本为及物动词，但受"弗"否定时均不带宾语。"弗"后及物动词不带宾语的原因可能是，"弗"相当于"不"和使动词"使"的融合形式，此时句子的谓语结构相当于"不使（之）+动词"，所以不带宾语。

"弗"同样可以出现在名词前，但此时名词用作及物动词。例如：

小信未孚，神弗福也。（《左传·庄公十年》）

后来"弗"还可以用来否定形容词，但用例不多。例如：

今吕氏王，大臣弗平。（《史记·吕太后本纪》）

总括而言，否定词"不"的使用范围更广，可以否定及物和不及物动词、形容词，与现代汉语的用法基本相同。而"弗"通常用于否定及物动词不带宾语的情况。

（二）毋、勿

"毋"和"勿"的词汇意义基本相同，均表达"禁止或劝阻"，通常用于祈使句中。语义上相当于今天的"不要"和"别"。一般情况下，"毋"字后面的动词带有宾语，而"勿"字后面的动词不带宾语。

1. 毋

"毋"通常可用于否定及物和不及物动词，语义上表示"不要"。例如：

①将军毋失时，时间不容息。（《史记·张耳陈馀列传》）

②原思为之宰，与之粟九百，辞。子曰："毋以与尔邻里乡党乎！"（《论语·雍也》）

"毋"也可以出现在名词前表达否定，但此时名词用作动词。例如：

主忠信，毋友不如己者，过则勿惮改。（《论语·子罕》）

上面例句中的"友"实为名词，但此时"友"作动词解，表示"以……为友"。

2. 勿

"勿"通常用于否定及物动词不带宾语的情况，与"弗"相似。语义上表达禁止。例如：

①左右皆曰不可，勿听；诸大夫皆曰不可，勿听。（《孟子·梁惠王下》）
②虽欲勿用。（《论语·雍也》）

有时，"勿"后动词也可带有宾语或补语。如：

①己所不欲，勿施于人。（《论语·卫灵公》）
②百亩之田，勿夺其时。（《孟子·梁惠王上》）

"勿"有时也可用于陈述句，此时不再表达禁止，而是与"不"的意义相同。例如：

①齐侯欲勿许。（《左传·襄公三年》）
②鲁人欲勿殇重汪踦。（《礼记·檀弓下》）

总括而言，语法意义上，"毋"和"不"的相当，"勿"和"弗"相当。"毋"和"勿"的区别在于，前者所否定的动词一般带有宾语，后者所否定的动词不带宾语。

（三）未

"未"常用在动词或形容词前，表示事情还未得以实现。语义上相当于现代汉语"没有"。例如：

①宣子未出山而复。（《左传·宣公二年》）
②虽然，愿及未填沟壑而托之。（《战国策·赵策》）
③见牛未见羊也。（《孟子·梁惠王上》）

有时"未"也并非用来表示事情还没实现，仅仅表示一种委婉的否定，语义上与"不"的意义相当。例如：

①今君有一窟，未得高枕而卧也。（《战国策·齐策》）
②肉食者鄙，未能远谋。（《左传·庄公十年》）

"未"也可与"尝"组合为"未尝"表示否定。"未尝"常用于否定过去。例如：

①问其与饮食者，尽富贵也，而未尝有显者来。（《孟子·离娄下》）
②三年之后，未尝见全牛也。（《庄子·养生主》）

（四）否

"否"常用于单词句，对前面的事实加以否定。往往与作为应答之词的"然"构成对立。语义上相当于现代汉语的"不"或"不是的"。例如：

①孟子曰："许子必种粟而后食乎？"曰："然。""许子必织布而后衣乎？"曰："否。许子衣褐。"（《孟子·滕文公上》）

②王斗曰："否。……"（《战国策·齐策》）

"否"也可用在肯定否定叠用的句子中，表否定的一面。例如：

①宦三年矣，未知母之存否。（《左传·宣公二年》）

②晋人侵郑，以观其可攻与否。（《左传·僖公三十年》）

（五）非

"非"在上古汉语里不是系词，而是一个简单的否定副词，通常用来否定整个谓语部分，包括动词、名词和形容词谓语。有时也写作"匪"。例如：

①使我两军匪以玉帛相见而以兴戎。（《左传·僖公十五年》）

②子非鱼，安知鱼之乐？（《庄子·秋水》）

③城非不高也，池非不深也，兵革非不坚利也。（《孟子·公孙丑下》）

"非"也可用来否定行为或性质，表示对某一事实的否认，可以译为"若非"或"若无"。例如：

①吾非至于子之门则殆矣。（《庄子·秋水》）

②民非水火不生活。（《孟子·尽心上》）

③五十非帛不煖，七十非肉不饱。（《孟子·尽心上》）

④君非姬氏，居不安，食不饱。（《左传·僖公四年》）

（六）无

否定词"无"主要对名词或名词性词组（一般都是"无"的宾语）进行否定。例如：

①人无远虑，必有近忧。（《论语·卫灵公》）

②人谁无过？过而能改。（《左传·宣公二年》）

③不如早为之所，无使滋蔓。（《左传·隐公元年》）

"无"与"有"相对，也有将其写作"毋"的。例如：

然使十人树之，一人拔之，则毋生杨矣。（《韩非子·说林上》）

与"无"意义相近的一个词是"不有"，它往往用在否定词后面表示双重否定，或用在无主语的分句里。例如：

①靡不有初，鲜克有终。（《左传·宣公二年》）

②不有祝鮀之佞，而有宋朝之美，难乎免于今之世矣。（《论语·雍也》）

"无"又用于祈使句，表示禁止或不同意，意义和"毋"完全相同。

与其他否定词不同的是，"无"为否定动词，其否定的基本都是名词。

（七）莫

"莫"为表否定的无定代词，通常可以将它译为"没有谁"或"没有哪一种东西（事情）"等。"莫"所指代的名词在句中可出现，如例①、例②，也可不出现，如例③。

①过而能改，善莫大焉。（《左传·宣公二年》）

② 天下之水，莫大于海。（《庄子·秋水》）

③ 谏而不入，则莫之继也。（《左传·宣公二年》）

"莫"早期偶尔也可以用作否定副词，相当于"不"。例如：

① 小子何莫学夫诗？（《论语·阳货》）

② 四人相视而笑，莫逆于心。（《庄子·大宗师》）

③ 戚戚兄弟，莫远具尔。（《诗经·大雅·行苇》）

三、否定句中代词宾语的前置

否定句中宾语前置需满足两个条件：第一，宾语必须是代词；第二，句中带有"不、未、莫、毋"等否定词。例如：

① 三岁贯女，莫我肯顾。 （《诗经·魏风·硕鼠》）

② 然而不王者，未之有也。 （《孟子·梁惠王上》）

③ 古之人不余欺也！（苏轼《石钟山记》）

上例中的代词宾语"我""之""余"分别位于谓语动词"顾""有"和"欺"之前，句子同时分别带有否定词"莫""未""不"，翻译时应该将宾语移到原处。

能够前置的代词宾语通常包括两大类：一类是人称代词，如"我、吾、尔"等；另一类是指示代词，如"之"。

思考题

1.什么是否定句？

2.上古汉语用"不、毋、未、莫"四个否定词的否定句，如果宾语是代词，一般总是放在动词前面，请各举两例说明上述理论。

3.为什么用"弗、勿、非、无"四个否定词的否定句，不能用代词宾语前置的结构？举例说明。

第五节　疑　问　句

表达疑问的句子，称为疑问句。疑问句通常带有疑问词和疑问语气。

一、疑问代词

疑问代词是对人、事、物、处所等表示询问的代词。因而也据此分为三类：指人、指事物、指处所。三类疑问代词之间存在着相互交叉的现象。疑问代词在句子结构中可以作主语、宾语、定语、判断句谓语、状语等成分。

（一）谁、孰、何

1.谁

"谁"的用法和现代汉语完全一样，只是作宾语时要放在动词前面。如：

①谁习计会，能为文收责于薛者乎？（《战国策·齐策》）[作主语]

②吾谁欺？欺天乎？（《论语·子罕》）[作宾语]

③敢问谁之罪也？（《左传·襄公二十一年》）[作定语]

④孟尝君怪之，曰："此谁也？"（《战国策·齐策》）[判断句谓语]

2. 孰

"孰"既可以指人，也可以指事物，主要用于选择问句中。例如：

① 吾子与子路孰贤？（《孟子·公孙丑上》）

② 虽使子厚得所愿，为将相于一时，以彼易此，孰得孰失，必有能辨之者。（韩愈《柳子厚墓志铭》）

③ 孰城？城卫也。（《公羊传·僖公二年》）

"孰"用来指人时，也有不表选择的，和"谁"的用法相同。例如：

① 王者孰谓？谓文王也。（《公羊传·隐公元年》）

② 孰可以代之？（《左传·襄公三年》）

③ 孰为夫子？（《论语·微子》）

"孰"和介词"与"结合，构成格式"孰与"，表示比较。例如：

① 我孰与徐公美？（《战国策·齐策》）

② 我孰与皇帝贤？（《史记·郦生陆贾列传》）

③ 百姓足，君孰与不足？（《论语·颜渊》）

在使用"孰与"的句子里，谓语的核心谓词可以不出现。例如：

① 君料臣孰与舜？（《战国策·楚策》）

② 救赵孰与勿救？（《战国策·齐策》）

"孰与"有时出现在反问句中，已经不表疑问。例如：

① 从天而颂之，孰与制天命而用之！（《荀子·天论》）

② 惟坐而待亡，孰与伐之？（诸葛亮《后出师表》）

3. 何

"何"使用最广泛，可以充当宾语、定语、谓语，有时也充当主语、状语。可以指事物，也可询问原因和方法，意义相当于"什么""怎么""为什么"。例如：

① 举以败国，将何贺焉？（《左传·僖公二十七年》）

② 何为纷纷然与百工交易？（《孟子·滕文公上》）

③ 是何言也？（《孟子·公孙丑上》）

④ 邻国之民不加少，寡人之民不加多，何也？（《孟子·梁惠王上》）

⑤ 侯生曰："公子畏死邪？何泣也？"（《史记·魏公子列传》）

⑥ 公笑曰："子近市，识贵贱乎？"对曰："既利之，敢不识乎？"公曰："何贵？何贱？"（《左传·昭公三年》）

例①"何"充当动词谓语的宾语；例②"何"充当介词的宾语；例③"何"充当定语。这三例中的"何"都可以译成"什么"（指事物）。例④

"何"充当谓语，可译成"什么原因"。例⑤"何"充当状语，可译为"为什么"。例⑥"何"充当主语，可译成"什么东西"，此种情况比较少见。

（二）安、恶、焉、胡、奚、曷

1. **安、恶、焉**

"安""恶""焉"主要用来称代处所，在句中充当宾语或状语。充当宾语时，要放在动词或介词的前面。例如：

① 沛公安在？（《史记·项羽本纪》）

"安"充当动词宾语。

② 子列子曰："昔者圣人因阴阳以统天地。夫有形者生于无形，则天地安从生？"（《列子·天瑞》）

"安"充当介词宾语。

③ 居恶在？仁是也；路恶在？义是也。居仁由义，大人之事备矣。（《孟子·尽心上》）

"恶"充当动词宾语。

④ 东郭子问于庄子曰："所谓道，恶乎在？"庄子曰："无所不在。"（《庄子·知北游》）

"恶"充当介词宾语。

⑤ 魏文侯与虞人期猎。是日，饮酒乐，天雨。文侯将出，左右曰："今日饮酒乐，天又雨，公将焉之？"（《战国策·魏策》）

"焉"充当动词宾语。

2. **胡、曷、奚**

"胡""曷""奚"的使用范围比"何"小，主要用作状语，表示"为什么""怎么"的意思。例如：

① 不狩不猎，胡瞻尔庭有县貆兮？（《诗经·魏风·伐檀》）

② 田园将芜胡不归？（陶渊明《归去来兮辞》）

③ 吾子其曷归？（《左传·昭公元年》）

④ 或谓孔子曰："子奚不为政？"（《论语·为政》）

⑤ 既自以心为形役，奚惆怅而独悲？（陶渊明《归去来兮辞》）

这几个例子中的"胡""曷""奚"都充当状语。例③中的"曷"是"何时"之义，并不是"归"的宾语。

"曷"在《诗经》中经常用来询问时间，是"何时"之义，可以作定语，也可以作状语。例如：

① 怀哉怀哉！曷月予还归哉？（《诗经·王风·扬之水》）

② 我日构祸，曷云能榖？（《诗经·小雅·四月》）

例①"曷"充当定语，例②"曷"充当状语。

"胡""曷""奚"常和介词"以""为"组成"奚以""胡为""曷为"的

介宾词组，在句中充当状语，询问原因，即"为什么"的意思。例如：

①奚以之九万里而南为？（《庄子·逍遥游》）

②已矣乎！寓形宇内复几时？曷不委心任去留？胡为乎遑遑欲何之？（陶渊明《归去来兮辞》）

③嗟尔远道之人胡为乎来哉？（李白《蜀道难》）

④孟子三见宣王不言事。门人曰："曷为三遇齐王而不言事？"（《荀子·大略》）

"何""奚"有时也可以作疑问代词，相当于"哪里""什么地方"。例如：

①胶鬲曰："西伯将何之？无欺我也！"武王曰："不子欺，将之殷也。"（《吕氏春秋·贵因》）

②颜回见仲尼，请行。曰："奚之？"曰："将之卫。"（《庄子·人间世》）

二、疑问语气词

（一）乎、诸

1. 乎

"乎"表示疑问语气，有以下几种情况。

（1）表示询问。相当于现代汉语的"呢、吗"。例如：

①谁习计会，能为文收责于薛者乎？（《战国策·齐策》）

②若毒之乎？（柳宗元《捕蛇者说》）

（2）表示反问。表示反问语气时，常有一个副词或疑问代词和"乎"相呼应，"乎"相当于现代汉语的"吗"。例如：

赵岂敢留璧而得罪于大王乎？（《史记·廉颇蔺相如列传》）

上例中"岂"是副词，与"乎"相呼应。

百姓孰敢不箪食壶浆以迎将军者乎？（陈寿《隆中对》）

上例中"孰"是疑问代词，与"乎"相呼应。

（3）表示猜度。表示猜度语气时，前边常有一个表示猜度的副词和"乎"相呼应，"乎"相当于现代汉语的"吧"。例如：

日食饮得无衰乎？（《战国策·赵策》）

上例中"乎"和副词"得无"相呼应。

侥天之幸，或能免乎？（徐珂《清稗类钞·冯婉贞》）

上例中"乎"和副词"或"相呼应。

2. 诸

"诸"是合音词，是"之于"的合音，也可以是"之乎"的合音。"之于"的合音用在句中，"之乎"的合音用在句尾。句尾"诸"相当于代词"之"与语气词"乎"的结合。例如：

晋公子有三焉，天其或者将建诸？（《左传·僖公二十三年》）

"诸" = 代词"之" +语气词"乎":"之"代"晋公子",相当于现代汉语的"他";"乎"表示猜度语气,相当于现代汉语的"吧"。

(二)与(欤)、邪(耶)

"邪"是"耶"的古字,"与"是"欤"的古字。"耶(邪)、欤(与)"用法相同。

(1)表示询问,相当于现代汉语的"吗、呢"。例如:

① 治乱天邪?(《荀子·天论》)

② 兄之所代者谁耶?理欤?弊欤?(柳宗元《答元饶州论政理书》)

(2)表示反问,同"乎"表示反问一样,"邪(耶)、与(欤)"表示反问语气,也常有一个副词或疑问词和它相呼应,"邪(耶)、与(欤)"相当于现代汉语的"吗、呢"。例如:

①兹非其幸欤?(韩愈《进学解》)

上例中"非"是副词,与"欤"相呼应。

②矢询三老,今值一杏,何遽见迫耶?(马中锡《中山狼传》)

上例中"何"是疑问代词,与"耶"相呼应。

(3)表示猜度,相当于现代汉语的"吗、吧"。例如:

① 天果积气,日月星宿,不当坠耶?(《列子·杞人忧天》)

② 子非三间大夫欤?(《史记·屈原列传》)

(三)哉

"哉"出现在反问句中,表达强烈的语气。例如:

① 大车无辄,小车无轨,其何以行之哉?(《论语·为政》)

② 彼且恶乎待哉?(《庄子·逍遥游》)

③ 晋,吾宗也,岂害我哉?(《左传·僖公五年》)

有学者认为出现在反问句中的"哉"表达反问语气,但事实上反问语气并非"哉"带来的,而是句中其他疑问词,如"何""岂"等疑问词,"哉"的作用实质在于加强句子的语气。

三、表示反问的几种语法结构

(一)不亦……乎

该结构是表示反问的固定格式。需特别注意结构中的"亦",很容易将其理解为副词。事实上,它是一个助词,没有实在意义,只有加强语气的作用。这种固定格式可译为"不是……吗?"或者"岂不是……吗?"该格式出现的频率很高。例如:

① 舟已行矣,而剑不行,求剑若此,不亦惑乎?(《吕氏春秋·察今》)

②吾射不亦精乎？（欧阳修《卖油翁》）

③子曰："学而时习之，不亦说乎？有朋自远方来，不亦乐乎？人不知而不愠，不亦君子乎？"（《论语·学而》）

（二）何以……为

"何以……为"是一种表询问或反问的固定格式。这种固定格式一般翻译为："还要……做什么"或者"要……干什么"。例如：

①如今人方为刀俎，我为鱼肉，何辞为？（《史记·项羽本纪》）

②项王笑曰："天之亡我，我何渡为？"（《史记·项羽本纪》）

（三）何……之有

"何……之有"是一种宾语提前的固定格式。句中的"何……"是"有"的宾语，"之"属于标志助词，表示宾语前置。这种格式可译为："有什么……呢？"例如：

①宋何罪之有？（《墨子·公输》）

②子曰："君子居之，何陋之有？"（《论语·子罕》）

③夫晋，何厌之有？（《左传·僖公三十年》）

④若不忧德之不建，而患货之不足，将吊不暇，何贺之有？（《国语·晋语八》）

四、疑问代词宾语前置

（一）疑问代词作动词的宾语

宾语在动词前面的格式：主语+宾语（谁、奚、胡、曷、安、恶、焉）+动词？例如：

①良问曰："大王来何操？"（《史记·项羽本纪》）

②梁客辛垣衍安在？（《战国策·赵策》）

③何伤乎？亦各言其志也！（《论语·先进》）

④王曰："缚者曷为者也？"（《晏子春秋·杂下》）

（二）疑问代词作介词的宾语

宾语放在介词前面的格式：主语+宾语（谁、奚、胡、何、安、恶、焉）+介词+动词？例如：

①不然，籍何以至此？（《史记·项羽本纪》）

②谁为哀者？（张溥《五人墓碑记》）

③长安君何以自托于赵？（《战国策·赵策》）

④国胡以相恤？（贾谊《论积贮疏》）

⑤吾谁与归？（范仲淹《岳阳楼记》）

⑥虽生，何面目以归汉！（《汉书·苏武传》）

思考题

1. 下列各项中，不同于其他三项的是（　　）

　　A. 奚以之九万里而南为？

　　B. 不然，籍何以至此？

　　C. 君安与项伯有故？

　　D. 客何为者？

2. 下列各项中，不表示反问的一项是（　　）

　　A. 王曰："取吾璧，不予我城，奈何？"

　　B. 成反复自念，得无教我猎虫所耶？

　　C. 是社稷之臣也，何以伐为？

　　D. 如今人方为刀俎，我为鱼肉，何辞为？

3. 翻译句子，并说明疑问句的特点。

　　朋友之丧而若此，无乃过欤？

（以上内容由段文华、黄莉淇负责编写）

文选

本章所学几篇文章，分别选自《论语》《礼记》。

《论语》主要辑录了孔子和一些弟子的言行，是一部儒家学派的经典著作，共计有20篇。通行注本有《论语注疏》（何晏集解，邢昺疏）和朱熹的《论语集注》，清代刘宝楠的《论语正义》。

《礼记》是一部资料汇编性质的书，由"七十子后学者"和汉代学者所记，主要记录的是战国秦汉间儒家关于礼制方面的言论。《礼记》有两种本子：一种是《大戴礼记》（戴德辑录，现存39篇），一种是《小戴礼记》（戴圣辑录，共49篇）。《小戴礼记》即为现在通行的《礼记》，据此而作的《礼记注疏》（郑玄注、孔颖达疏）是较好的注本。

第一篇 《论语》之一

（一）为政①

【原文】

子②曰："温故而知新，可以为师矣。"

子曰："学而不思则罔③，思而不学则殆④。"

【注释】

①"为政"是篇名，论语本来没有篇名，后人摘取每篇第一句的两个字作为篇名。

②子：这里指孔子。中国古代对于有地位、有学问的男子的尊称，有时也泛称男子。《论语》书中"子曰"的子，都是指孔子。孔子（前551—前479年），名丘，字仲尼，春秋时鲁国陬邑（今山东曲阜）人。他是儒家学派的创始人，我国古代的思想家、教育家。

③罔：通"惘"，指惘然无所得。

④殆：疑惑（从王引之说，见《经义述闻·通说上》）。

【原文】

子曰："由①，诲②女③知之乎？知之为知之，不知为不知，是④知⑤也。"

【注释】

①由：仲由，字子路，孔子的弟子。

②诲：教导。

③女：后来写作"汝"，你。是第二人称代词。

④是：指示代词，指"知之为知之，不知为不知"。

⑤知（zhì）：后来写作"智"，聪明，智慧。这三句话的大意是：知道就是知道，不知道就是不知道，这才是真正的"知"。

【原文】

子曰："人而①无信，不知其②可③也。大车④无輗⑤，小车⑥无軏⑦，其何以⑧行之⑨哉！"

【注释】

①而：连词，这里包含有假设的意思，等于说"如果"。

②其：代词，他。

③可：可以、行。

④大车：指牛车。

⑤輗（ní）：牛车车辕与軛相连接的部件。《朱子集注》称："大车，谓平地任载之车。辕端横木，缚軛以驾牛者。"

⑥小车：指马车。

⑦軏（yuè）：马车车辕与軛相连接的部件。《朱子集注》称："小车，谓田车、兵车、乘车。辕端上曲，钩衡以驾马者。"

⑧何以：以何，凭什么。

⑨之：代词，作动词"行"的宾语。《朱子集注》称："车无輗軏，则不可以行，人而无信，亦犹是也。"

（二）公冶长①

【原文】

宰予②昼寝③，子曰："朽④木不可雕也，粪土之墙不可杇⑤也！于⑥予与⑦何诛⑧？"子曰："始⑨吾于人也，听其言而信其行；今吾于人也，听其言而观其行。于予与改是⑩。"

【注释】

①公冶（yě）长：孔子的弟子，公冶是复姓。

②宰予：字子我，孔子的弟子。

③昼寝：白天睡觉。

④朽：腐烂。

⑤杇（wū）：同"圬"，涂墙，这里指粉刷。

⑥于：介词有"对于"的意思。

⑦与：语气词，下文"于予与改是"中的"与"同义。

⑧诛：谴责。这句是说，对于宰予这样的人，责备什么呢（即不值得责备的意思）。

⑨始：先前、起初。

⑩改是：改变了这个（听其言而信其行）。

【原文】

子贡①问曰："孔文子②何以谓③之文也？"子曰："敏④而好学，不耻下问⑤，是以谓之文也。"

【注释】

①子贡：姓端木，名赐，子贡是他的字，孔子的弟子。

②孔文子：姓孔，名圉（yǔ），卫国大夫。"文"是他的谥号。

③谓：叫作。

④敏：理解问题快。

⑤下问：向不如自己的人请教。

【原文】

季文子①三②思而后行。子闻之，曰："再③，斯④可矣。"

【注释】

①季文子：名行父（fǔ），鲁国大夫，文也是谥号。

②三：古人说三的时候，往往不指确数的"三"，而只表示次数很多。但这里和"再"相对，所以仍应看作确数。

③再：两次。

④斯：就。

【原文】

颜渊①季路②侍③。子曰："盍④各言尔志。"子路曰："愿车马衣轻裘⑤，与朋友共⑥，敝之而无憾⑦。"颜渊曰："愿无伐⑧善，无施劳⑨。"子路曰："愿闻子之志。"子曰："老者安之，朋友信之，少者怀之。⑩"

【注释】

①颜渊：名回，字子渊，孔子的弟子。

②季路：即子路。

③侍：卑者陪伴在尊者身旁叫侍。

④盍（hé）："何不"的合音字。

⑤裘：皮衣。

⑥共：动词，指共同享用。

⑦敝之而无憾：把它弄坏了也不懊恼。敝，破、坏，这里是使动用法。憾，懊恼。

⑧伐：夸耀。

⑨无施劳：指不把劳苦的事加在别人身上。

⑩这三句话的大意是：对老年人，使他们安乐；对平辈的人（朋友），使他们能信任我；对少年人，使他们归依我。怀，归。

（三）雍也

【原文】

哀公^①问："弟子孰^②为好学？"孔子对曰："有颜回者^③好学，不迁怒^④，不贰过^⑤。不幸短命死矣，今也则亡^⑥！未闻好学者也。"

【注释】

①哀公：鲁哀公。

②孰：谁。

③者：语气词。

④不迁怒：不把怒气转移到与那件事无关的人身上。迁，转移。

⑤不贰过：不犯同样的错误。贰，重复一次。

⑥亡：通"无"，没有。

【原文】

子曰："贤哉回也！一箪食，一瓢饮^①，在陋巷，人不堪^②其忧，回也不改其乐。贤哉，回也！"

【注释】

①饮：用作名词，饮料。

②不堪：忍受不了。

【原文】

冉求^①曰："非不说^②子之道^③，力不足也。"子曰："力不足者，中道^④而废^⑤，今女画^⑥。"

【注释】

①冉求：字子有，孔子的弟子。

②说（yuè）：喜欢，后来写作"悦"。

③道：这里指孔子的学说。

④中道：半路。

⑤废：停止，这里指因疲乏而走不动了。

⑥画：划界，划断。指给自己划定一个界限，不肯前进。

（四）述而

【原文】

子曰："默而识^①之，学而不厌^②，诲人不倦，何有于我哉^③？"

【注释】

①识：记住。

②厌：满足。

③何有于我哉：对我来说有什么呀？也就是说，这三件事对我来说都不难。

【原文】

子曰："德之不脩^①，学之不讲^②，闻义不能徙^③，不善不能改，是吾忧也。"

【注释】

①脩：通"修"，培养。

②讲：讲习，研究。

③闻义不能徙：听到了应当做的事（义），却不能放下暂时可以不做的事，而改从应当做的事。

【原文】

子曰："饭①疏食②，饮水③，曲④肱⑤而枕⑥之，乐亦在其中矣。不义而富且贵，于我如浮云。"

【注释】

①饭：用作动词，吃。

②疏食：粗粮。

③水：文言文中称冷水为"水"，热水为"汤"。

④曲：弯曲，使动用法。

⑤肱（gōng）：泛指胳膊。

⑥枕：动词，当枕头用。

【原文】

叶公①问孔子于子路，子路不对。子曰："女奚不曰：其为人也，发愤忘食，乐以忘忧，不知老之将至云尔②。"

【注释】

①叶公：名诸梁，楚国大夫。

②云尔：如此而已。

【原文】

子曰："三人①行②，必有我师焉③；择其善者而从之，其不善者而改之④。"

【注释】

①三人：几个人，并非确指"三"。

②行：走路。

③焉：指示代词兼语气词，这里指代"三人"。

④这两句的意思是：选择他们的优点加以学习，他们身上的缺点作为自己的借鉴，借以改正自己身上与他们相同的缺点。

【原文】

子曰："若圣与仁，则吾岂敢？抑①为之②不厌，诲人不倦，则可谓云尔已矣③。"公西华④曰："正唯⑤弟子不能学也。"

【注释】

①抑：转折连词，这里有"不过"的意思。

②为之：指学习"圣人之道"。

③云尔已矣：等于"云尔"。

④公西华：姓公西，名赤，字子华，孔子的弟子。

⑤唯：句中语气词，表示判断。

【要点提示】

（一）音义

輗（ní），牛车车辕与轭相连接的部件。

轫（yuè），马车车辕与轭相连接的部件。

省（xǐng），检查。

盍（hé），"何不"的合音字。

识（zhì），智慧。

厌（yàn），满足。

肱（gōng），胳膊。

（二）文字

1. 古今字

（1）女/汝 （诲女知之乎）

（2）知/智 （是知也）

（3）说/悦 （非不说子之道）

2. 通假字

（1）罔/惘 （学而不思则罔，思而不学则殆）

（2）脩/修 （德之不脩，学之不讲）

3. 异体字

杇/圬 （粪土之墙不可杇也）

（三）词语

殆、省、识、厌、疏食

（四）语法

1. 词类活用

（1）愿车马衣轻裘，与朋友共。共，动词，指共同享用。

（2）老者安之，朋友信之，少者怀之。安，使动用法，使……安。信，使动用法，使……信任。怀，使动用法，使……归依。

（3）饭疏食，饮水，曲肱而枕之。饭，名词用作动词，吃。饮，动词用作名词，饮料。枕，名词用作动词，当枕头用。

2. 宾语前置

（1）其何以行之哉。

（2）于予与何诛?

（3）是以谓之文也。

3. 主谓倒装

贤哉，回也!

4. 双宾语句

孔文子何以谓之文也?

第二篇 《论语》之二

（一）先进

【原文】

子贡问："师①与商②也孰贤？"子曰："师也过③，商也不及④。"曰："然则师愈⑤与⑥？"子曰："过犹不及⑦。"

【注释】

①师：颛孙师，字子张。

②商：卜商，字子夏。两人都是孔子的弟子。

③过：超过。

④不及：没有达到。

⑤愈：胜过。

⑥与（yú）：疑问语气词。

⑦过犹不及：超过或没有达到，都是不好。犹，像……一样。

【原文】

季氏①富于②周公，而求③也为之聚敛④而附益⑤之。子曰："非吾徒⑥也。小子⑦鸣⑧鼓而攻之可也。"

【注释】

①季氏：季孙氏，鲁大夫，权威大于鲁侯。

②于：介词，比。

③求：冉求。

④聚敛：指搜刮钱财。

⑤附益：增加。

⑥徒：徒党。

⑦小子：指门人。

⑧鸣：这里是使动用法。

【原文】

子路问："闻斯行诸①？"子曰："有父兄在，如之何②其闻斯行之？"冉有问："闻斯行诸？"子曰："闻斯行之。"公西华曰："由也问'闻斯行诸'，子曰，'有父兄在'；求也问'闻斯行诸'，子曰，'闻斯行之'。赤也惑，敢问。"子曰："求也退③，故进④之；由也兼人⑤，故退之。"

【注释】

①闻斯行诸：听见了应当做的事，即"闻义"就行动吗？闻，听见。斯，就，马上。行，实行，实践。诸，"之乎"的合音。

②如之何：如何。

③退：指遇事畏缩不前。

④进：使动用法。

⑤兼人：指胜人。这是说子路喜欢胜过别人。

【原文】

子路、曾皙①、冉有、公西华侍坐。子曰："以吾一日长乎尔，毋吾以也。②居③则曰：'不吾知④也。'如或⑤知尔，则何以哉⑥？"

子路率尔⑦而对曰："千乘⑧之国，摄乎大国之间⑨，加⑩之⑪以师旅⑫，因之⑬以饥馑⑭；由也为之，比及⑮三年，可使有勇，且知方⑯也。"

夫子哂⑰之。

【注释】

①曾皙（xī）：名点，曾参的父亲，孔子的弟子。

②这两句话历来有不同的解释，今依孔安国说，大意是：不要因为我的年纪比你们大，就不敢回答我的问题。以，介词，因为。乎，于。尔，你们。

③居：闲待着，指平时在家的时候。

④知：了解。

⑤或：有的人，无定代词。

⑥则何以哉：你们打算做些什么事情呢？

⑦率尔：轻率急忙的样子。

⑧乘：兵车。拥有一千辆兵车的国家在当时只能算是中等国家。

⑨这句话意为处于大国中间不得伸展。摄，逼近。

⑩加：加到……上。

⑪之：代词，指千乘之国。

⑫师旅：指侵略军队。

⑬因之：继之。

⑭饥馑：泛指荒年。饥，谷不熟。馑，菜不熟。

⑮比及：等到了。

⑯方：义方，道义。

⑰哂（shěn）：笑。

【原文】

"求！尔何如？"

对曰："方六七十，如五六十①，求也为之，比及三年，可使足民②。如③其礼乐，以俟④君子。"

"赤！尔何如？"

对曰："非曰能之，愿学焉。⑤宗庙之事⑥，如会⑦同⑧，端章甫⑨，愿为小相⑩焉。"

"点！尔何如？"

【注释】

①这两句是指周围六七十里和五六十里的小国家。如，或者。与下文"如会同"的"如"意思相同。

②足民：即使民富足。

③如：若，至于。

④俟：等待。

⑤这两句的意思是：我不敢说我能够做，但是我愿在这方面学习。

⑥宗庙之事：指诸侯祭祀祖先的事。

⑦会：诸侯会盟。

⑧同：诸侯共同朝见天子。

⑨端、章甫在这里都用作动词，即穿着礼服，戴着礼帽。端，古人用整幅布做的礼服，又叫"玄端"。章甫，一种礼帽。

⑩相（xiàng）：在祭祀或会盟时，主持赞礼或司仪的人。公西华愿为小相，实为谦辞。

【原文】

鼓瑟希①，铿尔②，舍③瑟而作④，对曰："异乎三子者之撰⑤。"

子曰："何伤乎⑥？亦⑦各言其志也。"

曰："莫⑧春者⑨，春服既成，冠⑩者五六人，童子⑪六七人，浴乎沂⑫，风⑬乎舞雩⑭，咏⑮而归。"

夫子喟然⑯叹曰："吾与⑰点也！"

【注释】

①希：稀。这里是说瑟的声音已近尾声。

②铿尔：铿然，这里形容推瑟发出的声音。铿，拟声词。

③舍：舍弃，后来写作"捨"，这里指放下。

④作：起，这里指站起来。

⑤撰：才具（才干），指从事政治工作的才能。

⑥何伤乎：有什么关系呢？

⑦亦：副词，这里有"只是""不过是"的意思。

⑧莫（mù）：后来写作"暮"。莫春，指农历三月。

⑨者：语气词。

⑩冠（guàn）者：成年人。

⑪童子：未冠的少年。

⑫沂（yí）：水名，在今山东曲阜南。

⑬风：用作动词，吹风，乘凉。

⑭舞雩（yú）：是古时求雨的坛，在山东曲阜东。

⑮咏：唱歌。

⑯喟（kuì）然：长叹的样子。

⑰与（yù）：赞成，同意。

【原文】

三子者出，曾皙后。曾皙曰："夫①三子者之言何如？"

子曰："亦各言其志也已矣②。"

曰："夫子何哂由也？"

曰："为国以礼，其言不让③，是故④哂之。唯求则非邦也与⑤？安见⑥方六七十，如五六十而非邦也者⑦？唯赤则非邦也与？宗庙会同，非诸侯而何？赤也为之小，孰能为之大⑧？"

【注释】

①夫（fú）：指示代词。

②已矣：罢了。

③让：谦让。

④是故：因此。

⑤这句的大意是：难道冉有说的就不是国家大事吗？唯，句首语气词，帮助判断。邦，国家。

⑥安见：怎见得。

⑦者：语气词。

⑧这两句的大意是：公西华只能给诸侯做小相，那谁能给诸侯做大相呢？之，指诸侯。小，小相。为之小，是双宾语结构，下句同此。

（二）颜渊

【原文】

司马牛①问君子②，子曰："君子不忧不惧。"曰："不忧不惧，斯谓之君子已乎？"子曰："内省③不疚④，夫何忧何惧？"

【注释】

①司马牛：名耕，字子牛，孔子的弟子。

②问君子：问怎样才算是君子。

③内省（xǐng）：内心反省。

④疚：病。这里指有愧于心。

【原文】

司马牛忧曰："人皆有兄弟，我独亡①。"子夏曰："商闻之矣②：'死生有命，富贵在天。'君子敬③而无失④，与人恭而有礼，四海之内⑤皆兄弟也。君子何患乎无兄弟也？"

【注释】

①亡：通"无"。

②闻之矣：听说过这样的话了。

③敬：严肃。

④失：这里指放纵，随便。

⑤四海之内：古人认为中国四境有海环绕，称中国为四海之内或海内。

【原文】

子贡问政①。子曰："足食，足兵，民信之②矣。"子贡曰："必不得已而去③，于斯三者何先④？"曰："去兵。"子贡曰："必不得已而去，于斯二者何先？"曰："去食——自古皆有死，民无信不立⑤。"

【注释】

①问政：问怎样管理政事。

②民信之：人民信任国家。

③去：去掉。

④何先：先做哪一样，这里是说先去掉哪一样。

⑤民无信不立：人民对政府未有信任，国家就立不住。

【原文】

棘子成曰①："君子质②而已矣，何以③文④为⑤？"子贡曰："惜乎！夫子之说君子也⑥，驷不及舌⑦！文犹质也，质犹文也，虎豹之鞟，犹犬羊之鞟。⑧"

【注释】

①棘子成：卫国的大夫。

②质：朴质无华。

③何以：何用，为什么用。

④文：文采。

⑤为：句末语气词，经常与"何以"相应。

⑥惜乎！夫子之说君子也：夫子这样说明君子，真可惜啊！"夫子之说君子也"是主语，"惜乎"是谓语。夫子，指棘子成。

⑦驷不及舌：四匹马拉的车也追不上已经说出了的话。舌，这里指说出的话。

⑧这几句的意思是：如果只要质不要文，那么君子与非君子就不能区别了，就像虎豹的鞟和犬羊的鞟不能区别一样。文犹质也，质犹文也，等于说文质不分。鞟（kuò），去掉了毛的皮。

【原文】

哀公问于有若①曰："年饥，用不足②，如之何？"有若对曰："盍③彻④乎？"曰："二⑤，吾犹不足，如之何其彻也？"对曰："百姓足，君孰与不足？⑥百姓不足，君孰与足？"

【注释】

①有若：即有子。

②用不足：国家的财用不足。

③盍：何不。

④彻：十分抽一的税率，这里用作动词。

⑤二：十分抽二的税率。

⑥这两句的意思是：百姓富足了，您跟谁不富足？意思是，您也富足了。

【原文】

子曰："听讼①，吾犹人也。必②也，使无讼乎！"

【注释】

①听讼：断案。讼，诉讼。

②必：一定，必须。

【原文】

季康子患盗①，问于孔子。孔子对曰："苟②子之不欲③，虽赏④之不窃。"

【注释】

①盗：偷东西的人。

②苟：如果。

③欲：指贪财。

④赏：奖励。

（三）子路

【原文】

子路曰："卫君待子而为政，子将奚先①？"子曰："必也，正名②乎？"子路曰："有是哉，子之迂也！③奚其正④？"子曰："野⑤哉由也！君子于其所不知，盖⑥阙如⑦也。名不正，则言不顺。言不顺，则事⑧不成。事不成，则礼乐⑨不兴⑩。礼乐不兴，则刑罚不中⑪。刑罚不中，则民无所措手足⑫。故君子名必可言也，言之必可行也。君子于其言，无所苟⑬而已矣。"

【注释】

①奚先：先做什么？奚，何。

②正名：使名分正。儒家按照自己的标准，要求社会上的人各从其类，各守其位，行事都合乎他的名分。正，使动用法。名，名称，名分。

③这句的大意是：你竟迂到了这种程度。"子之迂也"是主语，"有是哉"是谓语。迂，远，这里指远离实践。后代凡脱离客观实际，而只知道搬书本，都叫作迂。

④奚其正：为什么要"正"？意思是没有正名的必要。其，句中语气词，加强反问语气。

⑤野：鄙陋。

⑥盖：句首语气词，有"大概"的意思，实际上表示肯定。

⑦阙如：指存疑，即阙而不论。阙，通"缺"。如，词尾。

⑧事：指政事。

⑨礼乐：指教化。

⑩兴：盛。

⑪不中（zhòng）：指不得当。

⑫无所措手足：没有放手脚的地方，意思是说，不知如何是好。措，放。今本"措"作"错"。

⑬苟：不严肃，跟"敬"相对。

【原文】

子曰：其身正，不令①而行②；其身不正，虽令不从。

【注释】

①令：下命令。

②行：指教化得以推行。

【原文】

子适卫，冉有仆①。子曰："庶矣哉②！"冉有曰："既庶矣，又何加③焉？"曰："富之。"曰："既富矣，又何加焉？"曰："教之。"

【注释】

①仆：驾车。

②庶矣哉：卫国人真多啊！庶，众，指人多。

③何加：增添些什么？意思是再办些什么。

【原文】

子夏为莒父①宰②，问政。子曰："无欲速③，无见小利。欲速则不达④，见小利则大事不成。"

【注释】

①莒父（jǔfǔ）：鲁邑名。

②宰：相当于县长之类的官。

③无欲速：办事不要企图很快成功。

④不达：指达不到目的。达，到达。

【原文】

子贡问曰："乡人皆好①之，何如？"子曰："未可也。""乡人皆恶之，何如？"子曰："未可也。不如乡人之善者好之，其不善者恶之。"

【注释】

①好（hào）：动词，喜欢，跟"恶"（wù）相对。

（四）宪问

【原文】

子曰："为命①，裨谌②草创③之，世叔④讨论⑤之，行人⑥子羽⑦修饰⑧之，东里⑨子产润色⑩之。"

【注释】

①命：辞令，指外交场合的言辞。

②裨谌（píchén）：郑国大夫。

③草创：起草。

④世叔：游吉，郑大夫。

⑤注意"讨论"与今义的差别。讨，研究。论，评论。

⑥行人：外交官。

⑦子羽：姓公孙，名挥，郑大夫。

⑧修饰：对文章进行修改。

⑨东里：地名，子产所居。

⑩润色：修辞方面的加工。

【原文】

子路曰："桓公杀公子纠，召忽死之，管仲不死。①"曰②："未仁乎③？"子曰："桓公九合④诸侯，不以兵车⑤，管仲之力也。如其仁⑥，如其仁！"

【注释】

①齐襄公无道，鲍叔牙奉公子小白出奔莒国。后来襄公被杀，管仲和召忽奉公子纠出奔鲁国。鲁送公子纠回齐国，没有打进去，而公子小白先进入齐国，做了国君，就是齐桓公。桓公使鲁国杀了公子纠，把管召二人送回齐国。召忽自杀了，管仲请坐囚车至齐。由于鲍叔牙的推荐，管仲做了齐桓公的相。"召忽死之，管仲不死"就是指这件事。死之，等于说"殉难"。

②这个"曰"字和前一个"曰"字是同一人说话，这种重复的"曰"字常常表示另起一个头。这里表示叙事已毕，再用"曰"字提出问题。

③未仁乎：不算是仁吧？

④九合：多次会合。

⑤不以兵车：不凭借武力。

⑥如其仁：（这）就是他的仁（依王引之说，见《经传释词》）。如，等于说"乃"。

【原文】

子贡曰："管仲非仁者与？桓公杀公子纠，不能死，又相①之！"子曰："管仲相桓公，霸诸侯，一匡②天下，民到于今受其赐③。微④管仲，吾其⑤被发左衽⑥矣！岂若匹夫匹妇⑦之为谅⑧也，自经⑨于沟渎⑩而莫之知也⑤！"

【注释】

①相：辅佐。

②匡：匡正。

③赐：恩惠，好处。

④微：（如果）没有。

⑤其：句中语气词，有"恐怕"的意思。

⑥被发左衽，指当时所谓"夷狄"（四方外族）的风俗，意思是说中原被夷狄所占。被（pī），后来写作"披"。衽（rèn），衣襟。左衽，衣襟左掩。

⑦匹夫匹妇：指庶人，百姓。

⑧谅：信用，这里指道义上的固执。

⑨经：上吊，吊死。

⑩渎（dú）：小渠。

【原文】

子曰："其言之不怍，则为之也难。"

子曰："君子道者三，我无能焉：仁者不忧，知者不惑，勇者不惧。"子贡曰："夫子自道也。"

子曰："不患人之不己知，患其不能也。"

子路宿于石门①，晨门②曰："奚自③？"子路曰："自孔氏④。"曰："是知其不可而为之者与？"

【注释】

①石门：地名，在今山东平阴县北。

②晨门：掌管早晚开闭城门的人，即守门的人。

③奚自：从哪里（来）？奚，何。

④孔氏：指孔子。

【要点提示】

（一）音义

哂（shěn），笑。

喟（kuì）然，长叹的样子。

怍（zuò），惭愧。

裨谌（píchén），人名。

鞟（kuò），去掉了毛的皮。

（二）文字

1.古今字

（1）希/稀（鼓瑟希，铿尔）

（2）舍/捨（舍瑟而作）

（3）莫/暮（莫春者，春服既成）

2.通假字

亡/无（人皆有兄弟，我独亡）

（三）词语

附益、如之何、兼人、饥馑、比及、章甫、喟然、内省、阙如、草创、讨论、修饰、润色

（四）语法

1.词类活用

（1）小子鸣鼓而攻之可也。鸣，使动用法，使……响起来。

（2）求也退，故进之；由也兼人，故退之。进，使动用法，使……进。退，使动用法，使……退。

2.判断句

（1）非吾徒也。

（2）四海之内皆兄弟也。

（3）桓公九合诸侯，不以兵车，管仲之力也。

（4）管仲非仁者与？

3.主谓倒装

（1）异乎三子者之撰。

（2）有是哉，子之迂也！

（3）野哉由也。

4.宾语前置

（1）毋吾以也。

（2）不吾知也。

（3）何伤乎？

（4）夫何忧何惧？

（5）又何加焉？

（6）君子何患乎无兄弟也？

（7）自经于沟渎而莫之知也！

（8）不患人之不己知。

5.双宾语句

（1）为之小/为之大。

（2）斯谓之君子已乎！

第三篇　《论语》之三

（一）卫灵公

【原文】

子曰："志士仁人，无求生以害仁，有杀身以成仁。"

子曰："人无远虑，必有近忧。"

子曰："君子不以言举人，不以人废言。"

子贡问曰："有一言①而可以终身行之者乎?"子曰："其②恕乎。己所不欲，勿施于人。③"

【注释】

①一言：这里指一个字。

②其：句首语气词，有"大概"的意思。

③"己所不欲，勿施于人"这八个字说明什么是"恕"。

【原文】

子曰："过①而不改，是谓过②矣。"

子曰："吾尝终日不食，终夜不寝，以思，无益；不如学也。"

子曰："当仁③，不让于师。"

【注释】

①过：用作动词，犯错误。

②过：名词，错误。

③当仁：碰到要发挥仁的精神的时候。当，动词。

（二）季氏①

【原文】

季氏将伐颛臾②。冉有季路③见④于孔子，曰："季氏将有事⑤于颛臾。"

孔子曰："求，无乃尔是过与⑥? 夫颛臾，昔者先王⑦以为东蒙主⑧，且在邦域之中⑨矣。是⑩社稷⑪之臣也，何以伐为⑫?"

冉有曰："夫子⑬欲之；吾二臣者，皆不欲也。"

孔子曰："求，周任⑭有言曰：'陈力⑮就列⑯，不能者止。'危⑰而不持⑱，颠⑲而不扶⑳，则将焉用彼相㉑矣? 且尔言过矣。虎兕㉒出于柙㉓，龟玉㉔毁于椟㉕中，是谁之过与?"

冉有曰："今夫颛臾，固㉖而近㉗于费㉘，今不取，后世必为子孙忧。"

孔子曰："求! 君子疾夫舍曰欲之而必为之辞㉙。丘也闻有国㉚有家㉛者，不患寡而患不均，不患贫而患不安㉜。盖均无贫㉝，和无寡㉞，安无倾㉟。夫㊱如是，故远人不服，则修文德㊲以来㊳之。既来之，则安㊴之。今由与求也，相⑩夫子，远人不服而不能来也，邦分崩离析⑪而不能守也，而谋动干戈⑫于邦内，吾恐季孙之忧不在颛臾，而在萧墙⑬之内也。"

【注释】

①季氏：季孙氏，鲁国最有权势的贵族，这里指季康子，名肥。

②颛臾（zhuānyú）：小国，是鲁国的属国，故城在今山东费县西北。

③冉有和季路当时都是季康子的家臣。

④见：谒见。

⑤事：指军事行动。

⑥无乃尔是过与：恐怕要责备你吧？无乃，这里有"恐怕要"的意思。是，宾语"尔"提前的标记。过，责备。

⑦先王：指周之先王。

⑧东蒙主：主祭东蒙山神的人。东蒙，即蒙山，在今山东蒙阴南四十里，西南接费县界。主，主祭人。

⑨在邦域之中：指在鲁国疆土里边。

⑩是：代词，指颛臾。

⑪社稷：代表国家，这里指鲁国。

⑫为：语气词。

⑬夫子：指季康子。

⑭周任：古代的良史。

⑮陈力：这里有"量力"之意。陈，陈列，摆出来。

⑯列：位次，职位。

⑰危：不稳，这里指站不稳。

⑱持：把着。

⑲颠：倒，跌。

⑳扶：挽着。

㉑相（xiàng）：扶着盲人走路的人。

㉒兕（sì）：独角犀。

㉓柙（xiá）：关猛兽的笼子。

㉔龟玉：都是宝物。龟，龟板，用来占卜。玉，指玉瑞和玉器。玉瑞用来表示爵位，玉器用于祭祀。

㉕椟（dú）：匣子。

㉖固：指城郭坚固。

㉗近：靠近。

㉘费（bì）：季氏的私邑，即今山东费（fèi）县。

㉙君子疾夫舍曰欲之而必为之辞：君子厌恶那种想这样，却撇开不谈，而一定要为它做些别的说辞的态度。疾，痛恨。夫，代词，那种。舍，舍弃，撇开。

㉚国：诸侯统治的政治区域。

㉛家：卿大夫统治的政治区域。

㉜不患寡而患不均，不患贫而患不安：这两句应为"不患贫而患不均，不患寡而患不安"。《春秋繁露·制度篇》和《魏书·张普惠传》引《论语》均作"不患贫而患不均"。寡，指人口少。

㉝盖均无贫：财富分配公平合理，上下各得其分，就没有贫困。

㉞和无寡：上下和睦，人民都愿归附，就没有人口少的现象。

㉟安无倾：国家安定，就没有倾覆的危险。

㊱夫：句首语气词。

㊲文德：文教，指礼乐。

㊳来：使……来（归附）。

㊴安：用作动词，使……安定。

㊵相（xiàng）：辅佐。

㊶分崩离析：等于说四分五裂。

㊷干戈：指军事。干，盾牌。戈，古代用来刺杀的一种长柄兵器。

㊸萧墙：国君宫门内当门的小墙，又叫作屏。

（三）微子

【原文】

齐人归①女乐，季桓子受之，三日不朝。孔子行。

楚狂接舆②歌而过孔子③曰："凤④兮⑤！凤兮！何德之衰⑥？往者不可谏⑦，来者犹可追⑧。已而⑨！已而！今之从政者殆而⑩！"

孔子下⑪，欲与之言。趋而辟之，不得与之言。

【注释】

①归：通"馈"，赠送。

②接舆：姓陆，名通，字接舆（依邢昺说），楚国的隐者，为了避世，假装疯狂，所以称为楚狂。

③歌而过孔子：一边唱着，一边走过孔子的旁边。

④凤：比喻孔子。

⑤兮：语气词，多见于诗歌韵文，用在句末和句中，大致和现代汉语的"啊"相近。

⑥何德之衰：为什么德行这样衰微？这是讥讽孔子不能隐退。

⑦谏：谏止。

⑧来者犹可追：未来的事还可能来得及。暗指孔子现在隐退还来得及。

⑨已而：算了吧！而，语气词。

⑩今之从政者殆而：现在从事政治的人危险了！殆，危险。

⑪下：下车。

【原文】

长沮桀溺①耦而耕②。孔子过之，使子路问津③焉。

长沮曰："夫执舆者为谁？④"子路曰："为孔丘。"曰："是鲁孔丘与？"曰："是也⑤。"曰："是知津矣！"

问于桀溺。桀溺曰："子为谁？"曰："为仲由。"曰："是鲁孔丘之徒⑥与？"对曰："然⑦。"曰："滔滔者，天下皆是也⑧，而谁以易之⑨？且而与其从辟人之士也，岂若从辟世之士哉？⑩"耰⑪而不辍⑫。

子路行以告⑬。夫子怃然⑭，曰："鸟兽不可与同群⑮。吾非斯人之徒与而谁与⑯？天下有道，丘不与⑰易也。"

【注释】

①长沮（jū）、桀溺，都是当时的隐士。长沮、桀溺可能不是这两个人的真实姓名。

②耦而耕：用耦耕的方法来耕。耦，古代的一种耕作方法，即两人各执一耜（sì，犁），同耕一尺宽之地（两耜合耕，耕出之地的宽度恰为一尺）。

③津：渡口。

④夫执舆者为谁：那个在车上拿着缰绳的人是谁？执，这里有执辔（缰绳）的意思。执舆，是执辔于车的意思（从邢昺疏）。

⑤是也：这里有"（是）这个人"的意思。本句前后三个"是"都是代词，当"这个人"说。

⑥徒：徒党。

⑦然：是的。

⑧滔滔者，天下皆是也：洪水弥漫，天下都是这样。比喻社会纷乱。因问渡口，故借水作比喻。滔滔，水弥漫的样子。

⑨而谁以易之：你们和谁来改变它呢？以，与。易，改变（依朱熹说）。

⑩这两句的意思是：再说，你跟随"避人之士"（指孔子躲避坏人，不同他们合作），难道赶得上跟随"避世之士"（躲避乱世的人，桀溺自谓）吗？且，连词，这里有"再说"的意思。而，你，指子路。"与其"和"岂若"相呼应，等于现代"与其"和"不如"相呼应。

⑪耰（yōu）：播种以后，用土盖上。

⑫辍（chuò）：中断。

⑬以告：把这话告诉了孔子，"以"后省略了宾语。

⑭怃（wǔ）然：发愣的样子。

⑮鸟兽不可与同群：鸟兽（我们）不可以跟它们同群，即不能隐居山林，必须在社会中生活。

⑯吾非斯人之徒与而谁与：我不是跟人群在一起而是跟谁在一起呢？这是说不能隐居。斯，这。徒，徒众。斯人之徒，等于说人群。两个"与"字都当"跟……在一起"讲。

⑰与字后面省略了宾语。

【原文】

子路从而后①，遇丈人②，以杖荷③蓧④。

子路问曰："子见夫子乎？"

丈人曰："四体⑤不勤，五谷⑥不分，孰为夫子？"植其杖而芸⑦。

子路拱⑧而立。

止⑨子路宿，杀鸡为黍⑩而食之，见其二子焉⑪。

明日，子路行。以告。子曰："隐者也。"使子路反见之。至则行矣⑫。

子路曰："不仕无义。长幼之节，不可废也；君臣之义，如之何其废之？欲洁其身而乱大伦⑬！君子之仕也，行其义也。道之不行，已知之矣⑭。"

【注释】

①子路从而后：子路跟随孔子而落在后面。

②丈人：老人。

③荷（hè）：扛。

④蓧（diào）：古代除草用具。

⑤四体：四肢。

⑥五谷：稻、黍（黄米）、稷（与黍相似，不黏，即糜子）、麦、菽（豆）。

⑦芸：通"耘"，除草。

⑧拱：拱手，表示敬意。

⑨止：留。

⑩为黍：做黄米饭。

⑪见其二子焉：使二子拜见子路。见，使……拜见。

⑫至则行矣：到了丈人家里的时候，原来丈人已经走（出门）了。

⑬欲洁其身而乱大伦：想使自己身子干净，却乱了大伦。伦，人伦，古代社会所规定的人与人之间的正常关系。大伦，指君臣之义。

⑭道之不行，已知之矣：（自己的）学说行不通，（自己）早已知道了。

【要点提示】

（一）音义

颛臾（zhuānyú），小国，是鲁国的属国。

兕（sì），独角犀。

柙（xiá），关猛兽的笼子。

长沮（jū），人名。

耰（yōu），播种以后，用土盖上。

辍（chuò），中断。

怃（wǔ）然，发愣的样子。

蓧（diào），古代除草用具。

（二）文字

1. 古今字

（1）辟/避（趋而辟之，不得与之言）

（2）反/返（使子路反见之）

（3）舍/捨（君子疾夫舍曰欲之而必为之辞）

2. 通假字

（1）芸/耘（植其杖而芸）

（2）归/馈（齐人归女乐）

（三）词语

殆、津、辍、怃然、四体、社稷、分崩离析、干戈、萧墙。

（四）语法

1. 词类活用

（1）既来之，则安之。来，使动用法，使……归附。安，使动用法，使……安定。

（2）杀鸡为黍而食之，见其二子焉。食，使动用法，给……吃。见，使动用法，使……拜见。

2. 判断句

（1）是社稷之臣也。

（2）是谁之过与？

（3）夫执舆者为谁？

（4）是鲁孔丘与？

（5）滔滔者，天下皆是也。

（6）子为谁？

（7）是鲁孔丘之徒与？

（8）孰为夫子？

3. 宾语前置

（1）无乃尔是过与？

（2）何以伐为？

（3）而谁以易之？

（4）吾非斯人之徒与而谁与？

4. 双宾语句

君子疾夫舍曰欲之而必为之辞。

第四篇 《礼记》之一

（一）苛政猛于虎（檀弓下）

【原文】

孔子过泰山侧，有妇人哭于墓者①而哀。夫子式②而听之。使子路问之曰："子之哭也，壹似重有忧者？③"而④曰："然。昔者⑤，吾舅⑥死于虎，吾夫又死焉⑦，今吾子又死焉。"夫子曰："何为不去也？"曰："无苛政⑧。"夫子曰："小子⑨识⑩之，苛政猛于虎也。"

【注释】

①妇人哭于墓者：在墓前哭的妇人。

②式：通"轼"。车前横木，这里用作动词，扶轼。古时乘车，遇有应表敬意的事，乘者即俯身扶轼。在这里，孔子扶轼是表示对妇人哭墓的注意和关怀。

③这两句的意思是：您这样哭，实在像连着有几桩伤心事似的。壹，副词，表肯定，有"实在""的确"等意思。重，重叠。

④而：乃。

⑤昔者：从前。

⑥舅：指丈夫的父亲。

⑦焉：指示代词兼语气词，等于说"于虎"。下句同。

⑧苛政：暴政。

⑨小子：老师叫学生可称小子。这里指子路。

⑩识（zhì）：记住。

（二）大同①（礼运）

【原文】

昔者仲尼与于蜡宾②，事毕，出游于观③之上，喟然而叹。仲尼之叹，盖④叹鲁也。言偃⑤在侧曰："君子⑥何叹？"孔子曰："大道⑦之行也，与三代⑧之英⑨，丘未之⑩逮⑪也，而有志焉⑫。

【注释】

①大同：高度的和平，实际是指原始共产社会的那种局面，是当时知识分子由于对现实不满而产生的复古思想。同，和，平。

②与（yù）于蜡（zhà）宾：参加到蜡祭陪祭者的行列里边。与，参加。蜡，古代国君年终祭祀叫蜡。宾，指陪祭者。

③观（guàn）：宗庙门外两旁的高建筑物，又名阙。

④盖：大概。

⑤言偃：孔子的弟子，姓言名偃，字子游。

⑥君子：指孔子。

⑦大道：指原始共产社会的那些准则。

⑧三代：指夏商周。

⑨英：杰出的人物，这里指英明的人主禹汤文武。

⑩之：代词，指"大道之行与三代之英"的时代，是"逮"的宾语。

⑪逮（dài）：赶上。

⑫有志焉：指有志于此。孔子这句话是说：大道实行的时代和三代英明之主当政的时代，我都没有赶上，可是我心里向往。

【原文】

"大道之行也，天下为公①。选贤与②能，讲信修睦③。故人不独亲④其亲，不独子⑤其子，使老有所终⑥，壮有所用⑦，幼有所长⑧，矜⑨寡孤独废疾者皆有所养⑩，男有分⑪，女有归⑫。货恶其弃于地也，不必藏于己⑬；力恶其不出于身也，不必为己⑭。是故谋⑮闭⑯而不兴⑰，盗窃乱贼而不作⑱，故外户⑲而不闭⑳，是谓大同。

【注释】

①天下为公：天下成为公共的。

②与：通"举"（依王引之说，见《经义述闻》）。

③修睦：调整人与人之间的关系，使它达到和睦。

④亲：用作动词，以……为亲。

⑤子：用作动词，以……为子。

⑥有所终：晚年能得到照顾。所，特指代词。下面三个"所"字同。

⑦有所用：有用处。

⑧有所长（zhǎng）：有使他们成长的各种措施。

⑨矜：通"鳏（guān）"。

⑩有所养：有供养。

⑪分（fèn）：职分，职务。

⑫归：出嫁，这里指夫家。

⑬货恶其弃于地也，不必藏于己：财物，（人们）恨它被扔在地上（都想收起来），但不一定藏在自己家里。货，财物。弃，扔。

⑭力恶其不出于身也，不必为己：力气，（人们）恨它不从自己身上使出来（都想使出来），但不一定为了自己。身，自身。

⑮谋：指奸诈之心。

⑯闭：闭塞。

⑰兴：起，生。

⑱盗窃乱贼而不作：盗窃、造反和害人的事情不发生。乱，指造反。贼，指害人。作，兴起。

⑲外户：从外面把门扇合上。外，作状语。户，名词用作动词。

⑳闭：用门闩插门。

【原文】

"今大道既隐①，天下为家②。各亲其亲，各子其子，货力为己；大人③世及④以为礼，城郭沟池⑤以为固⑥，礼义以为纪⑦，以⑧正⑨君臣，以笃⑩父子，以睦⑪兄弟，以和⑫夫妇，以设制度，以立田里⑬，以贤勇知⑭，以功为己⑮。故谋用⑯是⑰作，而兵⑱由此起。禹汤文武成王周公，由此其选也。⑲此六君子者，未有不谨于礼者也。以著其义⑳，以考其信㉑，著有过㉒，刑仁㉓讲㉔让㉕，示民有常㉖。如有不由㉗此㉘者，在执㉙者去㉚，众以为殃㉛，是谓小康㉜。"

【注释】

①隐：消逝不见。

②天下为家：天下成为私家的。

③大人：指天子诸侯。

④"世及"是介词"以"的宾语，下两句同。父子相传叫"世"，兄弟相传叫"及"。

⑤沟池：指护城河。

⑥固：这里指赖以防守的建筑及工事。

⑦纪：纲纪，准则。

⑧以：介词，后面省掉宾语（指"礼"）。下七句同。

⑨正：用作动词，使动用法，即"使……正常"。

⑩笃：用作动词，即"使……淳厚"。

⑪睦：用作动词，即"使……和睦"。

⑫和：用作动词，即"使……和谐"。

⑬里：住处。这里指有关田里的制度。

⑭贤勇知（zhì）：把有勇有谋的当作贤人。贤，用作动词，意动用法。知，后来写作"智"。当时盗贼并起，所以需要智勇的人（依孔颖达说）。

⑮以功为己：立功做事，只是为了自己，不为他人（依孔颖达说）。

⑯用：由。

⑰"是"和下文"兵由此起"的"此"字，都代表上文"今大道既隐……以功为己"这段的情况。

⑱兵：指战乱。

⑲这两句的大意是：禹汤文武成王周公因此成为三代诸王中的杰出人物。选，指选的人物，也就是杰出的人物。

⑳以著其义：用（礼）来表彰他们（民）做对了的事。"以"下省宾语（指"礼"）。著，显露。这里是使动用法。其，指下文"示民有常"的"民"。

㉑以考其信：用（礼）来成全他们（民）讲信用的事。考，成全。

㉒著有过：是"以著其有过"的省略句式。意为用（礼）来揭露（他们）有过错的事。著，彰明，这里是使动用法，有揭露的意思。

㉓刑仁：把合于仁的定为法则。刑，法则。

㉔讲：提倡。

㉕让：不争。

㉖示民有常：是"以示民有常"的省略句式。意为用（礼）指示给人民要有常规。

㉗由：用。

㉘此：指礼。

㉙埶：势力，权力，后来写作"势"。这里指职位。

㉚去：罢免，黜退。这里有被罢免的意思。

㉛众以为殃：老百姓以此（指统治者不用礼）为祸害。

㉜小康：小安。小康对大同而言，含有不及"大同"的意思。

【要点提示】

（一）音义

蜡（zhà），古代国君年终祭祀叫蜡。

观（guàn），宗庙门外两旁的高建筑物，又名"阙"。

有所长（zhǎng），有使他们成长的措施。

（二）文字

1.古今字

（1）知/智（以贤勇知，以功为己）

（2）刑/型（刑仁讲让，示民有常）

2.通假字

（1）式/轼（夫子式而听之）

（2）与/举（选贤与能，讲信修睦）

（3）矜/鳏（矜寡孤独废疾者皆有所养）

（三）词语

壹、焉、与、英、逮、修睦、归、世及、沟池、著、刑。

（四）语法

1.词类活用

（1）故人不独亲其亲，不独子其子。亲、子，用作动词。

（2）故外户而不闭。户，名词用作动词，关上门。

（3）夫子式而听之。式，车前横木，名词用作动词，扶轼。

（4）以正君臣，以笃父子，以睦兄弟，以和夫妇。正，使动用法，使……正常。笃，使动用法，使……淳厚。睦，使动用法，使……和睦。和，使动用法，使……和谐。

（5）著有过，刑仁讲让，示民有常。著，彰明，使动用法。刑，法则，名词用作动词。刑仁，把合乎仁的行为定为法则。

2.宾语前置

（1）君子何叹？

（2）丘未之逮也。

（3）何为不去也？

（4）是故谋闭而不兴。

第五篇　《礼记》之二

（一）教学相长（学记）

【原文】

虽有嘉肴①，弗食，不知其旨②也。虽有至③道，弗学，不知其善也。是故④学然后知不足⑤，教然后知困⑥。知不足然后能自反⑦也，知困然后能自强⑧也。故曰教学相长⑨也。兑命⑩曰："学学半⑪"。其此之谓乎⑫？

【注释】

①肴：本指成块的带骨头的熟肉，这里泛指鱼肉。

②旨：味美。

③至：好到极点的。

④是故：因此。

⑤知不足：知道自己有不够之处。

⑥知困：知道自己有搞不通之处。困，不通。

⑦自反：反求之于自己。

⑧自强（qiǎng）：自己督促自己。

⑨教学相长（zhǎng）：教和学是互相推进的。长，这里指推进。

⑩兑（yuè）命：即说（yuè）命，《尚书》的一个篇名。

⑪学（xiào）学（xué）半：前一学，指教人。后一学，指向人学。意思是说教占学的一半。

⑫其此之谓乎：大概是说这种情况吧。动词"谓"的宾语是"此"，"之"是宾语前置的标记。

（二）博学（中庸）

【原文】

博学①之②，审问③之④，慎思⑤之⑥，明辨⑦之⑧，笃行⑨之⑩。有弗学，学之弗能，弗措也。⑪有弗问，问之弗知⑫，弗措也。有弗思，思之弗得⑬，弗措也。有弗辨，辨之弗明，弗措也。有弗行，行之弗笃，弗措也。人一能之，己百之⑭；人十能之，己千之。果能此道矣⑮，虽愚⑯必明，虽柔⑰必强⑱。

【注释】

①博学：多方面地学。博，宽广。

②之：指学的对象。

③审问：详细地问。

④之：指问的对象。

⑤慎思：慎重地考虑。

⑥之：指思的对象。

⑦明辨：明确地分辨。

⑧之：指辨的对象。

⑨笃行：踏踏实实地实行。

⑩之：指行的对象。

⑪这三句话的大意是：除非不学，学了就一定要学会，学不会，不罢休。"有弗学"，按字面讲是"有不学的时候"或"有不学的东西"，实际应理解为"不学则已"（依朱熹说）。措，放下。以下四句仿此。

⑫知：懂。

⑬弗得：不得结果。

⑭人一能之，己百之：别人学它一次就会，我却要学它一百次（多下功夫，精益求精）。下句仿此。

⑮果能此道矣：果真能实行这个方法。道，方法。

⑯愚：糊涂。

⑰柔：脆弱，这里指意志脆弱。

⑱强：坚强，这里指意志坚强。

（三）诚意（大学）

【原文】

所谓诚①其意②者，毋自欺也，如恶③恶臭④，如好⑤好色⑥。此之谓自谦⑦。故君子必慎其独也⑧。

小人闲居⑨为不善，无所不至⑩，见君子而后厌然⑪，揜⑫其不善而著其善⑬。人之视己，如见其肺肝然⑭，则何益矣⑮？此谓诚于中⑯，形⑰于外。故君子必慎其独也。

曾子曰：“十目⑱所视，十手所指，其严⑲乎！”

富润屋⑳，德润身，心广㉑体胖㉒。故君子必诚其意。

【注释】

①诚：用作动词，使动用法，使……诚实。

②意：意念，念头。

③恶（wù）：动词，厌恶。

④恶（è）臭（xiù）：不好闻的气味。臭，气味。

⑤好（hào）：动词，爱好。

⑥好（hǎo）色，指美女。色，颜色，容貌，特指女子的颜色。

⑦此之谓自谦：大意是把这个叫作自己不亏心。此，代词，指"诚其意，毋自欺"。谦，同"慊（qiè）"，满足。自谦，指"自我满足"，不是为了别人才要求诚意（参用朱熹说）。

⑧故君子必慎其独也：所以君子对独居（这件事）必须谨慎。

⑨闲（xián）居：独居。

⑩无所不至：没有什么达不到的。意思是说坏事做尽。

⑪厌然：掩藏的样子。

⑫拚：同"掩"。

⑬著其善：显示他的好的（德行）。

⑭如……然：像……的样子。

⑮则何益矣：那么有什么好处呢？则，那么。何益，有什么好处。

⑯诚于中：里边有实在的东西。这里指心中藏着恶念。

⑰形：用作动词，露出原形。

⑱十目：与下文"十手"合起来理解，甚言监视的人之多。

⑲严：严肃可畏。

⑳富润屋：富足了就能使屋子光彩。润，用作动词，即"使……润"。这里指使……光彩。

㉑广：宽。

㉒胖（pán）：安泰舒坦。注意：此处"胖"与现代汉语的"胖"音义都不同。

【要点提示】

（一）音义

自强（qiǎng），自己督促自己。

恶（wù），动词，厌恶。

（二）词语

是故、然后、博学、审问、慎思、明辨、闲居、心广体胖。

（三）语法

1.词类活用

（1）人一能之，己百之；人十能之，己千之。一、十，动量词用作状语。

百、千，数词用作动词，百次地做，千次地做。

（2）所谓诚其意者。诚，用作动词，使动用法，使……诚实。

（3）富润屋。润，使动用法，使……润，这里指使……光彩。

2. 宾语前置

（1）其此之谓乎！

（2）此之谓自谦。

3. 双宾语句

此之谓自谦。

（以上内容由徐虹、王帆负责编写）

常用词例释

21. 居

例：为政以德，譬如北辰，居其所而众星共之。（《论语·为政》）

例句中"居"是"处在"之义，由"居"的本义引申而来。

居，《说文·尸部》："蹲也。"本义是①"蹲着"。《论语·阳货》："居，吾语女！"处在某种地位或某个地方就好比蹲在那里，因此本义引申为②"处在"。《论语·为政》："居其所而众星共之。"蹲下来，就会停滞不前，故由本义又引申为③"停留"。姚鼐《登泰山记》："而半山居雾若带然。"长期停留则为居住，因而由"停留"引申为④"居住"。《列子·汤问》："北山愚公者，年且九十，面山而居。"居住必有处所，故由"居住"引申为⑤"住处"。《左传·宣公二年》："问其名居，不告而退。"住处必占一块地方，所以由"住处"引申为⑥"占、占据"。《资治通鉴·唐纪》："想入居元济外宅。"占据某地某物总要经历一个过程，因而由"占据"引申为⑦"经过、过"。《韩非子·喻老》："居十日，扁鹊复见。"

其引申线索图示如下：

②处在←①蹲着→③停留→④居住→⑤住处→⑥占、占据→⑦经过、过

22. 好

例：子曰："述而不作，信而好古，窃比于我老彭。"（《论语·述而》）

例句中"好"是"喜好"之义，由"好"的本义引申而来。

好，《说文·女部》："美也，从女子。"本义是①"女子的容貌美、长得漂亮"。《史记·滑稽列传》："是女子不好。"其他事物美好与女子的容貌美相类似，因此本义引申为广泛意义上的②"美好、漂亮"。《论语·子张》："窥见室家之好。"关系美好就是友好，故由"美好"引申为③"友好"，如《三国志·蜀书·诸葛亮传》："外结好孙权。"对人友好的人，一般都会很受人喜爱，所以本义又引申为④"喜欢、爱好"。《论语·述而》："述而不作，信而好古。"

其引申线索图示如下：

①女子的容貌美、长得漂亮→②美好、漂亮→③友好→④喜欢、爱好

23.先

例：先进于礼乐，野人也。（《论语·先进》）

例句中"先"指的是"（时间和次序上的）前面、前头"，由"先"的本义引申而来。

先，《说文·先部》："前进也。"本义是①"走在前面"。《九歌·国殇》："矢交坠兮士争先。"走在前面，按时间和次序来说也在前面，因此本义引申为②"（时间和次序上的）前面、前头"。《论语·先进》："先进于礼乐，野人也。"祖先自然是出生在我们前面的，故由"（时间上的）前面"引申为③"祖先"。司马迁《报任安书》："行莫丑于辱先。"大多数情况下，我们把已经去世的长辈称为祖先，因此由"祖先"引申为④"去世"。诸葛亮《出师表》："先帝知臣谨慎。"

其引申线索图示如下：

①走在前面→②（时间和次序上的）前面、前头→③祖先→④去世

24.达

例：欲速则不达。（《论语·子路》）

例句中"达"是"达到"之义，由"达"的本义引申而来。

达，《说文·辵部》："行不相遇也。"本义是①"道路畅通"。《荀子·君道》："公道达而私门塞矣。"将本义词义扩大，泛指②"畅通、通"。《吕氏春秋·孟春纪》："埋塞则气不达。"一般畅通的地方就容易到达，故由"畅通"引申为③"到达、达到"。《论语·子路》："欲速则不达。"一个人思想畅通，就容易通达事理，因此由"畅通"又引申为④"通达事理"。王勃《滕王阁序》："达人知命。"一个人的人生道路畅通意味着得志，故由本义又引申为⑤"得志"。《孟子·尽心上》："达则兼善天下。"

其引申线索图示如下：

$$④通达事理$$
$$\uparrow$$
$$①道路畅通→②畅通、通→③到达、达到$$
$$\downarrow$$
$$⑤得志$$

25.远

例：子曰："躬自厚而薄责于人，则远怨矣。"（《论语·卫灵公》）

例句中"远"是"远离"的意思，由"远"的本义引申而来。

远，《说文·辵部》："辽也。"张舜徽注："辽、远二字互训而皆从辵，乃谓行路之长也。"本义是①"走路走得长"。陶渊明《桃花源记》："缘溪行，忘路之远近。"一般来讲，走路走得长所用的时间就久，因此本义引申为②"长久、长远"。《左传·庄公十年》："肉食者鄙，未能远谋。"走路走得长久，与起点的距离就远，故本义又引申为③"相隔远、远离"。《论语·卫灵

公》："躬自厚而薄责于人，则远怨矣。"关系相隔远就是疏远，所以由"相隔远"引申为④"疏远、避开"。诸葛亮《出师表》："亲贤臣，远小人。"差别大与距离远意义相似，由"相隔远"又引申为⑤"差别大"。《战国策·齐策》："窥镜而自视，又弗如远甚。"

其引申线索图示如下：

①走路走得长→③相隔远、远离→④疏远、避开
　　↓　　　　　　　↓
②长久、长远　　⑤差别大

26. **寡**

例：不患寡而患不均，不患贫而患不安。(《论语·季氏》)

例句中"寡"是"少"的意思，由"寡"的本义引申而来。

寡，《说文·宀部》："少也。""寡"是会意字，其金文上面像一个房屋，里面像一个长着长头发的人（只有一个人），会人少之意，所以本义是①"年老无夫的人"。《礼记·礼运》："矜寡孤独废疾者皆有所养。"无夫可能是死了丈夫，本义引申为②"死了丈夫"。《史记·司马相如列传》："卓王孙有女文君，新寡。"女子死了丈夫，家里的成员就变少了，又引申为③"少"。《论语·季氏》："不患寡而患不均。"

其引申线索图示如下：

①年老无夫的人→②死了丈夫→③少

27. **识**

例：夫子曰："小子识之，苛政猛于虎也！"(《礼记·檀弓下》)

例句中"识"是"记住"的意思，由"识"的本义引申而来。

识，《说文·言部》："常识。"本义是①"知道、懂得、认识"。《孙子·谋攻》："识众寡之用者胜。"我们常把一个人知道的事物称为他所掌握的知识，因此本义引申为②"知识、见识"。苏轼《贾谊论》："才有余而识不足也。"认识了某人某物，说明我们把这个人或者物记住了，故"认识"引申为③"记住"（用此义时，同"志"）。《礼记·檀弓下》："小子识之，苛政猛于虎也！"

其引申线索图示如下：

①知道、懂得、认识→②知识、见识→③记住

28. **行**

例：大道之行也，天下为公。(《礼记·礼运》)

例句中"行"是"实行"的意思，由"行"的本义引申而来。

行，《尔雅·释宫》："道也。"本义是①"道路"。《诗经·豳风·七月》："遵彼微行，爰求柔桑。"道路是供人行走的，因此本义引申为②"行走"。《墨子·公输》："行十日十夜而至于郢。"行走总有一个目的地，故由"行走"引申为③"前往、去"。《史记·廉颇蔺相如列传》："赵王畏秦，欲毋行。"天体的运行与人的行走在行为上相似，所以由"行走"又引申为④"运行"。《荀

子·天论》："天行有常。"行走是人或物发出的一种动作，因而由"行走"还引申为⑤"行动、动作、行为"。《庄子·养生主》："视为止，行为迟。"行为、动作需要人或物去实行，故由"行为"引申为⑥"实行"。《礼记·礼运》："大道之行也，天下为公。"

其引申线索图示如下：

④运行
↑
①道路→②行走→⑤行动、动作、行为→⑥实行
↓
③前往、去

29. 食

例：虽有嘉肴，弗食，不知其旨也。（《礼记·学记》）

例句中"食"是"吃"的意思，由"食"的本义引申而来。

食，《说文·食部》："米也。"朱骏声注："六谷之饭曰食。"本义是①"食物"。《左传·庄公十年》："衣食所安，弗敢专也。"食物是供人吃的，本义引申为②"吃"。《礼记·学记》："虽有嘉肴，弗食，不知其旨也。"把东西给别人或动物吃则为供养、喂养，故由"吃"引申为③"供养、喂养"。柳宗元《捕蛇者说》："谨食之，时而献焉。"发生日食或月食时，太阳或月亮就像被什么东西吃掉了，故由"吃"又引申为④"亏损"。《论语·子张》："君子之过也，如日月之食焉。"

其引申线索图示如下：

④亏损
↑
①食物→②吃→③供养、喂养

30. 恶

例：如恶恶臭，如好好色，此之谓自谦。（《礼记·大学》）

例句中第一个"恶"是"不喜欢、讨厌"的意思，由"恶"的本义引申而来。

恶，《说文·心部》："过也。"本义是①"罪恶、不良行为"。《论语·颜渊》："君子成人之美，不成人之恶。"对不良行为，人们总是不喜欢的，本义引申为②"不喜欢、讨厌"。《礼记·大学》"如恶恶臭，如好好色"中第一个"恶"就是"讨厌"的意思。不良行为是丑陋的，故本义又引申为③"丑陋"。《战国策·赵策》："纣以为恶，醢鬼侯。"丑陋往往与不好联系在一起，故由"丑陋"引申为④"不好"。贾谊《论积贮疏》："岁恶不入。"

其引申线索图示如下：

②不喜欢、讨厌←①罪恶、不良行为→③丑陋→④不好

（以上内容由李桂林负责编写）

第四章 语法（二）

第一节 词类活用

词类活用是指某些词临时改变自己的基本语法功能去充当其他词类的现象。词类活用在古代汉语中是一种普遍的现象，主要包括名词、形容词、数词等用作动词，名词、动词作状语以及特殊的动宾关系等。

一、名词用作动词

名词用作动词，是指某些名词临时转化词义，并取得动词性质的一种语法现象。

（一）普通名词

1. 语义关系

名词用作动词后，一般可用以下一些方法来翻译。

（1）相当于状动词组

古代汉语中，由于助动词、副词只修饰谓语，当某些名词受助动词、副词修饰时，即活用为动词，在语义关系上即相当于状动词组。

如《左传·成公二年》："从左右，皆肘之。"这里的"肘"本是名词，却临时用作了动词，既受到前面副词"皆"的修饰，同时后面又跟了宾语"之"，语译时可以用一个"状动词组"翻译它，故"皆肘之"的意思是"都用肘推挡他"。显然"肘"作动词后，既表示相关的动作，又表示施行这个动作所使用的工具，"用胳膊撞击"就是用的状动词组来翻译的。

（2）相当于名词意义相关的动词

古代汉语中，有些名词活用为与名词意义相关的动词，在语义上表示与名词意义相关的动作。例如《左传·僖公五年》："师还，馆于虞，遂袭虞，灭之。"句中"馆"活用为意义相关的动词"住"或"驻"。《左传·僖公三十年》："晋军函陵，秦军氾南。"句中"军"本来是名词，活用为意义相关的动词"驻扎"。

（3）动宾词组

当一些名词活用为动词时，在语义关系上表示的是由一个动词和宾语构成的动宾词组。《左传·宣公二年》："晋灵公不君。""君"本是名词，表示君主，但在副词"不"的修饰下，名词"君"活用为动词，表示"推行君道"。《荀子·劝学》："假舟楫者，非能水也，而绝江河。"句中"水"本是名词，但在助动词"能"的修饰下，名词"水"改变语法功能活用为动词，表示"游水、游泳"这一动作。《孟子·滕文公上》："许子冠乎？"句中的名词"冠"活用为动词，语义上表示"戴帽"。《诗经·豳风·七月》："昼尔于茅，宵尔索绹。"句中"茅"活用为动词，语义上表"割茅草"。"推行君道""游水""戴帽""割茅草"等，都是用动宾词组来翻译的。

（4）使动关系

名词活用为动词后，语义上相当于使动关系，即可用"使……怎么样"的格式来翻译。《史记·项羽本纪》："怀王与诸将约曰：'先破秦入咸阳者王之。'"句中"王"活用为动词。"王之"构成使动关系，即"王之"语义上表示"使之做王"。《左传·襄公二十二年》："夫子所谓生死而肉骨也。"名词"肉"活用后，与宾语"骨"构成使动关系，表示"使白骨生肉"的意思。

（5）处动关系

这里的处动关系是指由名词活用为动词，表达主语对宾语的一种处置或对待，语义上即是把宾语当作什么。《战国策·齐策》："孟尝君客我。"其中"客"活用为动词，表示对宾语"我"的处置、对待，即把我当作客人。《左传·襄公三十一年》："不如吾闻而药之也。"句中"药"活用为动词，后跟宾语"之"。"药之"的意思是：把它（听到的议论）当作是"药"。《孟子·尽心下》："诸侯之宝三：土地、人民、政事。宝珠玉者，殃必及身。""宝"活用为动词，"宝珠玉"的意思便是"把珠玉当宝"。

（6）为（wèi）动关系

为（wèi）动关系是名词活用为动词后，与宾语之间是为（wèi）动的关系，即语义上相当于"为……怎么样"。《左传·宣公十七年》："齐顷公帷妇人，使观之。"句中名词"帷"活用为动词，表示的意思是，为妇人张设帷幕。显然，宾语"妇人"是动词的服务对象。《三国志·魏书·华佗传》："（华）佗脉之。"句中"脉"活用为动词，表示"为之（他）号脉"的意思，宾语"之（他）"是动词"号脉"的服务对象。

（7）为（wéi）动关系

为（wéi）动关系是名词活用为动词后，与后面所跟的宾语在语义上表示"为（wéi）宾语的什么"。《战国策·楚策》："天帝使我长百兽。"句中"长"活用为动词，"长百兽"在语义上表示"做百兽的首领"。《战国策·齐策》："此二士弗业，一女不朝，何以王齐国、子万民乎？"其中"王齐国"，即"做齐国的王"，即"统治齐国"之义。《庄子·秋水》："惠子相梁，庄子往见之。"惠子相梁"，即"惠子做梁国的丞相"。

（8）对动关系

对动关系即是名词活用为动词后，这个动作行为与宾语所表示的人和物之间，可用"对……怎么样"进行翻译。《史记·项羽本纪》："范增数目项王。"名词"目"活用为动词，"目项王"表示"对项王示意"的意思。《史记·项羽本纪》："杀人如不能举，刑人如恐不胜。"句中"刑"用作动词，"刑人"是指"对人施刑"的意思。

（9）在……做什么

名词活用为动词，与其后面的名词一起表示"在……做什么"。《史记·项羽本纪》："沛公军霸上，未得与项羽相见。"其中"军"活用作动词，"军霸上"表示"在霸上驻军"。《史记·酷吏列传》："周阳由者，其父赵兼以淮南王舅父侯周阳，故因姓周阳氏。"句中"侯"用作动词，"侯周阳"即"在周阳封侯"。

（10）因动关系

因动关系是指名词活用为动词后，原名词所带宾语表示动作行为的原因。例如《世说新语·任诞》："刘伶病酒。"句中名词"病"活用为动词"生病"，其后跟的宾语"酒"是生病的原因，语义上表示的是刘伶因喝酒而生病。《史记·吕太后本纪》："高后遂病腋伤。"句中"病"活用为动词"生病"，"腋伤"则是生病的原因，语义上是指高后因腋伤而发病。

2. 标记

名词活用为动词，有一些语法上的标记。我们可以从以下标记，去看一个名词是否活用为动词。

（1）副词+名词

汉语中，副词是不能修饰名词的。当一个名词置于副词之后时，即表示该名词活用为动词。《左传·鲁庄公十年》："小信未孚，神弗福也。"句中否定副词"弗"后跟了名词"福"，"福"活用为动词，"弗福"表示"没有降福"。《史记·廉颇蔺相如列传》："军垒成，秦人闻之，悉甲而至。"句中副词"悉"修饰名词"甲"，"甲"活用作动词，表示"穿着铠甲"。

（2）名词+代词

古代汉语中，代词只能同它前面的动词构成动宾关系，所以"名词+代词"结构中的名词，便活用为动词。《左传·成公二年》："从左右，皆肘之，使立于后。""肘"这个名词用在代词"之"前面，则活用为动词。"肘之"表示"用肘推挡他"的意思。《史记·项羽本纪》："纵江东父兄怜而王我，我何面目见之？"句中"王"的后面跟了代词"我"，很明显活用为动词，"王我"表示"让我称王"的意思。

（3）介宾短语前后的名词

置于介宾短语前后的名词，同样活用为动词。因为介宾短语是随动词出现而出现的，介宾短语放在动词前作状语，放到动词后作补语。所以一旦名词放在介宾短语前后，明显具有了动词的特征。《左传·僖公二十四年》："晋师军于庐柳。"名词"军"置于介宾短语"于庐柳"之前，此处的"军"活用为动词，表示"驻扎在庐柳"的意义。《吕氏春秋·上农》："后妃率九嫔蚕于郊。"其中"蚕"活用为动词，"蚕于郊"即"在郊外养蚕"。

（4）名词+名词

两个名词连用，如果二者不是并列、偏正、同位或判断句中的主谓关系，那么其中一个名词活用为动词。《左传·僖公三十年》："晋军函陵，秦军氾南。"句中的"军"与"函陵"（或"氾南"）是"名词+名词"，故此时的"军"活用为动词，后跟"函陵"（或"氾南"）构成动宾结构，表示驻扎在函陵（或氾南）。《韩非子·五蠹》："遂王天下。"句中"王""天下"均是名词，"王"活用为动词，"王天下"表"称王天下"。《史记·陈涉世家》："乃丹书帛曰'陈胜王'。""陈胜王"是"名词+名词"，其中"王"活用为动词。

（5）能愿动词+名词

能愿动词修饰的是动词，当名词置于"能""欲""足"等能愿动词之后，则该名词活用为动词。《论语·公冶长》："可妻也。"名词"妻"置于"可"之后，活用为动词，表示可以把女儿嫁给他。《荀子·劝学》："假舟楫者，非能水也。"名词"水"置于"能"之后，活用为动词，表示"游泳"之义。

（6）名词前后用"而"连接

名词前后用"而"连接时，该名词活用为动词。《史记·项羽本纪》："汉败楚，楚以故不能过荥阳而西。""西"属于方位名词，放在连词"而"之后，活用为动词。《盐铁论·相刺》："不耕而食，不蚕而衣。"名词"衣"与"不蚕"用"而"连接，"衣"活用为动词。

（7）"所"+名词

名词出现在"所"后面，活用为动词。因为只有动词才能与"所"构成名词性的"所"字词组。《史记·秦始皇本纪》："非博士官所职，天下敢有藏《诗》、《书》、百家语者，悉诣守尉杂烧之。"名词"职"位于"所"字之后活用为动词，"职"表示"掌管、管理"之义。《史记·陈涉世家》："置人所罾鱼腹中。"名词"罾"用在"所"之后活用为动词，表示"用网捕捉"的意思。

（8）名词+"者"

"者"一般跟在动词后面，构成名词性的"者"字词组。如果"者"前是一个名词，那么该名词即活用为动词。《战国策·赵策》："赵主之子孙侯者，其继有在者乎？""侯者"则指子孙中称侯的人，"侯"放在"者"之前构成"者"字词组，"侯"活用为动词，表示"称侯"。王安石《答司马谏议书》："盖儒者所争，尤在于名实，名实已明，而天下之理得矣。""儒者"是指信奉儒学的人，"儒"活用为动词，表示"信奉儒学"。

（9）名词重叠

两个相同的名词重叠时，其中一个名词也会活用为动词。《史记·淮阴侯列传》："解衣衣我，推食食我。""衣衣""食食"中的第二个名词活用为动词，意思是脱下衣裳给我穿，推过来食物给我吃。《三国志·诸葛亮传》："天下有变，则命一上将将荆州之军以向宛、洛。"其中第二个"将"活用为动词，表示"率领"，句子意思是命令一员上将率领荆州的部队向宛、洛进军。

（10）句法结构对仗

对仗工整的句子如果两个词性不同的词相对，那么其中的一个词就很可能属于词类活用。李商隐《无题》："晓镜但愁云鬓改，夜吟应觉月光寒。"名词"镜"与动词"吟"相对，"镜"活用为动词，表示"梳妆照镜"的意思。

（二）方位名词

"东、西、南、北、上、下、左、右"等方位名词同样可以用作动词，在语义上就表示和这个方位相关的动作。

《诗经·小雅·信南山》："我疆我理，南东其亩。""南"和"东"本是分别表示南方和东方的方位名词，句中活用为跟名词意义相关的动词，表示向南和向东延展。《左传·僖公三十二年》："秦师遂东。""东"本为方位名词，句中活用为动词。"遂东"，即"向东方进军"。《史记·项羽本纪》："入辕门，无不膝行而前，莫敢仰视。"句中"前"活用为动词，表示"向前行进"。

（三）名词性词组

一些名词性词组也可能活用为动词。《国语·晋语四》："股肱周室，夹辅平王。""股"和"肱"均为名词，分别指"大腿"和"上臂"，构成名词性词组在句中活用为动词，"股肱周室"意思是辅佐周室。《战国策·齐策》："衣冠而见之。""衣"和"冠"都为名词，分别指衣服和帽子，两个名词连用构成名词性词组，句中活用为动词，表示"穿衣戴帽"这一动作。《史记·刺客列传》："皆白衣冠以送之。""白衣冠"指白色的衣服帽子，句中活用为动词，表示"穿上白色的衣服，戴上白色的帽子"。

二、形容词、数词、量词、代词、副词、象声词用作动词

古代汉语中，形容词、数词、量词、代词、副词、象声词等也常常临时转化词义用作动词。

（一）形容词活用为动词

《孟子·梁惠王上》："老吾老，以及人之老；幼吾幼，以及人之幼；天下可运于掌。"句中第一个"老"活用为动词，表示"供养"。句中第一个"幼"用法相同。《国语·吴语》："老其老，慈其幼，长其孤，问其病，求以

报吴。"老""慈"活用为动词，表"敬爱、爱护"之意。

（二）数词活用为动词

《战国策·楚策》："今君欲一天下，安诸侯，存危国。"其中"一"本是数词，临时活用为动词，表示"一统天下"。《韩非子·五蠹》："以疑当世之法，而贰人主之心。""贰"活用为动词，表示"背叛、叛离"。《礼记·中庸》："人一能之，己百之；人十能之，己千之。""百""千"活用作动词，分别表示"百次地学""千次地学"。

（三）数量词活用为动词

《战国策·齐策》："乃自强步，日三四里。"其中"三四里"是数量结构，活用为动词，表示"走三四里路"。韩愈《马说》："食马者不知其能千里而食也。""千里"活用为动词，表示"能跑千里"。

（四）代词用作动词

《隋书·杨伯丑传》："见公卿不为礼，无贵贱，皆汝之。""皆汝之"表示"都用'汝'来称呼他"，"汝"本为代词，这里活用为动词。

（五）副词用作动词

《韩非子·显学》："无参验而必之者，愚也。"其中"必"活用，意思是"肯定"。马中锡《中山狼传》："既壮，群牛日以老惫，凡事我都任之。""我都任之"意为"都是我来干"。

（六）象声词用作动词

《孟子·滕文公下》："兄至外至，曰：'是鶃鶃之肉也！'出而哇之。""哇"象声词，此有"吐"的意思，属于象声词活用为动词。

三、动词、形容词用作名词

古代汉语中词类活用的类别很多，动词、形容词用作名词就是其中较普遍的一种。下面我们根据动词、形容词用作名词后表示的含义将其分成两类进行介绍。

（一）表示一种抽象状态

动词、形容词用作名词后，一般表抽象意义。有人将名词化以后的动词、形容词，称为抽象名词，一般指某种状态。语法位置上，这类形容词和动词一般用在"之""其"之后。例如：

①劳而不伐，有功而不德，厚之至也。（《周易·系辞上》）
②仁者见之谓之仁，知者见之谓之知。（《周易·系辞上》）

③觱沸槛泉，维其深矣。（《诗经·大雅·瞻卬》）

④秦贪，负其强，以空言求璧。（《史记·廉颇蔺相如列传》）

例①"厚之至也"的"至"，例②"知者见之谓之知"的后一"知"，均用作名词，表示到达和知道的一种状态，均是抽象化的事物。例③"维其深矣"中的"深"本来表示深度，例④"负其强"中的"强"本来表示强大、强壮，均用作名词，表示与"深度"有关的一种抽象的状态和强大的实力。

（二）表示具体的事物

动词、形容词活用为名词后，还经常用于直接指称与名词相关的具体事物。例如：

①白马之白也，无以异于白人之白也。（《孟子·告子上》）

②举贤而授能兮。（屈原《离骚》）

③殚其地之出，竭其庐之入。（柳宗元《捕蛇者说》）

④惧有伏焉。（《左传·庄公十年》）

⑤入之愈深，其进愈难，而其见愈奇。（王安石《游褒禅山记》）

上述五个例子中，例①、例②中的"白"和"贤""能"均用作名词，分别表示白色这一具体的颜色、贤人和能人，指代的是具体的事物和人。例③至例⑤中的"出""入""伏""见"同样用作名词，分别指代的是"出产的东西""收获的东西""潜伏的士兵"和"见到的东西"，同样都是具体的事物。

四、特殊的动宾关系

（一）使动用法

使动用法是主语使宾语怎么样，是主语所代表的人物使宾语所代表的人或事物施行相关动作。动词、形容词和名词都可用作使动。

1. 动词的使动用法

（1）不及物动词可用作使动。《论语·先进》："求也退，故进之；由也兼人，故退之。"句中"进"和"退"都是不及物动词，"进之"和"退之"分别表示"使子路前进"和"使冉有退后"。

（2）及物动词也可用作使动。及物动词本身带宾语。判断其是否属于使动，主要从上下文的意思来看。《汉书·苏武传》："欲因此时降武。"主语是省略的"单于"，"降武"是动宾词组，表示"使苏武投降"。

2. 形容词的使动用法

《孟子·梁惠王下》："工师得大木，则王喜；匠人斫而小之，则王怒。""小"是形容词，后边带上宾语"之"，"小之"即"把木料砍小"。贾谊《过秦论》："会盟而谋弱秦。""弱秦"是使动用法，表示"使秦国弱小"。

3. 名词的使动用法

《史记·项羽本纪》："纵江东父兄怜而王我，我何面目见之。""王"活用作动词，"王我"是"使我成为王"的意思。《史记·鲁世家》："惠公夺而自妻之。""妻"活用作动词，"妻之"表示"使……成为自己的妻子"。

（二）意动用法

意动用法是主语认为宾语怎么样。一般情况下，形容词可用作意动。形容词的意动用法，即主语认为宾语带有该形容词表示的性质或状态，一般翻译为"认为……怎么样"。《孟子·尽心下》："孔子登东山而小鲁，登泰山而小天下。""小鲁"和"小天下"均是意动用法，孔子登上东山后认为鲁国"小"了，登上泰山后认为天下"小"了，这是孔子登高后的一种主观感觉。事实上，鲁国并不因孔子登东山而变小，天下并不因孔子登泰山而变小。《汉书·食货志》："是故明君贵五谷而贱金玉。"句中"贵"和"贱"后面分别跟了"五谷"和"金玉"，"贵五谷"即"认为五谷金贵"；"贱金玉"即"认为黄金玉器低下"。

（三）处动用法

处动用法，是对宾语的一种处置和对待，即主语把宾语所代表的人或事物，当作是作为谓语的名词所代表的人或事物，一般翻译为"把……当作……"。

处动用法，即原来所说的名词意动用法。之所以不叫名词的意动用法，一是因为语义上有一些不同，处动用法表示主语对宾语的处置和对待，与意动用法相比，其发生的事实是客观的而不是主观的；二是因为名词用作动词后所表示的动作是主语发出的，而不是宾语发出的。即主语是施事，而不是主语主观上认为宾语是这个名词所代表的人或事物。《左传·襄公三十一年》："不如吾闻而药之也。"其中"药之"是指"把它（听到的议论）当作药"，即"把议论当作药"，而不是主观上认为它是药。《荀子·赋》："托地而游宇，友风而子雨。"其中"友风"表示"把风当作朋友"；"子雨"表示"把雨当作儿女"，是在客观上对宾语的一种处置和对待。

（四）为（wèi）动用法

为（wèi）动用法，是指动词所带宾语是动作、行为的服务对象或目的对象。第一，宾语是动作、行为的服务对象。如《史记·留侯世家》："父曰：'履我！'（张）良业为取履，因长跪履之。"动词"履"所带宾语"我"是"履"的服务对象，"履我"是指"为我穿鞋"。第二，宾语是动作行为的目的对象。如《战国策·赵策》："祭祀必祝之。"句中"之"是动词"祝"的目的，"祝之"即"为她祈祷"。

（五）为（wéi）动用法

为（wéi）动用法一般是指名词用作"为动词"以后再跟一个宾语，其语义表示"为（wéi）宾语的什么"。《庄子·秋水》："惠子相梁。""相"后跟宾语"梁"，表示"做梁国的丞相"。再如《战国策·楚策》："天帝使我长百兽。"表名词首领意义的"长"活用为动词后再跟上宾语"百兽"，"长百兽"表示"做百兽的首领"。《汉书·萧望之传》："侯年宁能父我邪？"其中"父我"表示的意思是"做我的父亲"。

（六）对动（因动）用法

对动用法，也称"因动用法"，是指动词并不直接支配宾语，而是因为宾语才发生某种动作行为，或者宾语是动词表示的动作行为的原因。《史记·魏公子列传》："魏王怒公子之盗其兵符，矫杀晋鄙，公子亦自知也。"句中"怒"这一行为产生的原因，是公子盗用兵符，假托其名义杀害晋鄙。动词"怒"与其后的宾语是因果关系，即因为盗兵符、杀晋鄙，从而产生怒气。《史记·屈原列传》："屈平疾王听之不聪也。""王听之不聪"是"疾"的原因，即"因王（楚怀王）听不进忠言而痛心疾首"。

五、名词作状语

在现代汉语里，一般情况下名词需要借助介词才能充当状语。而在古代汉语中，许多普通名词可以直接置于谓语之前作状语，且这种用法较为普遍。

（一）普通名词

1.表处所、时间

普通名词作状语，可以表示处所或者时间，一般可译为"在……地方""在……时候"。《左传·僖公三十年》："既东封郑，又欲肆其西封，若不阙秦，将焉取之？""东封郑"的"东"，便是名词作状语，意为"在东边"。《国语·鲁语上》："舜勤于民事而野死。""野"放在"死"之前，表动作发生的地点、处所，可译为"在野外"。《战国策·齐策》："孟尝君予车五十乘，金五百斤，西游于梁。"名词"西"放在"游"前表处所（方向），"西游"表示"向西游"。

2.表工具、凭借

名词置于动词之前，表示使用的工具或动作的凭依，一般译为"用……"或者"根据……"。《史记·商君列传》："秦王车裂商君以徇。"其中"车"是名词，置于"裂"之前。"车裂商君"表示"用车来撕裂商君"。《汉书·霍光传》："群臣后应者，臣请剑斩之。"名词"剑"置于动词"斩"之前，"剑斩之"，即"用剑来斩他"。在表工具的基础上，又可以虚化为表动作的凭借。《史记·陈涉世家》："失期，法皆斩。"名词"法"用作状语表凭借，"法皆斩"表示的意思是"依据法律都要斩首"。

3. 表身份、态度

名词置于动词之前，也可以表示身份或态度，一般翻译为"把……当作……""像对待……那样"。《史记·项羽本纪》："君为我呼入，我得兄事之。"名词"兄"置于动词谓语"事"之前作状语，"兄事之"可译"把他当作兄长一样对待""像对待兄长那样对待他"。《汉书·鲍宣传》："陛下父事天，母事地，子养黎民。""父""母""子"均用作状语，表示"像对待父亲一样对待天""像对待母亲一样对待地""像对待子女一样对待黎民百姓"。《史记·孙子吴起列传》："齐将田忌善而客待之。""客待之"可译为"像对待客人一样对待他"。

4. 表比喻、状态

普通名词作状语可以用来表比喻或状态，一般可译为"像……一样"。表比喻或状态就是用名词所蕴含的人或事物的性质特征，来比拟主语的行为方式、主语所具有的状态或特征。《战国策·秦策》："嫂蛇行匍伏，四拜自跪而谢。"名词"蛇"置于谓语"行"前，表示"嫂子匍匐在地上的状态像蛇一样"。贾谊《过秦论》："天下云集而响应，赢粮而景从。"句中"云"和"景"分别置于"集"和"从"之前，"云集"表示"像云朵一样聚集"，"景从"表示"像影子一样跟从"。《世说新语·识鉴》："既已狼噬梁、岐，又虎视淮阴矣。""狼噬"意思是像狼一样吞噬，"虎视"表示的是"像老虎一样盯着"。

（二）时间名词

古代汉语中，"岁""月""日"等时间名词，经常用作状语，其用法情况有以下几种。

1. "岁""月""日"置于动词前作状语表"经常"义时，译作"每年（月、日）"

《论语·学而》："吾日三省吾身。"其中"日"表示"每天"。《庄子·养生主》："良庖岁更刀，割也；族庖月更刀，折也。"其中"岁""月"分别译为"每年""每月"。柳宗元《捕蛇者说》："岁赋其二。""岁"置于动词"赋"之前作状语，翻译为"每年"。

2. "日"置于表示变化的动词或形容词前时作状语，表"变化发展"义，翻译为"一天一天地"

《史记·田单列传》："田单兵日益多，乘胜，燕日败亡。"句中两个"日"均作状语，表示"一天一天地"。《汉书·食货志》："干戈日滋。""日"字用在"滋"之前，表"变化发展"义，"日滋"即"一天天地增多"。

《商君书·错法》："道明，则国日强；道幽，则国日削。"名词"日"分别放在"强"和"削"之前作状语，表示"日益强盛""日益削弱"之意。

3."日"用在句首表追溯过去，译作"往日""曾经"

《左传·昭公七年》："日我先君共王，引领北望，日月以冀。"用在句首的"日"表示"曾经"之义。《国语·晋语》："日君以骊姬为夫人。"《左传·昭公二十年》："日宋之盟，屈建问范会之德于赵武。"

六、动词作状语

古汉语中，动词可置于谓语之前作状语，表示动作行为的方式。《史记·廉颇蔺相如列传》："于是相如前进缶，因跪请秦王。秦王不肯击缶。"动词"跪"置于"请"之前充当状语，表示请求的方式是跪着。贾谊《过秦论》："争割地而赂秦。"其中"争"作状语修饰"割"，表示割地的方式是争先恐后的。古代汉语中，动词用作状语后，常常用"而"字（或"以"字）和动词谓语连接起来。《左传·僖公三十年》："夜缒而出。"《左传·宣公二年》："坐而假寐。"《论语·微子》："子路拱而立。"

思考题

1. 请列举5个名词活用为动词的例子，并具体说明词类活用的类别。

2. 指出下列句中的使动用法、意动用法并翻译全句。

①楚子在公宫之北，吴人在其南。子期似王，逃王，而己为王。（《左传·定公四年》）

②然则王之所大欲可知已：欲辟土地，朝秦楚，莅中国，而抚四夷也。（《孟子·梁惠王上》）

③富之而观其无犯，贵之而观其无骄，付之而观其无转，使之而观其无隐，危之而观其无恐，事之而观其无穷。（《六韬·文韬》）

④且遂闻汤以七十里之地王天下，文王以百里之壤而臣诸侯，岂其士卒众多哉？（《史记·平原君虞卿列传》）

第二节 代 词

一、代词简况

代词是指有代替或指示作用的词，就指代的词性来说，被指代词可以是名词性成分，也可以是谓词性成分；就指代的对象来看，不仅可以是单个的词，也可以是复杂的词组、句子。古汉语中的代词主要分为人称、指示、疑问三类：人称代词是指用来代替人的名称的代词，指示代词是指代人、事物、处所、时间或现象的代词，疑问代词是指用来表示疑问的代词。

二、人称代词

（一）第一人称

古汉语第一人称代词主要有吾、我、予（余）、台、卬等。

"我、吾"在古汉语中较为常用，其中"我"一直沿用到今天的现代汉语。例如：

①畴昔之羊，子为政；今日之事，我为政。（《左传·宣公二年》）

②他日我曰："子为郑国，我为吾家，以庇焉，其可也。"（《左传·襄公三十一年》）

③三人行，必有我师焉。（《论语·述而》）

④吾日三省吾身。（《论语·学而》）

⑤公与荀彧书曰："贼来追吾，虽日行数里，吾策之，到安众，破绣必矣。"（《三国志·魏书·武帝纪》）

"予"和"余"二字古音相同。古代典籍中，《尚书》《诗经》《论语》《孟子》一般用"予"，《左传》《国语》等则多用"余"。例如：

①居，予语汝！（《庄子·达生》）

②缁衣之宜兮，敝予又改为兮。适子之馆兮。还予授子之粲兮。（《诗经·郑风·缁衣》）

③子曰："噫！天丧予！天丧予！"（《论语·先进》）

④自始合，而矢贯余手及肘。（《左传·成公二年》）

⑤余听狱虽不能察，必以情断之。（《国语·鲁语上》）

"台"和"卬"使用次数很少，"台"主要用在《尚书》中，"卬"主要用在《诗经》中，其他典籍鲜有见到。例如：

①非台小子敢行称乱。（《尚书·汤誓》）

②命之曰："朝夕纳诲，以辅台德。"（《尚书·说命上》）

③人涉卬否，卬须我友。（《诗经·邶风·匏有苦叶》）

此外，古人常用谦称来指第一人称，主要有以下两种情况。

一是称自己的名来表示第一人称。例如《史记·廉颇蔺相如列传》："五步之内，相如请得以颈血溅大王矣！"

二是自称低贱的身份或用卑贱的词语表第一人称，如称"小人""寡人""婢子""老妇""妾""仆""愚""孤"等。例如：

①小人有母，皆尝小人之食矣。（《左传·隐公元年》）

②寡人处南海，唯是风马牛不相及也。（《左传·僖公四年》）

③若晋君朝以入，则婢子夕以死。（《左传·僖公十五年》）

④老妇恃辇而行。(《战国策·赵策》)

⑤妾不堪驱使,徒留无所施。(《孔雀东南飞》)

⑥仆虽罢驽,亦尝侧闻长者之遗风矣。(司马迁《报任安书》)

⑦愚以为营中之事,悉以咨之。(诸葛亮《出师表》)

⑧孤之有孔明,犹鱼之有水也。(陈寿《隆中对》)

（二）第二人称

古代汉语中,常见的第二人称代词有"女(汝)""尔""若""而""乃"等。例如:

①力不足者中道而废,今女画。(《论语·雍也》)

②五侯九伯,女实征之,以夹辅周室。(《左传·僖公四年》)

③汝心之固,固不可彻,曾不若孀妻弱子。(《列子·汤问》)

④我无尔诈,尔无我虞。(《左传·宣公十五年》)

⑤若亦不患腊之至而茅之燥耳。(《韩非子·说林下》)

"而、乃"与"女(汝)、尔、若"在语义上有些差异,"乃"多在言及对方先辈时使用,"而"多在称呼关系亲近的人时使用,可以指称上级或长辈。例如:

①夫差!而忘越王之杀而父乎?(《左传·定公十四年》)

②且而与其从辟人之士也,岂若从辟世之士哉?(《论语·微子》)

③王师北定中原日,家祭无忘告乃翁。(陆游《示儿》)

也可用尊称表示第二人称,主要有以下几种表现方式。

一是称对方的爵位、职衔、身份。例如:

①鲁仲连曰:"……所为见将军者,欲以助赵也。"(《史记·鲁仲连邹阳列传》)

②高帝曰:"相国休矣!"(《史记·萧相国世家》)

③(张)良问(沛公)曰:"大王来何操?"(《史记·项羽本纪》)

例句中"将军""相国""大王"都是以对方的职位、爵位相称。

二是称对方以美德之辞。例如:

①始以先生为庸人,吾乃今日而知先生为天下之士也!(《战国策·赵策》)

②今君有一窟,未得高枕而卧也。(《战国策·齐策》)

③君当作磐石,妾当作蒲苇。(《孔雀东南飞》)

④吾求公数岁,公辟逃我。(《史记·留侯世家》)

上述例子中"先生""君""公"等尊称,都蕴含了对指称对象品德、学识、作为等方面的称赞。

三是称对方的近侍、所在,多用于指称君主、尊者。例如:

①陛下亦宜自谋,以谘诹善道,察纳雅言。(诸葛亮《出师表》)

②足下以为足,则臣不事足下矣。(《战国策·燕策》)

上述例子中"陛下"原指宫殿的阶下，后专指帝王；"足下"本指脚下，后用作后辈称呼长辈或同辈相称的敬辞。

四是称对方的字。例如：

①今少卿抱不测之罪。（司马迁《报任安书》）

②故今具道所以，冀君实或见恕也。（王安石《答司马谏议书》）

句中"少卿"即任安的字，"君实"是司马光的字。

（三）第三人称

上古汉语没有和现代汉语"他"（或她、它）词义、功用一样的第三人称代词，当需要表示第三人称时，主要用指示代词来表示。常用的第三人称代词有"其""之""彼"。例如：

①吾视其辙乱，望其旗靡，故逐之。（《左传·庄公十年》）

②曾参孝其亲，天下愿以为子。（《战国策·秦策》）

③爱共叔段，欲立之。（《左传·隐公元年》）

④下视其辙，登轼而望之。（《左传·庄公十年》）

⑤彼竭我盈，故克之。（《左传·庄公十年》）

⑥如枉道而从彼，何也？（《孟子·滕文公下》）

就语法性质来看，"其"在句中一般作为定语，"之"在句中只作宾语，"彼"在句中一般作主语和宾语。

（四）己称代词（反身代词）

称代自己的词为己称代词，又称反身代词，古汉语中常见的有"己""身"。例如：

①不患人之不己知，患不知人也。（《论语·学而》）

②尧以不得舜为己忧，舜以不得禹、皋陶为己忧。（《孟子·滕文公上》）

③其身正，不令而行；其身不正，虽令不从。（《论语·子路》）

④彼身织屦，妻辟纑。（《孟子·滕文公下》）

用法上，"己"可以作主语、宾语，"身"一般用作副词。"己""身"均可翻译为"自己"，如例④"彼身织屦"的意思是"自己编织麻鞋"。

三、指示代词

指示代词是用来指代人或事物的词，古汉语中的指示代词大致可以分为近指、远指、无定、旁指、逐指和特别指示代词。

（一）近指代词

近指代词又称"近指指示词"，近指代词的功能是放在名词前，指代那个名词所代表的事物，常见的近指代词有"是""此""斯""兹""之""然"，在翻译时通常译作"这""这个""这些""这样"等。例如：

①是女子不好。（《史记·滑稽列传》）

②此则岳阳楼之大观也。（范仲淹《岳阳楼记》）

③白圭之玷，尚可磨也；斯言之玷，不可为也。（《左传·僖公九年》）

④书于石，所以贺兹丘之遭也。（柳宗元《钴鉧潭西小丘记》）

⑤桃之夭夭，灼灼其华。（《诗经·周南·桃夭》）

⑥生而同声，长而异俗，教使之然也。（《荀子·劝学》）

上述近指代词指代的是其后所跟的那个名词事物。

（二）远指代词

远指代词又称"远指指示词"，远指代词常见的有"彼""夫""其"等，通常译作"那""那个""那些""那样"。例如：

①彼君子兮，不素餐兮！（《诗经·魏风·伐檀》）

②尔以三百骑伏彼林中。（《资治通鉴·唐纪》）

③微夫人之力不及此。（《左传·僖公三十年》）

④乃歌夫"长铗归来"者也。（《战国策·齐策》）

⑤赐也！尔爱其羊，我爱其礼。（《论语·八佾》）

（三）无定代词

无定代词是指所代的人或事物不确定的词，又称"无指代词"。无定代词常有"或""莫"等。"或"是肯定性的无指代词，所指的内容是人或事物中的一部分，可译为"有些人、有的事物"等，表示某人、某事肯定或可能存在，不过具体是何人何事不确定。例如：

①宋人或得玉。（《左传·襄公十五年》）

②填然鼓之，兵刃既接，弃甲曳兵而走，或百步而后止，或五十步而后止。以五十步笑百步，则何如？（《孟子·梁惠王上》）

③夫物之不齐，物之情也。或相倍蓰，或相什百，或相千万。（《孟子·滕文公上》）

上述例①、例②"或"指代的是人，译为"有的人"；例③"或"指代的是事物，译为"有的物品"。

与"或"相对，"莫"是否定性的无指代词，所指的内容在整体上被否定或排除，可译为"没有谁、没有什么"等，表示某人、某事不存在，不过具体是何人何事不确定。例如：

①宫妇左右，莫不私王；朝廷之臣，莫不畏王；四境之内，莫不有求于王。（《战国策·齐策》）

②天下之水，莫大于海。（《庄子·秋水》）

③晋国，天下莫强焉。（《孟子·梁惠王上》）

例①"莫"指代的是"宫妇""臣子""国君"等人，表示"没有谁"；

例②、例③"莫"指代的是"水""晋国"等，句意分别是没有比海更大的水体了，没有比晋国更强大的国家了。

（四）旁指代词和逐指代词

旁指代词是指代身旁其他事物的词，常用的旁指代词有"他""它""佗"，且"他"在古代又写作"佗"或"它"，旁指代词通常译为"别的"或"其他的"。例如：

①子不我思，岂无他人？（《诗经·郑风·褰裳》）

②王顾左右而言他。（《孟子·梁惠王下》）

③及燕、梁它国皆然。（《汉书·贾谊传》）

④佗邑唯命。（《左传·隐公元年》）

古汉语中的逐指代词主要有"每"和"各"，在句中作定语或者状语，"每"指而不代，"各"则指而有代。例如：

①子入太庙，每事问。（《论语·八佾》）

②今吾每饭，意未尝不在钜鹿也。（《史记·张释之冯唐列传》）

③曾皙曰："夫三子者之言何如？"子曰："亦各言其志也已矣。"（《论语·先进》）

④人臣各守其职而已矣。（《史记·李斯列传》）

上述例①"每"作定语，可以译作"每件"；例②"每"作状语，可以译作"每次"；例③和例④"各"则作状语；汉代以后，"各"才偶尔作定语。

（五）特别指示代词

"者"和"所"是古汉语中的两个特别指示代词，又被称为"辅助性代词"，其不能单独充当句子成分，必须与其他词或词组结合在一起才能使用。"者"须有前加成分，"所"须有后加成分。

"者"作为特别指示代词，须同动词、形容词或动词、形容词词组相结合组成"者"字词组。例如：

①逝者如斯夫，不舍昼夜。（《论语·子罕》）

②知者不惑，仁者不忧，勇者不惧。（《论语·子罕》）

③我未见力不足者。盖有之矣，我未之见也。（《论语·里仁》）

④子苟赦越国之罪，又有美于此者将进之。（《国语·越语上》）

上述几例中，"者"均用在动词、形容词或动词、形容词词组之后，共同构成名词性词组，表示"……的人（事物）"。"者"作为特别指示代词，有以下特征：（1）不能单独使用；（2）用在动词或形容词后面，组成"者"字词组；（3）"动词词组（形容词词组）+者"相当于一个名词，表示"……的人（事物）"；（4）"者"指代动作行为的主动者；（5）"者"可作为构词语素，构成"记者""学者""侍者""作者"等。

"所"作为特别指示代词，常跟在动词、形容词及动词、形容词词组（动词词组、形容词词组）的前面，组成名词性的"所+动词词组（形容词词组）"，"所"指代动作行为的对象。"所+动词词组（形容词词组）"在句中可作主语、宾语、定语，或者是判断句的谓语。例如：

①始臣之解牛之时，所见无非牛者。（《庄子·养生主》）

②其所欲同，其所为异。（《吕氏春秋·慎大览》）

③诸将亡者以十数，公无所追。（《史记·淮阴侯列传》）

④粟者，民之所种。（晁错《论贵粟疏》）

⑤郑君已立太子矣。而有所爱美女，欲以其子为后，夫人恐，因用毒药贼君杀之。（《韩非子·内储说下》）

例①"所见"、例②"所欲""所为"，均用作主语；例③"所追"用作宾语；例④"所种"用作判断句谓语；例⑤"所爱"用作定语。这些"所+动词词组（形容词词组）"表示的都是动作行为的对象。

"所"可以放在"以""从""与""为"等介词前面，指代介词的对象（即介词的宾语），表示动作行为的处所、原因、方式、手段、工具及有关的人物等。组成的"所+介词+动词"仍然是一个名词性结构，作为一个整体，像名词或名词性短语那样在句中充当成分。

"所以"表达动作行为所凭借的工具、方式和动作行为发生的原因。例如：

①彼兵者，所以禁暴除害也，非争夺也。（《荀子·议兵》）

②亲小人，远贤臣，此后汉所以倾颓也。（诸葛亮《出师表》）

③吾所以为此者，以先国家之急而后私仇也。（《史记·廉颇蔺相如列传》）

"所从"表示动作行为发生的处所或时间。例如：

①楚人有涉江者，其剑自舟中坠于水，遽契其舟，曰："是吾剑之所从坠。"（《吕氏春秋·察今》）

②刑余之人，无所比数，非一世也，所从来远矣。（司马迁《报任安书》）

"所与"表示与动作行为有关联的人物。例如：

①其妻问所与饮食者，则尽富贵也。（《孟子·离娄下》）

②能以众击寡者，则吾之所与战者约矣。（《孙子兵法·虚实》）

"所为"表示行为发生的原因、目的。例如：

①（项）梁乃召故所知豪吏，谕以所为起大事。（《史记·项羽本纪》）

②所为见将军者，欲以助赵也。（《战国策·赵策》）

作为特别指示代词，"所"的主要特征有：（1）不能单独使用；（2）用在动词前面，组成"所"字词组；（3）"所+动词词组（形容词词组）"相当于一个名词，表示"所……的人（事物）"；（4）"所"指代动作行为的对象；（5）"所"可以与介词结合，构成"所以""所从""所与""所为"等。

思考题

1. 古代汉语中常用的第二人称代词有哪些？请举例说明。

2. 分别列举"所+动词词组（形容词词组）"充当主语、宾语的例子。

第三节　副　　词

一、副词的概念

副词是表示行为动作或性质状态的程度、范围、时间等内容的词。

二、副词的特征

副词的特征表现在半实半虚。首先，它的"实"表现在它能独立充当句子的状语，用以修饰动词、形容词和其他副词；其次，副词的"虚"表现在它不能单独表示一种实物、实情或实事，不能用作句子的主要成分，不能作为句子的主语、谓语、宾语，它必须依附于其他词。副词的主要用法，就是修饰动词和形容词，在句子中作状语。

三、副词的分类

古汉语副词主要分为程度副词、范围副词、时间副词、情态副词、否定副词、语气副词、谦敬副词、指代性副词八类，其中谦敬副词和指代性副词较少使用。

四、常见副词的用法

（一）程度副词

程度副词，是用以表示动作行为和性质状态程度的。程度副词按所表程度的高低、状态等，又细分为表示程度高、表示程度低、表示逐渐发生变化及表示比较等四个类别。

1. 表示程度高

表示程度高的程度副词常有"甚、颇、尤甚、至、绝、最、极"等，它们通常翻译为"很、非常"。例如：

①君美甚，徐公何能及君也？（《战国策·齐策》）

②涉浅水者见虾，其颇深者察鱼鳖，其尤甚者观蛟龙。（《论衡·别通》）

③水至清则无鱼，人至察则无徒。（东方朔《答客难》）

④老臣贱息舒祺，最少，不肖。（《战国策·赵策》）

⑤若印数十百千本，则极为神速。（沈括《梦溪笔谈·活板》）

2. 表示程度低

表示程度低的程度副词有"少、略、微"等，它们通常翻译为"稍微、略微"。例如：

①太后之色少解。（《战国策·赵策》）

②于是项梁乃教（项）籍兵法，籍大喜，略知其意，又不肯竟学。（《史记·项羽本纪》）

③莽色厉而言方，欲有所为，微见风采，党与承其指意而显奏之。（《汉书·王莽传》）

3. 表示逐渐发生变化

表示逐渐发生变化的程度副词有"稍、稍稍"等，它们通常翻译为"逐渐、渐渐"。例如：

①项羽乃疑范增与汉有私，稍夺其权。（《史记·项羽本纪》）

②孔子设礼稍诱子路，子路后儒服委质，因门人请为弟子。（《史记·仲尼弟子列传》）

③稍稍诛灭，灭亡无族之时，欲为监门、闾里，安可得而有乎哉？（《战国策·齐策》）

4. 表示比较

表示比较的程度副词有"弥、愈、益、尤"等，它们通常翻译为"更加、越来越、尤其"，与另一比较对象相比有程度上的更高或更低。值得注意的是，"尤"一般用于和同类的比较。例如：

①其出弥远，其知弥少。（《老子·四十七章》）

②夜半，雪愈甚。（《资治通鉴·唐纪》）

③对曰："匈奴未灭，无以家为也。"由此上益重爱之。（《史记·卫将军骠骑列传》）

④衡善机巧，尤致思于天文、阴阳、历算。（《后汉书·张衡传》）

⑤庆忌居处恭俭，食饮被服尤节约，然性好舆马。（《汉书·辛庆忌传》）

（二）范围副词

范围副词，是表示事物范围大小或数量多少的副词。按所表范围大小，一般将其细分为总括范围和限定范围两种副词。

1. 总括范围副词

表示总括范围的副词有"悉、尽、咸、举、毕、皆、具、俱"等，一般翻译为"全部、都、完全"。例如：

①赵王悉召群臣议。（《史记·廉颇蔺相如列传》）

②沛公左司马曹无伤使人言于项羽曰："沛公欲王关中，使子婴为相，珍宝尽有之。"（《史记·项羽本纪》）

③江表英豪咸归附之。（《资治通鉴·汉纪》）

④王如用予，则岂徒齐民安，天下之民举安。（《孟子·公孙丑下》）

⑤政治未毕通也，远方之能疑者，并举而争起矣。（贾谊《论积贮疏》）

⑥庆氏之马善惊，士皆释甲、束马，而饮酒，且观优，至于鲤。（《左传·襄公二十八年》）

⑦良乃入，具告沛公。（《史记·项羽本纪》）

⑧已选三万人，船、粮、战具俱办。（《资治通鉴·汉纪》）

2. 限定范围副词

表示限定范围的副词有"特、但、止、直、唯（惟）、仅"等，一般翻译为"只是、仅仅"。例如：

①而世又不与能死节者比，特以为智穷罪极，不能自免，卒就死耳。（司马迁《报任安书》）

②但欲求死，不复顾利害。（文天祥《指南录后序》）

③若止印三二本，未为简易。（沈括《梦溪笔谈·活板》）

④直不百步耳，是亦走也。（《孟子·梁惠王上》）

⑤转侧床头，惟思自尽。（《聊斋志异·促织》）

⑥知进退存亡而不失其正者，其唯圣人乎！（《周易·乾卦》）

⑦狡兔有三窟，仅得免其死耳。（《战国策·齐策》）

（三）时间副词

时间副词，是表示动作行为所发生的时间的副词。按所表时间的不同，一般将其大致分为表示过去、表示现在、表示未来和表示短暂的时间副词。

1. 表示过去

表示动作行为发生时间已经过去的时间副词有"既、业、尝、曾、已"等，一般翻译为"曾经、已经、以前"。例如：

①宋人既成列，楚人未既济。（《左传·僖公二十二年》）

②项王、范增疑沛公之有天下，业已讲解，又恶负约，恐诸侯叛之。（《史记·项羽本纪》）

③予尝求古仁人之心。（范仲淹《岳阳楼记》）

④孟尝君曾待客夜食，有一人蔽火光。客怒，以饭不等，辍食辞去。（《史记·孟尝君列传》）

⑤胡亥已闻扶苏死，即欲释蒙恬。（《史记·蒙恬列传》）

2. 表示现在

表示现在正在发生或者正巧发生的时间副词有"方、正、适、会"等，一般翻译为"正逢、正好"。其中，"会"一般译为"刚刚好"。例如：

①陈、鲍方睦，遂伐栾、高氏。（《左传·昭公十年》）

②禹梦车骑声正欢，来捕禹，举家忧愁。（《汉书·霍光传》）

③此时鲁仲连适游赵。（《史记·鲁仲连邹阳列传》）

④会天大雨，道不通，度已失期。（《史记·陈涉世家》）

3. 表示未来

表示动作行为在未来一段时间会发生的副词有"行、将、行将、且、垂"等，一般翻译为"将、将要"。例如：

①行略定秦地。（《史记·项羽本纪》）

②今人乍见孺子将入于井，皆有怵惕恻隐之心。（《孟子·公孙丑上》）

③巨是凡人，偏在远郡，行将为人所并。（《资治通鉴·汉纪》）

④我且南游吴越之王。（《庄子·外物》）

⑤伍奢有二子，皆贤，不诛，且为楚忧。（《史记·伍子胥列传》）

⑥自吾承业，垂三十载。（《资治通鉴·魏纪》）

4. 表示短暂

表示短暂的时间副词，通常是指动作行为存续的时间短暂（或与短暂相对的时间"长""久"）的词，这类副词有"俄、旋"或"素、常、每"等，一般将其分别翻译为"不久、一会儿"或"一向、一直、经常"。例如：

①俄又置一石赤菽东门之外。（《韩非子·内储说上》）

②俄见小虫跃起，张尾伸须，直龁敌领。（《聊斋志异·促织》）

③旋见一白酋督印度卒约百人。（徐珂《清稗类钞·冯婉贞》）

上述三例是表示动作行为存续时间短暂的词，均可翻译为"不久、一会儿"。下面几例则表示动作行为的时间长久。例如：

④吴广素爱人，士卒多为用者。（《史记·陈涉世家》）

⑤千里马常有，而伯乐不常有。（韩愈《马说》）

⑥每自比于管仲、乐毅。（陈寿《隆中对》）

（四）情态副词

情态副词，是表示动作行为的情态或情况发展的可能性、必然性的副词，其又分为表示肯定性情态和表示推测性情态两种副词。

1. 表示肯定性情态

表示肯定性的情态副词，是指副词表示说话人对谓语是真实可靠的，表现出肯定性、真实性的特点，常用的有"必、固、诚、信、乃"，一般译为"必定、一定、确实、的确"。例如：

①中原不堪，必生内变。（方勺《方腊起义》）

②蔺相如固止之。（《史记·廉颇蔺相如列传》）

③吾将使梁及燕助之，齐楚则固助之矣。（《战国策·赵策》）

④此诚危急存亡之秋也。（诸葛亮《出师表》）

⑤惟博陵崔州平、颍川徐庶元直与亮友善，谓为信然。（陈寿《隆中对》）

⑥今先生有急，此乃臣效命之秋也。（《史记·魏公子列传》）

2. 表示推测性情态

表示推测性的情态副词，是指这些副词表示说话人对谓语的存在并无十足把握，只是一种估计推测，表现出估计性、推测性的特点，常用的有"殆、盖"，可译为"大概、或许、可能"。例如：

①此殆天所以资将军。（《三国志·蜀书·诸葛亮传》）

②愿上所居宫毋令人知，然后不死之药殆可得也。（《史记·秦始皇本纪》）

③有能一日用其力于仁矣乎？我未见力不足者。盖有之矣，我未之见也。（《论语·里仁》）

④善始者实繁，克终者盖寡。（魏征《谏太宗十思疏》）

（五）语气副词

语气副词是放在动词前表一定语气的副词，有的语法书把语气副词看作情态副词的一种，故"情态副词"的内容与"语气副词"的内容有所交叉。语气副词分表反诘语气和表祈使语气。

1. 表反诘语气

反诘语气副词，是指表反问诘难语气的副词，相当于现代汉语中的"难道"。反诘语气副词有"岂、其、宁、庸、讵（巨）"，一般译为"难道"。例如：

①赵王岂以一璧之故欺秦邪？（《史记·廉颇蔺相如列传》）

②若阙地及泉，隧而相见，其谁曰不然？（《左传·隐公元年》）

③王侯将相，宁有种乎？（《史记·陈涉世家》）

④吾师道也，夫庸知其年之先后生于吾乎？（韩愈《师说》）

⑤有形非易测，无源讵可量。（李世民《春日望海》）

⑥沛公不先破关中兵，公巨能入乎？（《汉书·高帝纪上》）

2. 表祈使语气

祈使语气副词，是指表命令或希望语气的副词，祈使语气副词有"尚、其、苟"，一般译为"请、但愿、希望"。例如：

①尔尚辅予一人，致天之罚。（《尚书·汤誓》）

②昭王之不复，君其问诸水滨。（《左传·僖公四年》）

③君子于役，苟无饥渴？（《诗经·王风·君子于役》）

思考题

1. 请简要说明副词的特征。

2. 什么是情态副词？古汉语中表示肯定性情态的副词有哪些？表示推测性情态的副词有哪些？

第四节 介　　词

一、介词的概念

介词就是把名词、代词或名词性词组引介给动词或形容词的词，《马氏文通》又将介词称作介字。

二、介词的特征

介词的特征有以下三点。

一是介词都有宾语，且宾语主要由名词或代词充任。这是由介词的性质概念决定的，因为它要将名词、代词或名词性词组引介给动词或形容词，所以必须跟宾语。

二是介词一般不用作谓语中心，即不能充当句子谓语，因为介词主要起介绍作用。

三是介宾词组位于谓语的前后，用在谓语前面作状语，用在谓语后面作补语。

三、介词的功能

介词的功能是与所带名词、代词或名词性词组组成介宾结构，在句中作状语或补语，介绍动作行为的时间、处所、工具、方式、原因、对象等，也可用在形容词谓语后介绍比较对象。

四、常用介词的用法

古汉语不同时期介词的数量有多有少，但总的来说，介词的数量不是很多，下面择几个常用介词予以介绍。

（一）以

"以"本来是动词，《说文·巳部》："以，用也。""以"作动词表示"使用、率领、以为"的意思，后来"以"逐渐虚化为介词，主要用法有两种。

1.引进动作的工具或凭借

"以"引进动作的工具或凭借，一般翻译为"用、拿"。例如：

①以五十步笑百步，则何如？（《孟子·梁惠王上》）

②君若以德绥诸侯，谁敢不服？（《左传·僖公四年》）

③醒，以戈逐子犯。（《左传·僖公二十四年》）

上述例子中，"以"分别引进"五十步""德""戈"等，这些或是动作的工具，或表动作的凭借。"以"译为"用""拿"。

2. 引进动作发生的原因

"以"引进动作发生的原因，一般翻译为"因为、由于"。例如：

①若之何其以病败君之大事也？（《左传·成公二年》）

②扶苏以数谏故，上使外将兵。（《史记·陈涉世家》）

③乃欲以一笑之故杀吾美人。（《史记·平原君虞卿列传》）

上述例子中，"以"和后面的名词"病"、名词性词组"数谏故""一笑之故"组成介宾短语，表示相关动作发生的原因。

3. "以"的其他特点

我们还需注意"以"的其他一些特点。

第一，"以+宾语"的位置灵活。

由"以"组成的介宾词组，可放在动词前，也可放在动词后。上面例子中，"以"组成的介宾词组都放在动词之前。下面例子中，"以"组成的介宾词组既可放在动词前，也可放在动词后。例如：

①南方有鸟焉，名曰蒙鸠，以羽为巢，而编之以发，系之苇苕。（《荀子·劝学》）

同一句中，介宾词组"以羽"位于动词"为"的前面，"以发"位于动词"编"的后面。说明由"以"组成的介宾词组，其位置较为灵活。例如：

①公以戈击之。（《左传·襄公八年》）

②击之以戈。（《左传·昭公元年》）

第二，介词"以"的宾语，位置灵活。

介词"以"的宾语，既可以置于其后。例如：

①齐侯以诸侯之师侵蔡。（《左传·僖公四年》）

②若之何其以病败君之大事也？（《左传·成公二年》）

上面例子中，"诸侯之师""病"是介词"以"的宾语，其放到"以"之后，分别组成介宾词组。"以诸侯之师"作动词"侵"的状语，"以病"作动词"败"的状语。

介词"以"的宾语也可以前置。例如：

①江汉以濯之，秋阳以暴之。（《孟子·滕文公上》）

②《诗》三百，一言以蔽之，曰：思无邪。（《论语·为政》）

上面例子中，"江汉""秋阳"和"一言"，都被前置于介词"以"之前。说明"以"所接的宾语，其所放的位置是比较灵活的。

（二）于（於、乎）

"于"本是动词，有"取"之义。"于"和"於"是古今字关系，最早有"于"，后来到了周代的金文里，才出现"於"字。从文献上看，"于"和"於"用作介词时基本上是可以互换的。此外，介词"于"也写作"乎"。所以，这里将"于""於""乎"放在一起介绍，统一视作"于"。于（於、乎）作为介词使用，主要有以下几种用法。

1. 表处所、时间或方位

于（於、乎）引进动作的处所、时间或方位时，通常译作"在、到、从"。例如：

①王坐于堂上。（《孟子·梁惠王上》）

②初，宣子田于首山，舍于翳桑。（《左传·宣公二年》）

③赐我先君履，东至于海，西至于河，南至于穆陵，北至于无棣。（《左传·僖公四年》）

④子于是日哭，则不歌。（《论语·述而》）

⑤是干戚用于古，不用于今也。（《韩非子·五蠹》）

上述例子中，例①至例③"于"引进的是动作的处所或方位："堂上""首山""翳桑""海""河""穆陵""无棣"；例④、例⑤"于"引进的是动作发生的时间："是日""古""今"。

2. 引进行为主动者

于（於、乎）引进行为主动者，表被动时，通常译作"被"。例如：

①劳心者治人，劳力者治于人；治于人者食人，治人者食于人：天下之通义也。（《孟子·滕文公上》）

②申生曰："……内困于父母，外困于诸侯，是重困也。弃君去罪，是逃死也。"（《国语·晋语二》）

③是故有术则制人，无术则制于人。（《淮南子·主术训》）

上述例子中，"于"所引进的宾语"人""父母""诸侯"，是动作行为的主动者，句意上表示被动的含义。

3. 引进动作行为涉及的对象

于（於、乎）引进动作行为涉及的对象，可译作"对、向、给"或不译。例如：

①凡诸侯有四夷之功，则献于王。（《左传·庄公三十一年》）

②巫请于武公，公弗许。（《左传·隐公元年》）

③始吾于人也，听其言而信其行；今吾于人也，听其言而观其行。（《论语·公冶长》）

④己所不欲，勿施于人。（《论语·卫灵公》）

4. 引进比较的对象

于（於、乎）用在形容词后引进比较对象，可译为"比、与"或"与……相比"。例如：

①苛政猛于虎也。（《礼记·檀弓下》）

②人固有一死，或重于泰山，或轻于鸿毛。（司马迁《报任安书》）

③老臣窃以为媪之爱燕后，贤于长安君。（《战国策·赵策》）

④青，取之于蓝而青于蓝。（《荀子·劝学》）

5. 引进结果或原因

于（於、乎）引进结果或原因，可译作"因为、由于"。例如：

①贫生于不足，不足生于不农。（晁错《论贵粟疏》）

②粟罄于惰游，货殚于泥木。（范缜《神灭论》）

③民之憔悴于虐政，未有甚于此时者也。（《孟子·公孙丑上》）

（三）为

"为"原是动词（读作 wéi），本义是"做事、作为"之类的意思，虚化为介词后，"为"用在被动句中时读 wéi，在非被动句中读 wèi。"为"的介词用法，主要有以下几种。

1. 表目的或服务对象

"为"引进动作的目的或动作涉及的服务对象，通常译作"为了"或"给、替"。例如：

①天下熙熙，皆为利来；天下攘攘，皆为利往。（《史记·货殖列传》）

②魏其锐身为救灌夫。（《史记·魏其武安侯列传》）

③为天下兴利除害。（《史记·郦生陆贾传》）

④是故以天下与人易，为天下得人难。（《孟子·滕文公上》）

⑤及庄公即位，为之请制。（《左传·隐公元年》）

⑥不足为外人道也。（陶渊明《桃花源记》）

上述例子中，例①至例③"为"引进动作的目的；例④至例⑥"为"之后的"天下""之""外人"，是动作涉及的服务对象。

2. 表原因

"为"引进动作的原因，一般译作"因为、由于、因"。例如：

①仕非为贫也，而有时乎为贫。（《孟子·万章下》）

②天行有常，不为尧存，不为桀亡。（《荀子·天论》）

③十万人皆入睢水，睢水为之不流。（《史记·项羽本纪》）

思考题

1. 请再举三个"以"表引进动作据以作为工具或凭借的例子。

2. 请再举三个"为"表目的的例子。

第五节　连　　词

一、连词的概念

连词，是连接词与词、词组与词组、分句与分句的虚词。《马氏文通》："凡虚字用以提承推转字句者，曰连字。"

二、连词的特征

连词作为常用的虚词，有以下特征。

一是连词作为虚词，不能独立作句子成分，也无修饰的作用。

二是连词除了所连接的两项外，没有其他任何附加成分。

三是连词所连接的前后两项若为并列关系，一般可以互换。

四是单句中的连词，须与其所连接的两项共同作句子成分，其不能单独充当句子成分。

三、连词的功能

连词的功能大致有以下几种。

一是表并列。连词连接语义地位相等的两项（或者几项）内容，如"与、及、而、且"等词。

二是表承接。连词连接先后相近或者事理相因的两项内容，如"而、以、因、则、然后"等词。

三是表转折。连词连接意义相对的两项内容，如"而、且、以、则、但"等词。

四是表让步。连词连接引导或者后退一步的语义内容，如"虽、唯、惟、纵使"等词；

五是表选择。连词连接两个或几个不同的选项，如"或、若、如、且"等词。

六是表递进。连词连接意义更进一步的语义内容，如"而、以、且、况、况且"等词。

七是表假设，连词引导假设的状况作为推论前提，如"如、若、倘、即、假"等词。

八是表因果。连词引导原因或者结果，如"故、则、是故、是以、是用"等词。

四、常见连词的用法

（一）而

"而"在古代汉语中有代词、连词等几种词性。"而"作为第二人称代词的用法在前文已有介绍，"而"作为连词可连接单句里的谓词性成分，也可以连接分句和分句，使用较为灵活。下面，我们从"而"在句中所处的位置简要介绍"而"的用法。

1.连接形容词词组或动词词组

"而"连接动词或形容词，抑或动词词组、形容词词组表示并列关系。从语义上看，"而"所连接的两种成分可以是顺接，顺接一般译为"而且、又、便"。例如：

①俾尔炽而昌，俾尔寿而臧。（《诗经·鲁颂·闷宫》）

②敏于事而慎于言。（《论语·学而》）

③任重而道远。（《论语·泰伯》）

同时，"而"连接的动词或形容词，抑或动词词组、形容词词组在语义关系上也可以是逆接，逆接一般译为"却、但是"。例如：

①子温而厉，威而不猛，恭而安。（《论语·述而》）

②臣患智之如目也，能见百步之外，而不能自见其睫。（《韩非子·喻老》）

③卫庄公娶于齐东宫得臣之妹，曰庄姜，美而无子。（《左传·隐公三年》）

2. 放在主谓之间

"而"连接主语和谓语表示转折或者假设关系。

首先"而"连接主语和谓语，在语义上表转折关系时，一般翻译为"却、居然"。例如：

①相鼠有皮，人而无仪。（《诗经·墉风·相鼠》）

②子曰："学而不思则罔，思而不学则殆。"（《论语·为政》）

③先生独未见夫仆乎？十人而从一人者，宁力不胜，智不若耶？畏之也。（《战国策·赵策》）

上述三例中，"而"之后有"无仪""不思""不学""从一人"这样的转折情况出现。

其次，"而"连接主语和谓语，在语义上表假设时，一般翻译为"如果、假如"。例如：

①人而无仪，不死何为？（《诗经·墉风·相鼠》）

②且举世而誉之而不加劝，举世而非之而不加沮。（《庄子·逍遥游》）

③子而思报父母之仇，臣而思报君之雠，其有敢不尽力者乎？（《国语·越语上》）

上述三例中，"而"后则有"无仪""誉之""非之""思报父母之仇""思报君之雠"等这些表假设的情况出现。

3. 放在状语和动词之间

"而"连接状语和动词谓语，一般可译为"……地""……着"，或不翻译。例如：

①昔者仲尼与于蜡宾，事毕，出游于观之上，喟然而叹。（《礼记·礼运》）

②妻侧目而视，倾耳而听。（《战国策·秦策》）

③吾尝终日而思矣，不如须臾之所学也。（《荀子·劝学》）

例子中"而"前面的状语都是修饰"而"后的动词的，表示"……地""……着"的一种状态，如"侧着耳朵听""一天一天地思考"。

（二）以

"以"在古汉语中有介词、连词、副词等几种词性，其中连词"以"是从介词"以"虚化而来的，连词"以"可以连接词、短语或分句。下面简要介绍连词"以"的用法。

1. 连接两个动词

连词"以"连接两个动词，表示后一行为是前一行为的目的或结果，一般可翻译为"去、来、导致、以便"。例如：

①晋侯复假道于虞以伐虢。（《左传·僖公五年》）

②劳师以袭远，非所闻也。（《左传·僖公三十二年》）

③发愤忘食，乐以忘忧。（《论语·述而》）

④无求生以害仁，有杀身以成仁。（《论语·卫灵公》）

上述例子中，"假道于虞"的目的是"伐虢"，"劳师"的目的是"袭远"，"乐"的结果是"忘忧"，"求生"的结果是"害仁"，"杀身"的结果是"成仁"。

2. 放在状语和动词之间

连词"以"连接状语和动词，表示动作行为实施的方式、状态，一般可翻译为"……地"。例如：

①若潜师以来，国可得也。（《左传·僖公三十二年》）

②国人望君如望岁焉，日日以几。（《左传·哀公十六年》）

③愿夫子辅吾志，明以教我。（《孟子·梁惠王上》）

④木欣欣以向荣，泉涓涓而始流。（陶渊明《归去来兮辞》）

上述几例中，"潜师"表示的是"来"的方式，"日日"表示"希冀"（"几"通"冀"）的方式，"明"表示"教"的方式，"欣欣"表示"向荣"的一种状态。

（三）则

"则"在古汉语中有副词、连词等几种词性。连词"则"主要连接谓词性成分或分句，它的用法主要有以下五种。

1. 表示时间上的相承

连词"则"连接两个谓词性词语或分句，表示时间上有先后相承，前面的动作行为与后面的动作行为接续发生，一般翻译为"就、便"。例如：

①于是至则围王离。（《史记·项羽本纪》）

②登斯楼也，则有心旷神怡，宠辱偕忘。（范仲淹《岳阳楼记》）

③既来之，则安之。（《论语·季氏》）

2. 表示因果或情理上的联系

连词"则"在假设复句中连接分句，表示因果或情理上的承接关系，一般翻译为"那么、那么就"。这与"则"表示时间上的相承类似，因为时间上的相承往往导致因果上的相承。例如：

①凡事豫则立，不豫则废。（《礼记·中庸》）

②父母之爱子，则为之计深远。（《战国策·赵策》）

③欲与大叔，臣请事之；若弗与，则请除之。（《左传·隐公元年》）

④强本而节用，则天不能贫。（《荀子·天论》）

这些例子中，前一分句的内容是后一分句的原因或理由。

3. 表示发现意义

"则"连接动词性词语或分句，表示一种发现意义，指后一项情况的出现是前项动作施事者没有想到的，一般翻译为"原来已经"。例如：

①公使阳处父追之，及诸河，则在舟中矣。（《左传·僖公三十三年》）

②王之臣，有托其妻子于其友，而之楚游者，比其反也，则冻馁其妻子。（《孟子·梁惠王下》）

③使子路反见之。至，则行矣。（《论语·微子》）

这三个例子中，"在舟中矣""冻馁其妻子""行矣"三种情况都是前一分句中施事者所意想不到的。

4. 连接主语谓语

"则"用于主谓之间，表肯定关系，可译为"就"。例如：

①包胥曰："善则善矣，未可以战也。"（《国语·吴语》）

②滕君，则诚贤君也；虽然，未闻道也。（《孟子·滕文公上》）

③此则岳阳楼之大观也。（范仲淹《岳阳楼记》）

5. 放在假设分句之中

"则"在假设复句中连接分句，表假设关系，一般翻译为"如果、假如"。例如：

①心则不竞，何惮于病？（《左传·僖公七年》）

②使君所言公事，之曹与长史掾议之，吾且奏之；则私，吾不受私语。（《汉书·袁盎传》）

③谨守成皋，则汉欲挑战，慎勿与战。（《史记·项羽本纪》）

④时则不至，而控于地而已矣。（《庄子·逍遥游》）

上面几个例子中，"则"分别表示了"如果心势不强""如果是私事""如果汉军挑战""如果飞不到"几种假设的情况。

思考题

1. 请简要说明连词共有几种功能，并分别举1个例子。

2. 请简要说明连词"而"和"以"在用法上的相同之处。

第六节 语 气 词

语气词，是表句子各种语气的词。按所处位置，可以将其分为句首、句中和句尾的语气词。句尾语气词，在讲句法时已提到了一些，这里主要说一说句首、句中语气词，另外还讲一讲构词成分的词头、词尾问题。

一、句首句中语气词

（一）夫

1. 用于句首

"夫"是常见的句首语气词之一，"夫"处在句首用于提起话题、引发议论。例如：

①夫战，勇气也。（《左传·庄公十年》）

②夫将者，国之辅也。（《孙子兵法·谋攻》）

③夫寒之于衣，不待轻暖；饥之于食，不待甘旨。（晁错《论贵粟疏》）

2. 作为构词语素参与构词

"夫"可以作为构词语素，分别与"且""故""夫"构成"且夫""故夫""今夫"，同样表示将发议论。例如：

①且夫水之积也不厚，则其负大舟也无力。（《庄子·逍遥游》）

②故夫作法术之人，立取舍之行，别辞争之论，而莫为之正。（《韩非子·问辩》）

③今夫颛臾，固而近于费。今不取，后世必为子孙忧。（《论语·季氏》）

（二）其

1. 表委婉语气

"其"表委婉语气时，一般译作"还是"。例如：

①昭王之不复，君其问诸水滨。（《左传·僖公四年》）

②因人之力而敝之，不仁；失其所与，不知；以乱易整，不武。吾其还也。（《左传·僖公三十年》）

2. 表推测语气

"其"表推测语气时，可译作"恐怕、大概"。例如：

①天之苍苍，其正色邪？其远而无所至极邪？（《庄子·逍遥游》）

②叔向曰："齐其何如？"晏子曰："此季世也，吾弗知。齐其为陈氏矣。"（《左传·昭公三年》）

3. 表反问语气

"其"表反问语气时，一般译作"难道"。例如：

①呜呼！其信然耶？其梦耶？其传之非其真耶？（韩愈《祭十二郎文》）
②晋不可启，寇不可玩。一之谓甚，其可再乎？（《左传·僖公五年》）

（三）惟（唯、维）

语气词"惟"，又写作"唯"或"维"，其主要用法有三种。

1. 引出年月日

"惟（维）"用在句子开头，用来引出年月日，有庄重的意味。例如：

①惟十有三祀（年），王访于箕子。（《尚书·洪范》）

②惟二十九年，皇帝春游，览省远方。（《史记·秦始皇本纪》）

2. 表示希望

"唯"用在句子开头，用来表希望希冀的意味。例如：

①阙秦以利晋，唯君图之。（《左传·僖公三十年》）

②为汉使月氏，而为匈奴所闭道，今亡，唯王使人道送我。（《汉书·张骞李广利列传》）

3. 表示判断语气

"惟（维）"还可以用来引出谓语，表示判断的语气，有加强语气的意味。例如：

①厥土惟白壤。（《尚书·禹贡》）

②民惟邦本，本固邦宁。（《尚书·夏书·五子之歌》）

二、词头

（一）有

1. 用在朝代名、国名、部族名等前面

"有"通常加在朝代、邦国、部落等专有名词之前。例如：

①我不可不监于有夏，亦不可不监于有殷。（《尚书·召诰》）

②禹攻有扈。（《庄子·人间世》）

上述例子中，"有夏"即"夏"，"有殷"即"殷"，"有扈"即"扈"。

2. 用在某些名词前面

"有"可以加在一些普通名词之前，可以不译。例如：

①友于兄弟，施于有政。（《论语·为政》）

②取彼谮人，投畀豺虎。豺虎不食，投畀有北。有北不受，投畀有昊。（《诗经·小雅·巷伯》）

两例中，"有"后跟普通名词，"施于有政"是指"施于政事上"，"有北"即"北方大漠"的意思。

3. 用在某些形容词前面

"有"可加在一些形容词之前，常见于《诗经》。例如：

①不我以归，忧心有忡。（《诗经·邶风·击鼓》）
②桃之夭夭，有蕡有实。（《诗经·周南·桃夭》）
"有忡"即"忧虑的样子"，"有蕡"指"肥硕的样子"。

（二）其

"其"可以加在形容词或不及物动词之前，常见于《诗经》。例如：
①静女其姝，俟我于城隅。（《诗经·邶风·静女》）
②我来自东，零雨其濛。（《诗经·豳风·东山》）
③既见君子，云何其忧？（《诗经·唐风·扬之水》）
几个例子中，"其姝"指美丽的样子，"其濛"指细雨连绵貌，"其忧"指担忧的样子。

（三）言

"言"用在动词前面，代替第一人称施动者，同样常见于《诗经》中。例如：
①言告师氏，言告言归。（《诗经·周南·葛覃》）
②翘翘错薪，言刈其楚。之子于归，言秣其马。（《诗经·周南·汉广》）
③静言思之，不能奋飞。（《诗经·邶风·柏舟》）

（四）于

"于"用在动词前面，表示动作行为正在进行。例如：
①叔于田，巷无居人。（《诗经·郑风·叔于田》）
②燕燕于飞，差池其羽。（《诗经·邶风·燕燕》）
③有龙于飞，周遍天下。（《吕氏春秋·介立》）
上面例子中，"于+动词"表示这个动作正在进行，"于田"指正在田猎，"于飞"则指正在飞翔。

（五）薄

"薄"用在动词前面，起代替施动者的作用，与词头"言"有相似之处，常见于《诗经》。例如：
①薄污我私，薄澣我衣。（《诗经·周南·葛覃》）
②赫赫南仲，薄伐西戎。（《诗经·小雅·出车》）
③思乐泮水，薄采其芹。（《诗经·鲁颂·泮水》）

三、词尾

（一）然

"然"是汉语运用非常广泛的词尾之一。王力说，"然"字的寿命最长，从《诗经》时代起，直到五四时代止，"然"字始终在书面语言中用作副词的词尾。其实，"然"的词尾有两种：一是形容词词尾，二是副词词尾。

1. 形容词词尾

"然"用在形容词之后，能够使形容词更加形象化。常见的有"怏然、喟然"，一般翻译为"……的样子"。例如：

①垣衍怏然不悦。（《战国策·赵策》）

②夫子喟然叹曰："吾与点也。"（《论语·先进》）

③昔者仲尼与于蜡宾，事毕，出游于观之上，"喟然而叹。"（《礼记·礼运》）

上面几个例子中，"怏然"理解为"不快乐、不满意的样子"，"喟然"理解为"叹息、叹气的样子。"

2. 副词词尾

谓词性代词"然"之前，还可以介入不同的语气副词，对"然"进行相关语气的限定，如既然、必然等。例如：

①使秦渐得自大，遂以并之，此既然矣。（《三国志·吴书·诸葛滕二孙濮阳传》）

②以所任贤，谓之主尊国安；所任非其人，谓之主卑国危，万世必然，无所疑也。（《春秋繁露·精华》）

当这类的"×然"长期置于"动词词组"之前时，"×然"便走上词汇化道路，到后来就固化成双音节副词或连词了，此不赘述。

（二）乎

"乎"是一个表示疑问、揣测语义的语气词，经常用在疑问句中，且其所表示的疑问语气强，一般翻译为"吗、呢"。例如：

①厩焚。子退朝，曰："伤人乎？"（《论语·乡党》）

②滕，小国也，间于齐楚，事齐乎？事楚乎？（《孟子·梁惠王下》）

③师劳力竭，远主备之，无乃不可乎？（《左传·僖公三十二年》）

"乎"作为词尾，经常放在实语素之后，使其与前面的实语素凝结成"×乎"的复音词，如"似乎""在乎""近乎""关乎""合乎"等。

（三）焉

"焉"是一个具有提示、强调或感叹意味的语气词，经常用在陈述句中，可翻译为"了、啊"。例如：

①子曰："君子病无能焉，不病人之不己知也。"（《论语·卫灵公》）

②一日克己复礼，天下归仁焉。（《论语·颜渊》）

③夫子言之，于我心有戚戚焉。（《孟子·梁惠王上》）

同时，"焉"可用在疑问句中，表示疑问语气。例如：

①肉食者谋之，又何间焉？（《左传·庄公十年》）

②王若隐其无罪而就死地，则牛羊何择焉？（《孟子·梁惠王上》）

作为词尾，"焉"常放在形容词、副词之后，表示状态，相当于"然"，表示"……的样子"。

（四）如

"如"本义是"从随"，作词尾时表"相似、像"的意思。例如：

①有美一人，婉如清扬。（《诗经·郑风·野有蔓草》）

②孔子于乡党，恂恂如也，似不能言者。（《论语·乡党》）

③朝，与下大夫言，侃侃如也。（《论语·乡党》）

④孔子三月无君，则皇皇如也。（《孟子·滕文公下》）

"如"与"若"相近，都可表"像、似"之义，"若"一般用在单音词后，"如"还可用在叠音词和非叠音的双音词后。

（五）尔

"尔"通常用在句尾表肯定语气，一般翻译为"呢"。例如：

①荀息对曰："君若用臣之谋，则今日取郭而明日取虞尔，君何忧焉？"（《公羊传·僖公二年》）

②象往入舜宫，舜在床琴。象曰："郁陶思君尔。"（《孟子·万章上》）

"尔"作为词尾，可以放在副词或形容词之后，形成"偶尔""率尔""莞尔""卓尔"等词，用来表性状。

思考题

1. 你认为古汉语中词尾的作用是什么？

2. 请举例说明"然"作为语气词的用法有哪些。

（以上内容由熊健余负责编写）

文选

本章学习的几篇文章，均选自《孟子》。

《孟子》主要记录了孟子的谈话，是孟子和其弟子共同写成的。《孟子》共7篇（各篇分上下），其与《论语》一样各篇没有标题，这是战国诸子早期著书的一个特点。今本的标题，乃后人所加。《孟子》既是一部哲学著作，又在文学上有较高地位。它给后世散文家以不可估量的影响。现在通行的注本有《十三经注疏》本（东汉赵岐注，宋代孙奭疏）、宋代朱熹的《四书集注》、清代焦循的《孟子正义》。

【原文】

齐宣王问曰："齐桓晋文之事，可得闻乎？"孟子对曰："仲尼之徒，无道桓文之事者，是以后世无传焉，臣未之闻也①。无以②，则王乎③？"

【注释】

①臣未之闻也：我没有听说过它们。未之闻，宾语前置结构。

②无以：如果不停止（谈话）。以，通"已"，停止。

③则王（wàng）乎：就（谈谈）称王天下的道理吧？王，名词用作动词，意为称王。下文"保民而王""足以王""不王"等中的"王"，同此。

【原文】

曰："德何如，则可以王矣？"曰："保①民而王，莫之能御也。"曰："若寡人者，可以保民乎哉②？"曰："可。"曰："何由③知吾可也？"曰："臣闻之胡龁曰④，王坐于堂上，有牵牛而过堂下者。王见之，曰：'牛何之⑤？'对曰：'将以⑥衅钟⑦。'王曰：'舍之！吾不忍其觳觫⑧，若无罪而就死地⑨。'对曰：'然则⑩废衅钟与？'曰：'何可废也？以羊易之。'不识有诸⑪？"曰："有之。"曰："是心足以王⑫矣。百姓皆以王为爱⑬也，臣固知王之不忍也。"

【注释】

①保：安。

②乎哉：两个疑问语气词连用，加强疑问语气，略等于"吗"。

③何由：从哪里。

④臣闻之胡龁（hé）曰：我从胡龁那里听说。之，指下面一番话。

⑤何之：往哪里去？之，动词，到……去。

⑥"以"后面省略了宾语（指牛）。

⑦衅钟：把血涂在钟上。衅，古代的一种祭祀仪式，把牲畜的血涂在新制器物上。

⑧觳觫（húsù）：恐惧的样子。

⑨若无罪而就死地：好像没有罪过的人，平白地走向杀场。若，好像。就，走向。

⑩然则：既然如此，那么就。

⑪不识有诸：不知道有这事吗？识，知道。诸，兼词，相当于"之乎"。

⑫足以王：足够用来称王天下。

⑬爱：吝惜，吝啬。

【原文】

王曰："然①。诚有百姓者②。齐国虽褊③小，吾何爱一牛？即不忍其觳觫，若无罪而就死地，故以羊易之也。"曰："王无异④于百姓之以王为爱也。以小易大，彼⑤恶⑥知之？王若隐⑦其无罪而就死地，则牛羊何择焉？"王曰："是⑧诚何心哉？我非爱其财而易之以羊也，宜⑨乎⑩百姓之谓我爱也⑪。"曰："无伤⑫也。是乃仁术⑬也，见牛未见羊也。君子之于禽兽也，见其生，不忍见其死；闻其声，不忍食其肉。是以⑭君子远⑮庖厨⑯也。"

【注释】

①然：是的。

②诚有百姓者：的确有像百姓所说的情况。

③褊（biǎn）：狭窄。

④异：动词，奇怪。

⑤彼：代词，他们，指百姓。

⑥恶（wū）：何，哪里。

⑦隐：心里难过，可怜。

⑧是：指示代词。下文"是乃仁术也"的"是"同此。

⑨宜：应当。

⑩乎：在这里表感激。

⑪"百姓之谓我爱也"是"宜乎"的主语。之，助词，取消句子独立性。

⑫无伤：没有损害，等于说"没有关系"。

⑬仁术：仁道，行仁政的途径。

⑭是以：连词，因此。

⑮远：用作动词，使……远离。

⑯庖厨：厨房。

【原文】

王说，曰："诗云：'他人有心，予忖度之。①'夫子之谓也。夫我乃行之，反而求之，不得吾心。夫子言之，于我心有戚戚②焉。此心之所以合于王③者，何也？"曰："有复④于王者曰：'吾力足以举百钧⑤，而不足以举一羽；明足以察秋毫⑥之末，而不见舆⑦薪。'则王许之乎？"曰："否！""今恩足以及禽兽，而功不至于百姓者，独何与？然则一羽之不举，为⑧不用力焉；舆薪之不见，为不用明焉；百姓之不见保⑨，为不用恩焉。故王之不王，不为也，非不能也。"曰："不为者与不能者之形⑩，何以⑪异？"曰："挟太山⑫以超⑬北海⑭，语人曰：'我不能。'是诚不能也。为长者⑮折枝⑯，语人曰：'我不能。'是不为也，非不能也。故王之不王，非挟太山以超北海之类也；王之不王，是折枝之类也。老⑰吾老⑱，以及人之老；幼⑲吾幼⑳，以及人之幼：天下可运于掌。诗云：'刑于寡妻，至于兄弟，以御于家邦㉑。'言举斯心加诸彼而已。故推恩足以保四海，不推恩无以保妻子。古之人所以大过人者，无他焉，善推其所为而已矣。今恩足以及禽兽，而功不至于百姓者，独何与？权㉒，然后知轻重；度㉓，然后知长短。物皆然，心为甚，王请㉔度之。——抑㉕王兴㉖甲兵，危㉗士臣，构怨于诸侯，然后快于心与？"

【注释】

①他人有心，予忖（cǔn）度（duó）之：引自《诗经·小雅·巧言》。忖，揣测。度，衡量。

②戚戚：心动的样子。

③王：音 wàng。

④复：告。

⑤钧：三十斤。

⑥毫：毛。

⑦舆：车。

⑧为（wèi）：因为。下面两句的"为"字同。

⑨见保：被安抚。

⑩形：具体的表现。

⑪何以：凭什么。

⑫太山：泰山。

⑬超：跳过。

⑭北海：渤海。

⑮长者：老者。

⑯折枝：指按摩。枝，通"肢"。

⑰老：用作动词，敬爱。

⑱老：用作名词，老者。

⑲幼：用作动词，爱护。

⑳幼：幼者。

㉑这三句引自《诗经·大雅·思齐》。刑，后来写作"型"，用作动词，示范。

㉒权：称重，用作动词，指称东西。

㉓度（duó）：量。

㉔王请：请王。

㉕抑：连词，还是。

㉖兴：起，使动用法。

㉗危：使动用法，使……陷于危险。

【原文】

王曰："否。吾何快于是？将以求吾所大欲①也。"曰："王之所大欲，可得闻与？"王笑而不言。曰："为②肥甘不足于口与？轻煖③不足于体与？抑为采④色不足视于目与？声音不足听于耳与？便嬖⑤不足使令于前与？王之诸臣，皆足以供之，而王岂为是哉？"曰："否，吾不为是也。"曰："然则王之所大欲可知已⑥：欲辟土地，朝⑦秦楚，莅中国，而抚⑧四夷也。以若所为，求若所欲，犹缘木⑨而求鱼也。"

【注释】

①所大欲：最想得到的东西。

②为（wèi）：因为。下文直到"吾不为是也"中"为"字相同。

③轻煖：又轻又暖的衣服。煖，同"暖"。

④采：彩色，后来写作"彩"。

⑤便嬖（piánbì）：即便辟，亲幸的人。

⑥已：通"矣"。

⑦朝：使动用法，使……朝见。

⑧抚：安抚，使……安定。

⑨缘木：攀登树木。

【原文】

王曰："若是其甚与①？"曰："殆②有甚焉。缘木求鱼，虽不得鱼，无后灾；以若③所为，求若所欲，尽心力而为之，后必有灾。"曰："可得闻与？"曰："邹人与楚人战，则王以为孰胜？"曰："楚人胜。"曰："然则小固④不可以敌大，寡固不可以敌众，弱固不可以敌强。海内之地，方千里者九⑤，齐集⑥有其一；以一服八，何以异于邹敌楚哉？盖⑦亦反⑧其本⑨矣？今王发政施仁，使天下仕者皆欲立于王之朝，耕者皆欲耕于王之野，商贾皆欲藏于王之市，行旅⑩皆欲出于王之涂，天下之欲疾其君者，皆欲赴愬⑪于王。其若是，孰能御之？"

【注释】

①若是其甚与：倒装句，应该是"其甚若是与"。是，代词，指缘木而求鱼。甚，厉害。

②殆：副词，只怕。

③若：第二人称代词，你。

④固：当然，本来。

⑤方千里者九：方圆千里的有九个。

⑥集：汇集，截长补短。

⑦盖：同"盍"，何不。

⑧反：回到，后来写作"返"。

⑨本：根本，这里指王道仁政。

⑩行旅：指外出行路的人。

⑪愬：同"诉"。

【原文】

王曰："吾惛①，不能进于是矣。愿夫子辅吾志，明以教我。我虽不敏，请尝试之。"曰："无恒产②而有恒心③者，惟士为能。若民，则无恒产因无恒心。苟无恒心，放辟邪侈④，无不为已⑤。及陷于罪，然后从而刑⑥之，是罔民⑦也。焉有仁人在位，罔民而可为也！是故明君制⑧民之产，必使仰足以事父母，俯足以畜⑨妻子，乐岁终身饱，凶年免于死亡，然后驱而之⑩善，故民之从之也轻⑪。今也，制民之产，仰不足以事父母，俯不足以畜妻子，乐岁终身苦，凶年不免于死亡。此惟救死而恐不赡⑫，奚暇治礼义哉？王欲行之，则盍反其本矣？五亩之宅，树之以桑，五十者可以衣帛矣。鸡豚狗彘之畜，无失其时，七十者可以食肉矣。百亩之田，勿夺其时，八口之家可以无饥矣。谨庠序之教，申之以孝悌之义，颁白者⑬不负戴于道路矣。老者衣帛食肉，黎民不饥不寒，然而不王者，未之有也。"

【注释】

①惛：昏，思想混乱。

②恒产：指能长久维持生活的产业。

③恒心：长久不变的心，这里的"心"是指善心。

④放辟邪侈：泛指一切不守封建秩序的行为。放和侈同义，指放纵。辟，指行为不正，后来写作"僻"，邪和辟同义。

⑤已：通"矣"。

⑥刑：用作动词，对……用刑。

⑦罔民：对人民张网，也就是使民陷于罪的意思。罔，网，用作动词，张网。

⑧制：规定。

⑨畜：养活。

⑩之：到……去。

⑪轻：容易。

⑫赡：足。

⑬颁白者：老年人。

【要点提示】

（一）音义

胡龁（hé），人名。

衅（xìn），古代的一种祭祀仪式，把牲畜的血涂在新制的器物上。

忖（cǔn），揣测。

度（duó），心里衡量。

便嬖（piánbì），即便辟，亲幸的人。

觳觫（húsù），恐惧的样子。

褊（biǎn），狭窄。

挟（xié），夹在胳臂下。

（二）文字

1. 古今字

（1）说/悦（王说，曰："诗云：'他人有心，予忖度之'……"）

（2）采/彩（抑为采色不足视于目与）

（3）反/返（盖亦反其本矣）
（王欲行之，则盍反其本矣）

（4）辟/僻（放辟邪侈，无不为已）

（5）刑/型（刑于寡妻，至于兄弟，以御于家邦）

2. 通假字

（1）以/已（无以，则王乎）

（2）枝/肢（为长者折枝）

（3）已/矣（然则王之所大欲可知已）
（放辟邪侈，无不为已）

（4）颁/斑（颁白者不负戴于道路矣）

3. 异体字

（1）煖/暖 （轻煖不足于体与）

（2）愬/诉 （皆欲赴愬于王）

（三）词语

诸、识、爱、觳觫、褊小、庖厨、忖度、戚戚、所以、秋毫、舆薪、然则、甲兵、妻子、声音、便嬖、若、缘木求鱼、商贾、行旅、尝试、庠序、孝悌、黎民。

（四）语法

1. 词类活用

（1）无以，则王乎？王，名词用作动词，称王。

（2）老吾老，以及人之老；幼吾幼，以及人之幼。老、幼，名词的意动用法，尊敬、爱护。

（3）兴甲兵，危士臣。危，形容词的使动用法，使……陷于危险的境地。

（4）欲辟土地，朝秦楚。朝，使动用法，使……来朝拜。

（5）以一服八，何以异于邹敌楚哉？服，使动用法，使……臣服。

（6）是罔民也。网，名词用作动词，张网。

2. 主谓倒装

（1）宜乎百姓之谓我爱也。

（2）若是其甚与？

3. 判断句

（1）是诚不能也。

（2）是诚何心哉？

（3）是不为也，非不能也。

（4）此心之所以合于王者，何也？

（5）是乃仁术也。

（6）王之不王，是折枝之类也。

4. 宾语前置

（1）保民而王，莫之能御也。

（2）牛何之？

（3）然而不王者，未之有也。

（4）何以异于邹敌楚哉？

（5）是故明君制民之产。

（6）是以君子远庖厨也。

（7）不为者与不能者之形，何以异？

5. 被动句

百姓之不见保，为不用恩焉。

第二篇 文 王 之 囿①(梁惠王下)

【原文】

齐宣王问曰:"文王之囿方七十里,有诸?"孟子对曰:"于传②有之。"
曰:"若是③其大乎?"曰:"民犹以为小也。"曰:"寡人之囿方四十里,民犹
以为大,何也?"曰:"文王之囿方七十里,刍荛④者往焉,雉兔者往焉。与
民同之,民以为小,不亦宜乎? 臣始至于境,问国之大禁⑤,然后敢入。臣
闻郊关⑥之内,有囿方四十里,杀其麋鹿者如杀人之罪,则是方四十里,为
阱于国中,民以为大,不亦宜乎?"

【注释】

①囿(yòu):天子诸侯养禽兽的地方。

②传(zhuàn):记载史实的古书。

③是:指方七十里。

④刍荛(ráo):用作动词,指割草,打柴。刍,牧草。荛,柴。

⑤大禁:重要的禁令。

⑥郊关:国都之外百里为郊,郊外有关。

【要点提示】

(一) 音义

囿(yòu),天子诸侯养禽兽的地方。

传(zhuàn),记载史实的古书。

荛(ráo),柴。

阱(jǐng),捕兽的陷坑。

(二) 词语

诸、传、刍荛、郊关。

(三) 语法

1.词类活用

刍荛者往焉,雉兔者往焉。刍荛,名词用作动词,指割草,打柴。雉
兔,名词用作动词,指猎取野鸡、捕猎兔子。

2.主谓倒装

若是其大乎?

第三篇　夫子当路于齐_{（公孙丑上）}

【原文】

公孙丑问曰："夫子当路于齐，管仲、晏子之功，可复许①乎？"

孟子曰："子诚齐人也，知管仲晏子而已矣。或问乎②曾西曰：'吾子与子路孰贤？'曾西蹴然③曰：'吾先子之所畏也。'曰：'然则吾子与管仲孰贤？'曾西艴然④不悦，曰：'尔何曾⑤比予于管仲！管仲得君，如彼其专⑥也！行乎国政⑦，如彼其久也！功烈⑧，如彼其卑也！尔何曾比予于是！'"曰⑨："管仲，曾西之所不为⑩也，而子为⑪我愿之乎？"

【注释】

①许：兴起。

②乎：同"于"。

③蹴（cù）然：恭敬不安的样子。

④艴（bó，又读 fú）然：生气的样子。

⑤何曾：为什么竟。

⑥如彼其专："其专如彼"的倒装。下文"如彼其久""如彼其卑"的结构相同。专，专一，这里指管仲一人得君。

⑦行乎国政：行国政。

⑧功烈：功业。

⑨曰：不表示另一个人说话，而表示"更端"（换一个话题）。

⑩所不为：不做的那种人。为（wéi），做。

⑪为：通"谓"，以为。

【原文】

曰："管仲以①其君霸，晏子以其君显②，管仲、晏子犹不足为与？"

曰："以齐王，由③反手④也！"

曰："若是，则弟子之惑滋⑤甚。且⑥以文王之德，百年而后崩，犹未洽⑦于天下。武王、周公继之，然后大行⑧。今言王若易然⑨，则文王不足法⑩与？"

【注释】

①以：介词，凭着。

②显：显名。

③由：通"犹"，如同。

④反手：翻手，这里极言王天下之易。

⑤滋：益，更。

⑥且：连词，等于"再说"。

⑦洽：霑，润。

⑧大行：指德化大行于天下。

⑨易然：很容易的样子。

⑩法：效法。

【原文】

曰："文王何可当^①也？由汤至于武丁，贤圣之君六七作^②，天下归殷久矣，久则难变也。武丁朝诸侯^③，有天下，犹运之掌也。纣之去武丁未久也，其故家^④遗俗^⑤，流风^⑥善政，犹有存者，又有微子、微仲、王子比干、箕子、膠鬲，皆贤人也。相与辅相之，故久而后失之也。尺地莫非其有也，一民莫非其臣也，然而文王犹^⑦方百里起^⑧，是以难也。齐人有言曰：'虽有智慧，不如乘势；虽有镃基^⑨，不如待时^⑩。'今时则易然也。夏后殷周之盛，地未有过千里者也，而齐有其地^⑪矣。鸡鸣狗吠相闻，而达乎四境，而齐有其民矣。地不改辟^⑫矣，民不改聚^⑬矣，行仁政而王，莫之能御也。且王者之不作，未有疏^⑭于此时者也；民之憔悴于虐政^⑮，未有甚于此时者也。饥者易为食，渴者易为饮。孔子曰：'德之流行，速于置邮^⑯而传命。'当今之时，万乘之国行仁政，民之悦之，犹解倒悬也。故事半古之人，功必倍之，惟此时为然。"

【注释】

①当：相配，等于说配得上。

②六七作：兴起了六七次。

③朝诸侯：使诸侯来朝。

④故家：有功勋的旧臣之家。

⑤遗俗：先代留下的良好习俗。

⑥流风：流传下来的好风尚。

⑦犹：通"由"。

⑧起：兴起。

⑨镃（zī）基：锄。

⑩时：指农时。

⑪其地：这样（大）的地方。

⑫改辟：再开辟。

⑬改聚：再聚集。

⑭疏：指时间隔得久远。

⑮民之憔悴于虐政：在人民困苦时行仁政，最容易为人民接受。憔悴，困苦。

⑯置邮：都是古代传递政令的方法。

【要点提示】

（一）音义

蹙（cù）然，恭敬不安的样子。

艴（fó，又读fú），生气。

镃（zī）基，锄。

（二）文字

1. 古今字

辟/闢（地不改辟矣，民不改聚矣）

2. 通假字

（1）为/谓（而子为我愿之乎）

（2）由/犹（由反手也）

（3）犹/由（然而文王犹方百里起，是以难也）

（三）词语

当路、蹙然、功烈、滋甚、洽、相与、辅相、莫非、是以、然而、镃基、憔悴、流行、置邮。

（四）语法

1. 词类活用

（1）武丁朝诸侯。朝，使动用法，使……来朝。

（2）则文王不足法与。法，名词用作动词，效法。

2. 主谓倒装

（1）如彼其专。

（2）如彼其久。

（3）如彼其卑。

3. 判断句

（1）子诚齐人也。

（2）管仲，曾西之所不为也。

（3）又有微子、微仲、王子比干、箕子、膠鬲，皆贤人也。

4. 宾语前置

（1）行仁政而王，莫之能御也。

（2）然而文王犹方百里起，是以难也。

第四篇　许　行（滕文公上）

【原文】

有为①神农之言者许行，自楚之滕，踵门而告文公曰："远方之人，闻君行仁政，愿受一廛②而为氓③。"文公与之处。其徒数十人，皆衣④褐，捆屦⑤织席以为食。

陈良之徒陈相，与其弟辛，负耒耜⑥而自宋之滕，曰："闻君行圣人之政，是亦圣人也，愿为圣人氓。"

【注释】

①为：指研究。

②廛（chán）：一般指百姓的住宅。

③氓：自外地迁来的民。

④衣（yì）：穿。

⑤捆屦：做鞋。

⑥耒耜：犁。铧叫耜，犁柄叫耒。

【原文】

陈相见许行而大悦，尽弃其学①而学②焉。陈相见孟子，道许行之言曰："滕君，则诚贤君也；虽然③，未闻道也。贤者与民并耕而食，饔飧④而治；今也，滕有仓廪⑤府库⑥，则是⑦厉民⑧而以自养也，恶⑨得贤！"

【注释】

①学：用作名词，指所学的。

②学：动词。

③虽然：虽然这样。

④饔飧（yōngsūn）：用作动词，指自己做饭。饔，早餐。飧，晚饭。

⑤仓廪：粮食库。

⑥府库：藏财帛的地方。

⑦则是：那么这是。

⑧厉民：使人民困苦。

⑨恶（wū）：哪里。

【原文】

孟子曰："许子必种粟而后食乎？"曰："然。""许子必织布然后衣乎？"曰："否。许子衣褐。""许子冠①乎？"曰："冠。"曰："奚冠？"曰："冠素②。"曰："自织之与？"曰："否，以粟易之。"曰："许子奚为③不自织？"曰："害于耕④。"曰："许子以釜⑤甑⑥爨⑦，以铁耕乎？"曰："然。""自为之与？"曰："否，以粟易之。"

【注释】

①冠：用作动词，戴帽子。

②素：生丝织成的绢布，不染色。

③奚为：为什么。

④害于耕：宾语前置，对于耕种有妨害。

⑤釜：锅。

⑥甑（zèng）：瓦做的蒸东西的炊具。

⑦爨（cuàn）：烧水做饭。

【原文】

"以粟易械器者，不为厉陶冶①；陶冶亦以其械器易粟者，岂为厉农夫哉？且许子何不为陶冶，舍②皆取诸其宫中而用之？何为纷纷然③与百工交易？何许子之不惮烦④？"

曰："百工之事，固不可耕且为也。""然则治天下，独⑤可耕且为与？有大人之事，有小人之事。且一人之身而百工之所为⑥备⑦，如必自为而后用之，是率天下而路⑧也。故曰：或劳心，或劳力。劳心者治人，劳力者治于人⑨；治于人者食人，治人者食⑩于人：天下之通义⑪也。"

【注释】

①陶冶：在这里指制造釜甑和铁制农具的匠人。

②舍：止。

③纷纷然：忙碌的样子。

④不惮烦：不怕麻烦。

⑤独：单单，偏。

⑥所为：所做的东西。

⑦备：具备。

⑧路：名词用作动词，在路上奔走。

⑨治于人：被人治。

⑩食（sì）：这里指供奉。

⑪通义：共同的法则。

【原文】

"当尧之时，天下犹未平。洪水横流，泛滥于天下。草木畅茂，禽兽繁殖，五谷不登①，禽兽偪②人。兽蹄鸟迹之道，交③于中国。尧独忧之，举舜而敷④治焉。舜使益⑤掌火；益烈⑥山泽而焚之，禽兽逃匿。禹疏九河，瀹⑦济漯⑧，而注⑨诸⑩海⑪；决⑫汝汉，排⑬淮泗，而注之江⑭；然后中国可得而食也。当是时也，禹八年于外，三过其门而不入，虽欲耕，得乎⑮？"

【注释】

①登：成熟。

②偪：后来写作"逼"，这里是威胁的意思。

③交：纵横交错。

④敷：治。

⑤益：舜的臣。

⑥烈：用作动词，用火烧。

⑦瀹（yuè）：疏导。

⑧济漯（tà）：都是水名。

⑨注：使……流入。

⑩诸：之于。

⑪海：黄海。

⑫决：打开决口，导引流水。

⑬排：排除水道淤塞。

⑭江：长江。

⑮得乎：等于说"成吗"。

【原文】

"后稷教民稼穑①，树艺②五谷，五谷熟而民人育③。人之有道也④，饱食、煖⑤衣、逸居而无教，则近于禽兽。圣人有⑥忧之，使契为司徒，教以人伦：父子有亲，君臣有义，夫妇有别⑦，长幼有叙⑧，朋友有信。放勋曰：'劳⑨之来⑩之，匡⑪之直之，辅之翼⑫之，使自得⑬之，又从而振⑭德⑮之。'圣人之忧民如此，而暇耕乎？"

【注释】

①稼穑（sè）：农业上种叫稼，收叫穑，这里泛指农事。

②树艺：都是种植的意思。

③育：生养，这里有得以生存、繁殖的意思。

④人之有道也：人有做人的道理。这句引起下文，是说关于人的道理。

⑤煖：同"暖"。

⑥有：通"又"。

⑦别：分别。

⑧叙：等次。

⑨劳：慰劳。

⑩来：使……来（归顺）。

⑪匡：使……正直，即纠正。

⑫翼：保护。

⑬自得：指自得其善性。

⑭振：救济。

⑮德：用作动词，指对人民施恩惠。

【原文】

"尧以不得舜为己忧，舜以不得禹、皋陶①为己忧。夫以百亩之不易为己忧者，农夫也。分人以财谓之惠，教人以善谓之忠，为天下得人者谓之仁；是故以天下与人易，为天下得人难。孔子曰：'大哉，尧之为君！惟天为大，惟尧则②之，荡荡乎③，民无能名④焉！君哉，舜也！巍巍乎⑤，有天下而不与⑥焉！'尧舜之治天下，岂无所用其心哉？亦不用于耕耳。"

【注释】

①皋陶（gāoyáo）：舜时期的法官。

②则：用作动词，效法。

③荡荡乎：广大辽阔的样子。

④名：用作动词，用言语来称赞形容。

⑤巍巍乎：高大的样子。

⑥不与（yù）：不相干。

【原文】

"吾闻用夏变夷者，未闻变于夷者也。陈良，楚产也，悦①周公、仲尼之道，北学于中国；北方之学者，未能或②之③先④也。彼所谓豪杰之士也。子之兄弟，事之数十年，师死而遂倍⑤之。昔者，孔子没⑥，三年之外，门人治任⑦将归，入揖于子贡，相向而哭，皆失声，然后归。子贡反，筑室于场⑧，独居三年，然后归。他日，子夏、子张、子游以有若⑨似圣人，欲以所事孔子事之，强⑩曾子。曾子曰：'不可。江汉以⑪濯⑫之，秋阳以暴⑬之，皜⑭皜乎不可尚⑮已！'今也，南蛮䴔舌⑯之人，非先王之道；子倍子之师而学之，亦异于曾子矣。吾闻出于幽谷，迁于乔木者，未闻下乔木而入于幽谷者。鲁颂曰：'戎狄是膺⑰，荆舒是惩。'周公方且⑱膺之，子是⑲之学，亦为不善变矣。"

【注释】

①悦：喜欢。

②或：有人。

③之："先"的宾语，否定句代词宾语前置。

④先：用作动词，超过。

⑤倍：通"背"，背叛。

⑥没：通"殁"，死。

⑦治任：收拾行装。任，指行李。

⑧场：墓前供祭祀用的场地。

⑨有若：即有子。

⑩强：勉强。

⑪以：介词，用。"江汉"是"以"的宾语。下句同此结构。

⑫濯：洗。

⑬暴（pù）：后来写作"曝"。

⑭皜（hào）：光明洁白。

⑮不可尚：指任何人达不到孔子的境界。尚，通"上"。

⑯䴔（jué）舌：用来比喻许行的话难听。

⑰戎狄是膺：攻击戎狄。膺，打击。本句是宾语前置，助词"是"提宾标志。下句"荆舒是惩"同此。

⑱方且：将要。

⑲是：指戎狄荆蛮。"是"是"学"的宾语，用助词"之"帮助提前。

【原文】

"从许子之道，则市贾①不贰，国中无伪；虽使五尺之童适②市，莫之③或④欺。布帛长短同，则贾相若⑤；麻缕丝絮轻重同，则贾相若；五谷多寡同，则贾相若；履大小同，则贾相若。"

曰："夫物之不齐，物之情⑥也；或⑦相倍蓰⑧，或相什百⑨，或相千万。子比⑩而同⑪之，是乱天下也。巨屦小屦同贾，人岂为之哉？从许子之道，相率而为伪者也，恶能治国家！"

【注释】

①贾（jià）：价格，后来写作"价"。

②适：到……去。

③之：代词，欺的宾语，否定句代词宾语前置。

④或：句中的语气词。

⑤相若：相像，也就是相同。

⑥情：指自然之理。

⑦或：有的。

⑧蓰（xǐ）：五倍。

⑨什百：与下文"千万"都是说的倍数。什，十倍。

⑩比：并列。

⑪同：等同。

【要点提示】

（一）音义

踵（zhǒng），脚后跟。

氓（méng），从外地迁来的百姓。

强（qiǎng），勉强。

廛（chán），指百姓的住宅。

饔（yōng），早餐。

飧（sūn），晚饭。

甑（zèng），瓦做的蒸东西的炊具。

爨（cuàn），烧火做饭。

食（sì），供养。

鴂（jué），鸟名，又称"伯劳"。

瀹（yuè），疏导。

漯（tà），水名。

稼（jiā），栽种。

穑（sè），收割。

树艺（shùyì），种植。

皋陶（gāoyáo），舜时期的法官。

皜（hào），光明洁白。

蓰（xǐ），五倍。

（二）文字

1. 古今字

（1）振/赈（又从而振德之）

（2）贾/价（从许子之道，则市贾不贰，国中无伪）

（3）偪/逼（五谷不登，禽兽偪人）

（4）暴/曝（江汉以濯之，秋阳以暴之）

2. 通假字

(1) 倍/背 （子之兄弟，事之数十年，师死而遂倍之）

(2) 没/殁 （昔者，孔子没，三年之外，门人治任将归）

(3) 有/又 （圣人有忧之）

(4) 尚/上 （皜皜乎不可尚已）

(5) 叙/序 （长幼有叙）

3. 异体字

(1) 氾/泛 （洪水横流，氾滥于天下）

(2) 煖/暖 （饱食、煖衣、逸居而无教，则近于禽兽）

（三）词语

踵、廛、氓、虽然、饔飧、仓廪、爨、舍、或、稼穑、树艺、朋友、
莅、相率、国家。

（四）语法

1. 词类活用

(1) 踵门而告文公曰。踵，名词用作动词。

(2) 贤者与民并耕而食，饔飧而治。饔、飧，名词用作动词。

(3) 是率天下而路也。路，名词用作动词。

(4) 又从而振德之。德，名词用作动词。

(5) 劳之来之，匡之直之。来，使动用法。匡、直，形容词的使动用法。

2. 主谓倒装

(1) 君哉，舜也!

(2) 大哉，尧之为君!

3. 判断句

(1) 是亦圣人也。

(2) 滕君，则诚贤君也。

(3) 夫以百亩之不易为己忧者，农夫也。

(4) 陈良，楚产也。

(5) 夫物之不齐，物之情也。

4. 被动句

(1) 劳心者治人，劳力者治于人；治于人者食人，治人者食于人。

(2) 未闻变于夷者也。

5. 宾语前置

(1) 北方之学者，未能或之先也。

(2) 戎狄是膺，荆舒是惩。

(3) 是之学，亦为不善变矣。

（4）许子奚为不自织？

（5）江汉以濯之，秋阳以暴之。

（6）虽五尺之童适市，莫之或欺。

6. 双宾语句

（1）公与之处。

（2）愿为圣人氓。

第五篇 陈 仲 子（滕文公下）

【原文】

匡章曰："陈仲子，岂不诚廉①士哉？居於陵，三日不食，耳无闻②，目无见③也。井上有李，螬食实者过半矣，匍匐往将④食之，三咽⑤，然后耳有闻，目有见。"

【注释】

①廉：廉洁。

②闻：听觉。

③见：视觉。

④将：拿过来。

⑤三咽：吞了三口。

【原文】

孟子曰："于齐国之士，吾必以仲子为巨擘①焉。虽然，仲子恶②能廉！充③仲子之操，则蚓而后可者也。夫蚓，上食槁壤④，下饮黄泉。仲子所居之室，伯夷之所筑与？抑亦⑤盗跖之所筑与？所食之粟，伯夷之所树⑥与？抑亦盗跖之所树与？是未可知也。"

【注释】

①巨擘（bò）：手的大拇指。孟子用来比喻陈仲子在齐国的士中是最好的。

②恶（wū）：疑问代词。

③充：满，这里是说无一处不贯彻体现。

④槁壤：干土。

⑤抑亦：还是。

⑥树：动词，种植。

【原文】

曰："是何伤哉？彼身①织屦，妻辟②纑③，以易之也。"

曰："仲子，齐之世家也。兄戴④，盖⑤禄万钟⑥。以兄之禄为不义之禄而不食也，以兄之室为不义之室而不居也。避兄离母，处⑦于於陵。他日⑧归，则有馈其兄生鹅者，己频颦⑨曰：'恶用是鶂鶂⑩者为⑪哉！'他日，其母杀是鹅也，与之食之。兄自外至，曰：'是鶂鶂之肉也！'出而哇之。以母⑫则不食，以妻则食之；以兄之室则弗居，以於陵则居之；是尚为能充其类^⑬也乎？若仲子者，蚓而后充其操者也。"

【注释】

①身：自己。

②辟（pī）：绩麻，就是把麻分开，把短的续长。

③纑（lú）：练麻，即漂治麻缕。

④戴：陈仲子兄之名。

⑤蓋（gě）：齐地名，戴的采邑。

⑥钟：六斛四斗（一斛等于十斗）。

⑦处：居处。

⑧他日：另一日，等于说有一天。

⑨频颇（cù）：指皱着眉不高兴的样子。频，通"颦"，皱眉。颇，皱着鼻子。

⑩鶂（yì）：鹅叫的声音。

⑪为：语气词。

⑫以母：因为是母亲的食物。下面三个"以"字同。以，因。

⑬类：同样的事情。

【要点提示】

（一）音义

於（wū）陵，地名。

擘（bò），手的大拇指。

纑（lú），练麻。

蓋（gě），齐地名。

颇（cù），皱着鼻子。

鶂（yì），鹅叫的声音。

（二）文字

1.古今字

辟/擗（彼身织屦，妻辟纑，以易之也）

2.通假字

频/颦（己频颇曰："恶用是鶂鶂者为哉！"）

（三）词语

匍匐、虽然、抑亦、他日、鶂鶂。

（四）语法

1. 词类活用

（1）夫蚓，上食槁壤，下饮黄泉。上、下，方位名词用作动词。

（2）抑亦盗跖之所树与？树，名词用作动词，种植。

2. 判断句

（1）陈仲子，岂不诚廉士哉！

（2）仲子所居之室，伯夷之所筑与？

（3）所食之粟，伯夷之所树与？

（4）仲子，齐之世家也。

（5）是鶂鶂之肉也！

（以上内容由唐子龙负责编写）

常用词例释

31. 就

例： 吾不忍其觳觫，若无罪而就死地。（《孟子·梁惠王上》）

其中"就"是"趋向、走向"之意，由"就"的本义引申而来。

就，《说文·京部》："高也。"本义是①"到高处去住"。由"到高处去住"的动作相关性引申为往上走，本义引申为②"登上、上"。《史记·魏公子列传》："乃谢客就车。"同理，到高处去住，就会走向高处，本义又引申为③"趋向、走向"。《孟子·梁惠王上》："若无罪而就死地。"走向某处，就会接近那里，故由"走向"引申为④"接近、靠近"。沈括《梦溪笔谈·活板》："持就火炀之。"无限的接近，最终会到达目的地，故"接近"引申为⑤"到、达到"。李斯《谏逐客书》："河海不择细流，故能就其深。"到某个职位上去叫作就职，故"达到"引申为⑥"就任、就职"。李密《陈情表》："辞不就职。"就职了就会参加一些工作事务，故"就职"引申为⑦"参加、参与"。周容《芋老人传》："知从郡城就童子试归。"参与其中就要接受一定的任务，承受一定的压力，故"参与"引申为⑧"承受、接受"。《左传·僖公三十三年》："使归就戮于秦。"

其引申线索图示如下：

①到高处去住→②登上、上

↓

③趋向、走向→④接近、靠近→⑤到、达到→⑥就任、就职→⑦参加、参与→⑧承受、接受

32. 度

例：他人有心，予忖度之。（《孟子·梁惠王上》）

例句中"度"是"揣测"之意，由"度"的本义引申而来。

段玉裁注："伸臂一寻，皆于手取法。"本义是量长短的标准，即①"尺码"。《韩非子·外储说左上》："宁信度，无自信也。"尺码有限制的作用，故本义引申为②"限度"。贾谊《论积贮疏》："生之有时，而用之亡度。"法度、制度是用来限制人的行为的，因此由"限度"引申为③"法度、制度"。《左传·隐公元年》："今京不度，非制也。"尺码是用来量长短的，故由本义又引申为④"量长短"。贾谊《过秦论》："比权量力，则不可同年而语矣。"用心里的尺码去量长短就是估计，因此由"量长短"引申为⑤"估计、推测"。《史记·陈涉世家》："道不通，度已失期。"估计、推测必然要经过思考，故由"估计、推测"引申为⑥"思考、揣测"。《孟子·梁惠王上》："他人有心，予忖度之。"

其引申线索图示如下：

⑥思考、揣测←⑤估计、推测←④量长短←①尺码→②限度→③法度、制度

33. 爱

例：齐国虽褊小，吾何爱一牛？（《孟子·梁惠王上》）

例句中"爱"是"吝啬"之意，由"爱"的假借义引申而来。

"爱"假借为"㤅"，假借义为①"喜欢、爱护"。韩愈《师说》："爱其子，择师而教之。"对爱护的人或物往往舍不得，故"爱护"引申为②"吝惜、吝啬"。《孟子·梁惠王上》："吾何爱一牛？"怜惜和吝惜在心理上都有"舍不得"的意思（只是吝惜含有较强的占有欲），所以"吝惜"引申为③"怜惜、同情"。《左传·僖公二十二年》："爱其二毛，则如服焉。"对人或物怜惜可能就会给予其一定的好处，故"怜惜"引申为④"（给人）恩惠"。《左传·昭公二十年》："古之遗爱也。"对喜欢的、心爱的人或物才会去加以爱护，故本义又引申为⑤"亲爱的、心爱的"。李朝威《柳毅传》："见大王爱女牧羊于野。"

其引申线索图示如下：

⑤亲爱的、心爱的←①喜欢、爱护→②吝惜、吝啬→③怜惜、同情→④（给人）恩惠

34. 本

例：王欲行之，则盍反其本矣？（《孟子·梁惠王上》）

其中"本"是"根本"之意，由"本"的本义引申而来。

本，《说文·木部》："木下曰本。"本义是①"草木的根、树根"。魏征《谏太宗十思疏》："必固其根本。""树根"是树木生长养分的源头，根源是事物的源头，通过作用相似和词义虚化，引申为②"来源、根源"。《礼记·

大学》："物有本末。"树根可繁殖生出幼苗进而长成大树，这与本钱可生出利息在作用上相似，所以由"树根"又引申为③"本钱"。韩愈《柳子厚墓志铭》："子本相侔。""树根"是树木的根基，将词义扩大，"树根"又引申为一般意义上的④"根本、主体"。《孟子·梁惠王上》："王欲行之，则盍反其本矣？"我国古代经济长期以农业为主体，所以也把农业称为"本"，所以"主体"引申为⑤"农耕、农业"。贾谊《论积贮疏》："今驱民而归之农，皆著于本。"树根也是木材，可加工成纸张，做成书本，所以"树根"引申为⑥"书本、版本"。文天祥《指南录后序》："今存其本不忍废。"

其引申线索图示如下：

$$⑥书本、版本$$
$$\uparrow$$
$$②来源、根源←①草木的根、树根→③本钱$$
$$\downarrow$$
$$④根本、主体→⑤农耕、农业$$

35. 关

例：臣闻郊关之内，有囿方四十里。（《孟子·梁惠王上》）

例句中"关"是"门"的意思，由"关"的本义引申而来。

关，《说文·门部》："以木横持门户也。"顾炎武注："关者，所以拒门之木。"本义是①"门闩"。《史记·魏公子列传》："嬴乃夷门抱关者也。"门闩是用来关门的，因此本义引申为②"门"。《孟子·梁惠王上》："臣闻郊关之内，有囿方四十里。"同理本义还引申为③"关闭"。陶渊明《归去来兮辞》："门虽设而常关。"关闭了就会形成关卡，由"关闭"引申为④"关口、关卡"。李白《蜀道难》："一夫当关，万夫莫开。"因为门栓可以把两扇门联系起来，所以由本义又引申为⑤"牵连、涉及"。司马迁《报任安书》："事有关于宦竖。"

其引申线索图示如下：

$$②门←①门闩→⑤牵连、涉及$$
$$\downarrow$$
$$③关闭→④关口、关卡$$

36. 子

例：子诚齐人也。（《孟子·公孙丑上》）

例句中"子"是"您"的意思，由"子"的本义引申而来。

饶炯注："子即婴孩本字，象小儿在襁褓之形。"本义是①"婴儿"。《荀子·劝学》："干、越、夷、貉之子，生而同声。"婴儿是初生的孩子，且包括儿子和女儿，因此引申为②"孩子、儿子、女儿"。《战国策·赵策》："鬼侯有子而好，故入之于纣。"儿子是男子，故由"儿子"引申为③"男子"。干宝《搜神记》："子年少。"封建社会男尊女卑，所以由"男子"引申为尊称，可译为④"您、先生"等。《孟子·公孙丑上》中"子诚齐人也"的"子"是"您"的意思。利息好比本金所生的婴儿，故由本义又引申为⑤"利息"。韩愈《柳子厚墓志铭》："子本相侔，则没为奴婢。"婴儿是人的幼年阶段，所以将本义泛化，指⑥"人"。贾谊《过秦论》："然陈涉瓮牖绳枢之子。"

其引申线索图示如下：

⑥人←①婴儿→②孩子、儿子、女儿→③男子→④您、先生

　　　　↓

　　　⑤利息

37.作

例：且王者之不作。（《孟子·公孙丑上》）

例句中"作"是"出现"之意，由"作"的本义引申而来。

作，《说文·人部》："起也。"张舜徽注："作字从人，其本义自谓人之由坐卧而起也。"本义是①"起身、起来"。《论语·先进》："铿尔，舍瑟而作。"事物兴起与人起身具有动作相关性，故本义又引申为②"兴起、产生、出现"。《孟子·公孙丑上》："且王者之不作。"文学艺术作品产生的过程即为创作，故由"产生"引申为③"创作"。《史记·屈原列传》："屈平之作《离骚》。"创作仪器类作品称为制作，故"创作"引申为④"制作"。《后汉书·张衡传》中"妙尽璇玑之正，作浑天仪"的"作"就是"制作"的意思。

其引申线索图示如下：

①起身、起来→②兴起、产生、出现→③创作→④制作

38.道

例：虽然，未闻道也。（《孟子·滕文公上》）

例句中"道"是"学说、理论"之意，由"道"的本义引申而来。

道，《说文·辵部》："所行道也。"本义是①"道路"。《论语·泰伯》："任重而道远。"做事所遵循的途径与行走所遵循的道路相似，将本义抽象化引申为②"途径、方法"。晁错《论贵粟疏》："为开其资财之道也。"掌握方法必定要遵循一定的规律，由"方法"引申为③"规律、事理"。《庄子·养生主》："臣之所好者，道也。"自成体系的事理就是学说，故由"事理"引申为④"学说、思想、理论"。《孟子·滕文公上》："虽然，未闻道也。"思想和学说要让人们知道就要在谈论中进行思想的碰撞，要说出来，故由"学说、思想、理论"引申为⑤"说、谈论"。陶渊明《桃花源记》："不足为外人道也。"有了道路就可以通行，所以由本义还引申为⑥"通、畅通"。《左传·襄公三十一年》："不如小决使道。"

其引申线索图示如下：

⑥通、畅通←①道路→②途径、方法→③规律、事理→④学说、思想、理论→⑤说、谈论

39. 当

例：当尧之时，天下犹未平。（《孟子·滕文公上》）

例句中"当"是"在、处在"之意，由"当"的本义引申而来。

当，《说文·田部》："田相值也。"本义是①"两块田价值相当"。两种东西价值相当和两块田价值相当有相似之处，将本义扩大表示一般意义上的②"相当、对等"。《左传·成公三年》："次国之上卿，当大国之中。"价值相当的东西放在一起能够给人匹配之感，故"相对、对等"引申为③"匹配"。《史记·司马相如列传》："心悦而好之，恐不得当也。"两个东西放在一起要恰当才会觉得匹配，故"匹配"引申为④"恰当"。《聊斋志异·促织》："惴惴恐不当意。"恰当的事就应该去做，故"恰当"引申为⑤"应当"。《史记·陈涉世家》："当立者乃公子扶苏。"敌对双方若力量相当，就能相互抵挡，故"相当"也可引申为⑥"抵挡"。《史记·项羽本纪》："料大王士卒足以当项王乎。""抵挡"必须正面面对，由二者行为上的相通之处引申为⑦"面对、对着"。《木兰诗》："木兰当户织。"对着某个时间或地点与处于某个时间或地点二者相通，故"对着"引申为⑧"处于、在"。《孟子·滕文公上》："当尧之时，天下犹未平。"担任某职务与处于某个位置上，相似点是都处于某一个"点"上，故"处于"引申为⑨"担任"。《史记·田敬仲完世之家》："不敢当高位。"担任某角色，就应该承担起相应的责任，故"担任"引申为⑩"承担、承受"。《庄子·让王》："故不敢当其赏。"

其引申线索图示如下：

①两块田价值相当→②相当、对等→③匹配→④恰当→⑤应当→⑥抵挡→⑦面对、对着→⑧处于、在→⑨担任→⑩承担、承受

40. 操

例：充仲子之操，则蚓而后可者也。（《孟子·滕文公下》）

例句中"操"是"操守"之意，由"操"的本义引申而来。

操，《说文·手部》："把持也。"本义是①"拿着、握在手里"。《九歌·国殇》："操吴戈兮被犀甲。"掌握某种事物与握在手里有相似之处，因此本义抽象化引申为②"掌握、控制"。《韩非子·定法》："操杀生之柄。"坚持某种观点与握在手里不肯放下在动作上有相似性，故本义抽象化还可以引申为③"坚持"。王安石《答司马谏议书》："所操之术多异故也。"能坚持自己认为正确的行为是有操守的表现，故由"坚持、持用"引申为④"操守"。《孟

子·滕文公下》："充仲子之操，则蚓而后可者也。"古时候有操守的、品德高尚的人，通常喜欢以弹琴等高雅的方式陶冶情操，故"操守"引申为⑤"琴曲、旋律"。《列子·伯牙善鼓琴》："初为霖雨之操。"

其引申线索图示如下：

①拿着、握在手里→③坚持→④操守→⑤琴曲、旋律
    ↓
②掌握、控制

（以上内容由李桂林负责编写）

第五章 音 韵

通论

第一节 音韵学基本常识

一、汉语的音韵结构

（一）汉语音节特点

分析任何一种语言，从语音方面都可以分析为音素和音节。所谓音素，就是语音的最小单位。所谓音节，则是语音结构的基本单位，是语音的最小片段。

汉语的音节不单是语音的最小片段，它往往代表一个概念，而且汉语的音节写在纸上，就是一个汉字。我们完全可以通过书面语中的汉字，来判断一句话的音节数。如"古代汉语"就是 gǔ dài hàn yǔ 四个音节。

音节可能由两个音素构成，也可能是由多个音素构成的。如"汉"（hàn）由四个音素、"语"（yǔ）由三个音素构成，而"阿"（读ā或读ē）却是由两个音素构成。罗常培把汉语音节各音素具体分为：声母、介音（韵头）、主要元音（韵腹）、韵尾、声调。

一个音节最不可缺少的是韵腹，因为缺少韵腹，就不能构成一个音节。传统分析法把汉字的音节分为声母、韵母和声调。罗常培实际上是把其中的韵母进行了细分，即：介音（韵头）、主要元音（韵腹）、韵尾。韵母最多有这三个组成部分，或者三部分齐全，或者韵头、韵尾不具备，见表5-1所列。

表5-1 汉语音节构成示例

例字	音节	声母	韵头	韵腹	韵尾	声调
先	xiān	x	i	ɑ	n	阴平
湾	wān	/	u	ɑ	n	阴平
蛋	dàn	d	/	ɑ	n	去声
假	jiǎ	j	i	ɑ	/	上声
扎	zhā	zh	/	ɑ	/	阴平
屋	wū	/	/	u	/	阴平
暗	àn	/	/	ɑ	n	去声
阳	yáng	/	i	ɑ	ng	阳平

（二）汉语音节成分

1. 关于声

（1）声母、零声母、纽、声纽、字母

声母就是一个音节的开头部分，如"古"（gǔ）、"代"（dài）这两个音节中的g、d，分别就是各自所在音节中的声母。

声母在一般情况下是由辅音充当的。但是，某些音节中并没有由辅音充当的声母，如"爱"（ài）、"恩"（ēn）等音节，音韵学把这种没有辅音声母的音节也看作有一个声母，这个声母被叫作零声母。

我国传统音韵学把声母叫作纽或声纽。一般地说，声母就是声纽；严格地说，"纽"比"声纽"包含的范畴要宽，因为它包含了颚化和非颚化两类声母。

古人在没有记音符号的情况下，就用记录音节的汉字，来代表音节中的第一个音素——声母，于是这个代表声母的汉字，就叫作字母。比如"帮"所记录的音节是"bāng"，作为字母，它只代表"b"。下面是王力为北京音的声母系统而编写的字母歌，其中每一个字就代表一个声母。

太平歌

子夜久难明，

喜报东方亮。

此日笙歌颂太平，

众口齐欢唱。

还比如明代的兰茂，在《韵略易通》里写的字母歌，书中把当时官话中的20个声母编成五言四句诗，题为《早梅》："东风破早梅，向暖一枝开。冰雪无人见，春从天上来。"诗中的每一个字代表一个声母，因此这里的汉字实际上就是字母。

（2）发音部位和"五音""七音"

声母一般是由辅音充当的，而在发辅音时气流在口腔中受阻的部位，就是发音部位。我国传统音韵学按照发音部位的不同，把声母分为唇音、舌音、齿音、牙音和喉音，这就是音韵学上所谓的"五音"。

宋元等韵学家从舌音中分出半舌音，从齿音中分出半齿音，连同"五音"一起，就是音韵学上所谓的"七音"。

（3）发音方法和清浊

古人从发音方法上对声母的分析有所谓的"清浊"。用现代语音理论分析，所谓"清"就是发音时声带不颤动的不带音，所谓"浊"是指发音时声带颤动的带音。从《韵镜》（现存最早的等韵学著作之一，作者不详）开始，人们对"清浊"的区分更趋细密，有了"全清""次清""全浊""次浊"的分类，如《梦溪笔谈》采用了这种分类，并为后人广泛使用。

（4）唐人三十字母与三十六字母

根据已经发现的材料，人们知道最早用汉字代表声母的是唐代末年的和尚守温，他根据当时的语音情况，首先制定了三十字母，这就是所谓的"唐人三十字母"。宋人在唐人三十字母的基础上，又作了一定的增补和调整，形成了反映唐代末年至宋代初年声母系统的三十六字母。这三十六字母是研究和认识历史上其他各个时期声母系统的桥梁。

按照宋元等韵学家的分类和现代语音学的分析，可以把三十六字母总结为表5-2。

表5-2　三十六字母

语音学名	音韵学名		全清	次清	全浊	次浊
双唇音	唇音	重唇音	帮 p	滂 p'	并 b	明 m
唇齿音		轻唇音	非 f	敷 f'	奉 v	微 ɱ
舌尖中	舌音	舌头音	端 t	透 t'	定 d	泥 n
舌面音（塞）		舌上音	知 ȶ	彻 ȶ'	澄 ȡ	娘 ȵ
舌尖音	齿音	齿头音	精 ts	清 ts'	从 dz	
			心 s		邪 z	
舌面音（塞擦）		正齿音	照 tʃ	穿 tʃ'	床 dʒ	
			审 ʃ		禅 ʒ	
舌根音	牙音		见 k	溪 k'	群 g	疑 ŋ
零声母	喉音		影 ɸ			
舌根音				晓 x	匣 ɣ	
半元音						喻 j
舌尖边音	半舌音					来 l
舌面鼻加摩擦音	半齿音					日 ȵʑ

（5）双声

所谓"双声"就是指两个或几个音节的声母相同，如：

"长春"（长，定母；春，定母）chángchūn、"流离"（流，来母；离，来母）liúlí、"蜘蛛"（蜘，端母；蛛，端母）zhīzhū等词语，其各自的两个音节，在古代同属于一个字母，今音声母仍然相同。

"恭敬"（恭，见母；敬，见母）gōngjìng、"经过"（经，见母；过，见母）jīngguò、"国家"（国，见母；家，见母）guójiā、"憔悴"（憔，从母；悴，从母）qiáocuì等词语，其各自的两个音节，在古代同属于一个字母，今音声母却不相同。

古汉语一些复音词中的联绵词，就是用"双声"法构成的，如"参差"

（参，穿二母；差，穿二母）cēncī、"黾勉"（黾，明母；勉，明母）mǐnmiǎn、"踟蹰"（踟，定母；蹰，定母）chíchú、"匍匐"（匍，并母；匐，并母）púfú、"唐棣"（唐，定母；棣，定母）tángdì等等。

我们把以上因两个音节同属于一个字母而构成的双声，叫作标准的双声，或称作严式的双声。由于种种原因，古汉语中声母同一发音部位或部位相近的几个音节，也可以构成"双声"关系。如"蟋蟀"（蟋，心母；蟀，审二母，同属齿音）、"跳跃"（跳，定母；跃，喻四母，上古定母与喻四母十分接近，舌音）也可以构成"双声"。这种宽式的双声，我们把它叫作准双声。

判断古汉语中的音节是否属于双声，应该以古汉语的声母是否相同或相近为依据，不能按现代汉语的声母去判断。

2. 关于韵

（1）韵、韵母、韵部、韵目、韵摄

韵和韵母是两个既相联系又有区别的概念。韵母是指一个音节除去声母以外的其他音素的总和，包括韵头、主要元音和韵尾。而韵是不包括韵头的，只指主要元音和韵尾，汉语中韵头不同的字只要主要元音和韵尾相同，就可以互相押韵。互相押韵的字放在同样的位置上就构成诗韵。汉语诗韵一般是放在句尾上的，习惯上把它叫作韵脚。

把同一韵的字归并到一起，按语音中的韵划分成大的部类，这就是韵部。每一个韵部选用一个字作为代表，这个代表韵部部类的字就叫作韵目。如《广韵》把韵归并为206个部类（包括声调的不同），而"东、红、公、弓"等同韵字用"东"作代表，"东"韵是206韵部中的一个韵部，"东"是韵目。

把发音相近的韵（不计声调）汇集在一起，再用一个代表字来统摄它们，这就是音韵学上的"摄"，又叫"韵摄"。如东、冬、钟三个字的韵尾（ng）相同，主要元音（韵腹）相近（也就是说这三个韵读音相近），古人就把这三个韵汇集在一起，用一个"通"字作为代表统摄它们，于是东、冬、钟三个韵部就属于"通"摄。罗常培云："所谓摄者，盖即聚集其尾音相同、元音相近之各韵尾一类也。"（《汉语音韵学导论》）需要说明的是，这里韵尾相同、韵腹相近的几个韵被归为更大的单位，这样的单位在最早的韵图里叫"转"，在稍晚的韵图里才叫"摄"，如《韵镜》分43转，《四声等子》分16摄。

（2）洪音、细音与开口、合口

现代语音学从韵头的有无与类别来分析汉语的音韵结构时，把韵母分为：

开口呼（没有韵头，韵腹为a或o或e），

齐齿呼（韵头是i，或韵腹是i），

合口呼（韵头是u，或韵腹是u），

撮口呼（韵头是ü，或韵腹是ü），

音韵学把没有韵头或韵头是i（或韵腹是i）的韵母叫作开口，把韵头是u、ü（或韵腹是u、ü）的韵母叫作合口。

对韵母结构还可以从韵头是否有高位前元音i、ü来分析。有高位前元音i、ü的叫作细音，没有高位前元音i、ü的叫作洪音。如果把洪音、细音、开口、合口与汉语的四呼比较，大体上见表5-3所列。

表5-3　汉语四呼

四呼	韵头标记	开合情况	洪细问题
开口呼	/	开口	洪音
齐齿呼	i	开口	细音
合口呼	u	合口	洪音
撮口呼	ü	合口	细音

（3）阴声韵、阳声韵、入声韵与舒声、促声

按照韵尾的不同，古韵学家把韵母分为以下三类。

第一类是以元音收尾或没有韵尾的，如歌 gē、家 jiā、规 guī、早 zǎo 等，这类以元音收尾或没有韵尾的韵，叫作阴声韵。

第二类以鼻辅音[-m][-n][-ng]为结尾的，如侵 qīn、覃 qín、真 zhēn、元 yuán、东 dōng、红 hóng 等，这类以鼻辅音收尾的韵，叫作阳声韵。

第三类是以清塞音[-p][-t][-k]为结尾的，如"屋""北""物""必""恰""帖"等，这类以清塞音收尾的韵叫作入声韵。

在现代普通话中，阴声韵、阳声韵还基本保留着，入声韵已经全部消失，只在某些方言中，还不同程度地保留着。

从发音时韵尾声音的长短分析，阴声韵、阳声韵因其声音可以适当延长，所以这类韵母叫作舒声；入声韵因其声音短促，所以这类韵母叫作促声。

（4）叠韵

所谓叠韵，就是几个音节的韵相同。如：

窈窕（窈，宵部；窕，宵部）yǎotiǎo、高挑（高，宵部；挑，宵部）gāotiāo、逍遥（逍，宵部；遥，宵部）xiāoyáo、扶苏（扶，鱼部；苏，鱼部）fúsū、崔嵬（崔，微部；嵬，微部）cuīwéi、婆娑（婆，歌部；娑，歌部）pósuō 等，其各自的两个音节，在古代同属于一个韵部，今音读来仍然相同。

"芣苢"（芣，之部；苢，之部）fúyǐ、"仓庚"（仓，阳部；庚，阳部）cānggēng 等词语，其各自的两个音节，在古代同属于一个韵部，但今音韵母并不相同。

我们把以上因两个音节同属于一个韵部而构成的叠韵，叫作标准的叠韵，或称作严式的叠韵。在分析古汉语复音词的叠韵关系时，我们会发现有些复音词的韵并不完全相同，而只是相近。如"觱发"（觱，质部；发，月

部，入声韵旁转）bìbō、"翡翠"（翡，微部；翠，物部，阴入对转）fěicuì、"磅礴"（磅，阳部；礴，铎部，阳入对转）pángbó等，这种宽式的叠韵叫作准叠韵。

古汉语一些复音词中的联绵词，就是用这种"叠韵"法构成的。判定两个音节在古代是否叠韵，主要以古音为依据。

3. 关于调

（1）声调、调类与调值

声调主要表现在语音的高低升降上，它是汉语音节构成的重要部分，它和声母、韵母一样，都是区别意义的重要条件。如"公共"gōnggòng、"买卖"mǎimài、"夫妇"fūfù等，其声韵相同而声调不同，这里显然是靠声调的不同来区别意义的。

调类就是声调的类别。一般认为古汉语有四个调类：平声、上声、去声、入声。

调值就是一个音节声调的实际读音，是读音时的高低、升降、长短的型式，如普通话阴平的调值是55，阳平的调值是35，上声的调值是214，去声的调值是51。对古汉语的声调，经过研究已经考求出它的大致类别，却很难准确考求出各个调类的具体音值。

（2）四声与平仄

汉语从古至今大体有四个不同的调类，人们把四个调类简称作"四声"。古"四声"和今"四声"虽然都是"四声"，具体所指却是不同的。现代普通话的四声是指阴平、阳平、上声、去声，古汉语四声则指平声、上声、去声、入声。

古"四声"到今"四声"对应原则：平分阴阳、浊上变去、入派四声。

南朝齐永明年间周颙（yóng）发现汉语有平、上、去、入这四声。齐梁时期的沈约等人把四声运用到文章写作中，以形成音律的和谐美。但是古人对四声的认识却不很清楚，直到明代的真空和尚还把四声描写成：

平声平道莫低昂，

上声高呼猛烈强。

去声分明哀远道，

入声短促急收藏。（真空《玉钥匙歌诀》）

就普通话来说，阴平发声时比较高，并且从始至终不变，而上、去各声调在发音时，音高要从一个音移到另一个音，有曲折变化。我国古代诗歌创作正是利用汉语声调上的这种差别，形成古诗音律上的铿锵和谐的。

从高低变化的角度分析声调，古人把四声分成两类：平声为一类，叫作平声；上声、去声、入声为一类，叫作仄声。"仄"就是"侧"，与"平"相对，即"不平"的意思。

4. 古代记音法举例

（1）譬况

譬况法是对难字用打比方或描写说明的方法注音，常见的有以下两种。

① "长言""短言"

春秋伐者为客，伐者为主。（《公羊传·庄公二十八年》）

何休注：伐人者为客，读伐长言之，齐语也；……见伐者为主，读伐短言之，齐语也。（按《春秋》笔法，攻击人者居于客位，受人攻击者居于主位。）

这里用"长言"伐字，"短言"伐字区分伐人与被伐的意义，同一个"伐"，由于长言、短言的读法不同，区别了意义。但这种注音方法，实在叫人摸不着头脑。

② "急气""缓气"

庆封又欲杀崔杼而代之相……崔杼之子相与私閧。（《吕氏春秋·慎行》）

高诱注：閧读近鸿，缓气言之。

和"长言""短言"一样，"急气""缓气"也叫人难以理解，很难据此读出正确的读音。

（2）直音

直音就是用一个完全与被注字同音的字注音。例如：

沛公起如厕，招樊哙出，置车官属，独骑，……从间道走军。（《汉书·高帝纪》）

服虔注：走音奏。

"走音奏"的意思是，这个"走"字应与"奏"同音。"直音"注音法的优点：简洁明了。缺陷就是：①如没有与被注字相同的字，就无法用直音标音；②如同音字是一些比被注字更难认的冷僻字，注了音等于没有注。

（3）读若（读如）

用音近的字替被注字注音，这种注音方法叫"读若"。"读若"之外尚有"读如""读曰""读为"。因为找出与所注字字音相近似的且比较常用的字并不难，也易为他人所掌握，所以这种方法在汉代应用广泛，为一般注经及制作字书的人所习用。例如：

琎，石之似玉者。从玉，进声。读若津。（《说文·玉部》）

"读若津"谓"琎"与"津"音近。例如：

是月也，命渔师始渔，天子亲往。（《吕氏春秋·季冬纪》）

高诱注：渔，读如《论语》之语。

"读如《论语》之语"谓"渔"应与"语"音近。

这种注音法虽然广泛应用，但所读出的大多为近似音，并非被注字的准确读音，所以这种方法缺陷很大。

由于譬况、直音、读若等方法存在的不足，促使人们探索出新的注音方法，于是反切注音法产生了。

（4）反切

反切法是利用两个汉字来拼注一个汉字读音的注音方法，它产生于东汉，到六朝时广泛应用，一直使用到清末，是一种作用和影响都巨大的注音方法。

由于古代文章从上而下、由右到左书写，因此在反切切语中，代表被切字声母的汉字在上边，所以叫"反切上字"，代表被切字韵母（包括声调）的汉字在下边，所以叫"反切下字"。因为反切又叫"切语"，所以反切上字、下字又可以叫作切语上字和切语下字，简称"切上字"和"切下字"。

反切又叫"反"，也叫"切"。顾炎武说："反切之名，自南北朝以上皆谓之反。孙愐《唐韵》则谓之切，盖当时讳反字。"反切的基本方法就是取切上字的声母、切下字的韵母和声调拼读。清人陈澧说："切语之法，以二字为一字之音，上字与所切之字双声，下字与所切之字叠韵。上字定其清浊，下字定其平上去入。"为简便好记，可归纳为如下口诀："上字取其声，下字取其韵；上字定清浊，下字定四声。"例如：

徒红切（徒，定母）

t+óng→tóng（同）

都困切（都，端母）

d+ùn→dùn（顿）

哀都切（哀，影母）

/+ū→wū（乌）

他代切（他，透母）

t+ài→tài（态）

丁姑切（丁，端母）

d+ū→dū（都）

下江切（下，匣母）

x+iāng→xiáng（降）

古红切（古，见母）

g+ōng→gōng（公）

二、汉语语音发展的历史

（一）上古音时期

上古音是指先秦、两汉时的语音，以《诗经》音为代表。

（二）中古音时期

中古音是指六朝到唐宋时的语音，以《切韵》《广韵》音系为代表。

（三）近古音时期

近古音是指元、明、清时的语音，以周德清《中原音韵》为代表。

（四）现代音时期

现代音是指"五四"以后的语音（有人认为应指17世纪以来的语音），以现在的北京音系为代表。

三、音韵学及其研究门类

（一）什么是音韵学

一般把研究汉语各个时期的语音系统及其演变规律的科学称为音韵学，也称"声韵学"。

（二）研究门类

传统音韵学又细分为三个部门：今音学、古音学、等韵学。下面分别予以介绍。

1. 今音学

以《切韵》《广韵》音系为研究对象，研究中古时期汉语语音系统。

隋代陆法言编纂的《切韵》记录了公元6—7世纪的语音系统，是现存最早的一部韵书。

唐代孙愐对《切韵》进行增补，遂成《唐韵》。

宋代陈彭年、邱雍奉皇帝之命重修《切韵》，名为《大宋重修广韵》，简称《广韵》。《广韵》是现存较早的最完整的古代韵书。

《广韵》成书30年后，宋祁、郑戬、贾昌朝等奉朝廷之命刊修《广韵》，经过两年的修订，定名为《集韵》。

2. 古音学

以先秦两汉的诗歌、韵文，特别是《诗经》用韵为主要对象，结合形声字，研究上古时期汉语语音系统。

"今音"是相对于"古音"而言，是沿用明清时期语言学者的叫法。

3. 等韵学

以宋元以来的等韵图为研究对象，分析韵书反切的语音系统。

后来在音韵学中又新兴了一个学科门类：北音学。

4. 北音学

以元代周德清的《中原音韵》为研究对象，是研究近代语音，特别是《中原音韵》以来北方汉语语音的一个学科门类。

思考题

1. 韵和韵母有什么区别和联系？
2. 反切的基本方法是什么？
3. 什么是韵部？什么叫阴声韵？

第二节　上　古　音

一、上古声母

（一）上古声母的研究材料

1. 谐声偏旁

谐声偏旁是表音的，一般来说，如果谐声偏旁相同，上古韵部就相同。谐声偏旁，是考求上古韵部的依据之一。考求上古声母，也可利用谐声偏旁，如"扮"从"分"声，"悲"从"非"声，由此可以推知，"扮"与"分"的上古声母相同、"悲"与"非"的上古声母相同。

2. 异文

"异文"就是同一语言材料而文字写法不同。比如"匍匐"，在《诗经·邶风·谷风》中作"匍匐"，《礼记·檀弓下》写作"扶服"，《左传·昭公十三年》写作"蒲伏"。由此推知，"匍""扶""蒲"的声母相同。

3. 反切

同一个被切字而其反切上字不同，这就成为研究上古声母的材料之一。如《诗经·大雅·云汉》："蕴隆虫虫"中的"虫"，《经典释文》记载有两个反切：直忠反和徒冬反。可见，"虫""直""徒"的声母应该相同。

4. 读若

"读若"是反切产生以前的注音方法，因而能够反映出古人的读音。例如，《说文·手部》："扮，从手分声。读若粉。"《说文·水部》："冲，从水，中声。读若动。"由此，我们可以推知"扮"与"粉"的声母相同、"冲"与"动"的声母相同。

5. 声训

"声训"是指古注释家对被释词用同音词或近音词所做的训释，其特点就是"同声为训"，即用来解释的字与被解释的字读音相同。如《释名·释州国》："邦，封也。"《释名·释长幼》："男，任也。"《释名·释宫室》："房，旁也。室之两旁也。"《说文·一部》："天，颠也。"从声母的角度考察，"邦"与"封"的声母、"男"与"任"的声母、"房"与"旁"的声母、"天"与"颠"的声母应该是相同或相近的。

6. 现代方言

方言口语中往往保存着古音，所以现代方言也是研究上古声母的重要材料。此外，现代学者还利用汉藏语系各族语言的比较研究，来考证上古的声母。

（二）上古声母特点

通过以上方法研究的上古声母，与三十六字母比较有以下几个特点。

（1）古无轻唇音。（钱大昕）

（2）古无舌上音。（钱大昕）

（3）娘日二母归泥。（章炳麟）

（4）上古喻母分二：喻三归匣，喻四归定。（曾运乾）

（5）"照穿床审"一分为二。（黄侃）

庄（照₂）、初（穿₂）、崇（床₂）、生（审₂），章（照₃）、昌（穿₃）、船（床₃）、书（审₃）。

（三）上古声母30个（王力认为有32个）

据上推知，一般认为上古有30个字母，这30个字母分别是：

帮滂并明

端透定泥

精清从心邪

庄初崇生

章昌船书

禅

见溪群疑

影晓匣

来

王力认为，喻₃归匣，但喻₄已经存在，并另命名为"余"母；同时主张上古已经有了"日"母，还把上面的"生"母命名为"山"母。于是王力主张的32个字母是：

牙音：见溪群疑

舌音：端（知）透（彻）定（澄）泥（娘）余

       章（照₃）昌（穿₃）船（床₃）书（审₃）禅

唇音：帮（非）滂（敷）并（奉）明（微）

齿音：精清从心邪

       庄（照₂）初（穿₂）崇（床₂）山（审₂）

喉音：影晓匣（喻₃）

半舌：来

半齿：日

二、上古韵部

（一）古韵的分布情况

1. 韵部、古韵

韵部就是指押韵字的归类，互相押韵的字原则上就属同一韵部。押韵的诗，读起来应该是音韵和谐的，但是《诗经》的韵脚，用现代汉语的语音去读，有许多地方并不和谐，这是因为上古语音和现代语音差别很大。清代以来，研究音韵的学者们按照《诗经》用韵的实际情况概括出《诗经》时代的韵部来，叫作古韵，他们所谓的古韵指的就是上古时代（主要指先秦）的韵部。

2. 古韵的分部

在古韵的分部方面，清代的古音学家做了许多工作。段玉裁《六书音均表》、江有诰《诗经韵读》、王念孙《诗经群经楚辞韵谱》，对我们今天查考和了解《诗经》用韵都是较好的参考书。从顾炎武开始把古韵分为10部，到段玉裁分为17部，江有诰分为21部，黄侃分为28部，可谓越分越细、越分越精，而到了王力这里，则将古韵分为30个韵部。

3. 王力30韵部（表5-4）

表5-4　王力30韵部表

类别	阴声韵部	入声韵部	阳声韵部
甲类	之[ə]	职[ək]	蒸[əŋ]
	幽[u]	觉[uk]	冬[uŋ]
	宵[o]	药[ok]	
	侯[ɔ]	屋[ɔk]	东[ɔŋ]
	鱼[a]	铎[ak]	阳[aŋ]
	支[e]	锡[ek]	耕[eŋ]
乙类	脂[ei]	质[et]	真[en]
	微[əi]	物[ət]	文[ən]
	歌[ai]	月[at]	元[an]
丙类		缉[əp]	侵[əm]
		叶[ap]	谈[am]

（二）相关概念

1. 对转

所谓对转，是指王力30韵部表中同一横行的韵部之间的转化，这种语音转化的条件是：主要元音相同、韵尾不同。

表5-4中，收[/][k][ŋ]尾、[i][t][n]尾、[p][m]尾的三大类韵部中，同类韵部元音相同可以互相转化，即阴声韵转为阳声韵、阳声韵转为阴声韵、入声韵转为阴声韵或阳声韵，阴声韵或阳声韵转为入声韵（音韵学家将阴声韵、入声韵跟阳声韵互相转化叫作阴阳对转，因为清代学者通常把入声韵归入阴声韵一类，所以不另立"阴入对转"或"阳入对转"的名称）。

这里举例加以说明，比如《诗经·周南·关雎》最后几句："参差荇菜，左右芼之；窈窕淑女，钟鼓乐之。"其中，"左右芼之""钟鼓乐之"两句押韵（"之"为代词，这里的韵在代词"之"的前面，可看作"句中韵"）。前一句韵脚"芼"，宵部；后一句韵脚"乐"，药部。这里宵、药可以合韵（因二者处在上面表中的第三横行，语音发生对转，可以押韵）。

很 hěn（普通话）
　　hěi（重庆方言）
阴阳对转
杉 shā（普通话，水杉）
　　shān（普通话，杉木）
阴阳对转

2. 旁转

所谓旁转，是指上面30韵部表中竖行同类韵部间的转化，语言转化的条件是：主要元音相近、韵尾相同。

表5-4中，收[/][k][ŋ]尾、[i][t][n]尾、[p][m]尾的三大类韵部，同类邻韵互相转化，即阴声韵转为邻近的阴声韵，阳声韵转为邻近的阳声韵，入声韵转为邻近的入声韵，音韵学家将此称作旁转。

黄侃《黄侃论学杂著》："阴声、阳声同类音近转者曰旁转。"意思是一阴声韵与另一相邻近的阴声韵互相转化，或者一阳声韵与另一相邻近的阳声韵互相转化（入声也是如此）叫旁转。如：

敲　宵部
叩　侯部
　　　　　　　　　阴声韵旁转
窈　幽部
窕　宵部
　　　　　　　　　阴声韵旁转
钱 qián（普通话）
qín（四川荣县方言）
　　　　　　　　　阳声韵旁转

通过旁转后再对转的语音变化现象称为旁对转。具体地说，在收[/][k][ŋ]尾、[i][t][n]尾、[p][m]尾的三大类韵部中，同类邻韵阴、阳、入相转，元音和韵尾都发生变化。

搜 幽部

索 铎部

旁对转

琱、彫 幽部

琢 屋部

旁对转

3. 通转

所谓通转是指主要元音相同，但又不是同一横行之间的"对转"一类的转化。具体地说，在收[ʔ][k][ŋ]尾、[i][t][n]尾、[p][m]尾的三大类韵部中，不同类韵部主要元音相同而可以互相转化的。

额 铎部

颜 元部   通转

韵尾同属鼻音[m][n][ŋ]或韵尾同属塞音[p][t][k]但不相同的字也叫"通转"。

亟 职部

急 缉部

通转

深 侵部

竣 文部

通转

三、双声叠韵和古音通假

（一）定义

双声指的是两个字声母相同，叠韵指的是两个字的韵相同。了解双声叠韵，有助于我们更好地懂得古音通假的道理。

所谓古音通假，就是古代汉语书面语言里同音或音近的字的通用和假借。古音通假，既包括"本无其字"的假借，也包括"本有其字"的通假。同音或声音十分相近，这是假借字的原则，也是古音通假的原则。

（二）判断标准

判断古汉语两个字是否双声叠韵、是否古音通假，应以古汉语读音为据，不能按现代汉语的读音标准去判断。

1. 双声叠韵

（1）双声

形容词：参差（参，初母；差，初母）、踟蹰（踟，定母；蹰，定母）、栗烈（栗，来母；烈，来母）、髤发（髤，帮母；发，帮母）、缤纷（缤，滂母；纷，滂母）、侘傺（侘，透母；傺，透母）、容与（容，喻母；与，喻母)、憔悴（憔，从母；悴，从母）、突梯（突，透母；梯，透母）、滑稽（滑，匣母；稽，见母）、犹豫（犹，喻母；豫；喻母）、便嬖（便，并母；嬖，帮母）。

名词：蟋蟀（蟋，心母；蟀，山母）、蝃蝀（蝃，端母；蝀，端母）、蒹葭（蒹，见母；葭，见母）、伊威（伊，喻母；威，喻母）。

（2）叠韵

形容词：窈窕（窈，幽部；窕，宵部）、虺隤（虺，微部；隤，微部）、窈纠（窈，幽部；纠，幽部）、忧受（忧，幽部；受，幽部）、夭绍（夭，宵部；绍，宵部）、颟颔（颟，侵部；颔，侵部）、须臾（须，侯部；臾，侯部）、婵媛（婵，元部；媛，元部）、觳觫（觳，屋部；觫，屋部）

名词：崔嵬（崔，微部；嵬，微部）、茱苴（茱，之部；苴，之部）、仓庚（仓，阳部；庚，阳部）、蟏蛸（蟏，幽部；蛸，宵部）、薜荔（薜，锡部；荔，支部）、镃基（镃，之部；基，之部）

（3）双声兼叠韵

辗转（辗，知母元部；转，知母元部）

2.古音通假

（1）本有其字的通用和假借。

（2）本无其字的通用和假借。

四、上古音的运用

（一）辨通假

孤不度德量力，欲信大义于天下。（陈寿《隆中对》）

句中的"信"（xìn）通"伸"（shēn）。"信""伸"二者今音不同，何以相通呢？

"信"古心母真部字，"伸"古书母真部字，"心、书"都是齿音，构成"准双声"。所属韵部同为"真"部，二字声音相近，故相通。

发闾左适戍渔阳，九百人屯大泽乡。（《史记·陈涉世家》）

句中"适"（shì）通"谪"（zhé）。经查，"適"古书母锡部字，"谪"古端母锡部字，书、端都是舌音，构成"准双声"；同是锡部字，二字声母相近，故通假。

（二）探词源

同源词就是由同一语源直接或间接派生出来的一组音义相通的词，也就是说，同源词有三个必要条件：第一，读音相同或相通；第二，词义相近或相关；第三，出自同一语源。

"布、帛、币"即为一组同源词,三者今音不同,而在古代则声音相近,何以见得呢?从"巾"旁推断,它们都是纺织品。布,麻织物;帛,丝织物;币,用来馈赠的织物,意义相通。从声音上看,经查,"布"帮母鱼部,"帛"并母铎部,"币"并母月部。帮、并都是唇音,构成"准双声",鱼、铎同一横行构成(阴入)对转关系、铎、月都属于阴声韵部,主要元音相同、韵尾不同,构成通转关系,可见三字声音相近。

"枯、涸、渴"三个词意义相通,都有"缺少"之意。"枯",草木缺水;涸,江河缺水;渴,人缺水。从声音上看,"枯"溪母鱼部,"涸"匣母铎部,"渴"溪母月部。溪、匣均为牙音,构成"准双声";鱼、铎同一横行阴入对转,再与月通转,可见三字声音相近。

(三)释声训

声训又叫"音训",是训诂学上常用的一种用音同、音近词训释词义的方法。

汉代班固的《白虎通》、刘熙《释名》(又叫《逸雅》)是两部用声训释词的著作。如《释名·释姿容》:"负,背也,置项背也。"从意义上讲,"负"就是"背"的意思;从声音上考察,"负"并母之部,"背"帮母职部。帮、并二母属于唇音,准双声;之、职二部阴入对转,可见二者相近。《释名·释言语》:"道,导也,所以通导万物也。"道、导二字从声音上看,同为定母幽部,声音完全相同。

思考题

1.什么是古无轻唇音?什么叫古无舌上音?

2.什么是古音通假?古音通假的原则是什么?

3.什么叫对转?什么叫旁转?

第三节　中　古　音

一、含义

中古音是指六朝到唐宋时的语音,以《切韵》《广韵》音系为代表。我们谈中古音系统,一般是就《广韵》语音系统而言,《广韵》一书反映的语音系统早于三十六字母,两者的系统有所不同。

《广韵》是按韵编排的韵书,全书分206韵,计收26 194字,按平、上、去、入四声分卷,因平声字多,分编为2卷,共5卷。每卷中又据韵的同异，分成若干韵部，计：上平声28个、下平声29个、上声55个、去声60个、入声34个。

二、《广韵》声母

（一）根据反切上字推导

《广韵》未标明自己的声母系统，其声母系统反映在全书的反切之中。因此研究全书的反切上字才能知道《广韵》的声母系统。经过研究，《广韵》472个反切上字可以归并为51个类别，再由反切上字所归并的类别，推求出声母共35个。

（二）中古声母数量

中古声母有35个：

帮滂并明

端透定泥

知彻澄

见溪群疑

精清从心邪

庄初崇生

章昌船书禅

影晓匣喻

来日

（三）中古声母的特点

（1）《广韵》音系中只有重唇音，轻唇音尚未分化出来。

（2）舌音在《广韵》音系中大体分为舌头音和舌上音，但"娘"母还没有从"泥"母中分化出来。

（3）"照穿床审"四个声母在《广韵》音系中，因介音和主要元音的差别而分为两组：一组是"庄初崇生"，一组是"章昌船书"。

（4）《广韵》音系的"匣"母，包含着三十六字母中的"喻"母云类（即"喻₃"）

可见，三十六字母与《广韵》的声母系统有同有异。

三、《广韵》韵母

《广韵》的206韵并不就是韵母系统，了解《广韵》的韵母系统也需要通过反切下字。

《广韵》共有3890个切语（不计"又音"），反切下字1195个。王力对这1195个反切下字进行分析归纳，在《汉语音韵》一书中提出107个韵母的结论。

古汉语基础

228

备注：现代韵母39个，其中单元音韵母10个：a、o、e、ê、i、u、ü、-i（前）、-i（后）、er；复韵母13个：ai、ei、ao、ou、ia、ie、ua、uo、üe、iao、iou、uai、uei；鼻韵母16个：an、ian、uan、üan、en、in、uen、ün、ang、iang、uang、eng、ing、ueng、ong、iong。

四、《广韵》音系与普通话比较

（一）声母比较

现代普通话有22个声母（包括零声母在内），与《广韵》的35个声母比较，有一些是基本相同的，如"端→d""透→t""知→zh""彻→ch""来→l"等，但大部分发生了变化。这些变化表现在以下几个方面。

1. 全浊声母全部清化

全浊声母发展到现代普通话，已全部变成同部位的全清或次清声母。这种变化的条件是声调：如果是平声，就变成相应的次清声母，仄声变成全清声母。

林序达《反切概说》序言："上字是全浊声母字，下字是古平声字，被切字声母今读送气；下字是古仄声字，被切字声母今读不送气。"

黄伯荣、廖序东《现代汉语》上册："浊声母要改读成相应的清声母。平声字要改读成送气的清声母，并念阳平；仄声字要改读成不送气的清声母，并念去声。"

便（并母字）：pián 便宜（平送）

　　　　　　　biàn 方便（仄不送）

被（并母字）：bèi 被动（仄不送）

　　　　　　　pī 被（披）坚执锐（平送）

调（定母字）：tiáo 调整（平送）

　　　　　　　diào 调查（仄不送）

弹（定母字）：tán 弹棉花（平送）

　　　　　　　dàn 原子弹（仄不送）

传（澄母字）：chuán 传统（平送）

　　　　　　　zhuàn 传记（仄不送）

长（澄母字）：cháng 长江（平送）

　　　　　　　zhǎng 成长（仄不送）

重（澄母字）：chóng 重庆（平送）

　　　　　　　zhòng 重要（仄不送）

藏（从母字）：cáng 躲藏（平送）

　　　　　　　zàng 西藏（仄不送）

骑（群母字）：qí 骑马（平送）
　　　　　　　jì 一骑红尘妃子笑（仄不送）
圈（群母字）：quān 朋友圈（平送）
　　　　　　　juàn 猪圈、羊圈（仄不送）
强（群母字）：qiáng 强大（平送）
　　　　　　　jiàng 倔强、强（犟）嘴（仄不送）

2. 知组、庄组、章组合流为 zh、ch、sh

《广韵》中的"知彻澄""庄初崇生""章昌船书禅"，发展到普通话中，都合流为 zh、ch、sh。

3. 见组、精组分化为 j、q、x

中古音的"精清从心邪"五个声母，到今音分化为两组：一组是舌尖前音 z、c、s，另一组是舌面音 j、q、x。分化的条件是：声母是精清从心邪，而韵母是 i 或 ü，或者韵母是以 i 或 ü 为韵头，那么声母今读 j、q、x，音韵学上称为尖音。如"将"，子谅切，精母阳韵，由于今音韵母是 iang，故声母读 j，可见，"将"就是尖音字。

中古音的"见溪群晓匣"到今音也分化为两组，一组是舌根音 g、k、h，另一组是舌面音 j、q、x。分化的条件是，如果今音韵母是 i 或 ü，或者以 i 或 ü 为韵头，今音声母读舌面音 j、q、x，音韵学上称为团音。如"解"，举蟹切，见母蟹韵，韵母是 ie，故今读声母为 j，"解"就是团音字。

4. 唇音分为双唇音和唇齿音

帮母字：béi 北 bǔ 补
非母字：fāng 方 fǔ 府
否（非母字）：fǒu 否定
　　　　　　　pǐ 陟罚臧否
反（非母字）：b 板版
　　　　　　　f 返贩畈饭
非（非母字）：b 悲辈琲
　　　　　　　f 扉匪斐霏菲翡绯腓

5. 零声母大量增加

《广韵》音系的零声母只有"影"母，到普通话中，古代的影、疑、喻、微（明）大部分都演变成零声母。古今声母变化的趋势是合流，结果是由 35 个变成 22 个，合流的趋势除零声母大量增加以外，突出的是普通话卷舌声母增多。表 5-5 为现代声母与《广韵》声母对比。

表5-5 现代声母与《广韵》声母对比

现代声母（22）				《广韵》声母（35）				
b	p	m	f	帮	滂	并	明	
d	t			端	透	定		
		n		泥				
		l		来				
g	k	h		见	溪	群	晓	匣
j	q	x						
z	c	s		精	清	从	心	邪
zh	ch	sh		知 庄 章	彻 初 昌	澄 崇 船	生 书	禅
		r		日				
零声母				疑	影	喻		

（二）韵母比较

古今韵母演变的趋势也是合流。韵母演变突出的特点就是，以塞音和双唇音为结尾的韵母完全消失。这样使得普通话韵母大大减少，并且简化。由于介音、声母等条件的影响，其变化较为复杂，此不赘言。

（三）声调比较

1. 平分阴阳

古平声变为现代的阴平、阳平，其条件是声母的清浊。古清声母的平声调，现在变为阴平；古浊声母的平声调，现在变为阳平。

帮　博旁切（帮，帮母）b+áng→bāng

唐　徒郎切（徒，定母）t+áng→táng

狼　鲁当切（鲁，来母）l+āng→láng

2. 浊上变去

古全浊声母的上声字，现在变为去声。

上　时掌切（时，禅母）sh+ǎng→shàng

户　侯古切（侯，匣母）h+ǔ→hù

3. 入派四声

（1）古入声的全浊声母，变为现代的阳平。

独　徒谷切（徒，定母）t+u（入声）→dú

疾　秦悉切（秦，从母）q+i（入声）→jí

（2）古入声的次浊声母，变为现代的去声。

纳　奴答切（奴，泥母）n+a（入声）→nà

木　莫卜切（莫，明母）m+u（入声）→mù

（3）古入声的清声母演变无明显规律。

有变为阴平的，如：

七　亲吉切（亲，清母）q+i（入声）→qī

有变为阳平的，如：

急　居立切（居，见母）j+i（入声）→jí

有变为上声的，如：

戟　几剧切（几，见母）j+i（入声）→jǐ

有变为去声的，如：

戚　仓历切（仓，清母）c+i（入声）→qì

五、中古音的运用

（一）判定近体诗的用韵

利用《广韵》音系判定隋唐诗歌及以后近体诗的用韵。

（二）正语音

只要掌握了普通话和《广韵》音系的对应规律，就可以利用它纠正各地的方言，学习和推广普通话。

（三）识读反切

反切是古书中大量使用的记音方法，只要了解《广韵》和普通话的对应关系，就可以把古书中的绝大多数反切正确地识读出来，这对读古书是十分有益的。

（1）只要掌握了古浊声母清化的规律，就可以知道下面反切的正确读音（即"平送仄不送"问题）。

渠记切（渠，群母）q+ì→jì

徒故切（徒，定母）t+ù→dù

度官切（度，定母）d+uān→tuán

（2）如果掌握了今音 j、q、x 的来源，就可以正确读出下面反切的读音（即"尖音和团音"问题）。

子煎切（子，精母）z+iān→jiān

渠遥切（渠，群母）q+iáo→qiáo

古衔切（古，见母）g+ián→jiān

（3）只要掌握了古平声今天分为阴平、阳平的规律，就可以知道下面的反切在今天的正确读音（即"平分阴阳"的问题）。

九鱼切（九，见母）j+ú→jū
徒干切（徒，定母）t+ān→tán
渠希切（渠，群母）q+ī→qí

（4）如果掌握了古全浊声母的上声字今天变为去声的知识，就可以正确读出下面的反切读音。（即"浊上变去"的问题）

胡改切（胡，匣母）h+ǎi→hài
部满切（部，并母）b+ǎn→bàn
胡简切（胡，匣母）h+iǎn→xiàn

思考题

1. 什么是中古音？
2. 什么是尖音？什么是团音？
3. 全浊声母发展到普通话已全部清化，其清化的规律是什么？

（以上内容由王兴才、晏昌容负责编写）

文选

本章所学文章，选自《诗经》和《楚辞》。

《诗经》是我国最早的一部诗歌总集，收周代诗歌305篇，分风、雅、颂三类。《诗经》不仅在我国文学史上有极其重要的地位，在汉语发展史上的地位也是非常重要的。《诗经》通常的注本有《毛诗正义》（汉毛亨传，东汉郑玄笺，唐孔颖达疏）和《诗集传》（朱熹注）等。

西汉刘向把屈原、宋玉等人的作品和模仿楚辞形式的作品汇编成册，题为《楚辞》。现在最早的《楚辞》注本是东汉王逸的《楚辞章句》。较好的注本有宋洪兴祖的《楚辞补注》、宋朱熹的《楚辞集注》和清蒋骥的《山带阁注楚辞》。

第一篇 《诗经》之一

（一）关雎

【原文】

关关①雎鸠②，在河之洲。窈窕淑女③，君子好逑④。
参差荇菜，左右流之⑤。窈窕淑女，寤寐⑥求之。
求之不得，寤寐思服。悠哉悠哉⑦，辗转反侧。
参差荇菜，左右采之。窈窕淑女，琴瑟友之⑧。

参差荇菜，左右芼之。窈窕淑女，钟鼓乐之。

【注释】

①关关：象声词，雌雄二鸟相互应和的叫声。

②雎鸠（jūjiū）：一种水鸟，一般认为就是鱼鹰，传说它们雌雄形影不离。

③窈窕（yǎotiǎo）淑女：贤良美好的女子。窈窕，身材体态美好的样子。窈，深邃，喻女子心灵美。窕，幽美，喻女子仪表美。淑，好，善良。

④好逑（hǎo qiú）：好的配偶。逑，"仇"的假借字，匹配。

⑤左右流之：时而向左、时而向右地择取荇菜。这里是以勉力求取荇菜，隐喻"君子"努力追求"淑女"。流，求取。之，指荇菜。

⑥寤寐（wùmèi）：醒和睡。指日夜。寤，醒觉。寐，入睡。又，马瑞辰《毛诗传笺通释》说："寤寐，犹梦寐。"也可通。

⑦悠哉（yōuzāi）悠哉：思念之情绵绵不尽，思念深长的样子。

⑧琴瑟友之：弹琴鼓瑟来亲近她。琴、瑟，皆弦乐器。琴五或七弦，瑟二十五或五十弦。友，用作动词，此处有亲近之意。这句是说，用琴瑟来亲近"淑女"。

（二）桃夭

【原文】

桃之夭夭①，灼灼②其华③。之子④于归⑤，宜⑥其室家。

桃之夭夭，有蕡⑦其实。之子于归，宜其家室。

桃之夭夭，其叶蓁⑧蓁。之子于归，宜其家人。

【注释】

①夭夭：花朵怒放，美丽而繁华的样子。

②灼灼：花朵色彩鲜艳如火，明亮鲜艳的样子。

③华：同"花"。

④之子：这位姑娘。

⑤于归：姑娘出嫁。古代把丈夫家看作女子的归宿，故称"归"。于，去，往。

⑥宜：和顺、亲善，用作动词的使动用法。

⑦蕡（fén）：草木结实很多的样子。此处指桃实肥厚肥大的样子。有蕡即蕡蕡。

⑧蓁（zhēn）：草木繁密的样子，这里形容桃叶茂盛。

（三）芣苢

【原文】

采采①芣苢②，薄言③采之。采采芣苢，薄言有④之。

采采芣苢，薄言掇⑤之。采采芣苢，薄言捋⑥之。

采采芣苢，薄言袺⑦之。采采芣苢，薄言襭⑧之。

【注释】

①采采：茂盛的样子。

②芣苢（fúyǐ）：车前草。

③薄言："薄""言"发语词，无义。这里主要起补充音节的作用。

④有：取得，获得。

⑤掇（duō）：拾取，摘取。

⑥捋（luō）：从茎上成把地采取。

⑦袺（jié）：提起衣襟兜东西。

⑧襭（xié）：把衣襟扎在腰带上兜东西。

（四）静女

【选文】

静女①其姝②，俟③我于城隅④。爱⑤而不见，搔首踟蹰⑥。

静女其娈⑦，贻⑧我彤管⑨。彤管有炜，说怿女美。

自牧归荑，洵美且异。匪⑩女之为美，美人之贻。

【注释】

①静女：贞静娴雅之女。静，娴雅贞静。

②姝：美好。

③俟：等待，此处指约好地方等待。

④城隅：城角隐蔽处。一说城上角楼。城，城墙。隅，城墙上的角楼。

⑤爱：通"薆"，隐藏。

⑥搔首踟蹰：以手指挠头，徘徊不进。踟蹰，徘徊不定。

⑦娈：面目姣好。

⑧贻：赠。

⑨彤管：一说是红色管状的初生的草，即下文的荑。

⑩匪：通"非"。

（五）相①鼠

【原文】

相鼠有皮，人而无仪②。人而无仪，不死何为③？

相鼠有齿，人而无止④。人而无止，不死何俟⑤？

相鼠有体，人而无礼⑥。人而无礼，胡⑦不遄⑧死？

【注释】

①相：视也。

②仪：威仪，指人的举止作风大方正派，具有尊严的行为外表。一说为"礼仪"。

③何为：为何，做什么。

④止：假借为"耻"。郑笺释为"容止"，也可通。

⑤俟：等。

⑥礼：礼仪，指知礼仪，或指有教养。

⑦胡：何，为何，为什么，怎么。

⑧遄（chuán）：快，速速，赶快。

【要点提示】

（一）音义

好（hào），喜爱，跟恶（wù）相对。

参（cēn）差，表示长短不齐。

窈窕（yǎotiǎo），身材体态美好的样子。

寤寐（wùmèi），醒和睡。

蕡（fén），草木结实很多的样子。

榛（zhēn），草木繁密的样子。

芣苢（fúyǐ），车前草，野生植物名，可食。

掇（duō），拾取，摘取。

捋（luō），从茎上成把地采取。

袺（jié），提起衣襟兜东西。

襭（xié），把衣襟扎在腰带上兜东西。

（二）文字

1.古今字

（1）女/汝（彤管有炜，说怿女美）

（2）说/悦（彤管有炜，说怿女美）

2.通假字

（1）爱/薆（爱而不见，搔首踟蹰）

（2）归/馈（自牧归荑，洵美且异）

（3）匪/非（匪女之为美，美人之贻）

（4）止/耻（相鼠有齿，人而无止）

（三）词语

关关、窈窕、逑、寤寐、辗转、夭夭、灼灼、室家、蓁蓁、芣苢、静、姝、踟蹰、贻、说怿、相、俟、遄。

（四）语法

1.词类活用

（1）左右流之。左右，方位名词用作状语，向左边，向右边。

（2）琴瑟友之。琴瑟，名词用作动词，弹琴鼓瑟。友，名词用作动词，亲近。

（3）钟鼓乐之。钟鼓，名词用作动词，敲钟击鼓。乐，使……快乐。

（4）宜其室家。宜，和顺，动词的使动用法，使……和谐。

2.宾语前置

（1）人而无仪，不死何为？

（2）人而无止，不死何俟？

3.双宾语句

贻我彤管。

第二篇 《诗经》之二

（一）氓^①

【原文】

氓之蚩蚩^②，抱布贸丝。匪来贸丝，来即我谋^③。送子涉淇^④，至于顿丘^⑤，匪我愆期，子无良媒^⑥。将^⑦子无怒，秋以为期。

【注释】

①氓：本义为外来的百姓，这里指自彼来此之民，男子之代称。

②蚩（chī）蚩：笑嘻嘻的样子。一说憨厚、老实的样子。

③匪来贸丝，来即我谋：那人并非真来买丝，是找我商量事情来了。

④淇：卫国河名。今河南淇河。

⑤顿丘：地名。今河南浚县。丘，古读作"欺"。

⑥匪我愆（qiān）期，子无良媒：并非我要拖延约定的婚期而不肯嫁，是因为你没有找好媒人。愆，过失，过错，这里指延误。

⑤将（qiāng）：愿，请。

【原文】

乘彼垝垣，以望复关^①。不见复关，泣涕^②涟涟^③；既见复关，载笑载言。尔卜^④尔筮^⑤，体^⑥无咎言^⑦。以尔车来，以我贿^⑧迁。

【注释】

①复关：卫国地名，指"氓"所居之地。

②涕：眼泪。

③涟涟：涕泪下流貌。她初时不见彼氓回到关门来，以为他负约不来了，因而伤心泪下。

④卜：烧灼龟甲的裂纹以判吉凶，叫作卜。

⑤筮（shì）：用蓍（shī）草占卦叫作筮。

⑥体：指龟兆和卦兆，即卜筮的结果。

⑦无咎（jiù）言：无凶卦。咎，不吉利，灾祸。

⑧贿：财物，指嫁妆，妆奁（lián）。"尔卜尔筮，体无咎言。以尔车来，以我贿迁"四句的大意是：你从卜筮看一看吉凶吧，只要卜筮的结果好，你就打发车子来迎娶，并将嫁妆搬去。

【原文】

桑之未落，其叶沃若^①。于^②嗟鸠^③兮，无食桑葚！于嗟女兮，无与士耽^④！士之耽兮，犹可说^⑤也；女之耽兮，不可说也。

【注释】

①桑之未落，其叶沃若：这二句以桑的茂盛时期比作自己恋爱满足，生活美好的时期。沃若，犹"沃然"，像水浸润过一样有光泽。

②于：通"吁"（xū），本义为表示惊怪、不然、感慨等，此处与嗟皆表感慨。

③鸠：斑鸠。传说斑鸠吃桑葚过多会醉。

④耽（dān）：迷恋，沉溺，贪乐太甚。

⑤说：通"脱"，解脱。

【原文】

桑之落矣，其黄而陨①。自我徂尔②，三岁食贫③。淇水汤汤，渐车帷裳④。女也不爽⑤，士贰⑥其行。士也罔极⑦，二三其德⑧。

【注释】

①陨（yǔn）：坠落，掉下。

②徂（cú）尔：嫁到你家。徂，往。

③食贫：过贫穷的生活。

④淇水汤（shāng）汤，渐（jiān）车帷（wéi）裳（cháng）：这两句是说被弃逐后渡淇水而归。汤汤，水势浩大的样子。渐，浸湿。帷裳，车两旁的布幔。

⑤爽：差错。

⑥贰：不专一、有二心，跟"壹"相对。

⑦罔极：没有标准。

⑧二三其德：在品德上三心二意，言行前后不一致。

【原文】

三岁为妇，靡室劳矣①；夙兴夜寐②，靡有朝矣！言既遂矣③，至于暴矣；兄弟不知，咥④其笑矣！静言思之⑤，躬自悼矣⑥！

【注释】

①靡室劳矣：所有的家庭劳作一身担负无余。靡，无。室劳，家务劳动。

②夙兴夜寐：起早睡迟。夙，早。兴，起来。

③言既遂矣：你的愿望已经实现。言，语助词，无实义。

④咥（xì）：笑的样子。以上两句是说兄弟还不晓得我的遭遇，见面时都讥笑我。

⑤静言思之：静下心来好好地想一想。言，音节助词，无实义。

⑥躬自悼矣：自身独自伤心。躬，自身。悼，伤心。

【原文】

及尔偕老，老使我怨①。淇则有岸，隰②则有泮③。总角④之宴⑤，言笑晏晏⑥，信誓旦旦⑦，不思其反⑧。反是⑨不思，亦已焉哉⑩！

【注释】

①及尔偕老，老使我怨：当初曾相约和你一同过到老，偕老之说徒然使我怨恨罢了。

②隰（xí）：低湿的地方。

③泮（pàn）：通"畔"，水边，边岸。

④总角：古代少年男女把头发扎成丫髻，称总角。这里指代少年时代。

⑤宴：快乐。

⑥晏晏（yàn）：欢乐、和悦的样子。

⑦旦旦：诚恳的样子。

⑧不思其反：不承想过会违背誓言。反，背叛，违背。

⑨反是：违反这些。是，指示代词，指代誓言。

⑩亦已焉哉：那就算了吧。

（二）伐檀

【原文】

坎坎①伐檀兮，置之河之干②兮，河水清且涟③猗④。不稼不穑，胡⑤取禾⑥三百⑦廛⑧兮？不狩⑨不猎，胡瞻尔庭有县⑩貆⑪兮？彼君子⑫兮，不素餐⑬兮！

【注释】

①坎坎：象声词，伐木声。

②干：水边。

③涟：即澜。

④猗（yī）：义同"兮"，语气助词。

⑤胡：为什么。

⑥禾：谷物。

⑦三百：意为很多，并非实数。

⑧廛（chán）：一夫所居曰廛。

⑨狩：冬猎。

⑩县（xuán）：后来写作"悬"，悬挂。

⑪貆（huán）：猪獾。也有说是幼小的貉。

⑫君子：此系反话，指有地位有权势者。

⑬素餐：白吃饭，不劳而获。

【原文】

坎坎伐辐①兮，置之河之侧兮，河水清且直②猗。不稼不穑，胡取禾三百亿③兮？不狩不猎，胡瞻尔庭有县特④兮？彼君子兮，不素食兮！

【注释】

①辐：车轮上的辐条。

②直：水流的直波。

③亿：周代以十万为亿，以此指禾把的数目。

④特：三岁大兽。

【原文】

坎坎伐轮兮，置之河之漘①兮，河水清且沦②猗。不稼不穑，胡取禾三百囷③兮？不狩不猎，胡瞻尔庭有县鹑兮？彼君子兮，不素飧④兮！

【注释】

①漘（chún）：水边。

②沦：小波纹。

③囷（qūn）：束。一说圆形的谷仓。

④飧（sūn）：熟食，这里泛指吃饭。

（三）硕鼠

【原文】

硕鼠硕鼠，无①食我黍②！三岁贯女③，莫我肯顾。逝④将去女，适彼乐土。乐土乐土，爰⑤得我所⑥。

硕鼠硕鼠，无食我麦！三岁贯女，莫我肯德。逝将去女，适彼乐国。乐国乐国，爰得我直⑦。

硕鼠硕鼠，无食我苗！三岁贯女，莫我肯劳⑧。逝将去女，适彼乐郊。乐郊乐郊，谁之永号⑨？

【注释】

①无：毋，不要。

②黍：黍子，也叫"黄米"，谷类，是重要的粮食作物之一。

③三岁贯女：侍奉你多年。三岁，多年。三，非实数。贯，借作"宦"，侍奉。女，后来写作"汝"。

④逝：通"誓"。

⑤爰：于是，在此。

⑥所：处所。

⑦直：后来写作"值"，相当于"所"，这里指适宜的处境。王引之《经义述闻》说："当读为职，职亦所也。"

⑧劳：慰劳。

⑨号：呼喊。

（四）鸨羽

【原文】

肃肃①鸨②羽，集于苞栩③。王事靡④盬⑤，不能艺⑥稷黍。父母何怙？悠悠苍天，曷⑦其有所？

肃肃鸨翼，集于苞棘。王事靡盬，不能艺黍稷。父母何食？悠悠苍天，曷其有极？

肃肃鸨行⑧，集于苞桑。王事靡盬，不能艺稻粱。父母何尝⑨？悠悠苍天，曷其有常？

【注释】

①肃肃：鸟翅扇动的响声。

②鸨（bǎo）：鸟名，似雁而大，群居水草地区，性不善栖木。

③苞栩：丛密的柞树。苞，草木丛生。栩，栎树，一名柞树。

④靡：无，没有。

⑤盬（gǔ）：休止。

⑥艺（yì）：种植。

⑦曷（hé）：何。

⑧行：行列。一说鸨腿；一说翅根，引申为鸟翅。

⑨尝：吃。

（五）蒹葭

【原文】

蒹①葭②苍苍③，白露为霜。所谓伊人，在水一方。

溯洄④从之，道阻且长。溯游从之，宛在水中央。

蒹葭萋萋，白露未晞⑤。所谓伊人，在水之湄⑥。

溯洄从之，道阻且跻⑦。溯游从之，宛在水中坻。

蒹葭采采，白露未已。所谓伊人，在水之涘。

溯洄从之，道阻且右⑧。溯游从之，宛在水中沚⑨。

【注释】

①蒹（jiān）：没长穗的芦苇。

②葭（jiā）：初生的芦苇。

③苍苍：鲜明、茂盛貌。下文"萋萋""采采"义同。

④溯洄：逆流而上。下文"溯游"指顺流而下。洄，指弯曲的水道。游，指直流的水道。

⑤晞（xī）：干。

⑥湄：水和草交接的地方，也就是岸边。

⑦跻（jī）：升高，这里形容道路又陡又高。

⑧右：迂回曲折。

⑨沚（zhǐ）：水中的沙滩。

【要点提示】

（一）音义

氓（méng），民，外来的百姓。

蚩蚩（chīchī），笑嘻嘻的样子。一说憨厚、老实的样子。

愆（qiān），过失，过错。

将（qiāng），愿，请。

筮（shì），用蓍草占卦叫作"筮"。

咎（jiù），不吉利，灾祸。

陨（yǔn），坠落，掉下。

徂（cú），往。

汤汤（shāngshāng），水势浩大的样子。

渐（jiān），浸湿。

帷裳（wéicháng），车旁的布幔。

咥（xì），笑的样子。

貆（huán），猪獾。

漘（chún），水边。

囷（qūn），束。一说圆形的谷仓。

飧（sūn），熟食。

鸨（bǎo），鸟名。

盬（gǔ），休止。

蒹葭（jiānjiā），芦苇。

晞（xī），干。

跻（jī），升高。

沚（zhǐ），水中的沙滩。

（二）文字

1. 古今字

（1）县/悬（胡瞻尔庭有县貆兮）

（2）女/汝（三岁贯女，莫我肯顾）

（3）华/花（灼灼其华）

2. 通假字

（1）蚩/嗤（氓之蚩蚩，抱布贸丝）

（2）于/吁（于嗟女兮，无与士耽）

（3）说/脱（士之耽兮，犹可说也）

（4）泮/畔（淇则有岸，隰则有泮）

（三）词语

愆、将、涟涟、沃若、夙兴夜寐、躬、旦旦、稼穑、坎坎、飧、硕鼠、爰、莫、怙、蓺、肃肃、悠悠、蒹葭、采采、沚。

（四）语法

1. 词类活用

（1）三岁贯女，莫我肯德。德，用作动词，加惠。

（2）士也罔极，二三其德。二三，用作动词，使动用法，有改变、反复之意。

2. 宾语前置

（1）将子无怒，秋以为期。

（2）三岁贯女，莫我肯顾/莫我肯德/莫我肯劳。

（3）父母何怙？/父母何食？/父母何尝？

3. 双宾语句

（1）坎坎伐檀兮，置之河之干兮。

（2）坎坎伐辐兮，置之河之侧兮。

（3）坎坎伐轮兮，置之河之漘兮。

第三篇 《诗经》之三

（一）七月

【原文】

七月流①火②，九月授衣③。一之日④觱发⑤，二之日栗烈⑥。无衣无褐⑦，何以卒岁⑧。三之日于耜，四之日举趾。同我妇子，馌⑨彼南亩⑩，田畯至喜。

【注释】

①流：落下。

②火：星宿名，又称"大火"。

③授衣：叫妇女缝制冬衣。

④一之日：周历一月，夏历十一月。以下类推。

⑤觱发（bìbō）：风寒。

⑥栗烈：气寒。

⑦褐（hè）：粗布衣服。

⑧卒岁：终岁，年底。

⑨馌（yè）：送饭。

⑩南亩：田地。

【原文】

七月流火，九月授衣。春日载阳，有鸣仓庚①。女执懿筐，遵②彼微行③，爰求柔桑。春日迟迟，采蘩④祁祁⑤。女心伤悲，殆及公子⑥同归⑦。

【注释】

①仓庚：黄莺。

②遵：沿着。

③微行：小路。

④蘩：白蒿。

⑤祁祁：人多的样子。

⑥公子：国君之子。

⑦归：出嫁。

【原文】

七月流火，八月萑苇。蚕月条桑，取彼斧斨，以伐远扬①，猗②彼女桑③。七月鸣鵙④，八月载绩⑤。载玄载黄，我朱孔阳，为公子裳。

【注释】

①远扬：向上长的长枝条。

②猗（yī）：掎的假借字。牵拉。

③女桑：小桑。

④鵙（jú）：伯劳鸟，叫声响亮。

⑤绩：织麻布。

【原文】

四月秀①葽②，五月鸣蜩。八月其获，十月陨箨③。一之日于貉，取彼狐狸，为公子裘。二之日其同④，载缵⑤武功⑥。言私其豵⑦，献豜⑧于公。

【注释】

①秀：植物开花。

②葽（yāo）：草名，也叫"远志"。

③箨（tuò）：草木掉落的叶。

④同：会合。

⑤缵：继续。

⑥武功：指打猎。

⑦豵（zōng）：一岁的野猪。文中泛指小的野兽。

⑧豜（jiān）：三岁的野猪。文中泛指大的野兽。

【原文】

五月斯螽①动股②，六月莎鸡振羽，七月在野，八月在宇，九月在户，十月蟋蟀入我床下。穹窒③熏鼠，塞向④墐⑤户。嗟我妇子，曰为改岁④，入此室处。

【注释】

①斯螽（zhōng）：蚱蜢。

②动股：蚱蜢鸣叫时要弹动腿。

③穹窒：堵塞鼠洞。

④向：朝北的窗户。

⑤墐（jìn）：用泥涂抹。

⑥改岁：除岁。

【原文】

六月食郁①及薁②，七月亨③葵④及菽⑤。八月剥枣，十月获稻，为此春酒，以介⑥眉寿⑦。七月食瓜，八月断壶，九月叔⑧苴⑨，采荼⑩薪樗⑪，食我农夫。

【注释】

①郁：郁李。

②薁（yù）：野葡萄。

③亨：煮。后来写作"烹"。

④葵：滑菜。

⑤菽：豆。

⑥介：求取。

⑦眉寿：长寿。

⑧叔：拾起。

⑨苴（jū）：秋麻籽，可吃。

⑩荼（tú）：苦菜。

⑪薪樗（chū）：拿樗当柴烧。薪，用作动词，当柴烧。樗：臭椿树。

【原文】

九月筑场圃，十月纳禾稼。黍稷重①穋②，禾麻菽麦。嗟我农夫，我稼既同，上③入执宫功④。昼尔于茅⑤，宵尔索绹⑥。亟⑦其乘屋⑧，其始播百谷。

【注释】

①重：通"穜"，晚熟作物。

②稑（lù）：早熟作物。

③上：通"尚"，还要。

④宫功：为贵族修建宫室。

⑤茅：用作动词，割取茅草。

⑥索绹（táo）：搓绳子。

⑦亟：急忙。

⑧乘屋：爬上房顶去修理。

【原文】

二之日凿冰冲冲，三之日纳于凌阴①。四之日其蚤②，献羔祭韭。九月肃霜，十月涤场③。朋酒④斯飨⑤，曰杀羔羊。跻⑥彼公堂⑦，称⑧彼兕觥⑨，万寿无疆。

【注释】

①凌阴：冰室。

②蚤：通"早"，一种祭祀仪式。

③涤场：打扫场院。

④朋酒：两壶酒。

⑤飨（xiǎng）：乡人在一起饮酒。

⑥跻（jī）：登上。

⑦公堂：公共场所。

⑧称：举起。

⑨兕觥（sìgōng）：古时的酒器。

（二）节南山

【原文】

节①彼南山，维石岩岩②。赫赫师尹③，民具④尔瞻。

忧心如惔⑤，不敢戏谈。国既卒⑥斩，何用⑦不监。

【注释】

①节：高峻的样子。

②岩岩：山石堆积的样子。

③师尹：太师尹氏。大师是西周掌管军事大权的长官。

④具：后来写作"俱"，都。

⑤惔（tán）："炎"的误字，焚烧。

⑥卒：终，全。

⑦何用：何以，何因。

【原文】

节彼南山，有实①其猗②。赫赫师尹，不平谓何？天方荐③瘥④，丧乱弘多。民言无嘉，憯莫惩嗟。

【注释】

①有实：实实，广大的样子。《诗经》中形容词、副词以"有"作词头者，相当于该

词之重叠词。

②猗：同"阿"，山阿，大的丘陵。

③荐：屡次。

④瘥（cuó）：疫病。

【原文】

尹氏大师，维周之氐①。秉国之钧②，四方是维，天子是毗，俾民不迷。不吊③昊天④，不宜空⑤我师⑥。

【注释】

①氐：通"柢"，根本。这里隐喻尹氏地位重要。

②钧：通"均"，制陶器的模具下端的转轮盘，借此比喻国家大权。

③吊：善。

④昊天：犹言皇天。

⑤空：穷。

⑥师：众民。

【原文】

弗躬弗亲，庶民弗信。弗问弗仕，勿罔君子。式①夷②式已③，无小人殆④。琐琐⑤姻亚，则无膴仕⑥。

【注释】

①式：应，当。

②夷：平。

③已：止，制止。

④殆：危。

⑤琐琐：细小卑贱。

⑥膴（wǔ）仕：厚任，高官厚禄。

【原文】

昊天不佣①，降此鞠讻②。昊天不惠，降此大戾。君子如届③，俾民心阕。君子如夷，恶怒是违。

【注释】

①佣（chōng）：均，公平。

②鞠讻（xiōng）：极乱。讻，祸乱，昏乱。

③届：临。

【原文】

不吊昊天，乱靡有定。式月斯生①，俾民不宁。忧心如酲，谁秉国成②？不自为政，卒劳百姓。驾彼四牡③，四牡项领④。我瞻四方，蹙蹙⑤靡所骋。方茂尔恶，相尔矛矣。既夷既怿，如相酬矣。

【注释】

①式月斯生：每月都有祸乱发生。式，语气语。斯，是，这，指祸乱。

②成：平。

③牡：雄性禽兽，此指公马。

④项领：肥大的脖颈。

⑤蹙（cù）蹙：局促的样子。

【原文】

昊天不平，我王不宁。不惩其心，覆①怨其正②。家父作诵，以究王讻。式讹③尔心，以畜万邦。

【注释】

①覆：反。

②正：规劝纠正。

③讹（é）：改变。

（三）公刘

【原文】

笃①公刘，匪居匪康②。乃场③乃疆，乃积④乃仓⑤。乃裹糇粮⑥，于橐于囊⑦。思辑⑧用光⑨，弓矢斯张；干戈戚扬，爰方启行。

【注释】

①笃：诚实忠厚。

②匪居匪康：不贪图居处的安宁。匪，通"非"，不。居、康，安宁也。

③场（yì）：田界。

④积：露天堆粮之处，后亦称"庾"。

⑤仓：用作动词，把粮食存在仓内。

⑥糇（hóu）粮：干粮。

⑦于橐（tuó）于囊：指装入口袋。有底曰囊，无底曰橐。

⑧思辑：谓和睦团结。思，发语词。

⑨用光：以为荣光。

【原文】

笃公刘，于胥①斯原②。既庶③既繁，既顺④乃宣⑤，而无永叹。陟⑥则在巘⑦，复降在原。何以舟⑧之？维玉及瑶，鞞⑨琫⑩容刀。

【注释】

①胥：视察。

②斯原：这里的原野。

③庶：与后面的"繁"同义，指人口众多。朱熹《诗集传》："庶繁，谓居之者众也。"

④顺：谓民心归顺。

⑤宣：舒畅。

⑥陟（zhì）：攀登。

⑦巘（yǎn）：小山。

⑧舟：通"周"，环绕，这里指在腰间佩带。

⑨鞞（bǐng）：刀鞘。

⑩琫（běng）：刀鞘口上的玉饰。

【原文】

笃公刘，逝①彼百泉，瞻彼溥②原。乃陟南冈，乃觏③于京④。京师⑤之野，于时处处，于时庐旅，于时言言，于时语语。

【注释】

①逝：往。

②溥（pǔ）：广大。

③觏（gòu）：看见。

④京：高丘。一释作豳之地名。

⑤京师：朱熹《诗集传》："京师，高山而众居也。董氏曰：'所谓京师者，盖起于此。'其后世因以所都为京师也。"

【原文】

笃公刘，于京斯依。跄跄济济①，俾筵俾几②，既登乃依。乃造③其曹④，执豕于牢，酌之用匏。食之饮之，君之宗之。

【注释】

①跄跄济济：朱熹《诗集传》："群臣有威仪貌。"跄跄，形容走路有节奏。济济，从容端庄貌。

②俾（bǐ）筵俾几：使人为众宾铺席设几。俾，使。筵，铺席。几，名词用作动词，设几。古人席地而坐，故云。

③造：到。

④曹：祭猪神。

【原文】

笃公刘，既溥既长，既景①乃冈，相其阴阳②，观其流泉。其军三单③，度④其隰原⑤，彻田为粮。度其夕阳⑥，豳居允荒⑦。

【注释】

①景：后来写作"影"，用作动词，靠日影以测定方位。

②相其阴阳：视察地势是否寒暖得宜，以便耕种。相，视察。阴阳，指山之南北。南曰阳，北曰阴。

③三单（shàn）：谓分军为三，以一军服役，他军轮换。单，通"禅"，意为轮流值班。

④度：测量。

⑤隰（xí）原：低平之地。

⑥夕阳：这里指傍晚才能看到太阳的地方，也就是山的西面。《尔雅·释山》："山西曰夕阳。"

⑦允荒：确实广大。

【原文】

笃公刘，于豳斯馆。涉渭①为乱②，取厉取锻。止基③乃理④，爰众爰有⑤。夹其皇涧⑥，溯其过涧⑦。止旅乃密⑧，芮⑨鞫⑩之即。

【注释】

①渭：渭水。

②乱：横流而渡。

③基：基地。

④理：治理。

⑤爰众爰有：谓人多且富有。

⑥皇涧：豳地水名。

⑦过涧：亦水名。

⑧止旅乃密：指前来定居的人口日渐稠密。

⑨芮（ruì）：一作汭，水边向内凹处。

⑩鞫（jū）：水边向外凸处。

【要点提示】

（一）音义

觱发（bìbō），风寒也。

馌（yè），送饭。

萑（huán），荻的别名，苇的一种。

斨（qiāng），方孔的斧头。

鵙（jué），伯劳鸟，叫声响亮。

萚（tuò），草木掉落的叶。

缵（zuǎn），继续。

豵（zōng），一岁的野猪。

豜（jiān），三岁的野猪。

斯螽（zhōng），蚱蜢。

莎（suō）鸡，虫名，就是纺织娘。

薁（yù），野葡萄。

剥（pū），打。

苴（jū），秋麻籽，可吃。

荼（tú），苦菜。

樗（chū），臭椿树。

稑（lù），晚种早熟的谷。

绹（táo），绳子。

飨（xiǎng），乡人在一起饮酒。

跻（jī），登上。

兕觥（sìgōng），古时的酒器。

瘥（cuó），疫病。

憯（cǎn），曾，竟然。

毗（pí），辅佐。

蹙蹙（cùcù），局促的样子。

埸（yì），田界。

糇（hóu）粮，干粮。

陟（zhì），攀登。

蘝（yǎn），小山。

鞞（bǐng），刀鞘。

琫（běng），刀鞘口上的玉饰。

覯（gòu），看见。

蹌蹌（qiāngqiāng），形容走路有节奏。

济济（jǐjǐ），从容端庄貌。

俾（bǐ），使。

隰（xí）原，低平之地。

芮鞫（ruìjū），水名。

（二）文字

1. 古今字

（1）亨/烹 （七月亨葵及菽）

（2）具/俱 （民具尔瞻）

（3）景/影 （既景乃冈，相其阴阳）

2. 通假字

（1）剥/扑 （八月剥枣）

（2）舟/周 （何以舟之）

（3）氐/柢 （尹氏大师，维周之氐）

（4）钧/均 （秉国之钧，四方是维）

（5）踌/酬 （既夷既怿，如相踌矣）

（6）匪/非 （笃公刘，匪居匪康）

（7）单/禅 （其军三单，度其隰原）

（三）词语

鬒发、迟迟、祁祁、萑苇、斯螽、莎鸡、蟋蟀、剥、眉寿、叔、朋酒、岩岩、姻亚、处处、言言、语语、相、阴阳。

（四）语法

1. 词类活用

（1）弗躬弗亲，庶民弗信。躬、亲，名词用作动词，指亲自做事。

（2）不吊昊天，不宜空我师。空，穷，形容词的使动用法，使……穷困。

（3）何以舟之？维玉及瑶。舟，通"周"，用作动词，环绕。

（4）乃积乃仓。仓，名词用作动词，把粮食存在仓内。

2. 判断句

尹氏大师，维周之氐。

3. 主谓倒装

笃公刘。

4. 宾语前置

（1）朋酒斯飨，曰杀羔羊。

（2）赫赫师尹，民具尔瞻。

（3）国既卒斩，何用不监。

（4）秉国之钧，四方是维，天子是毗，俾民不迷。

（5）君子如夷，恶怒是违。

（6）思辑用光，弓矢斯张。

（7）何以舟之？维玉及瑶。

（8）止旅乃密，芮鞫之即。

5. 双宾语句

（1）我朱孔阳，为公子裳。

（2）取彼狐狸，为公子裘。

第四篇　《楚辞》之一

（一）山鬼

【原文】

若有人兮山之阿，被①薜荔②兮带女萝。

既含睇兮又宜笑，子慕予兮善窈窕③。

乘赤豹兮从文狸，辛夷车兮结桂旗。

被石兰④兮带杜衡，折芳馨兮遗所思。

余⑤处幽篁⑥兮终不见天，路险难兮独后来。

表⑦独立兮山之上，云容容兮而在下。

杳冥冥兮羌昼晦，东风飘兮神灵雨。

留灵修⑧兮憺⑨忘归，岁既晏兮孰华予。

采三秀兮于山间，石磊磊兮葛蔓蔓。

怨公子兮怅忘归，君思我兮不得闲。

山中人兮芳杜若，饮石泉兮荫松柏。

君思我兮然疑作。

雷填填兮雨冥冥，猿啾啾兮狖夜鸣。

风飒飒兮木萧萧，思公子兮徒离⑩忧。

【注释】

①被（pī）：后来写作"披"。

②薜荔：与后面的"女萝"皆蔓生植物，香草。

③窈窕：娴雅美好貌。

④石兰：与后面的"杜蘅"皆香草名。

⑤余：我，山鬼自指。

⑥幽篁：幽深的竹林。篁，竹林。

⑦表：独立突出的样子。

⑧灵修：指神女。

⑨憺（dàn）：安乐的样子。

⑩离：通"罹"，遭受。

（二）国殇

【原文】

操①吴戈②兮被犀甲③，车错毂④兮短兵接。

旌蔽日兮敌若云⑤，矢交坠兮士争先。

凌⑥余阵兮躐⑦余行⑧，左骖殪兮右刃伤。

霾两轮兮絷四马，援玉枹兮击鸣鼓。

天时坠兮威灵怒，严杀⑨尽兮弃原野⑩。

出不入兮往不反，平原忽⑪兮路超⑫远。

带长剑兮挟秦弓，首身离兮心不惩。

诚既勇兮又以武，终刚强兮不可凌。

身既死兮神以灵⑬，魂魄毅兮为鬼雄。

【注释】

①操：拿着。

②吴戈：战国吴地所制的戈（因制作精良锋利而著名）。

③犀甲：犀牛皮制作的铠甲。

④错毂（gǔ）：指两国双方激烈交战，兵士来往交错。毂，车轮中心插轴的地方。

⑤旌（jīng）蔽日兮敌若云：旌旗遮蔽了太阳，敌兵好像云一样聚集在一起。旌，用羽毛装饰的旗子。

⑥凌：侵犯。

⑦躐（liè）：践踏。

⑧行（háng）：行列。

⑨严杀：酣战痛杀。

⑩弃原野：指骸骨弃在战场上。

⑪忽：指原野宽广无际。

⑫超：通"迢"。

⑬神以灵：精神永存。

【要点提示】

（一）音义

睇（dì），微微斜视。

篁（huáng），竹林。

憺（dàn），安乐的样子。
躐（liè），践踏。

（二）文字
1.古今字
（1）反/返（出不入兮往不反）
（2）华/花（岁既晏兮孰华予）
（3）被/披（被薜荔兮带女萝）
2.通假字
（1）离/罹（思公子兮徒离忧）
（2）以/已（诚既勇兮又以武）

（三）词语
注意叠音词的使用：（云）容容、（杳）冥冥、（石）磊磊、（葛）蔓蔓、（雷）填填、（雨）冥冥、（猿）啾啾、（风）飒飒、（木）萧萧。

（四）语法
词类活用
（1）被薜荔兮带女萝。带，名词用作动词，把……当作带子。
（2）东风飘兮神灵雨。雨，名词用作动词，下雨，降雨。
（3）饮石泉兮荫松柏。荫，名词用作动词，荫松柏，即以松柏为荫。
（4）岁既晏兮孰华予。华，同"花"，使动用法，使……年轻。

第五篇　《楚辞》之二

（一）哀郢
【原文】
皇天之不纯命①兮，何百姓②之震③愆④？
民离散而相失兮，方⑤仲春⑥而东迁。
去故乡而就远兮，遵江夏以流亡。
出国门而轸怀兮，甲之晁⑦吾以行。
发郢都而去闾兮，怊⑧荒忽⑨其焉极⑩。
楫齐扬以容与兮，哀见君而不再得。
望长楸而太息兮，涕淫淫其若霰。
过夏首⑪而西浮⑫兮，顾龙门而不见。
心婵媛而伤怀兮，眇⑬不知其所蹠⑭。
顺风波以从流兮，焉洋洋而为客。

【注释】

①不纯命：不施厚命，指天失其常道。

②姓：指贵族、官僚集团。

③震：震动不安。

④愆（qiān）：罪。

⑤方：正当。

⑥仲春：夏历二月。

⑦甲之朝：古时以干支纪日，甲之朝即甲日的早晨。朝，通"朝"，早晨。

⑧怊（chāo）：痛苦。

⑨荒忽：遥远的样子。

⑩焉极：哪里是尽头。

⑪夏首：长江与夏水的汇合处。

⑫西浮：屈原的行程本是顺江一路向东。此言"西浮"颇费解。现在一般解释说，过夏首后，有一段水路折向西流，故言"西浮"。

⑬眇：通"渺"，遥远。

⑭所蹠（zhí）：驻足的地方。蹠，脚踏。

【原文】

凌阳侯之泛滥兮，忽翱翔之焉薄①。

心绪结而不解兮，思蹇产②而不释。

将运舟而下浮兮，上洞庭而下江。

去终古之所居兮，今逍遥而来东。

羌灵魂之欲归兮，何须臾而忘反。

背夏浦而西思兮，哀故都之日远。

登大坟以远望兮，聊以舒吾忧心。

哀州土之平乐兮，悲江介③之遗风④。

当陵阳之焉至兮，淼南渡之焉如。

曾不知夏⑤之为丘⑥兮，孰两东门之可芜。

心不怡之长久兮，忧与愁其相接。

惟郢路之辽远兮，江与夏之不可涉。

忽⑦若去不信⑧兮，至今九年而不复。

惨郁郁而不通兮，蹇⑨侘傺而含戚⑩。

【注释】

①薄：止。

②蹇产：曲折纠缠。

③江介：江边。

④遗风：古代遗留下来的淳朴风俗。

⑤夏：通"厦"，高大的房屋。

⑥丘：废墟。

⑦忽：速。

⑧不信：不被信任。

⑨蹇：困苦。

⑩戚：忧伤。

【原文】

外承欢之汋约兮，谌①荏弱②而难持。

忠湛湛而愿进兮，妒被离③而鄣④之。

尧舜之抗行兮，瞭杳杳⑤而薄天。

众谗人之嫉妒兮，被以不慈之伪名。

憎愠惀之修美兮，好夫人⑥之慷慨⑦。

众踥蹀而日进兮，美超远而逾迈。

乱曰：曼余目以流观兮，冀一反之何时？

鸟飞反故乡兮，狐死必首丘。

信非吾罪而弃逐兮，何日夜而忘之？

【注释】

①谌（chén）：真，指内在的才能。

②荏弱：软弱。

③被离：分散的样子。

④鄣：同"障"，挡住。

⑤瞭杳杳：高远的样子。

⑥夫人：那些人，指群小。

⑦慷慨：此指巧言令色，能说会道。

（二）渔父

【原文】

屈原既①放，游于江潭，行吟泽畔；颜色②憔悴，形容③枯槁。渔父见而问之曰："子非三闾大夫④与？何故至于斯？"屈原曰："举世皆浊我独清，众人皆醉我独醒，是以⑤见⑥放。"

【注释】

①既：已经，引申为"（在）……之后"。

②颜色：脸色。

③形容：形体容貌。

④三闾（lǘ）大夫：掌管楚国王族屈、景、昭三姓事务的官。屈原曾任此职。

⑤是以：因此。

⑥见：被。

【原文】

渔父曰："圣人不凝滞于物，而能与世推移。世人皆浊，何不淈①其泥而扬其波？众人皆醉，何不餔②其糟③而歠④其醨⑤？何故深思高举⑥，自令放为？"

【注释】

①淈（gǔ）：搅浑。

②餔（bū）：吃。

③糟：酒糟。

④歠（chuò）：同"啜"，饮。

⑤醨（lí）：薄酒。

⑥高举：高出世俗的行为。

【原文】

屈原曰："吾闻之，新沐①者必弹冠，新浴②者必振衣。安能以身之察察③，受物之汶汶④者乎？宁赴湘流，葬于江鱼之腹中。安能以皓皓⑤之白，而蒙世俗之尘埃乎？"

【注释】

①沐：洗头。

②浴：洗身，洗澡。

③察察：皎洁的样子。

④汶（mén）汶：污浊。

⑤皓皓：洁白的或高洁的样子。

【原文】

渔父莞尔①而笑，鼓枻②而去。歌曰："沧浪③之水清兮，可以濯④吾缨⑤；沧浪之水浊兮，可以濯吾足。"遂去⑥，不复⑦与言。

【注释】

①莞尔：微笑的样子。

②鼓枻（yì）：摇摆着船桨。鼓，拍打。枻，船桨。

③沧浪：水名，汉水的支流，在湖北境内。或谓沧浪是说水清澈的样子。

④濯：洗。

⑤缨：系帽的带子。

⑥遂去：于是离开。

⑦复：再。

【要点提示】

（一）音义

愆（qiān），罪。

晁（zhāo），通"朝"，早晨。

轸（zhěn），悲痛。

霰（xiàn），细雪粒。

蹢（zhí），脚踏地。

（二）文字

1.古今字

反/返　（何须臾而忘反）

　　　　（冀一反之何时）

2. 通假字

（1）晁/朝 （甲之晁吾以行）

（2）眇/渺 （眇不知其所蹠）

（3）夏/厦 （曾不知夏之为丘兮）

（4）逾/愈 （美超远而逾迈）

3. 异体字

（1）鄣/障 （妒被离而鄣之）

（2）歠/啜 （何不餔其糟而歠其醨）

（三）词语

1. 联绵词（联绵字）

容与、婵媛、蹇产、逍遥、须臾、佒傺、汋约、被离、嫉妒、愠惀、踥蹀、慷慨、憔悴。

2. 三字状语

三字状语，是形容词加联绵字结构。如：

（1）怊荒忽 （怊荒忽其焉极）

（2）蹇佒傺 （蹇佒傺而含戚）

3. 叠音词

淫淫、洋洋、郁郁、湛湛、杳杳、察察、汶汶、皓皓。

（四）语法

1. 词类活用

（1）眇不知其所蹠。蹠，脚掌，名词用作动词，用脚掌踏地。

（2）狐死必首丘。首，名词用作动词，头朝着。

2. 判断句

子非三闾大夫与?

3. 主谓倒装

何百姓之震愆?

4. 被动句

（1）忽若去不信兮。

（2）忠湛湛而愿进兮。

（3）众人皆醉我独醒，是以见放。

5. 宾语前置

（1）怊荒忽其焉极。

（2）当陵阳之焉至兮。

（3）忽翱翔之焉薄。

（4）淼南渡之焉如。

（5）众人皆醉我独醒，是以见放。

（以上内容由王华树、姜林负责编写）

41. 异

例：自牧归荑，洵美且异。（《诗经·邶风·静女》）

例句中"异"是"不同"的意思，由"异"的本义引申而来。

叶玉森曰："卜辞乃象一人捧头如鬼状，可惊异也。"本义是①"怪异的事物"。《孟子·梁惠王上》："王无异于百姓之以王为爱也。"怪异的事物往往与众不同，本义引申为②"不同"。《诗经·邶风·静女》："自牧归荑，洵美且异。"与众不同常让人感到诧异，故由"不同"引申为③"诧异"。陶渊明《桃花源记》："渔人甚异之。"

其引申线索图示如下：

①怪异的事物→②不同→③诧异

42. 涉

例：送子涉淇，至于顿丘。（《诗经·卫风·氓》）

例句中"涉"是"渡水"的意思，由"涉"的本义引申而来。

涉，《广韵》："徒行渡水也。"本义是①"徒步过河"。《吕氏春秋·察今》："循表而夜涉，溺死者千有余人。"过河除了徒步还可以凭借船只，本义引申为②"渡水"。《诗经·卫风·氓》："送子涉淇，至于顿丘。"渡水过河，必然要进入水里，"渡水"引申为③"进入"。《左传·僖公四年》："不虞君之涉吾地也。"同理，渡水过河就要从水里走过，"渡水"又引申为④"行走、经过"。陶渊明《归去来兮辞》："园日涉以成趣。"

其引申线索图示如下：

$$①徒步过河→②渡水→③进入$$
$$\downarrow$$
$$④行走、经过$$

43. 素

例：彼君子兮，不素飧兮！（《诗经·魏风·伐檀》）

例句中"素"是"白白地"之义，由"素"的本义引申而来。

素，《说文·素部》："白致缯也。"颜师古《急就篇注》："素，谓绢之精白者。"本义是①"没有染色的丝绸"。《孔雀东南飞》："十三能织素。"没有染色的丝绸是白色的，所以引申为②"白色、雪白"。郦道元《三峡》："素湍绿潭，回清倒影。"白色词义扩大，表述宽泛意义上的什么也没有，故由"白色"引申为③"空、白白地"。《诗经·魏风·伐檀》："彼君子兮，不素餐兮！"没有染色的丝绸保持着原本的颜色，本义又引申为④"向来、一向"。《史记·陈涉世家》："吴广素爱人，士卒多为用者。"没有染色的丝绸显得质朴，本义还引申为⑤"质朴、朴素"。刘禹锡《陋室铭》："可以调素琴，阅金经。"

其引申线索图示如下：

⑤质朴、朴素←①没有染色的丝绸→②白色、雪白→③空、白白地

④向来、一向

44. 长

例：溯洄从之，道阻且长。（《诗经·秦风·蒹葭》）

例句中"长"是"（路）远"之义，由"长"的本义引申而来。

甲骨文及金文的"长"字都像人披着长长的头发之形，所以本义是①"长短的长"。《荀子·劝学》："臂非加长也，而见者远。"时间长就是长久，故本义引申为②"长久、永远"。杜甫《蜀相》："长使英雄泪满襟。"道路长则为远，故本义引申为③"远"。《诗经·秦风·蒹葭》："溯洄从之，道阻且长。"竖向的长为高，故本义又引申为④"高"。《墨子·公输》："宋无长木。"万物变长的过程称为生长，故本义还引申为⑤"生长、滋长"（读作 zhǎng）。《孟子·公孙丑上》："予助苗长矣。"人在生长过程中，年纪就会变大，因此由"生长"引申为⑥"年纪大"。韩愈《师说》："无长无少，道之所存，师之所存也。"在兄弟姊妹中，老大的年纪最大，所以由"年纪大"引申为⑦"老大、排行第一"。《史记·屈原列传》："长子顷襄王立。"古代家族内部以兄统弟，老大是一家的首领，因而由"老大"引申为⑧"首领、长官"。徐珂《清稗类钞·冯婉贞》："以三保勇而多艺，推为长。"要使幼儿得以生长，就必须加以抚养，故由"生长"又引申为⑨"抚养"。晁错《论贵粟疏》："养孤长幼在其中。"

其引申线索图示如下：

②长久、永远　④高　⑨抚养

↑　　　↑　　　↑

③远←①长短的长→⑤生长、滋长→⑥年纪大→⑦老大、排行第一
→⑧首领、长官

45. 执

例：女执懿筐，遵彼微行。（《诗经·豳风·七月》）

例句中"执"是"拿着"的意思，由"执"的本义引申而来。

执，《说文·卒部》："捕罪人也。"本义是①"拘捕、捉拿"。《左传·僖公五年》："遂袭虞，灭之，执虞公。"拿着东西与捉住人在动作上相似，因此本义引申为②"拿着、握着"。《诗经·豳风·七月》："女执懿筐，遵彼微行。"拘捕了某人也就意味着把他控制住了，所以由本义又引申为③"控制、掌握"。《左传·襄公三十一年》："郑人游于乡校，以论执政。"

其引申线索图示如下：

①拘捕、捉拿→②拿着、握着→③控制、掌握

46. 具

例：赫赫师尹，民具尔瞻。（《诗经·小雅·节南山》）

例句中"具"是"完全、都"之意，由"具"的本义引申而来。

具，《说文·収部》："共置也。""具"的金文像双手捧着盛有食物的锅，本义是①"准备饭食或酒席"。《汉书·灌夫传》："请语魏其具。"准备饭食或酒席的成果就是饭食或酒席，因此本义引申为②"饭食、酒席"。《战国策·齐策》："左右以君贱之也，食以草具。"准备其他东西与准备饭食有共通之处，故本义又引申为③"备办、准备"。沈括《梦溪笔谈·活板》："则第二板已具。"做准备必然会尽可能完善，因而由"准备"引申为④"完善、完全、都"。《诗经·小雅·节南山》："赫赫师尹，民具尔瞻。"准备饭食或酒席还离不开炊事用具，故由本义又引申为⑤"用具、器具"。《资治通鉴·汉纪》："船、粮、战具俱办。"

其引申线索图示如下：

②饭食、酒席←①准备饭食或酒席→③备办、准备→④完善、完全、都

         ↓

     ⑤用具、器具

47. 归

例：留灵修兮憺忘归，岁既晏兮孰华予。（《九歌·山鬼》）

例句中"归"是"返回、回家"，其由"归"的本义引申而来。

归，《说文》："女嫁也。"本义是①"女子出嫁"。《诗经·周南·桃夭》："之子于归，宜其室家。"古代妇女以夫家为归宿，出嫁就等于回到了自己的家，因此本义引申为②"回家、返回"。《九歌·山鬼》："留灵修兮憺忘归。"使物件返回原主即为归还，故由"返回"引申为③"归还"。《史记·廉颇蔺相如列传》："城不入，臣请完璧归赵。"回家意味着与家人团聚，故由"回家"引申为④"聚集、汇总"。《资治通鉴·汉纪》："众士慕仰，若水之归海。"在古代，女子出嫁以后，就归属于夫家，所以由本义又引申为⑤"归属、归附"。柳宗元《封建论》："盖以诸侯归殷者三千焉。"

其引申线索图示如下：

  ⑤归属、归附←①女子出嫁→②回家、返回→③归还

         ↓

     ④聚集、汇总

48. 士

例：旌蔽日兮敌若云，矢交坠兮士争先。（《九歌·国殇》）

例句中"士"是"兵士"的意思，由"士"的本义引申而来。

士，屈翼鹏曰："士人之士，初义殆为男性之人。"本义是①"男子"。《论语·泰伯》："士不可以不弘毅。"在古代，一般情况下当兵的都是男子，因此本义引申为②"兵士"。《九歌·国殇》："矢交坠兮士争先。"古代一般只有男子才能上学读书，故本义又引申为③"读书人"。《资治通鉴·汉纪》："敬贤礼士。"古代一般只有男子才能做官，所以本义又引申为④"官吏"。《荀子·

富国》："士大夫众则国贫。"古代掌握技艺的人多为男子，因而本义还引申为⑤"具有某种技艺的人"。龚自珍《病梅馆记》："此文人画士，心知其意。"

其引申线索图示如下：

⑤具有某种技艺的人
↑
④官吏←①男子→②兵士
↓
③读书人

49. 解

例：心绖结而不解兮，思蹇产而不释。（《九章·哀郢》）

例句中"解"是"解开"的意思，由"解"的本义引申而来。

解，《说文·角部》："判也。"商承祚曰："此（甲骨文）象两手解牛角。"本义是①"分割牛体"。《庄子·养生主》："庖丁为文惠君解牛。"分割其他动物的肢体与分割牛体相似，因此本义引申为②"分割动物的肢体"。方苞《狱中杂记》："四肢解尽，心犹不死。"分割肢体，就是把一个整体分开，"分割动物的肢体"引申为③"分开"。《聊斋志异·促织》："少年大骇，急解令休止。"分开和把结紧的东西解开在动作上有相似之处，故"分开"引申为④"解开"。《九章·哀郢》："心绖结而不解兮。"人在生气时脸上绷得很紧，当其怒气消失以后，脸上就会放松，犹如解开了结紧的东西一样，故由"解开"引申为⑤"怒气消失"。《战国策·赵策》："太后之色少解。"通过解释，可以解开别人的心结，因此由"解开"又引申为⑥"解释、解说"。韩愈《师说》："师者，所以传道受业解惑也。"经过解释、解说，就更好理解了，故由"解释、解说"又引申为⑦"理解、懂得"。韩愈《师说》："其为惑也，终不解矣。"

其引申线索图示如下：

①分割牛体→②分割动物肢体→③分开→④解开→⑤怒气消失
↓
⑦理解、懂得←⑥解释、解说

50. 举

例：何故深思高举，自令放为？（《渔父》）

例句中"举"是"举动"的意思，由"举"的本义引申而来。

举，《说文·手部》："对举也。"本义是①"向上抬、举起来"。《史记·项羽本纪》："举所佩玉玦以示之者三。"推举意味着抬高某人的地位，因此本义引申为②"推举、推荐"。《后汉书·张衡传》："举孝廉不行。"举起来是一个动作，故又引申为③"行动、举动"。《渔父》："何故深思高举，自令放为？"

其引申线索图示如下：

②推举、推荐←①向上抬、举起来→③行动、举动

（以上内容由李桂林负责编写）

第六章 训 诂

通论

第一节 古书的注解(上)

一、古注概述

由于时代的隔阂，语言文字的变化，知识性的障碍，我们在阅读前人的著作时，会遇到很多困难。所以在学习古文时，离不开注解。清人及以前古书的注解属于古人注，简称古注。

(一)演变分期和各个时期古注情况介绍

1. 萌芽时期：春秋、战国

古注从春秋战国时期就存在了，如《庄子·逍遥游》："《齐谐》者，志怪者也。""南冥者，天池也。"又比如《韩非子》的《解老》《喻老》则为专门解释《老子》的。又有解释《春秋》的三传，即《左传》《公羊传》《穀梁传》，它们虽然都属于传（即解释）《春秋》的著作，但也不是真正地进行语言方面解释的书。《左传》主要扩展《春秋》所记史实，重在对史事的前因后果作全面交代；《公羊传》《穀梁传》则主要说明《春秋》中精微的语言和深刻的道理。

2. 兴盛时期：两汉、魏晋南北朝、隋唐

为巩固汉代统治，统治者必然需要进行文化复兴的工作，加上"罢黜百家，独尊儒术"的号召，以及古文经在民间的广泛流传，古注在汉代兴盛起来。此时期的注家主要有贾逵、服虔、马融、郑兴、郑众、许慎、郑玄，注本有毛亨《毛诗诂训传》（即毛传），郑玄的郑笺、《周礼注》、《仪礼注》、《礼记注》，孔安国《尚书传》，何休《春秋公羊传注》，赵岐《孟子章句》，王逸《楚辞章句》，高诱《战国策注》《吕氏春秋注》，还出现了像《说文解字》《尔雅》《释名》《方言》这样的语言文字专著。注释对象大部分为经部典籍，侧重于对字词的训释，其体式为专注、章句等。

魏晋南北朝时期的古书注解继续沿袭汉代的兴盛，此时期的古注出现了地域的差异，北方注经守东汉经师（郑玄）家法，重训诂章句；南方注好借机阐发自己的哲学思想，大谈性命哲理。此时期的注家注本主要有：王弼、韩康伯《周易注》，杜预《春秋经传集解》，何晏《论语集解》，裴骃《史记集解》，皇侃《论语义疏》，裴松之《三国志注》，王弼《老子注》，郭象、向秀《庄子注》，张湛《列子注》，刘孝标《世说新语注》，郦道元《水经注》，郭璞《尔雅注》《方言注》。注释对象为经、史、子、集、小学著作等，体式为义疏、集解、音义等。

到了唐代，古注就更加规范完善，其对象主要仍为经、史、子、集。注家注本有孔颖达《五经正义》、司马贞《史记索隐》、张守节《史记正义》、颜师古《汉书注》、章怀太子李贤《后汉书注》、杨倞《荀子注》、成玄英《庄子疏》、李善《文选注》等。唐代的义疏，遵循"疏不破注"的原则，即作疏时完全依照旧注进行诠释，不改变原有的观点；在解释词句及考证名物制度时较为翔实，引证丰富。

3. 变革时期：宋代

宋代的古注对象也主要为经、史、子、集，但受哲学影响和佛教影响，得到了很多革新。此时期注本主要有邢昺《论语注疏》《尔雅注疏》《孝经注疏》，朱熹《四书章句集注》《诗集传》《楚辞集注》，孙奭《孟子注疏》，洪兴祖《楚辞补注》等。

4. 衰落时期：元明

元明时期，政局动荡和受理学控制的影响，古注出现了衰退，注家注本有元人吴师道《战国策校注》及胡三省的《资治通鉴音注》。

5. 鼎盛时期：清代

梁启超称清朝为中国的"文艺复兴时代"，王力认为此时期中国语言学发展的原因有三：一是资本主义的萌芽及西学东渐，二是清代研究"汉学师承"，三是清儒有优良的学风。加之在清朝的政治形势和经济条件的发展下，文艺得以兴盛。此时期主要整理注释经、史、子等文献，注释传统小学著作，考证读书札记中的字词句解释及名物制度。注家注本主要有陈奂《毛诗传疏》，马瑞辰《毛诗传笺通释》，刘文淇《春秋左氏传旧注疏证》，刘宝楠《论语正义》，焦循《孟子正义》，段玉裁《说文解字注》，梁玉绳《史记志疑》，沈钦韩《汉书疏证》，郭庆藩《庄子集释》，王先慎《韩非子集解》，孙诒让《周礼正义》《墨子间诂》等。

二、古注的类别

古注按其特点可分为传注、章句、音义、义疏、补注、集解。按今人的理解都是指对古书注释或注解，但它们在不同时期有细微的差别。

（一）传注类

1. 诂、训

这两个名称没有太大的区别，侧重于对字词、名物的解释，还常连在一起作书名，如东汉张衡《周官训诂》、南宋钱文子《诗训诂》等。

2.传

传是解说经文字词，阐明其大义的注解。古人把儒家的重要文献叫作经，把解释经书的著作叫作传。如解释《春秋》的有《春秋左氏传》《春秋公羊传》《春秋穀梁传》。另外，依照经书文字逐字逐句进行解释的也称作传。如西汉毛亨的毛传。

《诗经·鄘风·相鼠》："相鼠有皮，人而无仪。"毛传："相，视也。无礼仪者，虽居尊位，犹为闇昧之行。"

3.注

注有灌注之义，形容古代经书难懂，像水道阻塞，需要灌注才能疏通。如郑玄的"三礼注"、王弼、韩康伯的《周易注》等。

4.笺

笺的本义是狭条形小竹片，在纸未出现之前，古人将竹片削为小笺，随时记录，以备参考。笺是对传文进行补充订正的一种注释，一般是对原有的注释进行阐释或记下不同的看法。如郑笺，就是郑玄以毛传为依据，对其进行补充和订正的注释。对毛传隐晦简略的地方，郑氏加以阐明，还把不同于毛传的意见写出来，以表示有别于已有的注释，标作"笺"，后人称为"郑笺"。

（二）章句类

章句就是"离章辨句"，即分析古文的章节和句读。其特点是，不仅要对古书作逐词解释，还要说明句意和全章大意，分析句法，辨明篇章结构等。如东汉赵岐《孟子章句·梁惠王上》：

孟子见梁惠王。王曰："叟不远千里而来，将以利吾国乎？"犹父也。孟子去齐，老而至魏，故王尊礼之。曰：'父不远千里之路而来至此，亦将有可以为寡人兴利除害者乎？'"

此段话中"孟子去齐"以后的文字，是在串讲整个句意，这就是章句的体例。

（三）音义类

"音"指辨音，"义"指释义，"音义"即关于文字音义方面的注解。其另有音训、音诂、音注、音解、音证、音隐、音释等名称。这类注解可分为单注一书的音义和注释群书的音义。如唐贞观年间释玄应所撰《众经音义》，也叫《一切经音义》，为经典文字音义的注释之作。

（四）义疏类

义疏，即疏通其义的意思，或称"作义注""正义""疏义"等，简称疏。疏的注释特点是，不但对古书原文进行注解，同时对前人所做的注解也进行注释。义疏类著作主要有南朝梁皇侃的《论语义疏》、清代郝懿行的《尔雅义疏》，还有《十三经注疏》等。

（五）补注类

补注，顾名思义，是对原有的注释加以补充或驳正，起到补充说明的作用。如唐刘知几《史通·补注》："而刘昭采其所捐，以为补注，言尽非要，事皆不急……多见其无识也。" 再如宋洪兴祖的《楚辞补注》，是以《楚辞》为依据，再在汉代王逸的《楚辞章句》基础上进行补充、纠错或增添。

（六）集解类

集解可以分为两类：一类是汇集各家解说，又称"集注""集说""集释"等，是一种对固有成说加以选择并加上自己见解的注释方法，如何晏的《论语集解》；另一类不是集各家之说，而是通释经传，如晋杜预的《春秋左氏经传集解》。

思考题

请简要说明古注在清代兴盛的原因。

第二节　古书的注解（下）

一、古注的内容

（一）注音

1. 譬况

譬况即描述字词的发音。如"天"在《释名·释天》中的注释为："以舌腹言之。""风"在《释名·释天》中的注释为："横口合唇言之。"

2. 读为

读为又称"读曰"，是说明通假字的术语，用于传注中，将某字改读为他字。如《庄子·逍遥游》："而御六气之辩。"郭庆藩注："辩读为变。"《诗经·卫风·氓》："淇则有岸，隰则有泮。"郑笺："泮，读为畔。"

3. 直音

直音即用同音字来注音，如《左传·僖公四年》："次于陉。"陆德明《经典释文》："陉，音邢。"

4. 反切

反切，是指用两个字来注音，前一个字称切上字，取声母；后一个字称切下字，取韵母和声调。如东汉服虔注《汉书》："惴，音章瑞反。"《广韵》："冬，都宗切。"

（二）解释词语

1. 直训

直训就是用一个字词直接解释另一个字词。如《说文·言部》："讯，问也。"《尔雅·释诂》："崇，充也。"

2. 声训

声训又称"音训"，因声求义，即用声音相同或相近的字来解释词义，推求词义的来源，以说明其命名的缘由。如《周易》："乾，健也。""坤，顺也。""夬，决也。""坎，陷也。"清代学者在声训运用上，有特别的成就。段玉裁在《广雅疏证》序中说："圣人之制字，有义而后有音，有音而后有形。学者之考字，因形以得其音，因音以得其义。治经莫重于得义，得义莫切于得音。"王念孙在《广雅疏证》自序里说："诂训之旨，本于声音，故有声同字异，声近义同。虽或类聚群分，实亦同条共贯。譬如振裘必提其领，举网必契其纲。"

3. 形训

形训即以形索义，根据汉字是表意文字这一重要特点，利用汉字字形结构的分析进行释义。东汉许慎的《说文》就是一部以形训为主的文字学专著。如："小，物之微也。从八。见而分之。""品，众庶也。从三口。""古，故也。从十、口。识前言者也。"

4. 义界

义界又称"界说"，用一句话或者几句话来阐释词义的界限，用下定义的方式来解说词义。如《说文·眉部》："眉，目上毛也。"《玉篇·夫部》："规，正圆之器也。"《说文·虫部》："蛟，龙之属也。"

5. 串讲中释词

串讲中释词即串通文意，讲解词句。一些古注并不直接对某词进行注释，而是结合语境、句意，在串讲中注释词义。如《诗经·鄘风·相鼠》中"人而无仪，不死何为"的"仪"字，毛传并没有单独进行讲解，而是放在"无礼仪者，虽居尊位，犹为暗昧之行"中，通过串讲句意来解释其为"礼仪"。

（三）疏通文意

古注除解释词义以外，还要串讲文句的大意，指出言外之意或比喻意义，方便读者理解文章。如在注解《诗经·邶风·新台》这首诗时，毛传："水所以洁污垢，反于河上而为淫昏之行。"郑笺："伋之妻齐女来嫁于卫，其心本求燕婉之人，谓伋也。反得籧篨不善，谓宣公也。籧篨，口柔，常观人颜色而为之辞，故不能俯也。"都是在串讲文意。"疏"以下内容更是以串讲文意为主。或串讲正文之意，如疏解"新台至不鲜"；或串讲注文之意，如疏解"传：'籧篨不能俯者。'"

（四）阐述语法

1. 解释虚词

古注指出虚词，常用语有"辞""词""语助""语词""声""发声"等。例如《诗经·邶风·式微》："式微式微，胡不归。"郑笺："式，发声也。"《左传·隐公元年》："尔有母遗，繄我独无。"杜预注："繄，语助。"古注除将虚词明确指出外，有时还讲解其语法意义。如《左传·桓公八年》："祭公来，遂逆王后于纪。"孔颖达疏："凡言'遂'者，因上事生下事之辞。既书其来，又言'遂逆'，是先来见鲁君，然后向纪。"

2. 说明实词用法

古注分析解释句式，大致包括指出句子省略成分，说明实词的语法作用，说明分句之间关系等。例如《左传·僖公二十八年》："有渝此盟，以相及也。"杜预注："以恶相及。"

3. 说明词序

古注中，为方便理解，会标注词序的变异。例如《诗经·周南·汝坟》："既见君子，不我遐弃。"孔颖达疏："不我遐弃，犹云'不遐弃我'，古人之语多倒，《诗》之此类众矣。"《诗经·魏风·硕鼠》："三岁贯女，莫我肯顾。"郑笺："我事女三岁矣，曾无教令恩德来顾眷我。"

（五）显示修辞

古注讲解句意，有时还指出修辞意义，这在诗句的讲解中较为常见。例如《诗经·召南·摽有梅》："摽有梅，其实七兮。"毛传："兴也，摽，落也。盛极则堕落者，梅也，尚在树者七。"郑笺："兴者，梅实尚余七未落，喻始衰也。谓女二十，春盛而不嫁，至夏而衰。"

（六）校勘文字

1. 删削衍文

衍文也称"衍字"，简称"衍"，指古籍中因传抄、刻印而误加的文字。例如《墨子·鲁问》："吾愿主君之上者，尊天事鬼，下者爱利百姓，厚为皮币，卑辞令，亟遍礼四邻诸侯，驱国而以事齐，患可救也。非此，顾无可为者。"孙诒让《墨子间诂》："'非此顾'旧本作'非愿'二字。王云：'愿'当为'顾'字之误也。顾、愿草书相似。'顾'与'固'通。'顾'上当有'此'字，言'非此固无可为者'也。'此'字即指上数事而言。今本'顾'讹作'愿'，又脱'此'字，则义不可通。"又如《左传·僖公四年》："汉水以为池。"阮元《十三经注疏校勘记》："《释文》无'水'字。云：或作'汉水以为池'，'水'字衍。"又如《礼记·檀弓上》："从母之夫，舅之妻，二夫人相为服。"俞樾在《古书疑义举例》中说："'夫'字衍文也，'二人'两字合为'夫'。"

2.补缀脱文

脱文也叫"夺字"，简称"脱"，指古籍因传抄刻印而脱落的文字。如《诗经·周南·桃夭》："之子于归，宜其家人。"孔颖达疏："此云家人，家犹夫也，犹妇也。"阮元《十三经注疏校勘记》："'犹妇'上当脱'人'字。"又如《诗经·卫风·硕人》："硕人其颀，衣锦褧衣。"孔颖达疏："猗嗟云：'颀而长兮'。孔世家云：'颀然而长'。故为长貌。"阮元《十三经注疏校勘记》："'孔'下脱'子'字。"

（七）分析句读

句读，又称"句逗"，表示断句。通常在文意容易产生误解的地方进行注解。用语一般有"句""绝句""某字属（从）上读""某字向下读""断某为句"。如《左传·庄公十二年》："卫人归之亦请南宫万于陈以赂陈人使妇人饮之酒而以犀革裹之。"孔颖达《春秋左传正义》："断'以赂'为句，言用赂请于陈也。"

（八）考证名物典制

文献资料反映了丰富的社会生活，但随着时间的变化，对前代的名物典制，后人必定有难以理解的地方，这也就成了古注的内容之一。如《孟子·梁惠王上》："仲尼曰：'始作俑者，其无后乎！'为其象人而用之也。"朱熹注："俑，从葬木偶人也。古之葬者，束草为人以为从卫，谓之刍灵，略似人形而已。中古易之以俑，则有面目机发，而大似人矣。"这是对俑的讲解。再如《左传·隐公元年》："公闻其期，曰：'可矣。'命子封帅车二百乘以伐京。"杜预注："古者兵车一乘甲士三人，步卒七十二人。"这是对古代兵车制度的讲解。

（九）考释人物历史地理

为更清晰、更完整地了解文章的内容，考释文章中人物历史地理也是古注的重要内容之一。《左传·僖公四年》："昭王南征而不复，寡人是问。"杜预注："昭王，成王之孙。南巡守，涉汉，船坏而溺。周人讳而不赴，诸侯不知其故，故问之。"孔颖达疏："旧说皆言汉滨之人，以胶胶船，故得水而坏，昭王溺焉。"

（十）注明典故词语出处

引经据典一直是古代作家常用的修辞手段，所以在注解作品时，注明典故词语的出处是常见的一种注解。唐代李善给梁萧统编撰的《文选》作注，就是以注明典故的来源和某些词语的出处为主。如："拳拳之忠，终不能自列。《礼记》子曰：回得一善，拳拳不失之矣。郑玄曰：拳拳，捧持之貌。《说文》曰：列，分解也。""拳拳之忠，终不能自列"是司马迁《报任安

古汉语
基础

书》里的一句话，李善在注中指明"拳拳"之词来自《礼记·中庸》，原文是："子曰：回之为人也，择乎中庸，得一善，则拳拳服膺而弗失之矣。"并转引郑玄对这个词的注释。对"列"字，则转引《说文》的解释。

（十一）评论

有一类古书的注解，倾向于抒发自己的思想观点。如在对《庄子·逍遥游》"之二虫又何知"的注释中，郭象注："二虫，鹏蜩也。对大于小，所以均异趣也。且大鹏抟风九万，小鸟决起榆枋，虽复远近不同，适性均也。咸不知道里之远近，各取足而自胜，天机自张，不知所以。既无意于高卑，岂有情于优劣！逍遥之致，其在兹乎！"

二、古注的体例

（一）注疏体

相鼠有皮人而无仪　相，视也。无礼仪者，虽居尊位，犹为暗昧之行。《笺》云："仪，威仪也。视鼠有皮，虽处高显之处，偷食苟得，不知廉耻，亦与人无威仪者同。"○

行，下孟反。之处，昌虑反。人而无仪不死何为　《笺》云："人以有威仪为贵，今反无之，伤化败俗，不如其死，无所害也。"[疏]

"相鼠"至"何为"。○《正义》曰："文公能正其群臣，而在位犹有无礼者，故刺之。视鼠有皮，犹人之无仪，何则？人有皮，鼠亦有皮，鼠犹无仪，故可耻也；人无礼仪，何异于鼠乎？人以有威仪

为贵。人而无仪，则伤化败俗，此人不死何为？若死则无害也。"○《笺》："视鼠"至"者同"。○《正义》曰："大夫虽居尊位，为暗昧之行，无礼仪而可恶，犹鼠处高显之居，偷食苟得，不知廉

耻。鼠无廉耻，与人无礼仪者同，故喻焉。以《传》曰'虽居尊位'，故《笺》言'虽处高显之居'以对之。"

《诗经·鄘风·相鼠》

（二）集注体

子曰诗三百　孔曰："篇之大数。"　一言以蔽之　包曰："蔽，犹当也。"　曰思无邪　包曰："归于正。诗虽有三百篇之多，可举一句，当尽其理也"。曰"思无邪"

者，此《诗》之一言，《鲁颂·駉篇》文也。诗之为体，论功颂德，止辟防邪，大抵皆归于正，故此一句，可以当之也。○《注》："孔曰'篇之大数'"。○《正义》曰："案：今《毛诗·序》凡三百十一篇，

内六篇亡，今其存者，有三百五篇。

今但言三百篇之大数。"

《论语注疏·为政》

三、古注的术语

（一）曰、为、谓之

在对词语进行解释时，古注中常见"曰、为、谓之"这三个术语，使用

时将被解释词放在术语之后，可译作"叫作""称作"，作用在于强调被解释词的特点，从而辨析同类词、同义词。例如《诗经·豳风·七月》："黍稷重穋，禾麻菽麦。"毛传："后熟曰重，先熟曰穋。"这里，毛亨就解释并辨析了重和穋的区别。再如《论语·先进》："加之以师旅，因之以饥馑。"朱熹注："谷不熟曰饥，菜不熟曰馑。"《尔雅·释天》："谷不熟为饥，疏不熟为馑。"《穀梁传·襄公二十四年》："二谷不升谓之饥，三谷不升谓之馑。"

（二）谓、言

这两个术语所解释的对象既包括词，也包括句。使用时将被解释词句放在术语前面，用来说明前面的词语所指的范围或比喻、影射的事物。如《诗经·周南·樛木》："南有樛木，葛藟累之。"毛传："南，南土也。"郑笺："南土，谓荆扬之域。"《离骚》："恐美人之迟暮。"王逸注："美人谓怀王也。"这是所影射的人。《涉江》："阴阳易位，时不当兮。怀信侘傺，忽乎吾将行兮。"朱熹注："阴谓小人，阳谓君子。"

（三）貌

"貌"一般用于动词或形容词的后面，说明被解释的词语是表示某种性质状态的，可译成"……的样子"。如《诗经·大雅·韩奕》："诸娣从之，祁祁如云。韩侯顾之，烂其盈门。"郑笺："烂烂，粲然鲜明且众多之貌。"《庄子·逍遥游》："夫列子御风而行，泠然善也。"郭象注："泠然，轻妙之貌。"《诗经·卫风·氓》："桑之未落，其叶沃若。"朱熹注："沃若，润泽貌。"

（四）犹

"犹"往往是指用近义词作注，或用引申义训释本义。可译作"等于说""相当于"。如《诗经·郑风·蘀兮》："蘀兮蘀兮，风其漂女。叔兮伯兮，倡予要女。"毛传："漂，犹吹也。"漂的本义是浮，这里的吹是临时义。《左传·庄公十年》："肉食者谋之，又何间焉？"晋代杜预注："间，犹与也。"即参与。

（五）之言、之为言

"之言、之为言"属于声训，用声音相同或相近的词来作注。一般放在被解释词的后面，可译成"说的是"。如《论语·季氏》："吾恐季孙之忧，不在颛臾，而在萧墙之内也。"郑玄注："萧之言肃也。墙谓屏也。君臣相见之礼至屏而加肃敬焉，是以谓之萧墙。"再如《论语·为政》："为政以德，譬如北辰，居其所，而众星共之。"朱熹注："政之为言正也，所以正人之不正也；德之为言得也，得于心而不失也。"《礼记·王制》："古者公田藉而不税。"郑玄注："藉之言借也。"

（六）读为、读曰

"读为、读曰"的主要作用是用本字来说明假借，意思是"当成某字来读"，类似于"破读"。如《礼记·王制》："凡九十三国。名山大泽不以盼。"郑玄注："盼读为班。"班，赋予。《诗经·卫风·氓》："淇则有岸，隰则有泮。"郑笺："泮读为畔。"《尚书·尧典》："播时百谷。"郑玄注："时读曰莳。"莳，栽种、种植。

（七）读若、读如

"读若、读如"的主要作用是标明音读，其中也包含解释词义，有时也用来说明假借。如《楚辞·离骚》："又重之以修能。"洪兴祖注："故有绝才者谓之能，此读若耐。"《周礼·考工记》："参分车广：去一以为隧。"郑玄注："（隧），玄谓读如邃字之邃。"邃，深远。这里兼释词义。《礼记·儒行》："虽危，起居竟信其志。"郑玄注："信，读如屈伸之伸，假借字也。"

（八）如字

在某字下注以"如字"，说明此字在这里应读本音，用本义。如《礼记·大学》："故好而知其恶，恶而知其美者，天下鲜矣。"音义："其恶恶，上如字，下乌路反。"这段注音是说第一个"恶"字要读本音è，用本义，当缺点、毛病讲；第二个"恶"字读wù，当讨厌、憎恨讲。

思考题

请指出下列示例中的古注，并说明类别。

1.《左传·昭公三年》："既成昏晏子受礼叔向从之宴相与语叔向曰齐其何如晏子曰此季世也吾弗知齐其为陈氏矣。"杜预注："不知其他，唯知齐将为陈氏。"音义："吾弗知，绝句。"

2.《左传·桓公四年》："秦师侵芮，败焉，小之也。"杜预注："秦以芮小，轻之，故为芮所败。"

（以上内容由郝从燕负责编写）

文选

本章所学"文选"《北冥有鱼》等前4篇选自《庄子》；最后1篇《察传》，选自《吕氏春秋》。

《庄子》一书，共33篇（包括内篇7篇、外篇15篇、杂篇11篇）。内篇大体上为庄周自著，外篇和杂篇则是庄子后学所作。庄子文章具有浓郁的浪漫主义色彩，对后世文学语言影响很大。《庄子》的注本有：晋代郭象注、唐代成玄英作疏。清代王先谦《庄子集解》、郭庆藩《庄子集释》也较为有名。

《吕氏春秋》是战国末年秦相吕不韦的食客们共同撰写的，因书中有八览，后人也叫这本书为《吕览》。这部书因是集体著述，思想很不统一。大致来说，它的思想以儒家、道家为主，兼采墨、法、名、农各家学说。现在通行的是清代毕沅的校刻本，比较完善的注本是近代人许维遹的《吕氏春秋集释》。

第一篇　北冥有鱼（逍遥游①）

【原文】

北冥②有鱼，其名为鲲③。鲲之大，不知其几千里也；化而为鸟，其名为鹏。鹏之背，不知其几千里也；怒④而飞，其翼若垂天之云。是鸟也，海运则将徙于南冥。南冥者，天池也。《齐谐》者，志⑤怪者也。谐之言曰："鹏之徙于南冥也，水击三千里，抟⑥扶摇⑦而上者九万里，去以六月息者也。"野马⑧也，尘埃也，生物之以息相吹也。天之苍苍，其⑨正色⑩邪⑪？其远而无所至极邪？其⑫视下也，亦若是则已矣。且夫水之积也不厚，则其负大舟也无力。覆⑬杯水于坳堂⑭之上，则芥⑮为之舟⑯。置杯焉则胶，水浅而舟大也。风之积也不厚，则其负大翼也无力。故九万里，则风斯在下矣，而后乃今⑰培风⑱；背负青天，而莫之夭阏⑲者，而后乃今将图南。蜩⑳与学鸠㉑笑之曰："我决㉒起而飞，抢㉓榆枋㉔，时则不至，而控于地而已矣，奚以之九万里而南为㉕？"适莽苍者，三湌㉖而反㉗，腹犹果然；适百里者，宿舂粮；适千里者，三月聚粮。之㉘二虫㉙又何知！小知㉚不及大知，小年㉛不及大年。奚以知其然也？朝菌㉜不知晦㉝朔㉞，蟪蛄㉟不知春秋，此小年也。楚之南有冥灵者，以五百岁为春，五百岁为秋；上古有大椿者，以八千岁为春，八千岁为秋。此大年也。而彭祖乃今以久特闻，众人匹之，不亦悲乎？

【注释】

①《逍遥游》是《庄子·内篇》中的第一篇，这里只记录了前半篇。"北冥有鱼"这个标题是编者加的。庄子在这段文章里阐述了他的"无所待"的思想。他认为万物如有所待才能运行，就不能真正达到逍遥游的境界，只有毫无所待，才能逍遥自得。他所说的"无所待"，其实是要人们一切任其自然，与万物混为一体，超脱现实，与世无争，取消人在社会中的一切作用。

②北冥：北方的海。冥，通"溟"。

③鲲（kūn）：传说中的大鱼。

④怒：振奋，这里是指鼓起翅膀。

⑤志：记载。

⑥抟（tuán）：指振翅拍击。

⑦扶摇：旋风。

⑧野马：指春日野外林泽中的雾气，蒸腾如奔马，所以叫野马。

⑨其：语气词，表委婉语气，略等于现代汉语的"大概"，下句的"其"同。

⑩正色：真正的颜色。

⑪邪：后来写作"耶"，句末语气词。

⑫其：人称代词。指鹏。

⑬覆：倒（dào）。

⑭坳（ào）堂：堂上低洼之处。坳，洼下。

⑮芥：小草。

⑯为之舟：等于说给它（水）当船，也就是作水中的船。"之"和"舟"是动词"为"的双宾语。

⑰而后乃今：然后才。

⑱培风：乘风（依王念孙说，见《读书杂志》）。培，凭借、依赖。

⑲夭阏（è）：联绵字，动词，表示拦阻。

⑳蜩（tiáo）：蝉。

㉑学鸠：小鸟名。

㉒决（xuè）：迅速的样子。

㉓抢（qiāng）：撞到，碰到。

㉔枋（fāng）：檀树。

㉕奚以之九万里而南为：哪里用得着飞到九万里的高处去再向南飞呢？奚以，哪里用得着。之，到……去。为，表疑问的句末语气词。

㉖飡：同"餐"。

㉗反：返回，后来写作"返"。

㉘之：指示代词。

㉙二虫：指蜩与学鸠。

㉚知（zhì）：智慧，后来写作"智"。

㉛年：指寿命。

㉜朝菌：一种生长期很短的菌类植物，朝生暮死，所以叫"朝菌"。

㉝晦：夏历每月的最后一日。

㉞朔：夏历每月的最初一日。

㉟蟪蛄（huìgū）：一名寒蝉。旧说，寒蝉春生夏死，夏生秋死，寿命不到一年，所以说不知春秋。

【原文】

汤①之问棘②也是已③："穷发之北，有冥海者，天池也。有鱼焉，其广数千里，未有知其修者，其名为鲲。有鸟焉，其名为鹏，背若太山，翼若垂天之云；抟扶摇羊角而上者九万里，绝④云气，负青天，然后图南，且⑤适南冥也。斥鴳④笑之曰：'彼且奚适也？我腾跃而上，不过数仞而下，翱翔蓬蒿之间，此亦飞之至也。而彼且奚适也？'"此小大之辩⑦也。

【注释】

①汤：商汤。

②棘：汤时的大夫。

③是已：是也，表肯定。

④绝：直上穿过。

⑤且：将。

⑥斥鷃（yàn）：小雀。

⑦辩：通"辨"，分别。

【原文】

故夫知效一官①，行比一乡②，德合一君，而征一国者，其自视也，亦若此矣。而宋荣子③犹然④笑之。且举世⑤而誉之而不加劝⑥，举世而非之而不加沮，定乎内外之分，辩⑦乎荣辱之境⑧，斯已矣⑨。彼其于世，未数数然也。虽然，犹有未树也。夫列子御风而行，泠然⑩善也，旬有五日⑪而后反。彼于致福者，未数数然也。此虽免乎行，犹有所待者也。若夫⑫乘天地之正⑬，而御六气⑭之辩⑮，以游无穷者，彼且恶乎待哉？故曰：至人无己，神人无功，圣人无名。

【注释】

①知（zhì）效一官：才智能胜任一官之职。知，才智。效，功效，这里作胜任解。官，官职。

②行（xìng）比一乡：品行能适合一乡之人的心意。行，品行。比，合。

③宋荣子：战国时宋人。

④犹然：笑的样子。

⑤举世：所有同时代的人。举，全。之，代宋荣子，下句的"之"同。

⑥劝：鼓励，这里是被动用法，可以理解为"努力"。

⑦辩：通"辨"，分辨。

⑧境：界限。

⑨斯已矣：这就罢了，等于说不过如此罢了。斯，此。已，止。这是说宋荣子只做到这一步就完了，还不能达到"无己"的境界。

⑩泠（líng）然：轻妙的样子，

⑪旬有五日：十五天。上古的称数法，整数后面有零数时，中间常常插进一个"有"字。旬，十天。有，通"又"。

⑫若夫：至于。

⑬乘天地之正：指顺着万物之性。天地，万物的总名。正，指自然之性。

⑭六气：阴阳风雨晦明。

⑮辩：通"变"，与上文的"正"相对。

【要点提示】

（一）音义

抟（tuán），指振翅拍击。

夭阏（è），联绵字，拦阻；遏止；抑制。

决（xuè），迅速的样子。

抢（qiāng），撞到，碰到。

知（zhì），智慧，后来写作"智"。

（二）文字

1. 古今字

（1）知/智 （小知不及大知）
　　　　　（知效一官）
（2）反/返 （旬有五日而后反）
　　　　　（适莽苍者，三餐而反）
（3）邪/耶 （其正色邪）

2. 通假字

（1）冥/溟 （北冥有鱼）
（2）辩/辨 （此小大之辩也）
（3）而/能 （而征一国）
（4）有/又 （旬有五日而后反）
（5）辩/变 （御六气之辩）

3. 异体字

飧/餐 （莽苍者，三飧而反，腹犹果然）

（三）词语

野马、天池、虽然、众人、果然、天阙、发、小年、大年、征、海运、春秋、无功。

（四）语法

1. 词类活用

（1）怒而飞。怒，形容词用作动词，奋发，振翅。
（2）鲲之大。大，形容词用作名词，庞大的体形。
（3）《齐谐》者，志怪者也。怪，形容词用作名词，怪异的事物。
（4）彼于致福者。致，使动用法，使……到来。
（5）奚以之九万里而南为。南，名词用作动词，往南飞。
（6）德合一君。合，使动用法，使……满意。
（7）而征一国者。征，使动用法，使……信任。
（8）且举世而誉之而不加劝。誉，名词用作动词，称赞。

2. 判断句

（1）南冥者，天池也。
（2）此小年也。
（3）此小大之辩也。
（4）《齐谐》者，志怪者也。
（5）穷发之北，有冥海者，天池也。
（6）此亦飞之至也。

3. 双宾语句

则芥为之舟。

4. 宾语前置

（1）而莫之夭阏者。

（2）彼且奚适也？

（3）奚以知其然也？

（4）之二虫又何知！

（5）奚以之九万里而南为？

（6）彼且恶乎待哉？

第二篇　庖丁解牛①（养生主）

【原文】

庖丁为文惠君②解牛，手之所触，肩之所倚，足之所履，膝之所踦③，砉④然向⑤然，奏刀騞⑥然，莫不中音⑦。合于《桑林》之舞⑧，乃中《经首》⑨之会⑩。

【注释】

①这个故事告诉我们，只有经过反复实践，并且真正掌握了客观规律以后，对自己所处理的事才能得心应手，运用自如。但庄子的本意却在宣扬他的养生之道。庖，厨子。丁，厨子的名字（依《经典释文》）。解牛，分解牛的肢体。

②文惠君：即梁惠王。

③踦（yǐ）：指用一条腿的膝盖顶住。

④砉（xū，又读huā）：象声词。

⑤向：通"响"，《经典释文》称或本"响"下无"然"字。以无"然"字为妥。这几句是说，因为庖丁知道牛体关节所在，所以凡他手肩足膝所触及的地方，关节都发出砉砉的响声。

⑥騞（huō）：象声词，声音大于"砉"，这里是形容进刀解牛的声音。

⑦中（zhòng）音：指合于音节。

⑧《桑林》之舞：即用《桑林》伴奏的舞蹈，这里指舞的节拍旋律。《桑林》，商汤时的乐曲名。

⑨《经首》：尧时的乐曲名。

⑩会：指节奏。

【原文】

文惠君曰："嘻①，善哉！技盖②至此乎？"

庖丁释刀对曰："臣之所好者道也，进乎技③矣。始臣之解牛之时，所见无非牛者。三年之后，未尝见全牛也。方今之时，臣以神遇而不以目视，官知止④而神欲行⑤。依乎天理，批⑥大郤⑦，导大窾⑧，因其固然，技经肯綮之未尝⑨，而况大軱⑩乎！良庖岁更刀，割也；族庖月更刀，折也。今臣之刀十九年矣，所解数千牛矣，而刀刃若新发于硎⑪。彼节者有间，而刀刃者无厚；以无厚入有间，恢恢乎其于游刃必有余地矣！是以十九年而刀刃若新发于硎。虽然，每至于族，吾见其难为，怵然⑫为戒⑬，视为止，行为迟。动刀甚微，謋⑭然已解，如土委⑮地。提刀而立，为之四顾，为之踌躇满志⑯，善⑰刀而藏之。"

文惠君曰："善哉！吾闻庖丁之言，得养生焉。"

【注释】

①嘻：赞叹声。

②盖：通"盍"，在这里即"何"的意思。

③进乎技：超过技术。乎，于。

④"官知止"是承上"不以目视"而言。官知，这里指视觉。

⑤"神欲行"是承上"以神遇"而言。神欲，指精神活动。

⑥批：击。

⑦郤（xì）：空隙。指牛筋骨间的空隙。

⑧导大窾（kuǎn）：把刀子引向骨节的空处。窾，空隙。

⑨技经肯綮（qìng）之未尝：游刃于空隙，未曾经过肯綮。技，技巧。经，经过。肯，紧附在骨上的肉。綮，筋骨连接处。未尝，未曾。

⑩軱（gū）：大骨。

⑪新发于硎（xíng）：刚从磨刀石上磨出来。发，出。硎，磨刀石。

⑫怵然：害怕的样子，等于说小心翼翼地。

⑬戒：警惕。

⑭謋（huò）：象声词，这里形容牛体解开的声音。

⑮委：散落。

⑯踌躇满志：悠然自得，心满意足。

⑰善：拭。

【要点提示】

（一）音义

中（zhòng）音，指合于音节。

郤（xì），空隙。

（二）文字

通假字

（1）向/响（砉然向然）

（2）盖/盍（技盖至此乎）

（三）词语
无非、天理、虽然、行为、族、难为、固然。

（四）语法
1. 词类活用
（1）以无厚入有间。厚，形容词用作名词，厚度。

（2）良庖岁更刀。岁，名词用作状语，每年。

（2）族庖月更刀。月，名词用作状语，每月。

2. 判断句
（1）良庖岁更刀，割也；族庖月更刀，折也。

（2）臣之所好者道也。

（3）所见无非牛者。

3. 宾语前置
是以十九年而刀刃若新发于硎。

第三篇　胠　　箧①（节录）

【原文】

将为胠箧、探囊、发匮②之盗而为守备，则必摄③缄藤④，固⑤扃镉⑥，此世俗之所谓知⑦也。然而巨盗至，则负匮揭箧担囊而趋，唯恐缄藤扃镉之不固也。然则乡之所谓知者，不乃为大盗积者也⑧？

【注释】

①胠箧（qūqiè）把箱子撬开。胠，从旁边开。箧，箱子一类的东西。

②胠箧、探囊、发匮：都是偷窃行为。

③摄：勒紧。

④缄（jiān）藤：都是绳子。

⑤固：用作动词，使动用法，弄结实。

⑥扃镉（jiōngjué）：相当于"锁钥"。扃，闩子。镉，插闩之处。

⑦知（zhì）：后来写作"智"，下"知"同。

⑧不乃……也：不就是……吗？

【原文】

夫川竭而谷虚，丘夷而渊实。圣人已死，则大盗不起，天下平而无故矣！圣人不死，大盗不止。虽重圣人①而治天下，则是重利盗跖也。为之斗斛②以量③之，则并与斗斛而窃之；为之权衡以称④之，则并与权衡而窃之；

为之符⑤玺⑥以信⑦之，则并与符玺而窃之；为之仁义以矫之，则并与仁义而窃之。

【注释】

①重圣人：使圣人之法重要起来。

②为之斗斛（hú）：给天下之人制定斗斛。这是双宾语结构。斛，十斗为斛。

③量：动词，用斗斛衡量。

④称（chēng）：动词。

⑤符：古代用来作为凭据的东西，用竹、木、玉、铜等制成。刻上文字，分成两半，两方各执一半，合起来，可验真伪。

⑥玺（xǐ）：印。

⑦信：信用，用作动词，有立信用的意思。

【原文】

何以知其然邪？彼窃钩者诛，窃国者为诸侯，诸侯之门而仁义存焉，则是①非窃仁义圣知邪？故逐于大盗，揭诸侯，窃仁义并斗斛权衡符玺之利者，虽有轩冕②之赏弗能劝③，斧钺④之威弗能禁。此重利盗跖而使不可禁者，是乃圣人之过也。故曰："鱼不可脱于渊，国之利器不可以示人。"彼圣人者，天下之利器也，非所以明天下也。

【注释】

①是：代词，指"诸侯之门而仁义存焉"这种情况。

②轩冕：指高官厚禄。轩，古代大夫以上的人所坐的车子，车上两边有屏障。冕，古代大夫以上的人所戴的礼帽。

③劝：鼓励。

④斧钺：都是古代杀人所用的东西。斧钺连用指刑戮之事。钺，大斧子。

【原文】

故绝圣弃知，大盗乃止；擿①玉毁珠，小盗不起；焚符破玺，而民朴鄙②；掊③斗折衡，而民不争；殚残④天下之圣法，而民始可与论议⑤；擢乱六律⑥，铄⑦绝竽瑟⑧，塞瞽旷⑨之耳，而天下始人含其聪矣；灭文章，散五采，胶离朱之目，而天下始人含其明矣；毁绝钩绳而弃规矩，攦⑩工倕⑪之指，而天下始人有其巧矣。故曰：大巧若拙。削⑫曾、史之行⑬，钳杨、墨之口，攘弃仁义，而天下之德始玄同矣。

【注释】

①擿：通"掷"，扔掉。

②鄙：鄙陋无知。

③掊（pǒu）：打破。

④殚（dān）残：使……尽，使……残。

⑤与论议：即与之（指民）论议。与，介词。

⑥擢（zhuó）乱六律：拔掉律管，使六律混乱。擢，拔掉。乱，用作动词，使动用法，使……乱。六律，古代用竹管的长短审定乐音的高低，按高低情况分乐音为十二类，用十二个长短不同的竹管作标准。其中，又分阴阳各六。阳声的叫六律，阴声的叫六吕。

这里的六律，既指律管，又指乐律。

⑦铄（shuò）：销毁。

⑧竽（yú）瑟：这里泛指乐器。竽，笙一类的乐器。

⑨旷：人名，春秋晋平公时的著名乐师，又称"师旷"。他是盲人，所以也叫"瞽旷"。相传他最会审音辨律。

⑩捩（lì）：折断。

⑪工倕：相传是尧时的巧匠。

⑫削：削除。

⑬曾、史之行：曾参与史鱼那种孝顺、忠直的品行。曾，曾参，有孝行。史，史鳅，字子鱼，又称"史鱼"，是卫灵公时的直臣。灵公宠小人弥子瑕而疏贤臣蘧伯玉，史鱼劝谏不听。史鱼死，以尸谏，孔子称赞他说："直哉史鱼。"

【原文】

彼人含其明，则天下不铄矣；人含其聪，则天下不累①矣；人含其知，则天下不惑矣；人含其德，则天下不僻矣。彼曾、史、杨、墨、师旷、工倕、离朱，皆外立其德②而爚乱③天下者也，法之所无用也。

【注释】

①累：忧患。

②外立其德：意思是炫耀夸饰标名于外。

③爚（yuè）乱：等于说"迷惑"或"迷乱"。爚，指炫耀。

【要点提示】

（一）音义

胠箧（qūqiè），把箱子撬开。

擢（zhuó），拔掉。

铄（shuò），销毁。

（二）文字

1. 古今字

知/智　（此世俗之所谓知也）

2. 通假字

（1）乡/向　（然则乡之所谓知者）

（2）擿/掷　（擿玉毁珠）

（三）词语

圣、知、规矩。

（四）语法

1. 词类活用

为之符玺以信之。信，名词用作动词，立信用。

2. 判断句

（1）此世俗之所谓知也。

（2）此重利盗跖而使不可禁者，是乃圣人之过也。

（3）彼曾、史、杨、墨、师旷、工倕、离朱，皆外立其德而爝乱天下者也，法之所无用也。

（4）彼圣人者，天下之利器也，非所以明天下也。

（5）是乃圣人之过也。

3. 双宾语句

（1）为之斗斛以量之。

（2）为之权衡以称之。

（3）为之符玺以信之。

（4）为之仁义以矫之。

第四篇　百川灌河（秋水）

【原文】

秋水时至，百川灌河。泾流①之大，两涘②渚③崖④之间，不辩⑤牛马。于是焉⑥河伯⑦欣然⑧自喜，以天下之美为尽在己。顺流而东行，至于北海；东面而视，不见水端。于是焉河伯始旋其面目，望洋⑨向若⑩而叹曰："野语有之曰：'闻道百，以为莫己若'者，我之谓也。且夫我尝闻少⑪仲尼之闻⑫，而轻⑬伯夷之义者，始吾弗信。今我睹子之难穷也，吾非至于子之门则殆矣，吾长⑭见笑⑮于大方之家⑯。"

【注释】

①泾（jīng）流：等于说无阻的水流。泾，通。

②涘（sì）：岸。

③渚（zhǔ）：水中的小块陆地。

④崖：高的河岸。

⑤辩：通"辨"。

⑥焉：语气词。

⑦河伯：河神，相传姓冯（píng），名夷。

⑧欣然：高兴的样子。

⑨望洋：联绵词，仰视的样子。

⑩若：海神的名字。

⑪少：意动用法，觉得……少。

⑫闻：见闻，这里是学问的意思。

⑬轻：意动用法，认为……轻。

⑭长：长久。

⑮见笑：被笑。

⑯大方之家：大道之家，指有很高的道德修养的人。

【要点提示】

（一）音义

涘（sì），岸。

渚（zhǔ），水中的小块陆地。

（二）文字

通假字

辩/辨（两涘渚崖之间，不辩牛马）

（三）词语

欣然、望洋、大方。

（四）语法

1. 词类活用

（1）秋水时至。时，名词用作状语，合期而至。

（2）且夫我尝闻少仲尼之闻，而轻伯夷之义者。少，意动用法，觉得……少。轻，意动用法，认为……轻。

2. 被动句

吾长见笑于大方之家。

3. 宾语前置

（1）以为莫己若者。

（2）我之谓也。

第五篇　察　　传①

【原文】

夫得②言不可以不察，数传而白为黑，黑为白。故狗似玃③，玃似母猴，母猴似人，人之与狗则远矣。此愚者之所以大过④也。

闻而⑤审，则为福矣；闻而不审，不若不闻矣。齐桓公闻管子于鲍叔，楚庄⑥闻孙叔敖⑦于沈尹筮⑧，审之也，故国霸诸侯也。吴王闻越王勾践于太宰⑨嚭⑩，智伯⑪闻赵襄子⑫于张武⑬，不审也，故国亡身死也。

【注释】

①察：审察。传（chuán）：传闻。

②得：应作"传"。

③玃（jué）：大母猴。

④过：用作动词，指犯错误。

⑤而：假设连词，等于说"如果"。

⑥楚庄：楚庄王。

⑦孙叔敖：春秋时期楚国令尹。

⑧沈尹筮：楚国大夫，名筮，"沈"是邑名，"尹"是官名。他把孙叔敖推荐给楚庄王。

⑨太宰：官名。

⑩嚭（pǐ）：伯嚭，春秋时吴国人。吴国打败了越国后，越王勾践贿赂伯嚭，要他劝说吴王接受越国求和的请求，吴王听了伯嚭的话。后来勾践发奋图强，终于灭了吴国。

⑪智伯：名瑶，晋国荀首的后代（荀首封于智，以邑为姓），晋哀公时的权臣，和韩赵魏并称为晋国的四大家。

⑫赵襄子：名无恤，晋卿赵哀的后代，世袭为晋卿。

⑬张武：晋人，智伯的家臣，他劝说智伯纠合韩魏，把赵襄子围在晋阳。后来赵襄子用张孟谈计，暗地联合韩魏，灭了智伯。

【原文】

凡闻言必熟论，其于人必验之以理。鲁哀公问于孔子曰："乐正①夔②一足，信乎？"孔子曰："昔者舜欲以乐传教于天下，乃令重黎③举夔于草莽④之中而进之，舜以为乐正。夔于是正六律，和五声，以通八风，而天下大服。重黎又欲益求人⑤，舜曰：'夫乐，天地之精也，得失之节⑥也。故唯圣人为能和乐之本也。⑦夔能和之，以平⑧天下，若夔者一而足矣。'故曰'夔一足'，非'一足'也。"宋之丁氏家无井，而出溉汲，常一人居外。及其家穿井，告人曰："吾穿井得一人。"有闻而传之者曰："丁氏穿井得一人。"国人道之，闻⑨之于宋君。宋君令人问之于丁氏，丁氏对曰："得一人之使，非得一人于井中也。"求闻之若此，不若无闻也。子夏之晋，过卫，有读史记者曰："晋师三豕涉河。"子夏曰："非也，是己亥也。夫己与三相近，豕与亥相似。"至于晋而问之，则曰，晋师己亥涉河也。

【注释】

①乐（yuè）正：乐官之长。

②夔：人名，相传为舜时掌管音乐的官。

③重（zhòng）黎：人名，相传为颛顼的后代，尧时掌管时令的官，后为舜臣。

④草莽：等于说草野，指民间。

⑤益求人：多找些像夔这样的人。

⑥节：这里有"关键"的意思。古人很重视音乐，认为音乐的兴废，是一个国家治乱的关键。

⑦这句应该是故唯圣人为能和；和，乐之本也。大意是：只有圣人才能做到和，而和是音乐中最根本的东西。

⑧平：使动用法，使……安定。

⑨闻：使动用法。

【原文】

辞多类非而是，多类是而非，是非之经^①，不可不分，此圣人之所慎也。然则何以慎？缘物之情及人之情，以为所闻，则得之矣。^②

【注释】

①经：界，界线。

②本句大意是：遵循着事物的规律和人的情理，用这种方法来审察自己所听到的传闻，就可以得到真实的情况。缘，循着，顺着。为，这里指审察。

【要点提示】

（一）音义

传（chuán），传闻。

重（zhòng）黎，人名，相传为颛顼的后代，尧时掌管时令的官，后为舜臣。

（二）词语

史记、河。

（三）语法

1. 词类活用

（1）夔于是正六律，和五声，以通八风。正、和，使动用法，使……正，使……和。

（2）夔能和之，以平天下。平，使动用法，使……安定。

（3）此愚者之所以大过也。过，名词用作动词，犯错误。

（4）国人道之。道，名词用作动词，议论。

（5）凡闻言必熟论。论，名词用作动词，审察。

2. 判断句

（1）此愚者之所以大过也。

（2）夫乐，天地之精也，得失之节也。

（3）非也，是己亥也。

（4）是非之经，不可不分，此圣人之所慎也。

3. 被动句

闻之于宋君。

4. 宾语前置

然则何以慎？

（以上内容由王梓凝、晏昌容负责编写）

常用词例释

51. 飞

例：怒而飞，其翼若垂天之云。（《庄子·逍遥游》）

例句中"飞"是"飞翔"之意，由"飞"的本义引申而来。

飞，《说文·飞部》："鸟翥也。"本义是①"鸟飞"。陶渊明《归去来兮辞》："云无心以出岫，鸟倦飞而知还。"通过寻找与本义的相似性联系，本义至少可引申出以下几个意义：第一，其他的东西在空中飞与鸟飞的动作相似，故引申为一般意义上的②"飞翔"。《庄子·逍遥游》："怒而飞，其翼若垂天之云。"第二，其他东西在空中飘浮与鸟飞在天空的状态相似，引申为③"在空中飘浮"。苏轼《念奴娇·赤壁怀古》："樯橹灰飞烟灭。"第三，"鸟飞"和"疾速"在速度上都呈现出"快"的状态，又引申为④"疾速"。《木兰诗》："关山度若飞。"第四，鸟飞在天空是离开地面等支撑物的，词义从具体域投射到抽象域，还引申为⑤"没有根据的"。《后汉书·梁松传》："乃悬飞书诽谤。"

其引申线索图示如下：

③在空中飘浮

↑

②飞翔←①鸟飞→④疾速

↓

⑤没有根据的

52. 极

例：其远而无所至极邪？（《庄子·逍遥游》）

例句中"极"是"尽头"之意，由"极"的本义引申而来。

极，《说文·木部》："栋也。"段玉裁注："今俗语皆呼栋为梁也。"本义是①"房屋的正梁"。《庄子·则阳》："有夫妻臣妾登极者。"房屋的正梁位于房屋的最高处，和人处于最高地位在状态上具有相似之处，故引申为②"最高地位"。《史记·留侯世家》："此布衣之极。"从地位上的最高可发展到一般意义上的最高，又通过词义扩大引申为③"极限、尽头"。《庄子·逍遥游》："其远而无所至极邪？"尽头就是达到了最大限度，再通过语用推理和词义虚化引申为④"最、非常"。陶渊明《桃花源记》："初极狭，才通人。"一个国家国土的尽头称为边境，"尽头"引申为⑤"边、边境"。《淮南子·览冥训》："四极废，九州裂。"到达边境即达到一个地方的尽头，所以"边境"引申为⑥"穷尽"。王安石《游褒禅山记》："而余亦悔其随之而不得极夫游之乐也。"

其引申线索图示如下：

①房屋的正梁→②最高地位→③极限、尽头→④最、非常

↓

⑤边、边境→⑥穷尽

53. 履

例：肩之所倚，足之所履。（《庄子·养生主》）

例句中"履"是"踩"之意，由"履"的本义引申而来。

履，《说文·履部》："足所依也。"段玉裁注："古曰履，今曰鞋。名之随时不同者也。"本义是①"鞋子"。《韩非子·外储说左上》："郑人有欲买履者。"鞋子是供人穿的，穿上就要踩在地上，因此"鞋子"引申为②"踩、踏"。《庄子·养生主》："肩之所倚，足之所履。"统治者踩、踏（管理、控制）到的地方，也就是他的权力范围，由"踩、踏"引申为③"权力范围"。《左传·僖公四年》："赐我先君履。"登实际上是往上踏、踩，故"踩、踏"又引申为④"登、登位"。贾谊《过秦论》："履至尊而制六合。"

其引申线索图示如下：

①鞋子→②踩、踏→③权力范围

↓

④登、登位

54. 顾

例：提刀而立，为之四顾。（《庄子·养生主》）

例句中"顾"是"望"之意，由"顾"的本义引申而来。

顾，《说文·页部》："还视也。"本义是①"回头看"。《世说新语·陈太丘与友期行》："元方入门不顾。"词义扩大后泛指②"看、望见"。《庄子·养生主》："提刀而立，为之四顾。"专程去看望某人就是探望，故由"看"引申为③"探望、拜访"。诸葛亮《出师表》："三顾臣于草庐之中。"探望某人意味着对某人很关心，因此由"探望"引申为④"关心、眷念"。《诗经·魏风·硕鼠》："三岁贯女，莫我肯顾。"由"回头看"的动作相关性和词义虚化引申为表示转折的⑤"不过、只是、反而"等意思。司马迁《报任安书》："顾自以为身残处秽。"

其引申线索图示如下：

①回头看→②看、望见→③探望、拜访→④关心、眷念

↓

⑤不过、只是、反而

55. 治

例：纵舍盗贼，而天下始治矣！（《庄子·胠箧》）

例句中"治"表"太平、安定"，由"治"的本义引申而来。

"治"假借为"理"，意思是①"治理、管理"。《吕氏春秋·察今》："故治国无法则乱。"统治阶级认真治理，天下才会太平安定，故由"治理"引申为②"太平、安定"。《庄子·胠箧》："纵舍盗贼，而天下始治矣！"治理政事需要办公场所，故由"治理"又引申为③"治所"。《水经注·江水》："将郡县居治无恒故也。"治所需要人修建、建造，故"治所"引申为④"修建、建造"。《史记·滑稽列传》："为治斋宫河上。"治理疾病便是医治，故

"治理"引申为⑤"医治"。《韩非子·喻老》:"不治将恐深。"用惩罚性的方式进行管理就是惩处,故"管理"又引申为⑥"惩处"。诸葛亮《出师表》:"不效,则治臣之罪。"

其引申线索图示如下:

②太平、安定
↑
⑥惩处→①治理、管理→③治所→④修建、建造
↓
⑤医治

56. 鄙

例:焚符破玺,而民朴鄙。(《庄子·胠箧》)

例句中"鄙"是"见识浅薄"之意,由"鄙"的本义引申而来。

鄙,《说文·邑部》:"五酇为鄙。"段玉裁注:"五百家也。"本义是①"户口单位(五百家)、边邑"。《左传·隐公元年》:"既而大叔命西鄙北鄙贰于己。"古代交通不发达,生长在边邑的人难免见识浅薄,故本义引申为②"见识浅薄、鄙野(朴实)"。《庄子·胠箧》:"焚符破玺,而民朴鄙。"见识浅薄的人往往容易被人瞧不起,因此引申为③"瞧不起、轻视"。《左传·宣公十四年》:"过我而不假道,鄙我也。"被人瞧不起就显得很卑微,"瞧不起"引申为④"卑微"。司马迁《报任安书》:"鄙陋没世,而文采不表于后也。"因为有"卑微"等意思,"鄙"也用来作为⑤表自谦。马中锡《中山狼传》:"鄙人不慧,将有志于世。"

其引申线索图示如下:

①户口单位(五百家)、边邑→②见识浅薄、鄙野(朴实)→③瞧不起、轻视→④卑微→⑤表自谦

57. 闻

例:且夫我尝闻少仲尼之闻。(《庄子·秋水》)

例句中后一"闻"是"见闻"之意,由"闻"的本义引申而来。

闻,《说文·耳部》:"知闻也。"本义是①"听到"。《礼记·大学》:"视而不见,听而不闻。"使上级听到就是报告上级,因此本义引申为②"报告上级"。《韩非子·五蠹》:"故令尹诛而楚奸不上闻。"听到的东西就是见闻,故本义又引申为③"见闻、知识、说法"。《庄子·秋水》"且夫我尝闻少仲尼之闻"中的第二个"闻"就是"见闻"的意思。事迹被人们听到了则为闻名,所以本义又引申为④"闻名、著称"。《史记·廉颇蔺相如列传》:"以勇气闻于诸侯。"闻名的人也就有了名声,故由"闻名"引申为⑤"名声、名誉"。《孟子·告子上》:"令闻广誉施于身。"

其引申线索图示如下:

②报告上级←①听到→③见闻、知识、说法

↓

④闻名、著称→⑤名声、名誉

58. 轻

例：而轻伯夷之义者。（《庄子·秋水》）

例句中"轻"是"轻视"之意，由"轻"的本义引申而来。

轻，《说文·车部》："轻车也。"轻车，也就是战车，故本义是①"战车"。《战国策·齐策》："使轻车锐骑冲雍门。"段玉裁注："轻本车名，故字从车。引申凡轻重之轻。"故由本义引申为②"不重、轻"。司马迁《报任安书》："人固有一死，或重于泰山，或轻于鸿毛。"看得不重则为"轻视"，故由"不重"引申为③"轻视、看轻"。《庄子·秋水》："而轻伯夷之义者。"被人看轻的人或事物有可能是不重要的，故由"看轻"引申为④"不重要的、次要的"。《孟子·尽心下》："民为贵，社稷次之，君为轻。"不重的东西易于携带，因此由"不重"又引申为⑤"轻易"。徐珂《清稗类钞·冯婉贞》："度不中而轻发，徒糜弹药。"不重的东西携带着较为轻便，因而由"不重、轻"引申为⑥"轻便、轻快"。《归去来兮辞》："舟遥遥以轻飏。"

其引申线索图示如下：

⑤轻易

↑

①战车→②不重、轻→③轻视、看轻→④不重要的、次要的

↓

⑥轻便、轻快

59. 数

例：数传而白为黑，黑为白。（《吕氏春秋·察传》）

例句中"数"表"屡次、多次"，由"数"的本义引申而来。

数，《说文·攴部》："计也。"本义是①"计算、计数"。《庄子·秋水》："杂而下者不可胜数也。"计算时必然把各项数据列出来，本义引申为②"一一列举"。文天祥《指南录后序》："数吕师孟叔侄为逆。"一一列举说明不止列举一次，"一一列举"引申为③"屡次、多次"。《吕氏春秋·察传》："数传而白为黑，黑为白。"计算是为了统计数目、数量，本义又引申为④"数目、数量"。《战国策·赵策》："愿令得补黑衣之数。"计算是一种技术，故由本义又引申为⑤"技术"。《孟子·告子上》："今夫弈之为数，小数也。"算命也是一种计算方式，因此由本义又引申为⑥"术数，占卦"。《卜居》："数有所不逮。"占卦的目的是推算命运，因而由"算命"引申为⑦"命运"。苏洵

《六国论》："则胜负之数，存亡之理。"

其引申线索图示如下：

⑤技术
↑
④数目、数量←①计算、计数→②一一列举→③屡次、多次
↓
⑥术数，占卦→⑦命运

60. 进

例：乃令重黎举夔于草莽之中而进之。（《吕氏春秋·察传》）

例句中"进"表"推荐、举荐"，由"进"的本义引申而来。

进，《说文·辵部》："登也。"本义是①"由低处到高处"。《礼记·表记》："君子三揖而进。"由低处到高处必然要朝前走，本义引申为②"前进"。《资治通鉴·汉纪》："刘备、周瑜水陆并进。"到朝廷去做官，从政治地位上来说，就由低处到了高处，本义又引申为③"到朝廷去做官"。范仲淹《岳阳楼记》："是进亦忧，退亦忧。"古时到朝廷去做官一般需要别人的举荐，故由"到朝廷去做官"引申为④"推荐、举荐"。《吕氏春秋·察传》："乃令重黎举夔于草莽之中而进之。"由低处到高处，必然超过原有的地位，所以由本义又引申为⑤"超过"。《庄子·养生主》："臣之所好者道也，进乎技矣。"

其引申线索图示如下：

②前进←①由低处到高处→③到朝廷去做官→④推荐、举荐
↓
⑤超过

（以上内容由李桂林负责编写）

第七章 修辞与文体

通论

第一节 古代汉语修辞

一、起兴

起兴，是一种先说别的事物以制造气氛或规定韵脚，然后引出所要说的事物的修辞手法。以起兴手法建构的文本，称为起兴修辞文本。这种修辞文本的建构，在表现形式上可以分为两种：一是前句所说的内容跟后句有关联，同时为后句规定韵脚；二是前句所说的内容跟后句没有任何关联，只是纯粹为后句规定韵脚。因此，第一种形式的文本建构，在表达上既有"同声相应"的协调流畅感，又有引类搭挂的生动形象感，因而在接受上既有和谐悦耳的听觉美感，也有赏心悦目的视觉美感；第二种形式的文本建构，则只有表达上"同声相应"的协调流畅感和接受上和谐悦耳的听觉美感"。起兴的修辞手法在《诗经》中已有使用。例如：

> 关关雎鸠，在河之洲。窈窕淑女，君子好逑。
> 参差荇菜，左右流之。窈窕淑女，寤寐求之。
> 求之不得，寤寐思服。悠哉悠哉，辗转反侧。
> 参差荇菜，左右采之。窈窕淑女，琴瑟友之。
> 参差荇菜，左右芼之。窈窕淑女，钟鼓乐之。（《国风·周南·关雎》）

> 南有乔木，不可休思。汉有游女，不可求思。
> 汉之广矣，不可泳思。江之永矣，不可方思。
> 翘翘错薪，言刈其楚。之子于归，言秣其马。
> 汉之广矣，不可泳思。江之永矣，不可方思。
> 翘翘错薪，言刈其蒌。之子于归，言秣其驹。
> 汉之广矣，不可泳思。江之永矣，不可方思。（《国风·周南·汉广》）

野有蔓草，零露漙兮。有美一人，清扬婉兮。
邂逅相遇，适我愿兮。野有蔓草，零露瀼瀼。
有美一人，婉如清扬。邂逅相遇，与子偕臧。(《国风·郑风·野有蔓草》)

肃肃鸨羽，集于苞栩。王事靡盬，不能艺稷黍。
父母何怙？悠悠苍天，曷其有所？
肃肃鸨翼，集于苞棘。王事靡盬，不能艺黍稷。
父母何食？悠悠苍天，曷其有极？
肃肃鸨行，集于苞桑。王事靡盬，不能艺稻粱。
父母何尝？悠悠苍天，曷其有常？(《国风·唐风·鸨羽》)

摽有梅，其实七兮。求我庶士，迨其吉兮。
摽有梅，其实三兮。求我庶士，迨其今兮。
摽有梅，顷筐塈之。求我庶士，迨其谓之。(《国风·召南·摽有梅》)

《国风·周南·关雎》是关于男女相爱的主题，但诗人开篇起笔却不是写人，而是写鸟。

从主题相关性的视角来看，"关关雎鸠，在河之洲"二句，明显是离题之笔，不符合人类思维与诗歌创作的逻辑。然而，从审美接受的视角来看，这两句并不是羡余之笔，而是别有深意的匠心独运的创意造言，它既为后两句"窈窕淑女，君子好逑"做了韵脚上的定位，使前后四句在连续吟咏时具有一种"同声相应"的协调和谐的听觉美感（第一句的"鸠"，第二句的"洲"，第四句的"逑"，在上古音里同属于幽部字），同时在视觉上使"在河之洲"的"关关雎鸠"跟"君子好逑"的"窈窕淑女"形成映衬对比，不仅使作品所要描写的人物形象更加鲜明，而且使语义表达显得婉约含蓄，在"不著一字"中将男子对心仪女子的热烈追求之情淋漓尽致地展露出来。

《国风·周南·汉广》《国风·郑风·野有蔓草》也是男女相爱的主题，其写作思路与《国风·周南·关雎》相同。诗的开篇两句既为其随后的两句做了韵脚上的定位，使诗歌别具一种"同声相应"的协调和谐的听觉美感，同时也使前两句与后两句在视觉形象上形成映衬与对比，从而在突出女子形象的同时，婉约含蓄地展露出"凤求凰"的深切之情。《国风·唐风·鸨羽》共三章，每章开头两句跟随后的两句在内容上都无必然的联系，亦无情境铺垫与形象映衬的效果，完全是为后两句的韵脚定位服务。因为按照上古音系来看，第一章的"羽""栩""盬""黍""怙""所"，均属鱼部字；第二章的"翼""棘""稷""食""极"，均属职部字；第三章的"行""桑""粱"

"尝""常"，均属阳部字。从韵脚字的安排，我们就可清楚地见出，这首诗的每个章节中的前两句都是为了协调韵律而安排的，是为了追求"同声相应"的协调和谐的听觉美感。

《国风·召南·摽有梅》的情况亦如《国风·唐风·鸨羽》，每章的前两句也是为了协调韵律而安排的，而不是为了情境铺垫与形象映衬。也就是说，《国风·召南·摽有梅》的起兴修辞文本，建构在审美追求的目标上也很单纯，只是为了追求听觉美感，而非听觉与视觉美感兼顾。

二、比喻

比喻，又称"譬喻"，俗称打比方，由"被比喻的事物"和"用来作比的事物"两部分构成，前者为本体或主体，后者为喻体或客体。本体往往比较抽象、深奥，为听话者不熟悉；喻体则相对比较具体、浅显，为听话者所熟悉。构成比喻通常要满足两个条件：一是本体和喻体为不同的东西，二者有质的区别；二是两者之间又存在相似之处。

比喻包括明喻、暗喻、借喻三类。

（一）明喻

本体、喻体、比喻词均出现的比喻为明喻。古汉语中通常出现"犹、若、如、似"等喻词。例如：

①事强暴之国难，……事之弥烦，其侵人愈甚，必至于资单国举然后已，虽左尧而右舜，未有能以此道得免焉者也。辟之是犹使处女婴宝珠佩宝玉，负戴黄金而遇中山之盗也，虽为之逢蒙视，诎要挠膕，君卢屋妾，由将不足以免也。故非有一人之道也，直将巧繁拜请而畏事之，则不足以持国安身，故明君不道也。（《荀子·富国》）

②夫古今异俗，新故异备。如欲以宽缓之政，治急世之民，犹无辔策而御駻马，此不知之患也。（《韩非子·五蠹》）

有时比喻词也可以略去不出现，前后两句构成对偶或排比句式。例如：

③流丸止于瓯、臾，流言止于知者。（《荀子·大略》）

④太山不让土壤，故能成其大；河海不择细流，故能就其深；王者不却众庶，故能明其德。（《史记·李斯列传》）

⑤狡兔死，走狗烹；高鸟尽，良弓藏；敌国破，谋臣亡。（《史记·淮阴侯列传》）

⑥声不过五，五声之变，不可胜听也；色不过五，五色之变，不可胜观也；味不过五，五味之变，不可胜尝也；战势不过奇正，奇正之变，不可胜穷也。（《孙子兵法·兵势》）

"明喻"这名，系沿用清人唐彪所定的旧名（见《读书作文谱》八）。唐彪以前，曾有宋人陈骙称它为"直喻"。《文则》卷上丙节条举十种"取喻之法"说：一曰直喻。或言"犹"，或言"若"，或言"如"，或言"似"，灼然可见。《孟子·梁惠王上》曰"犹缘木而求鱼也"，《尚书·五子之歌》曰"若朽索之驭六马"，《论语·为政》曰"辟如北辰"，《庄子·大宗师》曰"凄然似秋"，此类是也。

（二）暗喻

暗喻，又称"隐喻"，指只出现本体和喻体，喻词不出现的比喻。例如：

①"君子之德，风也；小人之德，草也。草上之风，必偃。"（《孟子·滕文公上》）

②君子之德风，小人之德草。草上之风，必偃。（《论语·颜渊》）

明喻与暗喻的区别在于明喻的形式是"甲如同乙"，暗喻的形式是"甲就是乙"；明喻在形式上只是相类的关系，暗喻在形式上却是相合的关系。这种形式关系的不同，再看下面几例，更可了然。例如：

①是故乱国之俗，其学者则称先王之道以籍仁义，盛容服而饰辩说，以疑当世之法，而贰人主之心。其言古者，为设诈称，借于外力，以成其私，而遗社稷之利。其带剑者，聚徒属，立节操，以显其名，而犯五官之禁。其患御者，积于私门，尽货赂，而用重人之谒，退汗马之劳。其商工之民，修治苦窳之器，聚弗靡之财，蓄积待时，而侔农夫之利。此五者，邦之蠹也。人主不除此五蠹之民，不养耿介之士，则海内虽有破亡之国，削灭之朝，亦勿怪矣。（《韩非子·五蠹》）

②赵衰，冬日之日也。赵盾，夏日之日也。（《左传·文公七年》）

③杨布问曰："有人于此，年兄弟也，言兄弟也，才兄弟也，貌兄弟也；而寿夭父子也，贵贱父子也，名誉父子也，爱憎父子也。吾惑之。"（《列子·力命》）

（三）借喻

借喻指直接用喻体来代指本体，本体和喻词通常都不出现。例如：

①陈涉太息曰："嗟乎！燕雀安知鸿鹄之志哉！"（《史记·陈涉世家》）

②岁寒，然后知松柏之后凋也。（《论语·子罕》）

借喻如上所引，有只用一两个词的，有用全句全段的。用全句全段的即为"借题发挥"。在使用此类借喻时需注意两点：一是避免将几个借喻混用，二是避免使用容易引起误解的借喻。

三、借代

借代，就是借彼代此，舍去人或事物的本来名称不用，而借用与它相关的人或事物的名称来称呼它。

（一）借事物特征、性质、状态代替该事物

例如：

①公曰："君子不重伤，不禽二毛。"（《左传·僖公二十二年》）

②黄发垂髫，并怡然自乐。（陶渊明《桃花源记》）

③以五十步笑百步，则何如？（《孟子·梁惠王上》）

④若士必怒，伏尸二人，流血五步，天下缟素，今日是也。（《战国策·魏策》）

例①中"二毛"是指花白头发，这是老年人的特征，借用来代指老年人。例②中"黄发垂髫"是老人和小孩的特征，借来指代老人和小孩。例③中"步"指逃跑时的脚步，用此来指代逃跑行为。例④中"缟素"是服丧的标志，用它来指代服丧。

（二）借事物的原料或使用的工具代替事物

例如：

①许子以釜甑爨，以铁耕乎？（《孟子·滕文公上》）

②镂心鸟迹之中，织辞鱼网之上。（《文心雕龙·情采》）

例①中，"铁"是制造农具的原料，所以拿铁来指代铁质的耕田农具。例②中，"鱼网"是造纸的原料，所以拿鱼网作为纸的代称。

（三）借人名、地名、官名代人或事物

古人常以做官的地点或官职来代称做官的人，有时也直接以人名代称事物。例如：

①睢园绿竹，气凌彭泽之樽；邺水朱华，光照临川之笔。（王勃《滕王阁序》）

②平原不在，正见清河。（刘义庆《世说新语·自新》）

③骠骑发迹于祁连。（扬雄《解嘲》）

④慨当以慷，忧思难忘。何以解忧？唯有杜康。（曹操《短歌行》）

例①中，陶渊明曾任彭泽县令，因此"彭泽"代指陶渊明；谢灵运曾任临川内史，因此用"临川"代指谢灵运。例②中，"平原"代指陆机，他曾做过平原内史；"清河"代指陆云，他曾做过清河内史。例③中，"骠骑"指

霍去病，其曾做过骠骑将军。例④中，"杜康"是人名，中国的酿酒始祖，用来代指酒。

（四）用特称代泛称

例如：

①子之笑我玄之尚白，吾亦笑子病甚，不遇俞跗与扁鹊也。（扬雄《解嘲》）

②送君南浦，伤如之何？（江淹《别赋》）

③孔子既得合葬于防，曰："吾闻之，古也墓而不坟；今丘也，东西南北之人也，不可以弗识也。"（《礼记·檀弓上》）

例①中，"俞跗""扁鹊"均为特称，此处主要用二者泛指"良医"。例②中，"南浦"本为特定的地名，这里泛指"离别之地"。例③中，"东西南北"本指具体的四个方位，此处泛指"四方"。

（五）用泛称代特称

例如：

①晋国，天下莫强焉。（《孟子·梁惠王上》）

②似逢我公，车边病是也。（《后汉书·华佗传》）

③子无谓秦无人，吾谋适不用也。（《左传·文公十三年》）

例①中，"晋国"原是"赵、魏、韩"的泛称，战国时期特指"魏国"。例②中，"病"本为所有疾病的泛称，这里特指一种寄生虫。例③中，"人"本为所有人的泛称，这里特指"有才能的人"。

（六）以具体代抽象

以具体代抽象是古人在修辞上常用的一种手法。例如：

①饮食男女，人之大欲存焉；死亡贫苦，人之大恶存焉。（《礼记·礼运》）

②无穷江水与天接，不断海风吹月来。（陆游《泊公安县》）

③范雎，魏之亡命也。折胁摺骼，免于徽索。（扬雄《解嘲》）

④亦颇识去就之分矣，何至自沈溺缧绁之辱哉！（司马迁《报任安书》）

⑤车服不维，刀锯不加。（韩愈《送李愿归盘谷序》）

例①用具体的"男女"代指抽象的"男女关系"。例②中的"月"代指江中的月色流光，"月"是一个具体的形象，月色流光是一个抽象的东西。"刑罚"是一个比较抽象的概念，古人就常用刑具"徽索"（例③）、"缧绁"（例④）"刀锯"（例⑤）等作为刑罚的代称。

（七）以部分代整体

有时候是以事物的主要部分指代该事物的全体。例如：《国风》和《大雅》《小雅》是《诗经》的主要部分，所以"风雅"可作为《诗经》的代称；《离骚》是《楚辞》的主要部分，所以"风骚"可作为《诗经》《楚辞》的代称。例如：

①远弃风雅，近师词赋。（刘勰《文心雕龙·情采》）

②沉舟侧畔千帆过，病树前头万木春。（刘禹锡《酬乐天扬州初逢席上见赠》）

③朱门酒肉臭，路有冻死骨。（杜甫《自京赴奉先县咏怀五百字》）

例①中的"风雅"代指《诗经》。例②中的"帆"作为船的一部分，代指船这个整体。例③中的"骨"是人的一部分，用来代指人这个整体。

（八）割裂式代称

割裂式的代称指的是把古书中的一个词组割裂开来，用其中的一部分代替另一部分。例如：

①及云之论机，亟恨其多，而称"清新相接，不以为病"，盖崇友于耳。（刘勰《文心雕龙·熔裁》）

②主上屈法申恩，吞舟是漏。（丘迟《与陈伯之书》）

例①用"友于"代替"兄弟"，《尚书·君陈》中有"惟孝友于兄弟"，后人取其中的"友于"二字作为"兄弟"的代称。例②中的"吞舟"为大鱼的代称，贾谊《吊屈原赋》中有"彼寻常之污渎兮，岂能容夫吞舟之巨鱼？"

四、引用

引用是指借助典籍中的言论、熟语、传说故事、历史事实等，以增强文章和表达的可信度与说服力的修辞方式。

（一）引事（稽古）

稽古是指引用历史事实、传说故事来帮助论证所表达观点的修辞手段。在古代作品中较为常见。

1. 明引

明引是指明确指明书名或作者的一种引用方法。例如：

①峨眉山月半轮秋，影入平羌江水流。谪仙此语谁解道，请君见月时登楼。（苏轼《送张嘉州》）

②鲧殛而禹兴；伊尹放大甲而相之，卒无怨色；管蔡为戮，周公右王。（《左传·襄公二十一年》）

③燕啄皇孙，知汉祚之将尽。（骆宾王《代李敬业讨武曌檄》）

例①引用了李白《峨眉山月歌》的头两句。例②连用三个历史典故：舜虽杀死鲧，但却启用了其子禹负责治水；伊尹流放了大甲，大甲复位后仍作国相而未遭怨恨；管叔、蔡叔虽被杀戮而周公却继续辅佐成王。这都是明引其事。例③用汉成帝皇后赵飞燕的典故，据传赵飞燕为了争宠而害死了汉成帝许多儿子，这个故事也是明引。

2. 暗引（用典）

暗引是指未直接说出故事、典故的出处，并进行适当加工变化，将引文与自己的言语融为一体的修辞手段。例如：

①叹门外楼头，悲恨相续。千古凭高对此，漫嗟荣辱。六朝旧事随流水，但寒烟、衰草凝绿。至今商女，时时犹唱，《后庭》遗曲。（王安石《桂枝香·金陵怀古》）

②闲来垂钓碧溪上，忽复乘舟梦日边。（李白《行路难·其一》）

例①中，"门外楼头"暗用了杜牧《台城》中的诗句："门外韩擒虎，楼头张丽华。""至今商女，时时犹唱，《后庭》遗曲"，暗用了杜牧《夜泊秦淮》诗中的两句："商女不知亡国恨，隔江犹唱后庭花。"例②中，"垂钓碧溪"暗引了姜太公磻溪垂钓，遇周文王被重用的历史典故，同样"乘舟梦日边"引用了伊尹梦经日边，受国君商汤重用的历史典故。

（二）引文（引经）

引文是指引用典籍中的言语来增强表达效果的修辞手段。例如：

①君子曰："颍考叔，纯孝也。爱其母，施及庄公。《诗》曰：'孝子不匮，永锡尔类。'其是之谓乎？"（《左传·隐公元年》）

②青青子衿，悠悠我心。但为君故，沉吟至今。（曹操《短歌行》）

③山气日夕佳，飞鸟相与还。此中有真意，欲辨已忘言。（陶渊明《饮酒·其五》）

例①引用的是《诗经·大雅·既醉》的诗句。例②引用的是《诗经·郑风·子衿》中的"青青子衿，悠悠我心"。例③通过引用《管子》《楚辞》《庄子》中的事例说明归隐属于正确的选择。《庄子·外物》："言者所以在意，得意而忘言。"《管子·宙合》："夫鸟之飞也，必还山集谷。"《九章·哀郢》："鸟飞反故乡兮，狐死必首丘。"作者将这些故事化成了自己的诗句。

（三）引言

引言是指引用不见于典籍中的格言、俗语、谚语、歌谣等，以加强文章说服力的修辞手段。例如：

①野语有之曰："闻道百，以为莫己若"者，我之谓也。（《庄子·秋水》）

②周任有言曰："陈力就列，不能者止。"（《论语·季氏》）

③故渔者歌曰："巴东三峡巫峡长，猿鸣三声泪沾裳。"（郦道元《三峡》）

"野语"就是不见于经书的民间俗语；"周任"是古代的良史，他说的话不见于简策；"渔者"的歌，则属民歌一类。

五、委婉

委婉作为古汉语中一种常用的修辞手法，也叫"婉曲""曲折""婉言"等，指在特定情境下，说话人有所顾忌，不能直截了当地把要表达的内容说出来，而采用婉转的词语，含蓄曲折地表达思想感情，传递信息意图。

委婉修辞的使用可以追溯至孔子的"春秋笔法"，其根本特点是隐晦含蓄，意在言外。委婉语的普遍运用与社会文化制度的大环境息息相关，从一个侧面折射了人们的意识形态、审美心理、文化品格等。从文化意蕴上讲，委婉语具有合礼仪性、合人情性和合目的性的特点。

（一）避粗俗

用婉转的语词来代替粗鄙之词就是避粗俗。例如：

①即阳为病狂，卧便利。（《汉书·韦贤传》）

"便利"是大小便的委婉说法。

②荒侯市人病不能为人。（《史记·樊郦滕灌列传》）

樊市人是樊哙的庶子，死后谥号为荒侯，侯家的舍人得罪了樊他广，上书朝廷说樊市人生理方面有疾病缺陷，因此樊他广不是樊市人的儿子，不能继续封侯。

③权起更衣，肃追于宇下。（《资治通鉴·汉纪》）

"更衣"是上厕所的委婉说法。

（二）避忌讳

避讳是言语有所禁忌的表现，遇有犯忌触讳的情况，即用别的说法来回避。《春秋公羊传·闵公二年》云："《春秋》为尊者讳，为亲者讳，为贤者讳。"孔子在《春秋》中对这三种人是有所避讳的。《礼记·曲礼上》："入境而问禁，入国而问俗，入门而问讳。"在古人的生活中忌讳有很多，主要是讳言父上名讳，讳言不吉利的事，讳言不光彩、不雅洁的事，讳言死、凶、阴、恶等。例如：

①一旦山陵崩，长安君何以自托于赵？（《战国策·赵策》）

"山陵崩"是"死"的委婉说法，除避忌讳外，还有致敬之意。

②陛下富于春秋。(《史记·李斯列传》)

"富于春秋"是说皇帝年轻。

③太子方富于年。(枚乘《七发》)

"方富于年"是说太子年少。

(三)避冒犯

对人用敬辞,对己用谦辞,都有不敢冒犯的意思。谦辞也是委婉语的一种。谦敬语及其运用的全部价值是显示出"抑己扬人"的礼貌准则,即交际活动中的一方把自己与对方分别放在"己低人高"的不同等级上。这个等级是一种言语等级,是通过委婉修辞的方式和谦敬语的使用而实现的等级差别,是临时的,可以改变的,可以随时互换的言语等级。这种言语等级既可以在权势关系又可以在平等关系的交际双方之间形成,也可以随时取消。除此之外,古汉语的谦敬语及其使用,还可以显示交际双方的相对固定的社会等级,即社会地位、身份等方面的差别。

司马迁在《报任安书》中说"得待罪辇毂下",又说"仆常厕下大夫之列,陪外廷末议",这里所谓的"待罪""厕""下大夫""陪""末议",都不能按字面上解释;实际上"待罪"是指任职,"厕"等于位置(动词),"下大夫"是指群臣,"陪"等于参加,"末议"是指议事或者议政。

在古人的书信中,谦辞是特别多的。差不多凡讲到对方都用敬辞,凡讲到自己都用谦辞,例是例证。

(四)交际辞令

外交辞令是委婉语的一种,古人往往用委婉曲折的形式来表达意见或想法。例如:

①君惠徼福于敝邑之社稷,辱收寡君,寡君之愿也。(《左传·僖公四年》)

表面意思:大王恩惠难报,唯有敝国祭祀社稷之神时为大王祈福,承蒙大王接受敝上为友好之邦,这同样是敝上之愿望。

实际意思:你如果不毁灭我国,肯跟我们结盟,我们大王会很高兴。

②虽遇执事,其弗敢违。(《左传·成公三年》)

表面意思:即使跟您相遇,我也不敢违抗"嗣宗职""修封疆"的使命。

实际意思:即使跟您相遇,也非打您不可。

③寡人不佞，其不能以诸侯退矣。（《左传·成公十三年》）

表面意思：寡人不才，恐怕就不能率诸侯退走了。

实际意思：那么我就要和诸侯来攻打你了。

六、夸饰

夸饰是一种比较重要的修辞手法，相当于现代汉语中的夸张，但与之不同的是，夸饰不言过其实。夸饰为一种极度形容，可有效增强语言的生动性。例如：

①人固有一死，或重于泰山，或轻于鸿毛。（司马迁《报任安书》）

②天下之士云合雾集，鱼鳞杂遝，熛至风起。（《史记·淮阴侯列传》）

③飞馆生风，重楼起舞。（杨衒之《洛阳伽蓝记》）

④明星荧荧，开妆镜也；绿云扰扰，梳晓鬟也；渭流涨腻，弃脂水也；烟斜雾横，焚椒兰也。雷霆乍惊，宫车过也。（杜牧《阿房宫赋》）

某些人名地名，以及某些特殊的物名，也可以做极度形容语。上面所举的"（死）或重于泰山"的泰山即是一例，由于泰山在古人看来是最高的山，也就代表着最重要的东西。例如：

①非有仲尼、墨翟之贤，陶朱、猗顿之富。（贾谊《过秦论》）

仲尼、墨翟代表最贤的人，陶朱、猗顿代表最富有的人。

②若仆大质已亏缺矣，虽才怀随和，行若由夷，终不可以为荣，适足以见笑而自点耳。（司马迁《报任安书》）

"随"指随侯珠，"和"指和氏璧，"随和"这个词是随侯珠与和氏璧的总称。随侯珠与和氏璧代表着最珍贵的东西，比喻最好的才能；由指许由，夷是指伯夷，二人都是高洁之士，代表着最清高的人。

③家家自以为稷契，人人自以为皋陶。戴继垂缨而谈者，皆拟于阿衡。（扬雄《解嘲》）

稷、契、皋陶、阿衡代表最贤能的人。

④虽梁王兔苑，想之不如也。（杨衒之《洛阳伽蓝记》）

梁王兔苑代表着最奢华的园林。

七、互文

互文又称"互补见义""互见"。即上下文义相互呼应、补充的修辞方式。互文的特点是：你中有我，我中有你。

互文可以分为单句互文、双句互文及多句互文。

（一）单句互文

例如：

烟笼寒水月笼沙。（杜牧《泊秦淮》）

"烟"与"月"互补见义。

（二）双句互文

例如：

①受任于败军之际，奉命于危难之间。（诸葛亮《出师表》）

"受任""奉命"互补，"败军之际""危难之间"互补。

②明月别枝惊鹊，清风半夜鸣蝉。（辛弃疾《西江月》）

诗中的"惊""鸣"互文，正确的理解应为："半夜里明月升起，惊飞了树上的鸟雀，惊醒了树上的眠蝉；轻拂的夜风中传来了鸟叫声和蝉鸣声。"

（三）多句互文

例如：

东市买骏马，西市买鞍鞯，南市买辔头，北市买长鞭。（《木兰诗》）

"东市""西市""南市""北市"四个词语组成互文，意为到东南西北等市场上去买齐了骏马、鞍鞯、辔头和长鞭，而不是在某一个集市上只买一样东西。

八、变文

变文是指为了避免字面上单调重复，有意变换字面，表相同或相近意思的一种修辞手法。例如：

①追亡逐北，伏尸百万。（贾谊《过秦论》）

②同是被逼迫，君尔妾亦然。（《孔雀东南飞》）

③民可以乐成，不可与虑始。（《史记·滑稽列传》）

④殚其地之出，竭其庐之入。（柳宗元《捕蛇者说》）

例①中的"亡"与"北"为变文，都是指"败逃的人"；例②中的"尔"与"然"为变文，都是"这样"的意思。例①和例②为出现在一句话中的变文。例③中的"以"和"与"为变文，"以"是介词"与"的意思；例④中的"殚"与"竭"为变文，都是"竭尽"的意思。例③和例④为出现在两句话中的变文。

九、连文

连文也称作连及，说甲事物时，连带说到乙事物，但句子的意义只指向甲事物。甲事物和乙事物是相关或相对（相反）的关系。连及的目的是使音节匀称。这种修辞方式，和文言词汇中的偏义复词在道理上是一致的。例如：

①此诚危急存亡之秋也。（诸葛亮《出师表》）

"存亡"中的"存"连及。

②宫中府中，俱为一体，陟罚臧否，不宜异同。（诸葛亮《出师表》）

"异同"中的"异"连及。

③朝服衣冠，窥镜。（《战国策·齐策》）

"衣冠"中的"冠"连及。

④小大之狱，虽不能察，必以情。（《左传·庄公十年》）

"小大"中的"小"连及。

十、共用

在行文中，两个相连接的词或词组共用某一个或多个词语，换言之，同一个或几个词语在组合搭配的关系上是兼管着两个相连的词或词组，这种修辞方式就是共用。例如：

①今君有区区之薛，不拊爱子其民，因而贾利之。（《战国策·齐策》）

"不拊爱子其民"即"不拊爱其民，不子其民"，"其民"共用。

②令孤子、寡妇、疾疹、贫病者，纳宦其子。（《国语·越语》）

"纳宦其子"即"纳其子，宦其子"，"其子"共用。

③女为人臣子，不顾恩义，畔主背亲，为降虏于蛮夷，何以女为见！（《汉书·苏武传》）

"女为人臣子"即"女为人臣，女为人子"，"女为人"共用。

十一、并提（合叙）

并提，也称"并提分承"，又称"合叙"或"分承"，是古代汉语中常见的一种修辞方式。为了使句子紧凑，文辞简练，古人常用并提法以行文。所谓"并提"一般是指把两件相关的事，并列在一个句子中来表述。"并提"即把两件或几件相关的事放在一起说，后面再承接，既显得简洁明快，又显得文气畅通。例如：

①自非亭午夜分，不见曦月。（郦道元《三峡》）

②风霜高洁，水落而石出者，山间之四时也。（欧阳修《醉翁亭记》）

③将军向宠，性行淑均。（诸葛亮《出师表》）

例①中的"亭午""夜分"是两个不能同时并存的时间，"曦""月"是两种不同的自然现象，合起来是讲不通的，这里用了"并提"修辞格，应理解为："自非亭午不见曦，自非夜分不见月"。例②中的"风霜高洁"应理解为"风高霜洁"。例③中的"性行淑均"应理解为"性淑行均"。

十二、变序（倒置、颠倒、错综）

变序或称"倒装""倒置""颠倒"等，是为了某种目的改变句子结构顺序的一种辞格。例如：

①妻子好合，如鼓瑟琴。兄弟既翕，和乐且湛。（《诗经·小雅·常棣》）

②君子泰而不骄，小人骄而不泰。（《论语·子路》）

例①"瑟琴"是"琴瑟"的变序，目的使"琴"与"湛"押韵，二字同属上古侵部。例②"泰而不骄"变为"骄而不泰"，旨在显示君子与小人截然相反的品德。

由于对仗、平仄和押韵的要求，古代作家往往着意造一些词序颠倒的句子。这种句子多半出现在词赋骈文里，散文里有时也可见到。例如：

①历观文囿，泛览辞林，未尝不心游目想，移晷忘倦。（萧统《〈文选〉序》）

②是以别方不定，别理千名。有别必怨，有怨必盈。使人意夺神骇，心折骨惊。虽渊云之墨妙，严乐之笔精，金闺之诸彦，兰台之群英，赋有凌云之称，辩有雕龙之声，谁能摹暂离之状，写永别之情者乎！（江淹《别赋》）

例①是由于本句平仄的要求（心游目想：平平仄仄）。例②一方面是由于对仗和平仄的要求（"心"对"意"：平对仄；"骨"对"神"：仄对平），另一方面是由于押韵的要求（"惊"与上文"名""盈"，下文"精""英""声""情"等字押韵）。

凡把反复、对偶、排比，或其他有整齐形式、共同词面的语言，说成形式参差，词面别异的，我们称为错综。构成错综，大约有四类重要方法：

第一，抽换词面。将词面略微抽动使得说话前后不同。例如：

①彼其道幽远而无人……吾无粮，我无食，安得而至焉？（《庄子·山木》）

②仁有数，义有长短小大。（《礼记·表记》）（郑玄注："数与长短小大，互言之耳。"）

第二，交错语次。将语词的顺序安排得前后参差，使得前后不同。例如：

①王何必曰利，亦有仁义而已矣……王亦曰仁义而已矣，何必曰利？（《孟子·梁惠王上》）

②一片花飞减却春，风飘万点正愁人。（杜甫《曲江二首》）

第三，伸缩文身。用长句短语交相错杂，使行文发生变化。例如：

①今有一人，入人园圃，窃其桃李，众闻则非之，上为政者得则罚之。此何也？以亏人自利也。至攘人犬豕鸡豚者，其不义又甚入人园圃窃桃李。

是何故也？以亏人愈多，其不仁兹甚，罪益厚。至入人栏厩，取人马牛者，其不仁义又甚攘人犬豕鸡豚。此何故也？以其亏人愈多，苟亏人愈多，其不仁兹甚，罪益厚。至杀不辜人也，扡其衣裘，取戈剑者，其不义又甚入人栏厩，取人马牛。此何故也？以其亏人愈多，苟亏人愈多，其不仁兹甚矣，罪益厚。当此，天下之君子皆知而非之，谓之不义。今至大为攻国，则弗知非，从而誉之，谓之义。此可谓知义与不义之别乎？（《墨子·非攻上》）

②大凡物不得其平则鸣：草木之无声，风挠之鸣。水之无声，风荡之鸣。其跃也，或激之；其趋也，或梗之；其沸也，或炙之。金石之无声，或击之鸣。（韩愈《送孟东野序》）

这样，或于简短句子之后，承以较长句子，或于较长句子之后，顿以简短句子的，都是一种错综法。

第四，变化句式即杂用各种句式，例如肯定句和否定句，直陈句和询问句、感叹句之类，来形成错综。例如：

①凡此五者，将莫不闻，知之者胜，不知之者不胜。（《孙子兵法·始计》）

②民勇者，战胜；民不勇者，战败。能壹民于战者，民勇；不能壹民于战者，民不勇。（《商君书·画策》）

③孟子见梁惠王。王立于沼上，顾鸿雁麋鹿，曰："贤者亦乐此乎？"孟子对曰："贤者而后乐此。不贤者虽有此，不乐也。"（《孟子·梁惠王上》）

以上四类方法不一定单独使用，可先后换用，使表达形式多样化。

思考题

1. 解释术语。

（1）比喻

（2）借代

（3）并提

（4）双关

2. 简答题。

（1）比喻的作用是什么？

（2）借代和借喻有什么不同？

（3）运用夸饰修辞格需要注意哪些问题？

（以上内容由段文华、夏凤负责编写）

第二节 古文文体及其特点

一、古文文体概述

（一）文体的含义
文体指的是文章的体裁和样式。

（二）概况

1. 曹丕《典论·论文》把文体分为奏议、书论、铭诔、诗赋

魏晋时代，开始了对文体的研究，曹丕的《典论·论文》是我国文学批评史上第一部文学专论。书中指出："夫文本同而末异。盖奏议宜雅，书论宜理，铭诔尚实，诗赋欲丽。此四科不同，故能之者偏也，唯通才能备其体。"

2. 挚虞《文章流别论》、李充《翰林论》、刘勰《文心雕龙》

晋代挚虞《文章流别论》和李充《翰林论》是专门论述文体的著作。南朝梁刘勰的《文心雕龙》是我国第一部文学理论著作，其中论述文体的流变占了近一半的篇幅。

3. 萧统《昭明文选》

梁昭明太子萧统所编《昭明文选》，是我国第一部按文体分类的古代诗文选集。全书共把文体分为38类：赋、诗、骚、七、诏、册、令、教、文、表、上书、启、弹事、笺、奏记、书、檄、移、对问、设论、辞、序、颂、赞、符命、史论、史述赞、论、连珠、箴、铭、诔、哀、碑文、墓志、行状、吊文、祭文。

4. 吴讷《文章辨体》、徐师曾《文体明辨》、姚鼐《古文辞类纂》

自唐宋至明清，对文体的研究代不乏人。值得一提的有宋代姚铉《唐文粹》、吕祖谦《宋文鉴》，明代吴讷《文章辨体》、徐师曾《文体明辨》等。这些著作把文体分门别类，有的分类过细，如《文体明辨》把文体分为127类。清人姚鼐的《古文辞类纂》在总结前人分类基础上，将文体分为13类：论辨、序跋、奏议、书说、赠序、诏令、传状、碑志、杂记、箴铭、颂赞、辞赋、哀祭。

二、文体分类及其特点
按照古文的不同特点，能分出很多类，在此不一一赘述，主要以清人姚鼐的《古文辞类纂》进行分类了解。

（一）论辩类

论辩类也称"说理类""论说类"。其表达方式主要为议论，以逻辑性较强的语言，达到明辨是非或阐明道理为目的。此类文体的源头可以追溯到先秦。如《周易》的《系辞》、《左传》中的辞令、《战国策》中的说辞、《论语》中的部分语录、《墨子》中的《十论》等等。

从形式特点来看，此类文体主要有四种：论、说、辩、原。论，即议论，它的说理方式以论证为主，要求观点正确，逻辑严密。如贾谊《过秦论》、苏洵《六国论》。说，则侧重于说明解释，写法灵活，篇幅短小。如韩愈《师说》、柳宗元《捕蛇者说》、梁启超《少年中国说》。辩，即辩驳，是就某一观点所做的驳论文章。重在破，而不在立，论辩色彩很重。如柳宗元《辩列子》、韩愈《讳辩》。原，即追本溯源，是对某一种理论、制度或社会习俗从根本上加以探索、考察。如韩愈《原道》《原性》，黄宗羲《原君》《原臣》。

（二）序跋类

序也作"叙"或称"引"，类似今天的"引言""前言"；跋，往往是后辈对前辈作品的评价或感想，序和跋一般附于书的前后。这类文体主要是为书、文、图等作品撰写的文辞，起到说明、议论或叙事的作用。上古时代的序都是放在后面的，如《史记·太史公自序》《说文·叙》，后来像萧统《昭明文选》等书，序文才移到前面，如文天祥《指南录后序》。

（三）奏议类

奏议是指臣子向君王进言的书信、报告、奏折之类的公文，其特点是讲究目的明确、语言典雅、论必有据、条理清晰。如曾国藩《经史百家杂钞》"奏议类"收录了奏、议、书、疏、表、对策、札子等等。如晁错《论贵粟疏》、诸葛亮《出师表》、李斯《谏逐客书》、王安石《本朝百年无事札子》等。吴曾祺《文体刍言》将奏议类分为奏、议、驳议、谥议、册文、疏、上书、上言、状、章、书、表、贺表、谢表、降表、遗表、策、折、札子、启、笺、对、封事、弹文、讲义、谟、露布等三十多种文体。

（四）书说类

书一般指书信，说大多是叙述兼议论。如《报任安书》《捕蛇者说》。

（五）赠序类

古人所谓"赠言"，唐初成为一种文体，叫作序。韩愈所做的序最多、最好，如《送董邵南序》《送孟东野序》等。

（六）诏令类

君王给臣子下发的书信、命令等称为诏令。其特点讲究形式规范，行文典雅庄重、温润浑厚。其内容包括授官、册封、罪己、敕戒、用兵、明罚等。如刘邦《高帝求贤诏》、刘启《景帝令二千石修职诏》等。皇帝下达的文书还有"制""诰""檄"。

（七）传状类

传状是记述个人生平事迹的文章，一般是记述死者的事迹。传指传记，状指行状。传来源于《史记》《汉书》。就《史记》来说，《项羽本纪》《孔子世家》《淮阴侯列传》《魏其武安侯列传》等，都应该属于传。

其中，行状又称"行述""行略""事略"等。行状本来是提供给礼官为死者议定谥号或提供给史官采择立传的，或请人写墓志铭碑表之类，也往往提供行状。有的行状实际上就是一篇很好的传记，如柳宗元的《段太尉逸事状》。另外，《霍小玉传》《李娃传》《莺莺传》之类的传奇小说，也可归为此类。

（八）碑志类

碑指的是碑铭，也叫"碑文"；志指墓志铭。碑志是指记事或纪念性的刻石文，包含范围颇广，有封禅和纪功，还有寺观、桥梁等建筑物的刻文，如秦始皇《泰山刻石》、韩愈《南海神庙碑附诗》。

（九）杂记类

杂记文的特点是以记事为主，包含范围也比较广，除史传、碑志以外的记叙文大都可以归入这一类。流传较广的有苏轼《喜雨亭记》、欧阳修《醉翁亭记》、范仲淹《岳阳楼记》、杨积庆《重建芙蓉楼记》等记台阁名胜的，郦道元的《水经注》、柳宗元《永州八记》、徐弘祖《徐霞客游记》等记山水地理的，品评人物为主的《世说新语》，记载见闻经历的《梦溪笔谈》，还有记录志怪丛谈的《阅微草堂笔记》。

（十）箴铭类

箴铭是用于规诫、褒赞的文章。如刘禹锡《陋室铭》、班固《封燕然山铭》、陶私景（有争议）《瘗鹤铭》。

（十一）颂赞类

颂赞完全以韵文为主，主要是褒美之辞，其起源可追溯到《诗经》中的颂诗。姚鼐《古文辞类纂》说："颂赞类者，亦《诗·颂》之流，而不必施之金石者也。"如韩愈《子产不毁乡校颂》。

（十二）辞赋类

辞赋完全为韵文，近似于长诗，可以抒情咏物，起源于战国时代。汉朝人集屈原等所做的赋称为楚辞，后人泛称赋体文学为辞赋。如杜牧《阿房宫赋》、班固《两都赋》、张衡《二京赋》、左思《三都赋》。

（十三）哀祭类

哀祭文是哀悼死者或祭告鬼神的文章。常见的有哀辞、诔、吊文、祭文等。

哀辞主要用来哀悼夭亡或早死的人。如韩愈《独孤申叔哀辞》。

诔是用来表彰死者生前的功德并抒发哀悼之情。如曹植《王仲宣诔》，贾宝玉《芙蓉女儿诔》祭奠晴雯等。

吊文是凭吊性的文字，主要特点是对着遗迹、遗物等悼念古人或感慨往事。如贾谊《吊屈原赋》、李华《吊古战场文》。

祭文是在祭奠时宣读，表达哀伤之情，往往兼叙死者的生平事迹。祭文多有固定的格式，以"惟某年某月某日"开头，接着说明致祭者和受祭者的名字，中间是正文，最后以"呜呼哀哉！尚飨"结尾。以追念伤悼为主，抒情色彩较为强烈。如韩愈《祭柳子厚文》《祭十二郎文》。

思考题

1. 简要说明论辨类的文体特点。
2. 简要说明哀祭类的文体特点。

（以上内容由郝从燕负责编写）

文选

第一篇　论积贮疏

贾　谊

【原文】

筦①子曰："仓廪实而知礼节。"民不足而可治者，自古及今，未之尝闻。古之人曰："一夫不耕，或受之②饥；一女不织，或受之寒。"生之有时，而用之亡③度，则物力必屈④。古之治天下，至孅⑤至悉⑥也，故其畜积足恃。今背本而趋末，食者甚众，是天下之大残⑦也。淫侈之俗，日月以长，是天下之大贼也。残贼公行，莫之或⑧止；大命⑨将泛⑩，莫之振救⑪。生之者甚少，而靡之者甚多，天下财产，何得不蹶⑫？汉之为汉，几四十年矣，公私之积，犹可哀痛。失时不雨，民且狼顾，岁恶⑬不入⑭，请卖爵子，既闻耳矣，安有为⑮天下阽危⑯者若是而上不惊者？

【注释】

①筦：同"管"。

②之：代词。

③亡：通"无"。

④屈：尽，竭尽。

⑤纤：通"纤"，细致。

⑥悉：详密。

⑦残：伤害。

⑧或：句中语气词。

⑨大命：社稷的命运。

⑩泛：通"覂（fěng）"，倾覆，倒。

⑪振救：拯救。

⑫蹶（jué）：竭尽。

⑬岁恶：年成坏。

⑭不入：指纳不了税。

⑮为：指治理。

⑯阽（diàn）危：摇摇欲坠。

【原文】

世之有饥穰①，天之行②也，禹汤被③之矣。即④不幸有方二三千里之旱，国胡以相恤？卒然边境有急，数千百万之众，国胡以馈之？兵⑤旱相乘⑥，天下大屈。有勇力者聚徒而衡击⑦；罢⑧夫羸老，易子而咬其骨。政治未毕通也⑨，远方之能疑⑩者，并举而争起矣。廼⑪骇而图之，岂将有及乎？

【注释】

①穰：丰收。

②行：规律。

③被：遭受。

④即：倘若，假若。

⑤兵：指战争。

⑥相乘：相因。

⑦衡击：这里指抢劫。衡，通"横（héng）"，横暴。

⑧罢：通"疲"。

⑨政治未毕通也：政治力量还没有完全达到各地，也就是说还没有牢固地控制全国。政，政治，政事。治，政令教化。毕，完。通，达。

⑩疑：通"拟"，指与皇帝相比拟。

⑪廼："乃"的异体字，时间副词，表承接。

【原文】

夫积贮者，天下之大命①也。苟粟多而财有余，何为而不成？以攻则取，以守则固，以战则胜。怀敌②附远③，何招而不至？今驱民而归之农，皆著于本④，使天下各食其力，末技游食之民，转而缘⑤南亩，则畜积足而人乐其所矣。可以为富安天下，而直为此廪廪⑥也。窃为陛下惜之。

【注释】

①命：命脉。

②怀敌：使敌对者来归顺。怀，使动用法。

③附远：使远方的人归附。附，使动用法。

④著于本：指从事农业。

④缘：沿，绕。

⑥廪廪：害怕的样子。廪，通"懔"。

【要点提示】

（一）音义

蹶（jué）：竭尽。

阽（diàn）：危。

孅（xiān）：通"纤"，细致。

（二）文字

1. 通假字

（1）亡/无（而用之亡度）

（2）孅/纤（古之治天下，至孅至悉也）

（3）泛/覂（大命将泛）

（4）衡/横（有勇力者聚徒而衡击）

（5）罢/疲（罢夫赢老）

（6）疑/拟（远方之能疑者）

（7）廪/懔（而直为此廪廪也）

2. 异体字

筦/管（莞子曰：……）

逎/乃（逎骇而图之）

（三）词语

阽（diàn）危、大命。

（四）语法

1. 词类活用

（1）失时不雨，民且狼顾。狼，名词用作状语，表比喻，像狼一样。

（2）怀敌附远，何招而不至？附，使动用法，使……归附。

（3）今驱民而归之农。归，使动用法，使……归向。

2. 判断句

（1）是天下之大残也。

（2）是天下之大贼也。

3. 宾语前置

（1）自古及今，未之尝闻。

（2）大命将泛，莫之振救。

（3）国胡以相恤？/国胡以馈之？/何为而不成？/何招而不至？

4. 双宾语句

（1）一夫不耕，或受之饥；一女不织，或受之寒。

（2）今驱民而归之农。

第二篇　陈　情　表

李　密

【原文】

臣密言：臣以险衅①，夙②遭闵③凶④。生孩六月，慈父见背⑤；行年四岁，舅夺母志⑥。祖母刘，愍⑦臣孤弱，躬亲抚养。臣少多疾病，九岁不行⑧；零丁孤苦，至于成立⑨。既无伯叔，终⑩鲜兄弟。门衰⑪祚⑫薄，晚有儿息⑬。外无期功强近之亲，内无应门五尺之僮。茕茕⑭独立，形影相吊⑮。而刘夙婴⑯疾病，常在床蓐。臣侍汤药，未曾废离。

【注释】

①险衅：指命运坎坷，罪孽深重。

②夙：早，这里指幼年时。

③闵：忧伤。

④凶：指不幸的事。

⑤见背：等于说相弃。这是委婉语，指死。

⑥夺母志：指强迫母亲改嫁。

⑦愍（mǐn）：怜悯。

⑧不行：走不了路。

⑨成立：成人自立。

⑩终：既。

⑪门衰：家门衰微。

⑫祚：福。

⑬息：子。

⑭茕茕（qióngqióng）：孤单的样子。

⑮吊：慰问。

⑯婴：缠上。

【原文】

逮奉圣朝，沐浴清化①。前太守臣逵，察②臣孝廉；后刺史臣荣，举臣秀才。臣以供养无主，辞不赴命。诏书特下，拜臣郎中；寻③蒙国恩，除臣洗马。猥以微贱，当侍东宫，非臣陨首所能上报。臣具以表闻，辞不就职。诏书切峻④，责臣逋慢⑤；郡县逼迫，催臣上道；州司临门，急于星火。臣欲奉诏奔驰，则刘病日笃；欲苟顺私情，则告诉不许。臣之进退，实为狼狈。

【注释】

①清化：清明的教化。

②察：考察与推举。

③寻：不久。

④切峻：急切严厉。

⑤逋慢：怠慢。

【原文】

伏惟圣朝以孝治天下，凡在故老，犹蒙矜①育②，况臣孤苦，特为尤甚。且臣少仕伪朝，历职郎署，本图宦达，不矜③名节。今臣亡国贱俘，至微至陋，过蒙拔擢④，宠命优渥，岂敢盘桓⑤，有所希冀。但以刘日薄西山，气息奄奄⑥，人命危浅⑦，朝不虑夕。臣无祖母，无以至今日；祖母无臣，无以终余年。母孙二人，更相为命，是以区区不能废远。臣密今年四十有四，祖母刘今年九十有六。是臣尽节于陛下之日长，报养刘之日短也。乌鸟⑧私情，愿乞终养。臣之辛苦⑨，非独蜀之人士及二州牧伯所见明知，皇天后土，实所共鉴。愿陛下矜愍愚诚，听臣微志。庶刘侥幸，保卒余年。臣生当陨首，死当结草⑩。臣不胜犬马怖惧之情，谨拜表以闻。

【注释】

①矜：怜悯。

②育：养。

③矜：自夸。

④拔擢：提拔。

⑤盘桓：徘徊不前。

⑥奄奄（yǎnyǎn）：气息短促将绝的样子。

⑦浅：指不长。

⑧乌鸟：指乌鸦。据说乌鸦能反哺其亲，所以常用以比喻人的孝道。

⑨辛苦：辛酸苦楚。与今天所说的辛苦不同。

⑩结草：比喻死后报恩。

【要点提示】

（一）音义

愍（mǐn），怜悯。

茕茕（qióngqióng），孤单的样子。

奄奄（yǎnyǎn），气息短促将绝的样子。

（二）文字

通假字

（1）有/又（祖母刘今年九十有六）

古汉语 基础

（2）闵/悯（臣以险衅，夙遭闵凶）

（三）词语

险衅、见背、祚、茕茕、形影相吊、疾病、废离、逋慢、狼狈、盘桓、更相、结草。

（四）语法

1.词类活用

则刘病日笃。/但以刘日薄西山。日，用作状语，一天天地。

2.判断句

（1）今臣亡国贱俘。

（2）非独蜀之人士及二州牧伯所见明知。

（3）非臣陨首所能上报。

3.宾语前置

是以区区不能废远。

4.双宾语句

（1）举臣秀才。

（2）拜臣郎中。

（3）除臣洗马。

第三篇 柳子厚墓志铭

韩 愈

【原文】

子厚，讳宗元。七世祖庆，为拓跋魏侍中，封济阴公。曾伯祖奭，为唐宰相，与褚遂良、韩瑗俱得罪武后，死高宗朝。皇考①讳镇，以事②母弃太常博士，求为县令江南。其后以不能媚权贵，失御史。权贵人死，乃复拜侍御史，号为刚直。所与游皆当世名人。

【注释】

①皇考：指古人对已死父亲的称呼。

②事：侍奉。

【原文】

子厚少精敏，无不通达。逮其父时，虽少年，已自成人，能取进士第，崭然①见头角。众谓柳氏有子矣。其后以博学宏词②，授集贤殿正字，蓝田尉。俊杰③廉④悍⑤，议论证据今古，出入经史百子，踔厉风发⑥，率⑦常屈其座人。名声大振，一时皆慕与之交。诸公要人，争欲令出我门下，交口⑧荐誉之。

【注释】

①崭然：高俊的样子。

②博学宏词：唐代吏部考选进士及第者的科目。

③俊杰：指才能出众。

④廉：方正，有骨气。

⑤悍：勇敢。

⑥踔厉风发：形容柳宗元发表议论时见识高远、精神奋发的样子。

⑦率：一般。

⑧交口：众口同声。

【原文】

贞元十九年，由蓝田尉拜监察御史，顺宗即位，拜礼部员外郎。遇用事①者得罪，例出为刺史。未至，又例贬永州司马。居闲，益自刻苦，务记览②。为词章泛滥停蓄，为深博无涯涘，而自肆③于山水间。

【注释】

①用事：说当权。

②记览：记诵和阅览。

③肆：指放荡。

【原文】

元和中，尝例召至京师，又偕①出为刺史，而子厚得柳州。既至，叹曰：“是岂不足为政邪？”因②其土俗，为设教禁，州人顺赖。其俗以男女质③钱，约④不时⑤赎，子本相侔⑥，则没为奴婢。子厚与设方计，悉令赎归。其尤贫力不能者，令书其佣，足相当，则使归其质。观察使下其法于他州，比⑦一岁，免而归者且千人。衡湘以南为进士者，皆以子厚为师，其经承子厚口讲指画为文词者，悉有法度可观。

【注释】

①偕：指很多人一起。

②因：顺着。

③质：抵押。

④约：约定。

⑤时：按时。

⑥相侔：相等。

⑦比：等到。

【原文】

其召至京师而复为刺史也，中山刘梦得禹锡亦在遣中，当诣播州。子厚泣曰：“播州非人所居，而梦得亲在堂①，吾不忍梦得之穷，无辞以白其大人。且万无母子俱往理。”请于朝，将拜疏，愿以柳易播，虽重得罪，死不恨。遇有以梦得事白上者，梦得于是改刺连州。呜呼！士穷乃见节义。今夫平居里巷相慕悦，酒食游戏相征逐②，诩诩③强笑语以相取下④，握手出肺肝相示，指天日涕泣，誓生死不相背负，真若可信；一旦临小利害，仅如毛发比，反眼若不相识，落陷阱，不一引手救，反挤之，又下石焉者，皆是也。此宜禽兽夷狄所不忍为，而其人自视以为得计。闻子厚之风，亦可以少愧矣。

【注释】

①亲在堂：指母亲健在。

②征逐：指朋友之间互相邀请饮乐。

③诩诩：和谐地聚集在一起的样子。

④取下：指采取谦下的态度。

【原文】

子厚前时少年，勇于为①人，不自贵重顾藉②，谓功业可立就，故坐废退。既退，又无相知有气力得位者推挽，故卒死于穷裔③，材不为世用，道不行于时也。使子厚在台省时，自持其身，已能如司马刺史时，亦自不斥④；斥时，有人力能举之，且必复用不穷。然子厚斥不久，穷不极，虽有出于人，其文学辞章，必不能自力，以致必传于后如今，无疑也。虽使子厚得所愿，为将相于一时，以彼易此，孰得孰失，必有能辨之者。

【注释】

①为（wèi）：帮助。

②顾藉：爱惜。

③穷裔：偏僻的边地。

④斥：贬斥。

【原文】

子厚以元和十四年十一月八日卒，年四十七。以十五年七月十日，归葬万年先人墓侧。子厚有子男二人，长曰周六，始四岁；季曰周七，子厚卒乃生。女子二人，皆幼。其得归葬也，费皆出观察使河东裴君行立。行立有节概，重然诺①，与子厚结交，子厚亦为之尽，竟赖其力。葬子厚于万年之墓者，舅弟卢遵。遵，涿人，性谨慎，学问不厌。自子厚之斥，遵从而家焉，逮其死不去。既往葬子厚，又将经纪②其家，庶几有始终者。

铭曰：是惟子厚之室，既固既安，以利其嗣人。

【注释】

①重然诺：看重许下的诺言。

②经纪：安排料理。

【要点提示】

（一）音义

奭（shì）。

褚（chǔ）。

逮（dài），赶上。

踔（chuō）：厉，腾跃的样子。

佯（móu），相等。

诩（xǔ）

（二）文字

古今字

见/现（崭然见头角）

（三）词语

崭然、议论、踔厉风发、率常、涯涘、质、比、用事、征逐、诩诩、经纪。

（四）语法

1. 词类活用

遵从而家焉，逮其死不去。家，名词用作动词，安家。

2. 判断句

（1）所与游皆当世名人。

（2）播州非人所居。

（3）遵，涿人。

（5）是惟子厚之室。

3. 被动句

材不为世用。

第四篇 醉翁亭记

欧阳修

【原文】

环滁皆山也。其西南诸峰，林壑尤美，望之蔚然而深秀者，琅琊也。山行六七里，渐闻水声潺潺，而泻出于两峰之间者，酿泉也。峰回①路转，有亭翼然②临于泉上者，醉翁亭也。作亭者谁？山之僧曰智仙也。名之者谁？太守自谓也。太守与客来饮于此，饮少辄醉，而年又最高，故自号曰醉翁也。醉翁之意不在酒，在乎山水之间也。山水之乐，得之心而寓之酒也。

【注释】

①回：转弯。

②翼然：像鸟展翅的样子。

【原文】

若夫日出而林霏①开，云归而岩穴暝②，晦明变化者，山间之朝暮也。野芳发而幽香，佳木秀而繁阴，风霜高洁，水落而石出者，山间之四时③也。朝而往，暮而归，四时之景不同，而乐亦无穷也。

【注释】

①林霏：树林中的云气。

②暝：昏暗。

③四时：四季。

【原文】

至于负者歌于途，行者休于树，前者呼，后者应，伛偻①提携②，往来而不绝者，滁人游也。临溪而渔，溪深而鱼肥；酿泉为酒，泉香而酒洌③。山肴野蔌④，杂然而前陈者，太守宴也。宴酣之乐，非丝非竹，射者中，弈者胜，觥筹交错，起坐而喧哗者，众宾欢也。苍颜白发，颓⑤然乎其间者，太守醉也。

【注释】

①伛偻：腰弯背曲的样子，指老年。

②提携：抱着挽着，指小孩。

③洌：清。

④蔌：菜。

⑤颓：倒。

【原文】

已而夕阳在山，人影散乱，太守归而宾客从也。树林阴翳①，鸣声上下，游人去而禽鸟乐也。然而禽鸟知山林之乐，而不知人之乐；人知从太守游而乐，而不知太守之乐其乐也。醉能同其乐，醒能述以文者，太守也。太守谓谁？庐陵欧阳修也。

【注释】

①翳（yì）：遮蔽。

【要点提示】

（一）音义

壑（hè），山沟或大水坑。

伛偻（yǔlǚ），叠韵联绵字，腰弯背曲的样子。

觥（gōng），酒器。

翳（yì），遮蔽。

（二）词语

蔚然、翼然、林霏、伛偻、提携。

（三）语法

1. 词类活用

（1）山行六七里。山，名词用作状语，沿着山路。

（2）名之者谁。名，名词用作动词，作别名。

（3）弈者胜。弈，名词用作动词，下棋。

（4）而不知太守之乐其乐也。乐，意动用法，以……为乐。

2. 判断句

（1）环滁皆山也。

（2）望之蔚然而深秀者，琅琊也。

（3）作亭者谁。

（4）名之者谁。

（5）庐陵欧阳修也。

第五篇　贾　谊　论

苏　轼

【原文】

非才之难，所以自用者实难。惜乎！贾生王者之佐，而不能自用其才也。

夫君子之所取者①远，则必有所待；所就者②大，则必有所忍。古之贤人，皆负可致③之才，而卒不能行其万一者，未必皆其时君之罪，或者其自取也。

【注释】

①所取者：指功业。

②所就者：也是指功业。

③致：指致功业。

【原文】

愚观贾生之论，如其所言，虽三代何以远过？得君如汉文，犹且以不用死。然则是天下无尧舜，终不可有所为耶？仲尼圣人，历试于天下，苟非大无道之国，皆欲勉强扶持，庶几一日得行其道。将之荆，先之以冉有，申之以子夏。君子之欲得其君，如此其勤也。孟子去齐，三宿而后出昼，犹曰："王其庶几召我。"君子之不忍弃其君，如此其厚也。公孙丑问曰："夫子何为不豫？"孟子曰："方今天下，舍我其谁哉？而吾何为不豫①？"君子之爱其身，如此其至也。夫如此而不用，然后知天下果不足与有为，而可以无憾矣。若贾生者，非汉文之不能用生，生之不能用汉文也。

【注释】

①豫：喜悦。

【原文】

夫绛侯亲握天子玺而授之文帝，灌婴连兵数十万，以决刘吕之雌雄，又皆高帝之旧将，此其君臣相得之分，岂特父子骨肉手足哉？贾生，洛阳之少年，欲使其一朝之间，尽弃其旧而谋其新，亦已难矣。为贾生者，上得其君，下得其大臣，如绛灌之属，优游①浸渍②而深交之，使天子不疑，大臣不忌，然后举天下而唯吾之所欲为，不过十年，可以得志。安有立谈之间，而遽^③为人痛哭哉！观其过湘为赋以吊屈原，萦纡^④郁闷，趯然^⑤有远举^⑥之志。其后以自伤哭泣，至于夭绝^⑦，是亦不善处穷者也。夫谋之一不见用，则安知终不复用也。不知默默以待其变，而自残至此。呜呼！贾生志大而量小，才有余而识不足也。

【注释】

①优游：从容不迫的样子。

②浸渍：渐渐渗透的样子。

③遽：副词，迫不及待地。

④萦纡（yíngyū）：缠绕的样子，比喻心绪不宁。

⑤趯（tì）然：超然的样子。

⑥远举：原指高飞，这里比喻隐退。

⑦夭绝：指贾谊早死。

【原文】

古之人，有高世之才，必有遗俗之累。是故非聪明睿^①智不惑之主，则不能全其用。古今称苻坚得王猛于草茅之中，一朝尽斥去其旧臣而与之谋。彼其匹夫略^②有天下之半，其以此哉！愚深悲生之志，故备论之。亦使人君得如贾生之臣，则知其有狷介^③之操，一不见用，则忧伤病沮，不能复振。而为贾生者，亦谨其所发^④哉！

【注释】

①睿：智慧通达。

②略：夺取。

③狷介：孤高，不同流合污。

④发：泛指立身处世。

【要点提示】

（一）音义

萦纡（yíngyū），缠绕的样子，比喻心绪不宁。

趯（tì）然，超然的样子。

遽（jù），副词，迫不及待地。

狷（juān）介，孤高，不同流合污。

（二）词语

优游、浸渍、萦纡、趯然、狷介。

（三）语法

1. 判断句

（1）贾生，洛阳之少年。

（2）贾生王者之佐。

2. 被动句

夫谋之一不见用，则安知终不复用也。

3. 宾语前置

（1）虽三代何以远过？

（2）而吾何为不豫？

（以上内容由唐子龙、王宗兴负责编写）

常用词例释

61. 窃

例：窃为陛下惜之。（贾谊《论积贮疏》）

例句中"窃"表"私自、私下"之意，由"窃"的本义引申而来。

窃，《说文·米部》："盗自穴中出曰窃。"本义是①"偷"。《墨子·公输》："邻有短褐而欲窃之。"采取不正当手段取得权力同偷东西具有相似性，故本义引申为②"篡夺"。《庄子·胠箧》："窃国者为诸侯。"偷盗的行为一般是私下进行的，故本义又引申为③"私自、私下"。贾谊《论积贮疏》："窃为陛下惜之。"偷东西必然在暗中进行，同理本义还引申为④"暗中、悄悄"。《聊斋志异·促织》："窥父不在，窃发盆。"

其引申线索图示如下：

②篡夺←①偷→③私自、私下

↓

④暗中、悄悄

62. 趋

例：今背本而趋末。（贾谊《论积贮疏》）

例句中"趋"是"从事"之意，由"趋"的本义引申而来。

趋，《释名·释姿容》："疾行曰趋。"本义是①"快走"。《战国策·赵策》："入而徐趋。"快走必有所向，因此本义引申为②"趋向、走向"。苏洵《六国论》："日削月割，以趋于亡。"趋向于做某事意味着会从事某事，"趋向"引申为③"从事"。贾谊《论积贮疏》："今背本而趋末。"快走有可能在追赶什么，故本义又引申为④"追赶、追求"。《聊斋志异·促织》："急趋之，折过墙隅。"

其引申线索图示如下：

④追赶、追求←①快走→②趋向、走向→③从事

63. 察

例：前太守臣逵，察臣孝廉。（李密《陈情表》）

例句中"察"表"推举、举荐"之意，由"察"的本义引申而来。

察，《尔雅·释诂》："审也。"本义是①"审察、观察"。苏轼《石钟山记》："徐而察之，则山下皆石穴罅。"对事情进行观察这一动作行为的目的

是能看清事实，故本义引申为②"看清楚"。王羲之《兰亭集序》："俯察品类之盛。"看清楚事实是为了能更好地了解情况，故"看清楚"引申为③"了解、理解"。屈原《离骚》："荃不察余之中情兮。"选贤举能的时候，了解一个人的基本情况是为了对其进行考察，故"了解"引申为④"考察"。《孟子·梁惠王上》："察邻国之政。"考察某人是为了选拔人才，故"考察"引申为⑤"推荐、举荐"。李密《陈情表》："前太守臣逵，察臣孝廉。"

其引申线索图示如下：

①审察、观察→②看清楚→③了解、理解→④考察→⑤推荐、举荐

64. 吊

例：茕茕孑立，形影相吊。（李密《陈情表》）

例句中"吊"是"安慰"之意，由"吊"的本义引申而来。

吊，《玉篇·人部》："吊生曰唁，吊死曰吊。"本义是①"哀悼死者"。贾谊《吊屈原赋》："敬吊先生。"哀悼死者的行为对生者是一种安慰，本义引申为②"安慰"。李密《陈情表》："茕茕孑立，形影相吊。"哀悼死者时心情应是忧伤的，本义又引申为③"忧伤"。《诗经·桧风·匪风》："顾瞻周道，中心吊兮。"怀念古人与哀悼死者有共通之处（都是对对象的一种怀念和不舍），故本义还引申为④"凭吊"。陆游《谢池春·壮岁从戎》："漫悲歌、伤怀吊古。"

其引申线索图示如下：

②安慰←①哀悼死者→③忧伤
↓
④凭吊

65. 少

例：闻子厚之风，亦可以少愧矣。（韩愈《柳子厚墓志铭》）

例句中"少"是"稍微"之意，由"少"的本义引申而来。

少，《说文·小部》："不多也、从小。"本义是①"不多"。《孙子·谋攻》："敌则能战之，少则能逃之。"程度不高与数量不多有共通之处，本义引申为②"稍微、略微"。韩愈《柳子厚墓志铭》："闻子厚之风，亦可以少愧矣。"年龄不大与数量不多也有共通之处，本义又引申为③"年幼、年轻"。《史记·陈涉世家》："陈涉少时，尝与人佣耕。"时间不久与数量不多也有共通之处，所以本义还引申为④"不多时、一会儿"。苏轼《前赤壁赋》："少焉，月出于东山之上。"

其引申线索图示如下：

④不多时、一会儿←①不多→②稍微、略微
↓
③年幼、年轻

66. 穷

例：吾不忍梦得之穷。（韩愈《柳子厚墓志铭》）

例句中"穷"是"困窘"之意，由"穷"的本义引申而来。

穷，《说文·穴部》："极也。"本义是①"穷尽、完结"。《列子·汤问》："子子孙孙，无穷匮也。"穷尽了也就是到了尽头，因此本义引申为②"尽头"。陶渊明《桃花源记》："复前行，欲穷其林。"由"尽头"的意义相似性引申出③"极端"。《汉书·王莽传》："穷凶极恶，流毒诸夏。"办法穷尽有可能处于困窘的境界，所以由本义又引申为④"困窘、不得志"。韩愈《柳子厚墓志铭》："吾不忍梦得之穷。"

其引申线索图示如下：

④困窘、不得志←①穷尽、完结→②尽头→③极端

67. 秀

例：佳木秀而繁阴。（欧阳修《醉翁亭记》）

例句中"秀"是"茂盛"之意，由"秀"的本义引申而来。

章际治曰："当云禾吐穗也。"本义是①"谷类吐穗"。《论语·子罕》："秀而不实者有矣夫！"草类开花与谷类吐穗相似，因此本义引申为②"草类开花"。《诗经·豳风·七月》："四月秀葽。"草类开花一般都很美丽，故由"草类开花"引申为③"美好、秀丽"。欧阳修《醉翁亭记》："望之蔚然而深秀者，琅琊也。"谷类吐穗意味着长势茂盛，所以由本义又引申为④"茂盛"。欧阳修《醉翁亭记》："佳木秀而繁阴。"谷类吐穗，往往高出其茎叶，故本义还引申为⑤"高出"。徐弘祖《游黄山记》："则天都、莲花二顶，俱秀出天半。"才能高出一般人则为优秀，由"高出"引申为⑥"优秀"。李密《陈情表》："后刺史臣荣，举臣秀才。"

其引申线索图示如下：

④茂盛←①谷类吐穗→②草类开花→③美好、秀丽
↓
⑤高出→⑥优秀

68. 环

例：环滁皆山也。（欧阳修《醉翁亭记》）

例句中"环"表"环绕、围绕"，由"环"的本义引申而来。

环，《说文·玉部》："璧也。"本义是①"玉环"。《战国策·齐策》："撤其环瑱，至老不嫁。"其他环形物同玉环形状相似，因此本义引申为②"环形物"。曹植《美女篇》："皓腕约金环。"环形物通常是环绕在别的物体周围，故由"环形物"引申为③"环绕、围绕"。欧阳修《醉翁亭记》："环滁皆山也。"环绕往往遍及周围，所以由"环绕"引申为④"周遍、遍及"。韩愈《进学解》："辙环天下，卒老于行。"

其引申线索图示如下：

①玉环→②环形物→③环绕、围绕→④周遍、遍及

69. 晦

例：晦明变化者，山间之朝暮也。（欧阳修《醉翁亭记》）

例句中"晦"是"昏暗"之意，由"晦"的本义引申而来。

晦，《说文·日部》："月尽也。"本义是①"阴历每月的最后一天"。《庄子·逍遥游》："朝菌不知晦朔。"阴历每月的最后一天月亮隐匿不见了，周围变得昏暗，本义引申为②"昏暗"。欧阳修《醉翁亭记》："晦明变化者，山间之朝暮也。"天黑以后往往是昏暗的，故由"昏暗"引申为③"天黑、夜晚"。屈原《天问》："自明及晦，所行几里？"

其引申线索图示如下：

①阴历每月的最后一天→②昏暗→③天黑、夜晚

70. 善

例：是亦不善处穷者也。（苏轼《贾谊论》）

例句中"善"表"擅长、善于"之意，由"善"的本义引申而来。

善，《说文·誩部》："吉也。"本义是①"好、美好"。《礼记·学记》："弗学，不知其善也。"关系好意味着友好相处，故本义引申为②"友好"。《史记·项王本纪》："素善留侯张良。"做事做得好，表明擅长做事，故本义又引申为③"擅长、善于"。苏轼《贾谊论》："是亦不善处穷者也。"

其引申线索图示如下：

②友好←①好、美好→③擅长、善于

（以上内容由李桂林负责编写）

第八章 诗 律

通论

第一节 概 述

一、什么是诗律

诗律就是诗的格律，诗的格律就是指诗的句数、句的字数、诗的用韵、诗的平仄、诗的对仗等方面的格式和规律。

二、古体诗和近体诗

汉魏六朝至唐代的诗歌，根据其有无格律，可分为古体诗和近体诗两大类。

唐以前的诗歌，即汉朝和魏晋南北朝的诗歌，对平仄、对仗、用韵等要求不严格或没有要求，通常叫作古体诗，简称"古诗"。

324

近体诗是指萌芽于南朝齐梁时期，形成于唐代初年，具有严整格律的诗体。

三、"四声八病"和永明体

自南朝齐永明年间周颙发现四声后，沈约便根据四声和双声叠韵来研究诗歌中声、韵、调的配合，并指出四声用于诗歌格律中应避免八种毛病：平头、上尾、蜂腰、鹤膝、大韵、小韵、旁纽、正纽。这就是著名的"四声八病"说。

"八病"根据各家记载，虽大体相同，有些地方亦颇有出入。本书采用中国社会科学院文学研究所中国文学史编写组的《中国文学史》中的观点。

平头：五言诗首句和次句的第一或第二字同声。

上尾：首句和次句的末一字同声。

蜂腰：一句中第二字与第五字同声。

鹤膝：第一句和第三句末字同声。

大韵：同一联中用了和所押的韵同韵部的字。

小韵：同一联中有同韵部的两个字。

傍纽：一联中有两字叠韵。

正纽：一联中有两字双声。

在沈约的倡导下，南朝齐、梁、陈诸多诗人如沈约、谢朓、王融便积极实践这一主张，他们创作的诗歌，平仄协调、音律铿锵、辞采华丽、对仗工整，世称永明体。永明体标志着诗歌由自由形式的古体诗向格律严格的近体诗的转变，是我国格律诗的开端。

四、格律诗的形成

"四声八病"的规定过于烦琐，缺乏科学依据，难于全部遵循。然而它是通向简洁的谐声术的第一步；永明体诗歌炼字工稳、音韵谐婉流利、风格圆美流转、篇幅趋向短小，对近体诗的形成有重大影响。

另外，南北朝时期盛行的骈体文，由于非常讲求句子结构的对仗，也影响到诗歌的创作。

由于这些因素的作用，经过一定时期的酝酿，在唐代初年，讲求平仄、对仗的格律诗正式形成。对于唐人来说，这是一种与古体诗不同的新诗体，所以称为近体诗或今体诗。近体诗产生后，古诗由于格律自由而仍受欢迎，因此唐代及后世的人，往往既写近体诗又写古体诗。人们通常把按照古诗写法创作的诗歌称为古风。

第二节　格律内容

一、诗的句数

古体诗的句数是没有限定的。一首诗可以很长，也可以很短。如《孔雀东南飞》共357句，是我国古代最长的一首叙事诗；杜甫《自京赴奉先县咏怀五百字》共100句，也是一首长诗。短的也可以少到两句，如晋人傅玄《杂言诗》："雷隐隐。感妾心。倾耳清听非车音。"

近体诗的句数是固定的。"律诗"都是8句，绝句都是4句，多于8句的律诗叫作长律或排律。律诗和绝句，每一句都有特定的名称，它们都是两句组成一联，每一联的第一句叫出句，第二句叫对句。律诗共四联，每联都有名称，分别叫首联、颔联、颈联、尾联。

二、句的字数

古体诗就每句的字数而论，有四言、五言、七言、杂言等形式。其中五字一句的称为五言古诗，简称五古，七字一句的称七言古诗，简称七古。杂言古诗则有三七杂言、五七杂言、三五七杂言等句式。

而近体诗就每句的字数来讲，有五言和七言两种形式。我们把五字一句的绝句称为五言绝句，简称五绝；把七字一句的绝句称为七言绝句，简称七绝；把五字一句的律诗叫作五言律诗，简称五律；把七字一句的律诗叫作七言律诗，简称七律。

三、诗的用韵

（一）韵和押韵：韵母、韵、韵部、押韵、韵脚

第五章讲到了以上这些概念。所谓韵母是指一个音节除去声母以外的其他音素的总和，包括韵头、主要元音和韵尾。而韵是不包括韵头的，只要韵母中的主要元音和韵尾相同，就是同一个韵，因此，韵母和韵是既有联系也有区别的。我们把同一韵的字归并到一起，按语音中的韵划分大的部类，这就是韵部。汉语中韵头不同的字只要主要元音和韵尾相同，就可以互相"押韵"。互相押韵的字放在同样的位置上就构成诗韵。汉语诗韵一般是放在句尾的，习惯上叫作韵脚。

（二）近体诗和古体诗用韵差别

（1）古体诗用韵不严格，可以句句押韵，也可以隔句押韵，一首诗可以一韵到底，也可以中间换韵；近体诗首句可入韵，也可以不入韵，而偶数句必须押韵，且必须一韵到底，中间不能换韵，也不准和邻韵通押。

（2）古体诗既可以用平声韵，也可以用仄声韵；而近体诗一般只用平声韵。

四、诗的平仄

（一）四声的演变

古代有四声，即平声、上声、去声、入声，发展到今天的普通话，也有所谓的四声，即阴平、阳平、上声、去声。古四声到今四声的对应原则是：平分阴阳、浊上变去、入派四声。

声调如果从高低变化的角度分析，古人把四声分成两类：平声为一类，叫作平声；上声、去声、入声为一类，叫作仄声。"仄"就是"侧"，与"平"相对，即不平的意思。所以，四声运用到诗歌创作中，也就有了用字上的平仄差异和不同。

（二）平仄句式

1. 五言的四个句式

甲₁　　仄仄仄平平

甲₂　　仄仄平平仄

乙₁　　平平仄仄平

乙₂　　平平平仄仄

2. 七言的四个句式

甲₁　　平平仄仄仄平平

甲₂　　平平仄仄平平仄

乙₁　　　仄仄平平仄仄平
乙₂　　　仄仄平平平仄仄

（三）"黏对"原则

1. **"黏"**

所谓"黏"就是上一联对句的第二字与下一联出句的第二字平仄相同，如果平仄相反，叫"失黏"。

2. **"对"**

所谓"对"就是每一联的出句和对句的第二字平仄相反，如果平仄相同，就叫"失对"。

"失黏""失对"是律诗的大忌。

（四）五言、七言律诗的平仄格律类型

1. **五言**

（1）仄起首句不入韵的五言律诗

　　　春望（杜甫）

仄仄平平仄　国破山河在，
平平仄仄平　城春草木深。
平平平仄仄　感时花溅泪，
仄仄仄平平　恨别鸟惊心。
仄仄平平仄　烽火连三月，
平平仄仄平　家书抵万金。
平平平仄仄　白头搔更短，
仄仄仄平平　浑欲不胜簪。

说明：①入声字有国、木、别、月、白、欲、不。

　　　　②深、心、金、簪，同在下平声"十二侵韵"。

（2）仄起首句入韵的五言律诗

　　　终南山（王维）

仄仄仄平平　太乙近天都，
平平仄仄平　连山到海隅。
平平平仄仄　白云回望合，
仄仄仄平平　青霭入看无。
仄仄平平仄　分野中峰变，
平平仄仄平　阴晴众壑殊。
平平平仄仄　欲投人处宿，
仄仄仄平平　隔水问樵夫。

说明：①入声字有乙、白、合、入、墅、欲、宿、隔。
　　　②都、隅、无、殊、夫，同在上平声"七虞韵"。
（3）平起首句不入韵的五言律诗
　　　送友人（李白）
平平平仄仄　青山横北郭，
仄仄仄平平　白水绕东城。
仄仄平平仄　此地一为别，
平平仄仄平　孤蓬万里征。
平平平仄仄　浮云游子意，
仄仄仄平平　落日故人情。
仄仄平平仄　挥手自兹去，
平平仄仄平　萧萧班马鸣。
说明：①入声字有北、郭、白、一、别、落、日。
　　　②城、征、情、鸣，同在下平声"八庚韵"。
（4）平起首句入韵的五言律诗
　　　晚晴（李商隐）
平平仄仄平　深居俯夹城，
仄仄仄平平　春去夏犹清。
仄仄平平仄　天意怜幽草，
平平仄仄平　人间重晚晴。
平平平仄仄　并添高阁迥，
仄仄仄平平　微注小窗明。
仄仄平平仄　越鸟巢前后，
平平仄仄平　归飞体更轻。
说明：①入声字有夹、阁。
　　　②城、清、晴、明、轻，同在下平声"八庚韵"。
2. 七言
（1）仄起首句不入韵的七言律诗
　　　咏怀古迹（其五）（杜甫）
仄仄平平平仄仄　诸葛大名垂宇宙，
平平仄仄仄平平　宗臣遗像肃清高。
平平仄仄平平仄　三分割据纡筹策，
仄仄平平仄仄平　万古云霄一羽毛。
仄仄平平平仄仄　伯仲之间见伊吕，
平平仄仄仄平平　指挥若定失萧曹。
平平仄仄平平仄　运移汉祚终难复，
仄仄平平仄仄平　志决身歼军务劳。

说明：①入声字有葛、肃、割、策、一、伯、若、失、祚、复、决。

②高、毛、曹、劳，同在下平声"四豪韵"。

（2）仄起首句入韵的七言律诗

登高（杜甫）

仄仄平平仄仄平	风急天高猿啸哀，
平平仄仄仄平平	渚清沙白鸟飞回。
平平仄仄平平仄	无边落木萧萧下，
仄仄平平仄仄平	不尽长江滚滚来。
仄仄平平平仄仄	万里悲秋常作客，
平平仄仄仄平平	百年多病独登台。
平平仄仄平平仄	艰难苦恨繁霜鬓，
仄仄平平仄仄平	潦倒新停浊酒杯。

说明：①入声字有急、白、落、木、不、作、客、百、独、浊。

②哀、回、来、台、杯，同在上平声"十灰韵"。

（3）平起首句不入韵的七言律诗

客至（杜甫）

平平仄仄平平仄	舍南舍北皆春水，
仄仄平平仄仄平	但见群鸥日日来。
仄仄平平平仄仄	花径不曾缘客扫，
平平仄仄仄平平	蓬门今始为君开。
平平仄仄平平仄	盘飧市远无兼味，
仄仄平平仄仄平	樽酒家贫只旧醅。
仄仄平平平仄仄	肯与邻翁相对饮，
平平仄仄仄平平	隔篱呼取尽余杯。

说明：①入声字有北、日、不、客、隔。

②来、开、醅、杯，同在上平声"十灰韵"。

（4）平起首句入韵的七言律诗

左迁蓝关示侄孙湘（韩愈）

平平仄仄仄平平	一封朝奏九重天，
仄仄平平仄仄平	夕贬潮州路八千。
仄仄平平平仄仄	欲为圣明除弊事，
平平仄仄仄平平	肯将衰朽惜残年。
平平仄仄平平仄	云横秦岭家何在？
仄仄平平仄仄平	雪拥蓝关马不前。
仄仄平平平仄仄	知汝远来应有意，
平平仄仄仄平平	好收吾骨瘴江边。

说明：①入声字有一、夕、八、欲、惜、雪、不、骨。

②天、千、年、前、边，同在下平声"一先韵"。

五、近体诗的拗救

（一）什么是拗救

律诗除了讲究"黏""对"规则以外，还要避免孤平，讲究拗救。

这里所谓拗救，是指该平而仄的地方叫"拗"，适当的地方改仄为平叫"救"。

不依照一般平仄的句子叫拗句，诗人对于拗句，往往用"救"。具体说就是，一个句子该用平声的地方用了仄声，然后在本句或对句的适当位置，把该用仄声的字改用平声，以便补救，合起来叫作拗救。

（二）口诀

对于律诗拗救的具体位置，过去有个口诀，叫"一三（五）不论，二四（六）分明"，这个口诀大体上是正确的。一般来说，七言律诗"一三五"处可平可仄，"二四六"处平仄必须固定，而五言律诗"一三"不论，"二四分明"。这对初学者有一定帮助，但也引起一些误会。因为律诗"一三五"字有些地方平仄不能不论，"二四六"中有的地方平仄可以不分明。

下面结合平仄句式，具体加以说明。

从图8-1中可以看到，"一三五"并非全部都可平可仄，如"甲₁"中五言的第三字（七言的第五字），"乙₁"中五言的第一字（七言的第三字）；"二四六"并非都一定要分明，如"甲₂"中五言的第四字（七言的第六字），"乙₂"中五言的第四字（七言的第六字）。

甲₁（平 平）仄 仄 仄 平 平
 ·   ·   ○

三平调

甲₂（平 平）仄 仄 平 平 仄
 ·   ·   △ △
              ↑ ↗

乙₁（仄 仄）平 平 仄 仄 平
 ·   △ ← ○

犯孤平

乙₂（仄 仄）平 平 平 仄 仄
 ·   △←○

图8-1 "拗救"示意图

（三）相关术语

1. 三平调

"平平脚"诗句（平平仄仄仄平平）中，五言的第三字（七言的第五字）如果平仄不论，即有可能用为"平"声，这样一来就出现了该句末尾的用字连用"平平平"的现象，这就叫作"三平调"，如图8-2所示。例如：

甲₁（平平）仄仄仄平平
〇
三平调
甲₂（平平）仄仄平平仄

乙₁（仄仄）平平仄仄平
▲
犯孤平
乙₂（仄仄）平平平仄仄

图8-2　三平调与犯孤平

黄鹤楼（崔颢）
仄仄平平平仄仄　黄鹤一去不复返，
平平仄仄仄平平　白云千载空悠悠。（入声字：鹤、一、不、复、白）

岁晏行（杜甫）
仄仄平平平仄仄　况闻处处鬻男女，
平平仄仄仄平平　割慈忍爱还租庸。（入声字：割）

崔氏东山草堂（杜甫）
仄仄平平平仄仄　爱汝玉山草堂静，
平平仄仄仄平平　高秋爽气相鲜新。（入声字：\）

寿星院寒碧轩（苏轼）
平平仄仄仄平平　清风肃肃摇窗扉，
仄仄平平仄仄平　窗前修竹一尺围。（入声字：竹、一）

上面诗行中，"空悠悠""还租庸""相鲜新""摇窗扉"等几个地方，其平仄本应当是"仄平平"，但实际上却用成了"平平平"，这就是所谓的"三平调"，"三平调"是律诗的大忌。

我们以毛泽东的诗为例，看律诗是如何避免"三平调"的。

到韶山
仄仄平平仄仄平　别梦依稀咒逝川，
平平仄仄仄平平　故园三十二年前。（入声字：别、十）
仄仄平平平仄仄　为有牺牲多壮志，
平平仄仄仄平平　敢教日月换新天。（入声字：日、月）

长　征

平平仄仄仄平平　红军不怕远征难，
仄仄平平仄仄平　万水千山只等闲。（入声字：不）

人民解放军占领南京

仄仄平平平仄仄　天若有情天亦老，
平平仄仄仄平平　人间正道是沧桑。（入声字：若、亦）

2.犯孤平

"仄平脚"诗句（仄仄平平仄仄平）中，五言的第一字（七言的第三字）如果平仄不论，即有可能用为"仄"声，这样一来就会出现除韵脚以外该句只用一个平声字，这就叫作犯孤平，如图8-2所示。

"在唐人的律诗中，绝对没有孤平的句子。毛泽东的诗词也从来没有孤平的句子。"（王力《诗词格律》）杜甫《秦州杂诗》："晒药能无妇，应门幸有儿。"《独坐》："晒药安垂老，应门试小童。"其"应"在唐宋时有平去两种读音，这里读平声，所以不犯孤平。毛泽东《长征》："红军不怕远征难，万水千山只等闲。五岭逶迤腾细浪，乌蒙磅礴走泥丸。金沙水拍云崖暖，大渡桥横铁索寒。更喜岷山千里雪，三军过后尽开颜。"其中的第二句、第六句的平仄是："仄仄平平仄仄平"，"千""桥"皆平声字，可见，没有"犯孤平"。"犯孤平"是律诗的大忌。

"仄平脚"诗句（仄仄平平仄仄平）中，如果五言第一字、七言第三字必须用仄声，另有一种补救办法，详见下文。

（四）可平可仄的位置（图8-3）

甲₁（平平）仄仄仄平平
·　·

甲₂（平平）仄仄平平仄
·　·

乙₁（仄仄）平平仄仄平
·　·

乙₂（仄仄）平平平仄仄
·　·

图8-3　可平可仄位置图

从图8-3即可看出，除"仄平"脚诗句以外，五言的第一字（即七言的第三字）都是可平可仄的，因此从位置上看，五言四个句式中有三处是可平可仄的。

七言的第一字全部可平可仄，七言的第三字（除"仄平"脚诗句外）也可平可仄。因此从位置上看，七言四个句式中有七处可平可仄。

（五）"拗"与"救"的位置（图8-4）

甲₁（平平）仄仄仄 平 平

甲₂（平平）仄仄平 平 仄
　　　　　　　 △ △
　　　　　　　 ↑ ↗
乙₁（仄仄）平平 仄 仄 平
　　　　　　　△←◎
乙₂（仄仄）平平平 仄 仄
　　　　　　△←◎

图8-4　"拗"与"救"的位置

1. **"一救三"**

（1）甲₂句式中，五言的第三字（即七言的第五字）如果用了"仄"声字（该平而仄，即为拗），那么就要在对句的乙₁句式中，将五言的第三字（即七言的第五字）改"仄"为"平"，以此对前面的"拗"进行补救。这种拗救就是所谓的相同位置上的"对句相救"，也叫作联中拗救。例如：

重过何氏五首（之二）（杜甫）

仄仄平平仄　云薄翠微寺，

平平仄仄平　天清皇子陂。（入声字：薄）

天末怀李白（杜甫）

仄仄平平仄　鸿雁几时到，

平平仄仄平　江湖秋水多。（入声字：\）

蜀相（杜甫）

平平仄仄平平仄　映阶碧草自春色，

仄仄平平仄仄平　隔叶黄鹂空好音。（入声字：碧、色、隔、叶）

辋川别业（王维）

平平仄仄平平仄　雨中草色绿堪染，

仄仄平平仄仄平　水上桃花红欲然。（入声字：色、绿、欲）

陕州月城楼送辛判官入奏（岑参）

仄仄平平仄　谒帝向金殿，

平平仄仄平　随身唯宝刀。（入声字：\）

说明：甲₂"（平平）仄仄平平仄"中，五言的第三字（即七言的第五字）如果用了仄声（该平而仄，即为拗），也可以不救，此谓之"半拗"（前提是，五言第四字没有用"仄"声）。

送友人（李白）

仄仄平平仄　此地一为别，

平平仄仄平　孤蓬万里征。（入声字：一、别）

八月十五夜观月（刘禹锡）

仄仄平平仄　　暑退九霄净，

平平仄仄平　　秋澄万景清。（入声字：\）

辋川闲居赠裴秀才迪（王维）

仄仄平平仄　　复值接舆醉，

平平仄仄平　　狂歌五柳前。（入声字：复、值、接）

（2）甲₂句式中，五言的第四字（即七言的第六字）如果用了"仄"声字（该平而仄即为拗），那么就要在对句的乙₁句式中，将五言的第三字（即七言的第五字）改"仄"为"平"，以此对前面的"拗"进行补救，且必须"救"，没有例外。这种拗救，有人将其叫作不同位置上的"对句相救"，也有人将其叫作不同位置上的"联中拗救"。

杨固店（岑参）

仄仄平平仄　　客舍梨叶赤，

平平仄仄平　　邻家闻捣衣。（入声字：客、舍、叶、赤）

仄仄平平仄　　洛水行欲尽，

平平仄仄平　　缑山看渐微。（入声字：洛、欲，上平声：看）

赋得古原草送别（白居易）

仄仄平平仄　　野火烧不尽，

平平仄仄平　　春风吹又生。（入声字：不）

雨不绝（杜甫）

平平仄仄平平仄　　阶前短草泥不乱，

仄仄平平仄仄平　　院里长条风乍稀。（入声字：不）

陕州月城楼送辛判官入奏（岑参）

仄仄平平仄　　送客飞鸟外，

平平仄仄平　　城头楼最高。（入声字：客）

（3）乙₁句式中，五言的第一字（即七言的第三字）如果用了仄声，那么就会出现除韵脚之外整句只有一个平声的现象，这就叫作犯孤平。在犯孤平的情况下，即五言的第一字用了仄声（该平而仄即为拗），就在本句五言的第三字（即七言的第五字）上改"仄"为"平"予以补救，这就叫作孤平拗救。

宿五松山下荀媪家（李白）

仄仄平平仄　　跪进雕胡饭，

平平仄仄平　　月光明素盘。（入声字：月）

九日五首（其一）（杜甫）

平平仄仄平平仄　　重阳独酌杯中酒，

仄仄平平仄仄平　　抱病起登江上台。（入声字：独、酌）

说明：乙₁"（仄仄）平平仄仄平"中，五言的第三字（即七言的第五字），在上句"（平平）仄仄平平仄"中无拗、本句五言第一字（七言第三字）又不犯孤平的情况下，可以直接将其改"仄"为"平"，目的就是防止上一句"拗"、本句"犯孤平"现象的出现。例如：

咏怀古迹（其五）（杜甫）

平平仄仄平平仄　运移汉祚终难复，

仄仄平平仄仄平　志决身歼军务劳。（入声字：祚、复）

上面诗行中，上一句"终""难"位置上未拗、下一句"身"处合平仄。即使这样，但下一句第五字"军"却改"仄"为"平"。

登高（杜甫）

仄仄平平仄仄平　风急天高猿啸哀，

平平仄仄仄平平　渚清沙白鸟飞回。（入声字：急、白）

上面诗行中，"天"符合平仄，即该处没有"犯孤平"。但在七言第五字的位置上，本应该用"仄"，却用了平声的"猿"，目的就是防"犯孤平"的出现。

以上三种拗救类型，可以综合起来运用，即在具体诗行中能够"一字多救"。

第一，"孤平拗救"和相同位置的"对句相救"同时出现。

入宅三首（之一）（杜甫）

仄仄平平仄　花亚欲移竹，

平平仄仄平　鸟窥新卷帘。（入声字：欲、竹）

咸阳城东楼（许浑）

平平仄仄平平仄　溪云初起日沉阁，

仄仄平平仄仄平　山雨欲来风满楼。（入声字：日、阁、欲）

峡中尝茶（郑谷）

平平仄仄平平仄　鹿门病客不归去，

仄仄平平仄仄平　酒渴更知春味长。（入声字：客、不）

商山早行（温庭筠）

仄仄平平仄　晨起动征铎，

平平仄仄平　客行悲故乡。（入声字：铎、客）

仄仄平平仄　槲叶落山路，

平平仄仄平　枳花明驿墙。（入声字：叶、落、驿）

蝉（李商隐）

仄仄平平仄　薄宦梗犹泛，

平平仄仄平　故园芜已平。（入声字：薄）

新城道中（其一）（苏轼）

平平仄仄平平仄　野桃含笑竹篱短，

仄仄平平仄仄平　溪柳自摇沙水清。（入声字：竹）

次韵裴仲谋同年（贺知章）

平平仄仄平平仄　儿童相见不相识，
仄仄平平仄仄平　笑问客从何处来。（入声字：不、客）

宿五松山下荀媪家（李白）

仄仄平平仄　我宿五松下，
平平仄仄平　寂寥无所欢。（入声字：宿、寂）

第二，"孤平拗救"与不同位置上的"对句相救"，可以同时出现。

次韵裴仲谋同年（黄庭坚）

平平仄仄平平仄　舞阳去叶才百里，
仄仄平平仄仄平　贱子与公俱少年。（入声字：叶、百，上平声：俱）

第三，相同位置的"对句相救"与不同位置的"对句相救"可以同时出现（一救二）。

夜雨（杜甫）

仄仄平平仄　小雨夜复密，
平平仄仄平　回风吹早秋。（入声字：复）

江南春（杜牧）

平平仄仄平平仄　南朝四百八十寺，
仄仄平平仄仄平　多少楼台烟雨中。（入声字：百、八、十）

第四，"孤平拗救"与"对句拗救"综合重现（一救三）。

336

落花（李商隐）

仄仄平平仄　高阁客竟去，
平平仄仄平　小园花乱飞。（入声字：阁、客）
仄仄平平仄　肠断未忍扫，
平平仄仄平　眼穿仍欲归。（入声字：欲。下平声：仍）

入宅三首（之一）（杜甫）

仄仄平平仄　奔峭背赤甲，
平平仄仄平　断崖当白盐。（入声字：赤、甲、白）

蕃剑（杜甫）

仄仄平平仄　致此自僻远，
平平仄仄平　又非珠玉装。（入声字：\）

寄黄几复（黄庭坚）

平平仄仄平平仄　持家但有四立壁，
仄仄平平仄仄平　治病不蕲三折肱。（入声字：立、壁、不）

夜泊水村（陆游）

平平仄仄平平仄　一身报国有万死，
仄仄平平仄仄平　双鬓向人无再青。（入声字：一、国）

2. "前拗后救"

"前拗后救"针对的是乙₂"（仄仄）平平平仄仄"而言的。在乙₂"（仄仄）平平平仄仄"中，五言的第三字（即七言的第五字）如果用了"仄"声（即该平而仄即为拗），那么就在第四字（即七言第六字）上改仄为平，以进行补救，因"拗"与"救"处于本句之中，所以有人称其为"本句自救"。又因"救"的位置紧靠前面"拗"的位置，我们将其叫作"前拗后救"。

（1）在"（仄仄）平平平仄仄"中，一般来说，只有在五言的第一字（即七言第三字）用为平声的条件下，才出现五言的第三字拗（该平而仄）、五言的第四字改"仄"为"平"的现象。例如：

辋川闲居赠裴秀才迪（王维）

平平平仄仄　寒山转苍翠，
仄仄仄平平　秋水日潺湲。（入声字：日）

　　　咏怀古迹（其三）（杜甫）

仄仄平平平仄仄　千载琵琶作胡语，
平平仄仄仄平平　分明怨恨曲中论。（入声字：作。上平声：论）

　　　咏怀古迹（其四）（杜甫）

仄仄平平平仄仄　蜀主窥吴幸三峡，
平平仄仄仄平平　崩年亦在永安宫。（入声字：峡、亦）

　　　咏怀古迹（其五）（杜甫）

仄仄平平平仄仄　伯仲之间见伊吕，
平平仄仄仄平平　指挥若定失萧曹。（入声字：伯、若、失）

　　　山园小梅（其一）（林逋）

仄仄平平平仄仄　疏影横斜水清浅，
平平仄仄仄平平　暗香浮动月黄昏。（入声字：月）

仄仄平平平仄仄　幸有微吟可相狎，
平平仄仄仄平平　不须檀板共金樽。（入声字：狎、不）

　　　蝉（李商隐）

平平平仄仄　烦君最相警，
仄仄仄平平　我亦举家清。（入声字：亦）

　　　商山早行（温庭筠）

平平平仄仄　因思杜陵梦，
仄仄仄平平　凫雁满回塘。（入声字：\）

　　　过零丁洋（文天祥）

仄仄平平平仄仄　惶恐滩头说惶恐，
平平仄仄仄平平　零丁洋里叹零丁。（入声字：说）

　　　渡荆门送别（李白）

平平平仄仄　仍怜故乡水，

仄仄仄平平　万里送行舟。（入声字：\）

山中寡妇（杜荀鹤）

仄仄平平平仄仄　任是深山更深处，

平平仄仄仄平平　也应无计避征徭。（入声字：\）

送瘟神（其二）（毛泽东）

仄仄平平平仄仄　借问瘟君欲何往，

平平仄仄仄平平　纸船明烛照天烧。（入声字：欲、烛）

（2）"（仄仄）平平平仄仄"中，在五言的第三字（即七言第五字）不"拗"、五言第四字没有"救"的情况下，这时五言的第一字（七言的第三字）才可平可仄。例如：

蝉（李商隐）

平平平仄仄　五更疏欲断，

仄仄仄平平　一树碧无情。（入声字：欲、一、碧）

春望（杜甫）

平平平仄仄　白头搔更短，

仄仄仄平平　浑欲不胜簪。（入声字：白、欲、不）

终南山（王维）

平平平仄仄　白云回望合，

仄仄仄平平　青霭入看无。（入声字：白、合、入）

平平平仄仄　欲投人处宿，

仄仄仄平平　隔水问樵夫。（入声字：欲、宿、隔）

客至（杜甫）

仄仄平平平仄仄　花径不曾缘客扫，

平平仄仄仄平平　蓬门今始为君开。（入声字：不、客）

上面的杜甫《客至》，请与杜甫《咏怀古迹》（其五）比较：

仄仄平平平仄仄　伯仲之间见伊吕，

平平仄仄仄平平　指挥若定失萧曹。（入声字：伯、若、失）

这足以说明，在"（仄仄）平平平仄仄"中，一般来说，要么五言第一字"可平可仄"出现，要么本句"前拗后救"出现，两者不可能同时出现，只能居其一。

（3）少数例外

王力《汉语诗律学》列举了110个"本句自救"的例子［即乙₂"（仄仄）平平平仄仄"］所在句子，其中有4例的五言第一字（即七言第三字）用了仄声。

田家（杨颜）

平平平仄仄　小园足生事，

仄仄仄平平　寻胜日倾壶。（入声字：足、日）

题韩少府水亭（祖咏）

平平平仄仄　宁知武陵趣，

仄仄仄平平　宛在市朝间。（入声字：\）

辛亥元日送张德茂自建康移师江陵二首（其一）（杨万里）

仄仄平平平仄仄　到得我来恰君去，

平平仄仄仄平平　政当腊后与春前。（入声字：得、恰、腊）

和昌英主簿叔久雨（杨万里）

仄仄平平平仄仄　更着好风随清句，

平平仄仄仄平平　不知何地频闲愁。（入声字：\）

六、对仗

（一）对仗的概念和特点

1.概念

所谓对仗，是由两个字数相等、结构相同、词性相对、意义上相关联的句子所构成的句式。对仗又叫对偶。

近体诗讲求对仗，颇受骈体文的影响，因此对仗又叫"骈偶"。律诗中的对仗，简单地说，是要求实词对实词、虚词对虚词，意义上的要求并不十分严格，近体诗讲求对仗，同时又避免"合掌"。

2.特点

上下两句字数相等、结构相同、词性相对、意义相关。

（二）对仗的方式

1.工对

工对不仅要求字面相对，而且要求同类词语相对，要对得非常工整。比如：

星垂平野阔，月涌大江流。（杜甫《旅夜书怀》）

"星"与"月"相对，属于天文对。

禾黍青山外，桑麻绿水边。（陆简《耕乐》）

"禾黍"与"桑麻"（草木类）相对，"青"与"绿"（颜色）相对，"山"与"水"（地理类）相对，"外"与"边"相对，字字相对，非常工整。

2.宽对

宽对即放宽条件，词语的对仗不是那么工整，如果是名词，就不再考虑是否同一小类。比如：

三峡楼台淹日月，五溪衣服共云山。（杜甫《咏怀古迹五首·其一》）

"三峡"与"五溪"是工对，但"三峡"在下列诗句中却是宽对了。

五更鼓角声悲壮，三峡星河影动摇。（杜甫《阁夜》）

红颜弃轩冕，白首卧松云。（李白《赠孟浩然》）

"红"对"白"（颜色），"颜"对"首"（形体）是工对。器物类"轩"对草木类"松"，衣饰类"冕"对天文类"云"则是宽对。

3. 合掌

合掌即上下两句意思相同（或基本相同），是诗家大忌。比如：

蝉噪林逾静，鸟鸣山更幽。（王籍《入若耶溪》）

两句都以动物的鸣叫衬静，意思相同，在近体诗中很难见到"合掌"这种情况。

4. 正对

上下两句意思相近叫作正对。比如：

岭上晴云披絮帽，树头初日挂铜钲。（苏轼《新城道中》）

诗句大意：白云给山头戴上了一顶絮帽；旭日初升，红里泛黄，如一面铜锣挂在树梢。（野外远景，意思相近）

5. 反对

反对即上下两句内容相反或提问的角度相反。比如：

老子犹堪绝大漠，诸君何至泣新亭。（陆游《夜泊水村》）

诗句大意：老夫我尚能横越那大沙漠，诸位何至于新亭落泪空悲鸣。

古宫闲地少，水港小桥多。（杜荀鹤《送人游吴》）

诗句大意：姑苏城中屋宇相连，没有什么空地；即使在河汊子上，也架满了小桥。

6. 借对

利用某个词的同音关系，或一词多义关系构成的对仗，叫作借对。借对分为借音和借义两种形式。

（1）借音是指利用同音异义词所构成的对仗，借音多见于颜色对。比如：

①根非生下土，叶不坠秋风。（张乔《试月中桂》）

②厨人具鸡黍，稚子摘杨梅。（孟浩然《裴司士、员司户见寻》）

③沧海月明珠有泪，蓝田日暖玉生烟。（李商隐《锦瑟》）

④西山白雪三城戍，南浦清江万里桥。（杜甫《野望》）

例①借"下"为"夏"，再与"秋"相对。例②借"杨"为"羊"，再与"鸡"相对。例③借"沧"为"苍"，再与"蓝"相对。例④借"清"为"青"，再与"白"相对。

（2）借义实际上就是利用词的多义性来构成对仗。一个词有几个意义，该词在诗句中用甲义，却借其乙义与相应的词相对。比如：

①饮子频通汗，怀君想报珠。（杜甫《寄韦有夏郎中》）

②岐王宅里寻常见，崔九堂前几度闻。（杜甫《江南逢李龟年》）

"子"与"饮"相结合，用其原意，表汤药；又借"子"的称代义与对句中的"君"相对。"寻常"在诗中的意思为"经常"，又借其数词义（八尺为寻，倍寻为常）与对句中的"几度"相对。

7. 流水对

上下两句字面上相对，意思上相承，即两句之间一个意思连贯下来，不能颠倒，势如流水。这种对仗就叫流水对。比如：

欲穷千里目，更上一层楼。（王之涣《登鹳雀楼》）

野火烧不尽，春风吹又生。（白居易《赋得古原草送别》）

山中一夜雨，树杪（miǎo）百重泉。（王维《送梓州李使君》）

即从巴峡穿巫峡，便下襄阳向洛阳。（杜甫《闻官军收河南河北》）

8. 错综对

错综对是指上下两句对仗词语，不在相应的位置上，而是颠倒交错的。比如：

众水会涪万，瞿塘争一门。（杜甫《长江二首》）

"众水"与"一门"，"涪万"与"瞿塘"交错为对。如果说成"一门争瞿塘"，不仅诗义含混，而且不能押韵。

裙拖六幅湘江水，鬓耸巫山一段云。（李群玉《同郑相并歌姬小饮戏赠》）

"六幅湘江"与"巫山一段"，交错为对。

（三）律诗对仗要求

（1）一般中间两联用对仗

（2）有时颔联也可以不用对仗，有时首联也可以用对仗

（3）尾联一般不用对仗

思考题

1. 标出下面两首诗的平仄，指出哪一首是古绝，哪一首是律绝。为什么？

静夜思（李白）	梅花（王安石）
床前明月光，	墙角数枝梅，
疑是地上霜。	凌寒独自开。
举头望明月，	遥知不是雪，
低头思故乡。	为有暗香来。

2. 指出下列平仄格式中的"孤平"句、"三平调"句。

仄仄平平平仄平（　　）　　　仄仄仄平仄仄平（　　）

平仄仄平仄仄仄（　　）　　　平仄仄平平平平（　　）

仄平仄仄仄平平（　　）　　　仄仄平平平仄仄（　　）

平平平仄平平仄（　　）　　　仄仄平仄仄平仄（　　）

3. 根据给出的首句条件，续完其余各句的平仄。

（1）平平仄仄平（补出绝句其他几句的平仄）

（2）仄仄平平平仄仄（写出颔联、颈联的平仄）

（3）空山新雨后（补出律诗其他几句的平仄）

（以上内容由王兴才、王帆负责编写）

文选

第一篇　蜀道难①

李　白

【原文】

噫吁嚱②！危乎高哉！蜀道之难，难于上青天。蚕丛③及鱼凫，开国何茫然④。尔来⑤四万八千岁⑥，不与秦塞⑦通人烟⑧。西当太白⑨有鸟道⑩，可以横绝⑪峨眉巅。地崩山摧壮士死，然后天梯石栈相钩连⑫。上有六龙回日之高标⑬，下有冲波逆折⑭之回川⑮。黄鹤⑯之飞尚不得过，猿⑰猱⑱欲度愁攀缘⑲。青泥⑳何盘盘㉑，百步九折萦㉒岩峦。扪参历井仰胁息㉓，以手抚膺㉔坐长叹。问君西游何时还，畏途巉岩㉕不可攀。但见悲鸟号古木，雄飞雌从绕林间。又闻子规㉖啼夜月，愁空山。蜀道之难，难于上青天，使人听此凋朱颜。连峰去天不盈尺，枯松倒挂倚绝壁。飞湍㉗瀑㉘流争喧豗㉙，砯㉚崖转石㉛万壑雷。其险也若此，嗟尔远道之人胡为乎来哉！剑阁㉜峥嵘㉝而崔嵬，一夫当关，万夫莫开。所守或匪亲，化为狼与豺。㉞朝避猛虎，夕避长蛇，磨牙吮㉟血，杀人如麻。锦城㊱虽云乐，不如早还家。蜀道之难，难于上青天，侧身西望长咨嗟㊲！

【注释】

①蜀道难乐府相和歌辞的瑟调曲三十八曲里有《蜀道难》。李白在这首诗中，用夸张的笔调，描写蜀中地势的险要，最后结合时局，抒发无限的感慨。

②噫吁嚱（yīxūxī）：蜀地方言，惊叹声。

③蚕丛：与后面的鱼凫都是传说中古蜀国国王的祖先。

④茫然：模糊不清的样子。这是说蜀国祖先如何开国，已经不清楚了。

⑤尔来：从此以后。

⑥四万八千岁：只是指时间之长，并不是确数。

⑦秦塞：指秦国，秦地多险阻，古代称为"四塞之国"。

⑧通人烟：指人民互相往来。秦惠王灭蜀以后，蜀才和秦有往来。

⑨太白：山名，在陕西省眉县南。

⑩鸟道：指连山高峻，只有鸟才能在低缺处飞过的道（这里是夸张）。

⑪横绝：横越。这一联是说，从秦入蜀，隔着太白山，只有鸟道可以横越到峨眉山顶。

⑫这两句讲的是古代神话传说。秦惠王想灭蜀，知道蜀王好色，许嫁五美女于蜀，

蜀王遣五个力士前往迎接。回来时路过梓潼（今四川梓潼县），见一条大蛇钻入山穴中，一力士拉蛇尾，拉不出来，于是其余四人也来协助，结果山崩塌，压死五力士，而山也分为五岭。天梯，上山的道路又高又陡，像上天的梯子。石栈，石崖上的栈道。栈，栈道，在悬崖绝壁上，将木头嵌入绝壁中架成的道路。

⑬上有六龙回日之高标：古代神话传说，太阳坐着六条龙拉的车，由羲和驾驭着，在空中行驶。这一联是说蜀中的山峰非常高，连太阳坐的六龙车也过不去。回，回转。高标，指蜀山中最高而成为一方标识的山峰。

⑭逆折：回旋。

⑮回川：有漩涡的水流。

⑯黄鹤：即黄鹄，又叫"天鹅"，能飞得很高。

⑰猱：同"猿"。

⑱猱（náo）：猿类。

⑲缘：一本作援。

⑳青泥：山岭名，在陕西略阳县西北，岭上有入蜀的要道。

㉑盘盘：曲折的样子。

㉒萦：旋绕。

㉓扪（mén）参历井仰胁息：入蜀的道路处在极高的山上，人要仰着头用手摸着天上的星宿走过，连气都不敢喘。扪，摸。参与后面的井都是星宿名。胁息，屏住气。

㉔膺：胸。

㉕巉岩：山石险峻的样子。

㉖子规：即杜鹃。

㉗湍（tuān）：急流的水。

㉘瀑：瀑布。

㉙喧豗（huī）：联绵字，等于说喧嚣。

㉚砯（pīng）：水撞击岩石发出的声音，这里用作动词。

㉛转石：激流使大石转动。

㉜剑阁：在四川剑阁县北。大小剑山之间，相离三十里，连山绝险，古代筑有栈道，叫剑阁，也叫"剑门关"。按：剑阁是历代军事上防守要地，所以下文说"一夫当关，万夫莫开"。

㉝峥嵘：与后面的崔嵬都是高峻的样子。

㉞这两句是说，假如不是亲信的人防守，他就会据险叛乱，成为国家的祸害。晋张载《剑阁铭》："一人荷戟，万夫趑趄。形胜之地，匪亲勿居。"

㉟吮（shǔn）：吸。

㊱锦城：即锦官城，指成都。

㊲咨嗟（jiē）：叹息。蛇、麻、家、嗟，押韵（麻韵）。

第二篇　辋川①闲居赠裴秀才迪②

王　维

【原文】

寒山转苍翠，秋水日潺湲③。倚杖柴门外，临风听暮蝉。渡头余落日，墟里④上孤烟。复值⑤接舆⑥醉，狂歌五柳⑦前⑧。

【注释】

①辋（wǎng）川：在陕西蓝田县。王维在此有别墅。

②裴秀才迪：即裴迪，王维的朋友，与王维游于辋川，互相唱和。

③潺湲（chányuán）：水流动的样子。

④墟里：等于说村落。陶潜《归田园居》："暧暧（ài）远人村，依依墟里烟。"

⑤值：当，碰上。

⑥接舆：楚国的隐者，这里喻裴迪。

⑦五柳：陶潜宅边有五柳树，自号五柳先生。

⑧湲、蝉、烟、前，押韵（先韵）。

第三篇　无　题①

李商隐

【原文】

相见时难别亦难，东风无力百花残②。春蚕到死丝方尽，蜡炬③成灰泪④始干。晓镜⑤但愁云鬓改⑥，夜吟应觉月光寒。蓬山⑦此去无多路，青鸟⑥殷勤为探看。

【注释】

①李商隐把一些不便标题和难于标题的诗，都标以"无题"，这类诗大多含义隐晦。

②这两句点明分别时的季节是"百花残"的暮春。

③蜡炬：蜡烛。

④泪：指蜡烛燃烧时流下的蜡油。

⑤镜：用作动词，照镜子。

⑥改：指改变颜色（由黑变白）。这句是感叹年华易逝。

⑦蓬山：指蓬莱山。

⑧青鸟：《汉武故事》中记载，王母遣使谓帝曰："七月七日，我当暂来。"帝至日，扫宫内，燃九华灯，于承华殿斋。日正中，忽见有青鸟从西方来集殿前，上问东方朔，朔对曰："西王母暮必降尊像，上宜洒扫以待之。"后代因此用青鸟比作传递消息的人。难、残、干、寒、看（kān），押韵（寒韵）。

第四篇　咏怀古迹五首①

杜　甫

【其一】

支离东北风尘际，飘泊西南天地间②。三峡楼台淹日月③，五溪衣服共云山④。羯胡⑤事主终无赖⑥，词客⑦哀时且未还。庾信平生最萧瑟，暮年诗赋动⑧江关⑨。

【注释】

①这五首诗是作者在夔州（今重庆奉节一带）时写的。第一首自叙兼怀庾信，第二首怀宋玉，第三首怀王昭君，第四首怀刘备，第五首怀诸葛亮。作者通过怀古，表达了对自己身世的感叹。

②这两句是说自己避安史之乱，由长安辗转流离，逃至蜀地，又在蜀地到处漂泊。支离，等于说流离。风尘，指安史之乱。西南，指蜀中。

③这句是说在夔州滞留的日子很久。三峡，这里指夔州一带。楼台，这里指夔州人民的住处。淹，久留。大历元年（766年），杜甫由成都移居夔州，一共住了两年。

④这句是说在夔州与少数民族杂居。五溪，雄溪、满溪、无溪、酉溪、辰溪，在今湖南沅陵一带，夔州之南。在这里，古代居住着五溪蛮。据《后汉书·南蛮传》载，五溪蛮的服色与汉人不同，喜欢穿五色衣服。五溪衣服，这里指夔州一带的少数民族。

⑤羯胡：指梁朝造反的侯景，兼指安禄山。

⑥无赖：不可靠。

⑦词客：指庾信，兼指自己。庾信留居北周而思江南，和杜甫漂泊西南而思故乡相似。

⑧动：指轰动。

⑨江关：长江流经湖北荆门虎牙二山之间，叫江关，这里泛指江南。庾信晚年，常常思念故乡，作《哀江南赋》。间、山、还、关，押韵（删韵）。

【其二】

摇落深知宋玉悲①，风流儒雅②亦吾师。怅③望千秋一洒泪，萧条异代不同时④。江山故宅⑤空文藻⑥，云雨荒台⑦岂梦思？最是楚宫俱泯灭，舟人指点到今疑。⑧

【注释】

①本句出自宋玉《九辩》："悲哉秋之为气也，萧瑟兮草木摇落而变衰。"

②儒雅：气度雍容、学问深湛，这里指宋玉的文才。

③怅：失意。

④萧条异代不同时：我和宋玉萧条的景况是一样的，只是时代不同罢了。

⑤故宅：相传江陵、归州（今湖北秭归）有宋玉故宅，这里指归州的故宅。秭归靠长江，地处三峡，所以说"江山故宅"。

⑥空文藻：指其人已殁，空留文藻。

⑦云雨荒台：指楚怀王梦见"旦为朝云，暮为行雨"之神女的高唐台。宋玉《高唐赋》："昔者，先王（楚怀王）尝游高唐，怠而昼寝，梦见一妇人曰：'妾，巫山之女也，为高唐之客，闻君游高唐，愿荐枕席。'王因幸之，去而辞曰：'妾在巫山之阳，高丘之阻，旦为朝云，暮为行雨，朝朝暮暮，阳台之下。'旦朝视之，如言，故为立庙，号曰朝云。"

⑧以上两句的大意是：最令人痛心的是，直到楚宫全部湮灭了的今天，船夫还向过客指点，疑实有其事，使宋玉讽谏的真意反而隐晦了。悲、师、时、思、疑，押韵（支韵）。

【其三】

群山万壑赴①荆门②，生长明妃③尚有村。一去紫台④连朔漠⑤，独留青冢⑥向黄昏。画图省识春风面，环珮空归月夜魂⑦。千载琵琶作胡语，分明怨恨曲中论⑧。

【注释】

①赴：形容群山相连，像奔赴荆门一样。

②荆门：山名，在今湖北宜都西北。

③明妃：即王昭君，名嫱，湖北秭归人，汉元帝宫女。竟宁元年（前33年），汉元帝与匈奴和亲，将王昭君嫁给呼韩邪单于，号宁胡阏氏。晋时为避司马昭讳，改称明君，也称明妃。昭君村在秭归东北四十里。

④紫台：紫宫，就是皇宫。

⑤朔漠：北方的沙漠地带。

⑥青冢：指王昭君墓，在今内蒙古呼和浩特城南二十里。相传边地多白草，独昭君墓呈青色，所以叫青冢。

⑦这两句是讥讽汉元帝。大意是说，由于汉元帝只凭借画像来辨认美人的容貌，因而使王昭君远嫁匈奴，只有死后的魂灵在月夜归来。《西京杂记》载，元帝按画像召见宫人，宫人都贿赂画工，独王昭君自恃貌美，不肯行贿，画工将她的像画得很丑，因而始终没能见到元帝。后来匈奴与汉和亲，元帝就将她嫁给匈奴。临别之前，元帝召见她，发现她的美丽为后宫第一，悔恨异常，便将画工毛延寿杀了。省识，等于说辨认。省（xǐng），察。春风面，指美丽的容貌。环珮，妇女戴的佩玉，这里借指王昭君。

⑧这一联是说，王昭君虽已死去，但她的怨恨却流传千载，人们常常用琵琶弹奏《昭君怨》。作胡语，琵琶原是西北少数民族的乐器，昭君弹琵琶所伴奏的歌曲当是胡曲，所以说"作胡语"。曲中论，等于说在曲中表达出来。传说昭君在匈奴作有思怨的歌曲，今琵琶曲和琴曲中都有《昭君怨》。门、村、昏、魂、论，押韵（元韵）。

【其四】

蜀主窥吴幸三峡，崩年亦在永安宫。①翠华想象空山里②，玉殿③虚无野寺中。古庙杉松巢水鹤④，岁时伏腊走村翁⑤。武侯⑥祠屋长邻近，一体君臣⑦祭祀同。

【注释】

①这一联是追溯先主庙的由来。蜀主，指刘备，史称先主。孙权破荆州杀关羽后，刘备率军伐吴，驻军秭归。章武二年（222年）被吴击败，退还鱼复县（在今重庆奉节东），并将鱼复改为永安。章武三年（223年），死于永安宫（在永安西七里）。

②这句是说，刘备当年的仪仗早已灭迹，现在只能在空山里想象而已。翠华，天子的旌旗，用羽毛装饰而成。

③玉殿：刘备当年在永安建造的宫殿，后来改为卧龙寺。

④这句形容庙的古老。水鹤，鹤是水鸟，故又称"水鹤"。《抱朴子·对俗》："千岁之鹤，随时而鸣，能登于木。其未千载者，终不集于树上也。"

⑤这句是说村民按季节前往祭祀。

⑥武侯：诸葛亮死后谥为忠武，故称武侯。武侯祠在先主庙西。

⑦一体君臣：君为元首，臣为肱股，故有此说。宫、中、翁、同，押韵（东韵）。

【其五】

诸葛大名垂宇宙，宗臣①遗像肃清高。三分割据纡筹策②，万古③云霄一羽毛④。伯仲之间见伊吕⑤，指挥若定失萧曹⑥。运移汉祚⑦终难复，志决身歼⑧军务劳。

【注释】

①宗臣：为后世所敬仰的大臣。

②这句是说，在三分割据的形势下，诸葛亮不能施展他的谋略。纡（yū），屈，即不得施展的意思。筹策，谋略。

③万古：永世。

④云霄一羽毛：即凌霄之鸟，比喻诸葛亮绝世独立的高尚品德。羽毛，指飞鸟。

⑤这句是说，诸葛亮的品德和才能与伊尹吕尚不相上下。伯仲之间，等于说不相上下。伊，殷代的伊尹。吕，周代的吕尚。

⑥这句是说，指挥若定的本领，萧曹犹有所失，也就是说萧曹不如诸葛亮。指挥若定，指处理国事时胸有成竹、从容不迫。萧，萧何。曹，曹参。

⑦祚（zuò）：皇位。

⑧身歼：身死，这里指以身殉职。歼，尽、灭。高、毛、曹、劳，押韵（豪韵）。

第五篇　秋兴八首
杜　甫

【其一】

玉露①凋伤枫树林，巫山巫峡②气萧森③。江间④波浪兼天涌⑤，塞上⑥风云接地阴⑦。丛菊两开⑧他日⑨泪，孤舟一系⑩故园心⑪。寒衣处处催刀尺⑫，白帝城⑬高急暮砧⑭。

【注释】

①玉露：指霜。

②巫山巫峡：这两处均在今重庆奉节。

③萧森：萧瑟阴森。此时已至深秋，所以峡中显得幽深而阴暗。

④江间：指巫峡。

⑤兼天涌：波浪滔天。兼，连。

⑥塞上：即巫山。

⑦接地阴：风云笼罩，尤其阴暗。

⑧两开：两次开放。杜甫于永泰元年（765年）夏离开成都，秋居云安，次年秋又停留在夔州，从乘船离开成都到现在已经过了两个秋天，所以说"丛菊两开"。

⑨他日：往日。

⑩一系：长系。

⑪故园心：指思念长安的心情。

⑫刀尺：制作衣裳的工具。

⑬白帝城：在今重庆奉节。

⑭砧：捣衣石。

【其二】

夔府①孤城落日斜，每依北斗望京华②。听猿实下三声泪③，奉使④虚随⑤八月槎⑥。画省⑦香炉违伏枕⑧，山楼⑨粉堞⑩隐悲笳⑪。请看石上藤萝月，已映洲前芦荻花⑫。

【注释】

①夔府：即夔州。唐太宗贞观十四年（640年），夔州曾设都督府，所以也称"夔府"。

②京华：京城，指长安。

③听猿实下三声泪：即"听猿三声实下泪"的倒文。《水经注·江水》："巴东三峡巫峡长，猿鸣三声泪沾裳。"

④奉使：指杜甫以检校尚书工部员外郎的朝官身份做严武的参谋。

⑤虚随：严武于永泰元年（765年）死于成都，杜甫"归秦"的梦想落空，所以说虚随。

⑥八月槎（chá）：实为"博望槎"，因张骞封博望侯。槎，木筏。

⑦画省：古代尚书省用胡粉涂壁，画古贤人像，故称画省。杜甫任的工部员外郎是尚书省的郎官。

⑧违伏枕：因伏枕卧病而远离朝廷。

⑨山楼：指夔府。

⑩粉堞（dié）：城上涂白色的矮墙。

⑪隐悲笳：悲笳之声在城楼之间隐约可闻。此指兵戈未休，还京无期。笳，古代军中号角，其声悲壮。

⑫"请看"二句：和首句"落日"照应，指诗人遥望长安，伫立许久，不知不觉已至深夜。

【其三】

千家山郭静朝晖，日日江楼①坐翠微②。信宿③渔人还泛泛，清秋燕子故飞飞④。匡衡⑤抗疏⑥功名薄，刘向⑦传经心事违。同学少年多不贱，五陵⑧衣马自轻肥⑨。

【注释】

①江楼：临江之楼。

②坐翠微：环楼都是山，好像置身山色之中。

③信宿：隔宿，即天天如此。

④故飞飞：与"还泛泛"和上句"日日"相承，即天天所见如此，令人生厌。故，还，依旧。

⑤匡衡：字稚圭，汉朝人。汉元帝时，因屡次上书议论时事，升为光禄大夫、太子少傅。

⑥抗疏：指臣子对于君命或廷议有所抵制，上疏极谏。

⑦刘向：字子政，汉朝经学家。曾上疏言事，未被重用。

⑧五陵：汉时长安附近有五座汉代帝王陵墓，即长陵、安陵、阳陵、茂陵和平陵。汉时迁徙豪杰名家于诸陵，所以五陵被豪侠所占据。

⑨轻肥：即轻裘肥马。《论语·雍也》："赤之适齐也，乘肥马，衣轻裘。"

【其四】

闻道长安似弈棋①，百年②世事不胜悲。王侯第宅皆新主，文武衣冠异昔时。直北关山金鼓振③，征西车马羽书④驰。鱼龙寂寞⑤秋江冷，故国⑥平居⑦有所思⑥。

【注释】

①似弈棋：此指长安政局彼争此夺，像下棋那样的反复无定。

②百年：是虚数，通常用作人一生的代称。此指作者自身所经历的时局变化。

③直北关山金鼓振：安史之乱后，北方和西方的回纥、吐蕃等不断侵扰，战争频繁，所以说战鼓震天。直北，正北。

④羽书：同"羽檄"，军用紧急文书。

⑤鱼龙寂寞：入秋之后，水族不在水面活动。这里是指国家多难，而自己却犹如潜伏的鱼龙，一筹莫展，实在可悲。

⑥故国：指长安。

⑦平居：指平日所居之地。

【其五】

蓬莱①宫阙对南山②，承露金茎③霄汉间④。西望瑶池降王母⑤，东来紫气满函关⑥。云移⑦雉尾⑧开宫扇，日绕龙鳞⑨识圣颜⑩。一卧⑪沧江惊岁晚⑫，几回青琐⑬点朝班⑭。

【注释】

①蓬莱：汉宫殿名。唐高宗龙朔二年（662年），重修大明宫，改名为蓬莱宫。

②南山：指终南山。

③承露金茎：汉武帝好神仙之术，曾在建章宫西建立金茎承露盘，以承仙露。唐代宫中并无承露盘，此处借汉宫比唐宫。

④霄汉间：高入云霄，形容承露金茎极高。

⑤瑶池降王母：古代神话，西王母曾亲临瑶池，与周穆王相会。

⑥函关：函谷关。《列仙传》记载，老子西游，函谷关令尹喜望见有紫气浮关，而老子果然乘青牛车而过。

⑦云移：形容羽扇打开时光彩闪耀，好像云彩在移动。

⑧雉尾：指用雉（野鸡）尾羽制成的供皇帝上朝时用以障面的羽扇。

⑨龙鳞：指皇帝衣服上所绣龙纹。

⑩圣颜：皇帝容颜。

⑪卧：卧病。

⑫岁晚：指秋天，也指自己年岁已老。

⑬青琐：汉代宫门上刻镂着青色的连环形花纹。这里泛指宫门。

⑭点朝班：指百官朝见皇帝时，点名传呼，按次入班。

【其六】

瞿塘峡①口曲江②头，万里风烟接素秋③。花萼④夹城⑤通御气⑥，芙蓉小苑⑦入边愁⑧。珠帘绣柱⑨围黄鹄⑩，锦缆⑪牙樯⑫起⑬白鸥。回首可怜⑭歌舞地，秦中⑮自古帝王州⑯。

【注释】

①瞿塘峡：三峡之一，是杜甫所在地。

②曲江：在长安之南，是唐代长安的游览胜地。

③素秋：秋当西方，白色，所以说"素秋"。

④花萼：楼名，在兴庆宫西南角。

⑤夹城：两边筑有高墙的通道，好像今天的夹道。

⑥通御气：开元二十年（732年），从大明宫筑夹城复道，经通化门至兴庆宫，达曲江芙蓉园，作为宫廷游曲江专用的通道。所以说"通御气"。

⑦芙蓉小苑：即芙蓉园，唐时称南苑，在曲江西南。玄宗常住兴庆宫，经常和妃嫔们游芙蓉园。

⑧边愁：指安禄山起兵叛乱。

⑨珠帘绣柱：形容曲江行宫楼阁的精美华丽。

⑩黄鹄：即天鹅。

⑪锦缆：丝做的船索。

⑫牙樯：用象牙装饰的桅杆。

⑬起：舟楫众多，箫鼓喧闹，所以白鸥被惊起。

⑭回首可怜：回想曲江当年的繁华，忆昔伤今，不堪回首。

⑮秦中：指关中。

⑯帝王州：帝王建都之地。

【其七】

昆明池①水汉时功，武帝旌旗在眼中②。织女③机丝虚夜月④，石鲸⑤鳞甲动秋风。波漂菰米⑥沉云黑，露冷莲房⑦坠粉红⑧。关塞极天惟鸟道⑨，江湖满地一渔翁⑩。

【注释】

①昆明池：在长安城西南，方圆四十里。汉时所开，武帝演练水战之处。

②在眼中：指看到昆明池水，就会想起汉武帝，好像当时旌旗壮盛的情景就在眼前。

③织女：昆明池有二石雕，左为牵牛，右为织女。

④虚夜月：空对夜月。

⑤石鲸：昆明池有石刻的鲸鱼，形象生动逼真。

⑥菰（gū）米：即菰白，秋天结实，形状像米。

⑦莲房：莲蓬。

⑧坠粉红：指荷花凋谢。

⑨鸟道：鸟飞之道，形容道路险要难行，只有鸟飞才可以通过。

⑩渔翁：杜甫自谓，形容自己漂泊江湖，无所皈依。

【其八】

昆吾御宿①自逶迤②，紫阁峰③阴入渼陂④。香稻啄余鹦鹉粒，碧梧栖老凤凰枝⑤。佳人⑥拾翠⑦春相问⑧，仙侣⑨同舟晚更移⑩。彩笔⑪昔曾干气象⑫，白头吟望苦低垂⑬。

【注释】

①昆吾御宿：都是地名，在长安东南，靠近终南山，汉代属于上林苑的范围。

②自逶迤：杜甫游览渼陂，经过昆吾、御宿，一路观赏景物，并非为了赶路，所以说"自逶迤"。

③紫阁峰：终南山山峰之一，在今陕西西安鄠邑区东南。

④入渼陂（měibēi）：渼陂的南边是紫阁峰，渼陂水中可以看到紫阁峰的倒影，所以说"入渼陂"。渼陂，水名，发源于终南山，在今陕西西安鄠邑区西，唐代的时候是长安西南的风景胜地。

⑤这两句是"鹦鹉啄余香稻粒，凤凰栖老碧梧枝"的倒文。

⑥佳人：青年妇女。

⑦拾翠：拾取翠鸟的羽毛。

⑧相问：互相问候，形容春游时一派融洽的气氛。

⑨仙侣：指游春的友人。

⑩晚更移：天色已晚，仍意犹未尽，还划船去别的地方，尽情观赏。

⑪彩笔：指才情勃发的文笔。

⑫干气象：上冲云霄。

⑬低垂：低头。

第六篇　商山①早行

温庭筠

【原文】

晨起动征铎②，客行悲故乡。鸡声茅店月，人迹板桥霜。

槲③叶落山路，枳④花明⑤驿墙⑥。因思杜陵⑦梦，凫雁满回塘⑧。

【注释】

①商山：山名，又名"尚阪""楚山"，在今陕西商洛东南山阳县与丹凤县辖区交汇处。作者曾于大中末年离开长安，经过这里。

②动征铎（duó）：震动出行的铃铛。征铎，车行时悬挂在马颈上的铃铛。铎，大铃。

③槲（hú）：陕西山阳县生长的一种落叶乔木。叶子在冬天虽枯而不落，待到春天树枝发芽时才落。每逢端午用这种树叶包出的槲叶粽也成为当地特色。

④枳（zhǐ）：也叫"臭橘"，一种落叶灌木或小乔木。春天开白花，果实似橘而略小，酸不可吃，可用作中药。

⑤明：使……明艳。一作"照"。

⑥驿（yì）墙：驿站的墙壁。驿，古时候递送公文的人或来往官员暂住、换马的处所。

⑦杜陵：地名，在长安城南（今陕西西安东南），古为杜伯国，秦置杜县，汉宣帝筑陵于东原上，因名杜陵，这里指长安。作者此时从长安赴襄阳投友，途经商山。

⑧这句写的就是"杜陵梦"的梦境。凫（fú），野鸭。雁，一种候鸟，春往北飞，秋往南飞。回塘，岸边曲折的池塘。

第七篇　新城道中①（其一）

苏　轼

【原文】

东风知我欲山行，吹断檐间积雨声。岭上晴云披絮帽②，树头初日挂铜钲③。野桃含笑竹篱短，溪柳自摇沙水清。西崦④人家应最乐，煮葵⑤烧笋饷⑥春耕。

【注释】

①作者在杭州任通判时，曾于神宗熙宁六年（1073年）巡行属县，在由富阳至新城的途中写了这首诗。新城，在杭州西南，原是杭州的属县，现为富阳区新登镇。

②岭上晴云披絮帽：岭上浮着晴云像披着絮帽，比喻晴云既白又厚。絮帽，棉絮做的帽。

③树头初日挂铜钲：树头升起的初日像挂着的铜钲，比喻初日圆而微红。钲，古乐器，形似钟而狭长，战争中击鼓进军，鸣钲收兵。

④西崦（yǎn）：西山。

⑤葵：一本作"芹"。

⑥饷：把食物送给……吃。行、声、钲、清、耕，押韵（庚韵）。

第八篇　夜泊水村

陆　游

【原文】

腰间羽箭久凋零，太息燕然未勒铭①。老子②犹堪绝③大漠，诸君何至泣新亭④？一身报国有万死，双鬓向人无再青⑤。记取江湖泊船处，卧闻新雁落寒汀⑥。

【注释】

①太息燕然未勒铭：东汉和帝永元元年（公元89年），车骑将军窦宪击败北单于，登燕然山刻石记功而还。这里用此典，表示自己抗金复国的大志未能实现。太息，叹息。燕然，燕然山，即今蒙古境内的杭爱山。勒，刻。铭，文体的一种，刻于器皿或石上。

②老子：老夫，作者自称。

③绝：横渡。

④这句是说，不应该学晋朝士大夫那样空忧国事，应该行动起来。《世说新语·言语》："过江诸人，每至美日，辄相邀新亭，借卉饮宴。周侯（周颛）中坐而叹曰：'风景不殊，正自有山河之异。'皆相视流泪。唯王丞相（王导）愀然变色曰：'当共戮力王室，克复神州，何至作楚囚相对？'"新亭，在今江苏南京市南。

⑤这两句的大意是：自己一身报国有万死不辞的决心，可是双鬓已白，无再青之时。就是说，虽然决心许国，但年已老大，自己的志向不能实现。

⑥这一联是说，自己不被朝廷重用，常年漂泊江湖，眼看着时光年复一年地过去。记取，牢牢记住。新雁，新从北方飞来的雁。零、铭、亭、青、汀，押韵（青韵）。

（以上内容由徐虹负责编写）

常用词例释

71. 去

例：连峰去天不盈尺。（李白《蜀道难》）

例句中"去"是"距离"之意，由"去"的本义引申而来。

去，《说文·去部》："人相违也。"本义是①"离开"。《诗经·魏风·硕鼠》"逝将去女，适彼乐土。"离开后必然有个距离，本义引申为②"距离"。李白《蜀道难》："连峰去天不盈尺。"除去和离开有相通之处，本义又引申为③"除去"。柳宗元《捕蛇者说》："去死肌，杀三虫。"离开某地，即到另一个地方去，本义又引申为④"到……去、前往"。杜甫《茅屋为秋风所破歌》："公然抱茅入竹去。"离开原地，原地就成了过去的地方，因而本义还引申为⑤"过去"。曹操《短歌行》："去日苦多。"

其引申线索图示如下：

$$⑤过去$$
$$\uparrow$$
$$④到……去、前往\leftarrow①离开\rightarrow②距离$$
$$\downarrow$$
$$③除去$$

72. 壁

例：枯松倒挂倚绝壁。（李白《蜀道难》）

例句中"壁"是"陡峭的山崖"，由"壁"的本义引申而来。

壁，《说文·土部》："垣也。"本义是①"墙壁"。《史记·司马相如列传》："家徒四壁立。"军营的围墙是墙壁的一种，本义引申为②"军营的围墙"。《史记·项羽本纪》："及楚击秦，诸将皆从壁上观。"军营的围墙包围着军营，故由"军营的围墙"引申为③"军营、营垒"。《史记·高祖本纪》："晨驰入张耳、韩信壁。"陡峭的山崖与墙壁形状相似，因此本义又引申为④"陡峭的山崖"。李白《蜀道难》："枯松倒挂倚绝壁。"墙壁处于房间的四边，故由本义还引申为⑤"边、面"。《西厢记》："一壁道与红娘。"

其引申线索图示如下：

$$④陡峭的山崖\leftarrow①墙壁\rightarrow②军营的围墙\rightarrow③军营、营垒$$
$$\downarrow$$
$$⑤边、面$$

73. 倚

例：倚杖柴门外。（王维《辋川闲居赠裴秀才迪》）

例句中"倚"是"拄着"，由"倚"的本义引申而来。

倚，《说文·人部》"依也。"本义是①"靠着"。徐霞客《游黄山日记》："左天都，右莲花，背倚玉屏风。"人们把手靠着拐杖称为拄拐杖，因此本义引申为②"拄着"。王维《辋川闲居赠裴秀才迪》："倚杖柴门外。"有所仗恃与靠着什么相似，因此本义又引申为③"仗恃、依仗"。《老子·五十八章》："祸兮，福之所倚。"将"依仗"义虚化为介词，表示④"依照、随着"之类的意思（用作此义时它所在句中有其他动词）。苏轼《前赤壁赋》："倚歌而和之。"身子靠着某个地方，一般要呈倾斜的角度，故本义还引申为⑤"偏"。《礼记·中庸》："中立而不倚。"

其引申线索图示如下：

②拄着←①靠着→⑤偏
　　　　　　↓
③仗恃、依仗→④依照、随着

74. 复

例：复值接舆醉。（王维《辋川闲居赠裴秀才迪》）

例句中"复"是"又"之意，由"复"的本义引申而来。

复，《说文·彳部》："重衣貌。"本义是①"夹衣"。《世说新语·夙惠》："冬天昼日不著复衣。"夹衣一定是有夹层的，故本义引申为②"夹层的"。《旧唐书·王锷传》："作复垣洞穴，实金钱于其中。"夹衣是两层及以上的布重叠缝制而成的，因此本义又引申为③"重复、繁复"。陆游《游山西村》："山重水复疑无路。"重复一个动作就可能要返回去，故"重复"引申为④"返回、回还"。丘迟《与陈伯之书》："夫迷途知返，往哲是与，不远而复。"同时，重复某个动作就是会再一次去做，"重复"又引申为副词⑤"再、又"。王维《辋川闲居赠裴秀才迪》："复值接舆醉。"

其引申线索图示如下：

②夹层的←①夹衣→③重复、繁复→④返回、回还
　　　　　　　　↓
⑤再、又

75. 鼓

例：嗟余听鼓应官去，走马兰台类转蓬。（李商隐《无题·昨夜星辰昨夜风》）

例句中"鼓"是"更鼓"之意，由"鼓"的本义引申而来。

"鼓"的甲骨文，左像鼓形，右像手拿木棍，合起来表示手拿木棍击鼓，本义是①"击鼓"。《左传·庄公十年》："一鼓作气，再而衰。"击鼓的动作对象是鼓，本义引申为②"鼓、更鼓"。李商隐《无题·昨夜星辰昨夜风》："嗟余听鼓应官去。"击鼓会发出声音，本义又引申为③"鼓声"。辛弃疾《永遇乐·京口北固亭怀古》："一片神鸦社鼓。"击鼓时鼓面会发生振动，故本义又引申为④"振动"。苏轼《石钟山记》："微风鼓浪。"古代作战一般先击鼓后进攻，故本义还引申为⑤"攻击"。《左传·庄公十年》："公将鼓之。"

其引申线索图示如下：

⑤攻击
　↑
④振动←①击鼓→②鼓、更鼓
　　　　　↓
③鼓声

76. 移

例：运移汉祚终难复。（杜甫《咏怀古迹五首·其五》）

例句中"移"是"移动、迁移"的意思，由"移"的本义引申而来。

移，《说文·禾部》："禾相倚移也。"本义是①"移秧"。移秧就是把稻秧移动栽种，因此引申为②"移动、迁移"。杜甫《咏怀古迹五首·其五》："运移汉祚终难复。"移动就会改变位置，故由"移动"引申为③"改变、变化"。《吕氏春秋·察今》："世易时移，变法宜矣。"把消息、文件等对象移动可以称为传递，所以由"移动"又引申为④"传递、转送"。方苞《狱中杂记》："其上闻及移关诸部。"

其引申线索图示如下：

①移秧←②移动、迁移→③改变、变化

↓

④传递、转送

77. 胜

例：百年世事不胜悲。（杜甫《秋兴八首·其四》）

例句中"胜"是"尽"的意思，由"胜"的本义引申而来。

胜，《说文·力部》："任也。"段玉裁注："凡能举之，能克之皆曰胜。"本义是①"能承担、能承受"。《孟子·梁惠王下》："以为能胜其任也。"能承担某项任务，就能把这个任务做完，因此本义引申为②"完、尽"。杜甫《秋兴八首·其四》："百年世事不胜悲。"把任务做完就有可能取得最终胜利，所以由"完、尽"引申为③"胜利"。《孙子·谋攻》："上下同欲者胜。"

其引申线索图示如下：

①能承担、能承受→②完、尽→③胜利

78. 回

例：凫雁满回塘。（温庭筠《商山早行》）

例句中"回"是"回环（的）、曲折（的）"的意思，其由"回"的本义引申而来。

回，《说文·囗部》："转也。"徐灏注："古文回，盖象水旋转之形。"本义是①"旋转、回旋"。郦道元《三峡》："则素湍绿潭，回清倒影。"掉转与旋转两个动作相似，因此本义引申为②"掉转"。白居易《卖炭翁》："回车叱牛牵向北。"返回原地时往往要掉转方向，故由"掉转"引申为③"返回、回来"。李白《将进酒》："黄河之水天上来，奔流到海不复回。"旋转有时会一周一周、一遍一遍地进行，所以由本义又引申为④"周、遍、次"。柳永《八声甘州》："误几回，天际识归舟。"一遍又一遍地进行，就形成了回环曲折之势，故"周、遍、次"引申为⑤"回环（的）、曲折（的）"。温庭筠《商山早行》："凫雁满回塘。"

其引申线索图示如下：

①旋转、回旋→②掉转→③返回、回来

↓

④周、遍、次→⑤回环（的）、曲折（的）

79. 深

例：乱山深处长官清。（苏轼《新城道中·其二》）

例句中"深"是"距离大"之义，由"深"的本义引申而来。

深，《说文·水部》："深水。出桂阳南平，西入营道。"本义是①"水深"。《诗经·邶风·谷风》："就其深矣，方之舟之。"水深是指水面到水底的距离大，因此本义引申为②"距离大"。苏轼《新城道中·其二》："乱山深处长官清。"时间久与距离大都有相隔远的意思，故由"距离大"引申为③"时间久"。白居易《琵琶行》："夜深忽梦少年事。"草木茂盛与水深也有相似之处，本义又引申为④"茂盛"。杜甫《春望》："城春草木深。"程度深与水深也相似，所以本义还抽象化引申为⑤"很、非常"。《资治通鉴·汉纪》："深失所望。"

其引申线索图示如下：

④茂盛←①水深→②距离大→③时间久

↓

⑤很、非常

80. 青

例：双鬓向人无再青。（陆游《夜泊水村》）

例句中"青"是"黑色"之义，由"青"的本义引申而来。

朱骏声注："从生犹从木，草木始生，其色同青。"故"青"的本义应该是刚从田地里生长出来的苗木之色，即①"绿色、深绿色"。刘禹锡《陋室铭》："草色入帘青。"绿色和蓝色同为光学三原色之一，而且视觉上深绿色和蓝色相似，故本义引申为②"蓝色"。《荀子·劝学》："青，取之于蓝而青于蓝。"黑色与深绿色看起来也极其相近，故由本义又引申为③"黑色"。陆游《夜泊水村》："双鬓向人无再青。"

其引申线索图示如下：

①绿色、深绿色→②蓝色→③黑色

（以上内容由李桂林负责编写）

附录一 上古声母及常用字归类表

一、喉音

（1）影母

阿鸦鸭押压亚轧揠洼蛙挖恶遏厄扼轭窝涡倭斡握渥幄龌沃谒噎约猗漪伊医衣依揖一壹倚掎缢暿瘗黟懿肆意邑悒浥忆亿臆抑益乌呜污屋淤迂纡於姁鬱郁或哀埃唉蔼霭矮爱暧瑷隘偎煨萎威猥委畏慰尉熬坳袄媪奥懊澳夭妖么窈要欧鸥瓯殴呕忧优庵幽黝幼庵谙鹌安鞍暗按案淹阉醃焉鄢嫣烟燕阏胭奄掩偃蝘厌餍晏堰燕咽宴豌弯湾碗宛婉菀畹腕惋蜎冤鸳渊苑怨恩音阴暗因姻茵絪湮埋殷慇饮隐荫印蕴愠酝盎汪枉鹰膺莺樱鹦英婴撄缨紫婴罃影应映翁瓮雍壅邕拥

（2）晓母

哈虾瞎花哗化呵喝豁赫吓火伙夥货霍藿歇蝎胁血靴醯义牺曦爔嘻嬉僖禧熹熙希稀晞欷吸喜戏饩呼虎浒琥戽笏虚嘘吁许诩栩酗煦畜蓄旭咍海醢黑灰麾撝挥辉晖徽悔毁贿晦海喙讳卉蒿薅好郝栝嚣晓孝吼休朽嗅憨鼾喊罕汉暵掀险狯显宪献欢驭唤焕涣奂轩喧暄萱埙烜呬绚衅烌昏婚阍荤熏曛薰勋训夯香乡享响飨向荒肓慌谎亨兴馨兄凶兜匈洶胸

（3）匣（中古的匣母和喻三）母

霞瑕遐暇狭峡洽匣狎侠辖下夏厦华骅滑猾桦画话划何河菏禾和合盒盍阖曷貉劾核贺褐鹤活祸获镬或惑获谐鞋携协挟颌絜械薤蟹邂学穴兮奚傒檄系胡湖糊葫餬鬍弧狐壶瓠乎蝴斛縠縠户沪扈怙祜互护孩骸亥害骇淮怀槐坏回迴茴汇溃会绘惠蕙慧蟪豪毫号壕浩皓颢昊镐肴淆效佼校侯喉猴厚后候堠醐含函涵颔邯寒韩撼菡憾旱汗捍翰瀚舰槛咸衔嫌闲娴贤弦舷陷馅限苋见现县桓峘还环寰鬟圜缓浣换幻患宦豢完丸纨皖莞玄悬泫眩炫衔痕很恨浑魂混园溷行航杭降项巷黄簧璜皇煌惶遑凰蝗篁晃幌恒衡蘅桁横茎形型刑陉荥杏荇幸萤荧弘黉宏闳竑红洪鸿虹讧哄

曰越戉钺粤樾熠于盂竽雩雨宇禹羽芋域汇为帷韦违围帏韠闱伟炜苇纬卫位胃渭谓猬尤邮疣有友又右佑祐宥囿侑炎员圆圜袁园猿辕爰援垣远院瑗媛云雲耘芸陨殒韵运晕王往旺莹荣

二、牙音

（4）见母

家加枷嘉豭佳夹荚颊铗假贾豭甲稼嫁架驾价瓜刮剐寡挂卦歌哥戈鸽割葛阁格骼隔革个個各柯锅郭国虢帼馘果裹过括皆阶楷喈街揭结劫孑羯洁解介界

芥疥届戒诫偕厥蹶蕨决诀抉谲攫觉珏傕鸡稽笄羁畸饥肌几基箕期姬机讥饥激击急级汲伋吉棘亟殛机麂己几给戟计继击蓟髻寄冀骥纪记既暨季姑沽辜蛄孤觚古估牯股瞽贾蛊骨汩穀彀谷故固锢雇顾忽惚居车裾拘驹俱橘菊鞠掬举莒矩据锯倨踞句屦该垓赅改概溉盖丐乖拐怪夬会侩浍桧脍绘瑰圭闺规龟归诡轨晷簋癸鬼刽桂贵高膏篙皋羔糕稿缟杲搞告诰绞狡佼姣矫皎缴噭脚角教校较叫徼枭勾钩沟狗苟垢彀够构购媾姤鸠纠究赳纠九久玖韭灸救厩疚甘柑泔干肝乾竿感敢捍赣干旰缄监兼缣蒹艰间奸肩坚豜减碱检简柬拣蹇茧鉴监剑谏涧建见官棺观冠鳏关管贯灌罐盥惯涓鹃蠲卷眷畎跟根艮亘今金襟巾斤筋矜锦紧谨禁劲衮鲧滚昆崑琨鲲均钧君军冈刚纲钢缸肛港岗疆僵缰姜江襁讲耩降绛光广矿更庚羹耕梗鲠耿埂兢京荆惊经泾景警儆颈到境敬竟镜劲径肱公工功攻弓躬宫恭供龚拱巩贡共坰扃炯

（5）溪母

掐恰夸姱跨胯珂轲科窠蝌颗壳可课克刻客阔廓鞹怯惬箧契锲阙缺阕却确壳榷溪谿觭欺崎啟棨綮绮企起杞屺芑岂乞跂器弃亟气泣枯刳骷窟哭苦库裤酷喾祛胠箧区躯驱屈诎曲去墟开揩凯恺铠塏闿慨楷锴忾蒯块快哙盔亏窥魁奎睽傀喟恢诙考攷烤靠犒敲跷巧窍抠口叩扣寇丘邱蚯堪戡龛勘看刊坎埳侃瞰阚谦悭愆骞褰牵嗛遣缱谴欠歉繂宽款犬劝券恳垦肯钦嵚衾坤髡捆阃困康糠慷抗伉亢羌腔匡筐旷圹纩框眶坑铿硁卿轻倾顷庆磬罄空孔恐控芎穹

（6）群母

桀杰竭碣茄伽掘倔崛瘸屐极技妓伎芰骑暨忌悸期局巨拒距炬讵遽醵剧具俱惧瞿衢渠跪柜乔桥侨荞翘臼舅咎旧柩求球逑裘仇虬俭件键健钳箝黔钤乾虔茕倦圈卷蜷拳权仅廑瑾馑近琴芩禽擒勤芹窘郡群强狂竞鲸黥勍擎檠共琼蛩穷邛

（7）疑母

牙芽衙涯崖讶迓瓦蛾鹅俄娥峨讹额饿愕颚萼鄂噩鳄我卧业虐疟月刖岳乐倪霓麑猊輗蜺拟逆宜仪疑嶷蚁艺刈诣羿谊义议劓屹鹢吴蜈吾梧鼯五伍午仵忤误悟晤寤兀鱼渔禺隅愚虞娱语御驭御遇寓玉狱皑獃碍艾外危桅嵬巍伪魏敖熬螯獒骜翱傲尧咬偶耦藕岸岩严颜言研妍俨眼验雁彦谚唁砚阮玩顽元沅鼋原源愿吟银垠龈印昂凝迎喁颙

三、舌音

（8）端（中古端、知两母）母

答搭奃妲靼打得德多掇朵氏低羝隄滴嫡镝的底抵牴邸柢帝蒂谛嚏都督堵赌睹肚笃妬蠹獃戴带堆碓对刀舠岛捣祷倒到刁貂雕凋钓吊鸟兜斗抖陡斗耽躭酖湛擔丹单箪殚胆疸旦掂颠巅癫滇点典玷店坫垫殿端短断锻敦墩顿當瑺党挡登灯等凳丁钉叮顶鼎订东冬董懂冻栋

札吒舴蛰辄哲磔谪卓桌涿琢啄辍知蜘絷黹徵智致轾质置窒猪诛蛛株邾竹筑竺贮著驻注摘追缀朝着罩嘲啁肘昼沾霑鳣邅展辗站转传珍贞祯镇瑱张长涨

帐胀桩征症中忠衷冢

（9）透（中古透、彻两母）母

他它塔獭踏榻闼挞忒慝忑拖脱托妥唾柝橐拓魄籊撢贴帖铁餮梯踢剔体替屉涕剃薙惕逖倜突秃土吐兔菟台胎熊太汰泰推腿退蜕帨叨滔掏韬缫毯绦饕讨佻挑桃跳粜偷婾透贪坍滩摊瘫忐毯坦探炭叹添天忝腆觍瑱湍瞳吞汤镗倘躺烫趟听厅汀町涎通桶捅统痛

诧彻撤戳螭魑絺郗痴笞耻伤敕褚楮黜忕畜矗拆蚩超抽瘳丑觑诌侦琛郴椿伥昶畅怅凼瞠撑蛏柽赪逞骋忡宠

（10）定（中古定、澄两母）母

达大特夺铎舵驮堕惰度踱陀驼沱跎紽酡鼍跌叠碟牒蝶谍迭飑垤绖耋笛迪敌狄获翟籴涤觌弟悌娣第睇递棣褅缔地啼蹄绨稊荑题提醍独读牍犊渎椟毒杜肚度渡镀徒屠途涂荼图突凸待怠殆迨给代袋岱黛玳逮埭苔台抬骀队兑颓导道稻蹈盗悼帱涛焘桃逃峿陶淘掉调董绦调迢苕窕挑豆逗痘豆窦头投淡啖憺澹诞但惮蛋覃潭谭罉昙谈痰坛檀袒簟垫电奠殿澱甸佃畋钿淀甜恬田填阗珍断段缎团抟囤沌盾钝遁遯屯豚臀荡宕砀唐糖塘螗棠堂螳邓滕腾誊藤縢锭定亭停廷庭霆蜓艇挺梃动洞恫峒同铜桐筒童僮瞳潼彤佟㤊

择泽辙蛰着浊濯擢掷池驰篪跶迟墀坻持术秫逐舳蠋躅杼宁苎纻箸柱住除储蹰厨橱躅翟绌坠椎槌棹召赵肇兆晁朝潮轴妯纣宙冑酎紬绸稠筹俦畴踌湛绽缠廛躔篆传椽朕鸼阵沉陈尘橙丈杖仗长苌肠场撞幢郑澄惩枨呈程酲重仲冲虫

（11）泥（中古泥、娘两母）母

纳衲那讷挪懦糯诺捏聂镊蹑涅泥尼呢怩你腻昵匿溺奴孥弩努驽怒女忸乃迺奶耐鼐奈奈馁内狔獳侥铙呶脑恼闹淖娲尿耨纽扭狃钮男南楠谝喃难赧黏拈鲇年碾捻捵念暖嫩囊曩娘酿能宁佞泞农侬脓浓

（12）来母

拉邋腊蜡辣剌乐勒仂捋罗萝锣箩逻骡螺脶裸摞洛落骆络猎鬣躐烈列裂劣略掠犁黎藜鳌离篱漓蓠缡罹骊鹂梨厘狸嫠氂犛礼澧醴蠡李里理鲤俚悝例厉励砺蛎丽俪隶戾唳荔詈利痢苈吏立粒笠苙栗力历沥枥砾栎鬲卢炉颅泸芦鲈垆鸬轳庐胪鲁卤虏掳路赂露潞璐辂鹭禄碌鹿麓簏辘陆戮录驴闾吕侣旅膂缕褛屡履虑律绿来莱徕涞睐赉徕赖癞籁濑勒雷擂累孈蕾磊累垒耒诔酹颣类泪肋捞劳痨牢醪唠老涝烙酪落燎僚辽撩缭疗聊寥蓼了廖料镣楼耧娄蝼搂篓漏陋镂瘘流硫旒刘浏留榴瘤琉柳绺馏溜六娄岚蓝篮褴阑拦澜览揽懒滥缆烂廉鎌帘匲帘濂连涟鲢联怜莲敛脸殓练炼栋恋銮鸾峦栾卵乱林淋琳霖临邻磷鳞麟嶙辚璘凛廪懔赁吝蔺遴论轮伦纶仑抡郎廊狼琅榔琅莨朗浪良凉量粮梁梁两緉亮谅辆冷陵凌菱绫鲮灵铃伶零龄玲聆翎瓴羚囹领岭令龙笼咙聋胧珑隆窿陇垄弄

（13）余（喻四）母

耶爷也野冶夜叶页曳拽披液腋悦阅跃籥沦钥移逶夷姨痍彝怡贻诒胰颐圯

遗迤匜已以苡椸裔易异溢镒逸佚轶泆佾亦奕弈译绎驿峄怿斁埸疫役予余馀异
與攼俞榆逾渝愉瑜臾腴萸庚与窬誉豫预愈裕喻谕籥聿裔通鹬育毓昱煜鬻欲浴
峪维惟唯摇谣窑遥瑶姚舀鹞耀曜药攸悠由油游遊犹猷輶蚰酉莠牖卣羑诱柚釉
鹽簷檐阎筵蜓蜒綖沿埮剡演衍兖艳焰鸢缘淫婬霪寅夤蝑引蚓尹胤匀允孕
羊洋佯徉阳杨扬疡炀飏养痒恙样漾蝇盈楹嬴赢瀛营茔郢颍颖塍融容熔溶蓉庸
佣墉甬勇涌俑踊恿用佣

（14）章（照三）母

遮摺折者赭蔗柘鹧浙拙酌灼斫焯支枝肢卮栀祗脂祇之芝汁织只执职摭跖
纸只呮轵枳旨指止趾址沚址芷制置至挚贽骘志诘痣识帜桎蛭质锧骘炙诸朱铢
珠侏絑烛煮渚主尘嘱瞩鬻注炷蛀铸祝锥佳赘惴昭招召沼照诏周週惆舟州洲粥
帚咒詹瞻占毡饘鹯旃栴佔战颤专砖颛针斟箴真甄枕诊疹畛轸缜稹振震赈谆准
章樟漳彰璋鄣掌障瘴正征钲整拯证症政终螽钟锺蛊种肿踵众

（15）昌（穿三）母

车扯掣绰啜鸥蚩嗤媸侈齿尺炽叱赤斥出处杵触枢姝吹炊弨丑臭幨襜阐川
穿喘舛串钏嗔瞋称春蠢昌倡猖阊菖鲳敞厂氅唱俦秤充冲憧铳

（16）船（床三）母

蛇舌射麝实食蚀示谥秫赎术述船神葚唇漘盾吮顺乘塍绳渑剩

（17）书（审三）母

奢赊舍赦摄设说烁铄翅啻施尸屍鸤著诗湿失识豕弛矢屎始世势试弑式轼
拭饰室适释奭书舒抒纾输叔菽暑鼠黍庶恕戍傸束水税帨烧少收手首守兽狩苫
膻扇煽陕闪深身申伸呻绅娠审沈哂矧舜瞬商伤殇觞赏晌饷升声胜圣舂

（18）禅母

佘折社涉硕匙豉时埘莳鲥十什拾实石誓逝噬筮氏是视嗜市恃侍殊殳孰熟
淑署薯蜀属墅曙竖树澍谁垂睡瑞韶勺芍绍邵劭召仇酬受绶授寿售蟾禅蝉单婵
澶剡赡善膳鄯嬗擅遄忱谌晨辰宸臣甚肾慎蜃纯莼醇淳鹑常尝偿嫦裳徜上尚承
丞成城盛

（19）日母

惹热若箬弱日驲儿而胹鲕尔迩耳洱饵珥二贰刵如茹儒濡汝乳孺入辱褥缛
蓐茙蕊芮枘蝻饶尧扰绕柔揉鞣蹂肉髯然燃胒染冉苒廿软壬任人仁稔忍荏妊纤
刃认韧仞轫闰润瓤攘禳穰壤让仍礽戎绒茸

四、齿音

（20）精母

匝则作左佐做嗟接睫节疖姐借爵赀觜訾资姿咨粢谘兹滋孳孜紫姊秭子梓
恣脐赍齑积即鲫挤脊祭际稷济霁鲫稷迹绩租卒镞足祖组蹙灾栽哉宰载再嘴最
醉樵遭糟早蚤枣澡藻躁灶焦蕉椒鹪僬剿醮醵雀簪攒赞尖歼煎笺剪翦戬僭箭溅
荐钻纂缵镌禂緅津侵浸进晋播缙尊樽遵俊骏晙俊臧赃葬将浆桨奖蒋酱增曾憎

矰罾缯甑精晶旌睛菁井椮鬃宗豵纵踪总粽综

（21）清母

擦搓磋蹉撮瑳挫锉刲错措厝切且妾鹊雌此泚玼刺束次妻凄萋七漆戚砌缉葺粗醋猝簇蔟蹴促疽雎趋取娶趣猜采彩菜蔡崔催漼璀焠脆毳翠操糙草悄愀俏峭秋楸湫鳅鞦参骖餐惨憯粲灿璨签佥迁千仟阡浅铿栔倩蒨茜佥鹐俊诠铨痊荃侵骏亲寝村忖寸竣仓苍舱沧鸧伧枪抢跄锖蹌清青鲭蜻请聪璁骢囱匆怱葱枞

（22）从母

杂砸昨凿坐座柞胙阼柞酢作瘥嵯捷截藉绝嚼爝渍眦眥自字牸疵瓷茨慈磁集辑疾蒺籍瘠荠剂寂齐脐蛴族徂殂聚在才财材裁才贼罪摧萃悴瘁皂造曹槽嘈噍樵谯憔诮就鹫酋遒蝤暂瓒蚕惭残渐践贱饯荐潜钱前隽泉全尽秦存奘藏臓匠墙嫱樯蔷赠曾层静靖婧净情晴丛琮淙从

（23）心母

撒飒卅萨塞娑蓑梭莎锁琐索些楔写泻卸薛削雪伺斯撕厮私司丝思缌死赐四泗驷肆笥楼西犀息熄悉蟋膝惜析淅晰媳昔腊锡洗玺徙细苏酥甦诉朔溯速肃凤宿粟胥须婿煞絮壻恤腮鳃塞赛粹虽绥睢髓碎岁穗邃燥臊骚搔扫嫂鞘消宵霄硝销逍萧箫潇小筱笑肖啸修羞宿秀锈绣三伞散姗珊暹纤纤仙籼鲜先跹癣狝铣跣洗线霰酸狻算蒜宣瑄选渲心辛新薪信囟孙狲苏飧损笋隼浚峻荀询洵恂汛讯巽逊桑丧颡嗓松菘淞嵩悚竦怂送宋

（24）邪母

邪斜谢榭词祠辞兕似祀巳杞姒耜汜寺嗣饲夕习袭隰席俗徐序叙绪续屿随隋遂隧燧穗囚泅袖岫涎羡旋璇镟烬寻浔句循巡驯殉徇详祥翔庠象像橡诵颂讼

（25）庄（照二）母

扎查札鲊眨诈榨抓爪责帻簀仄昃侧捉齜淄辎菑锱缁滓第栉斋窄债笮邹驺绉斩醡盏簪榛臻蓁溱庄装妆壮净

（26）初（穿二）母

栅叉差插察岔刹恻测策册龊厕初刍楚础钗掺嘬抄钞炒吵搀铲刬忏羼篡闩拴涮参识衬龇疮窗闯创怆

（27）崇（牀二）母

闸铡茬乍镯俟士仕柿事锄雏寨砦豺侪柴巢骤愁栈馋谗巉孱潺撰馔岑涔状床崇

（28）山（审二）母

洒沙纱鲨杉杀煞铩傻刷涩瑟啬穑色缩所朔槊数师狮虱史使驶梳疏蔬漱筛骰晒衰帅率蟀梢捎筲鞘稍潲搜飕馊薮庹溲瘦产掺衫芟山删潸讪汕疝森参诜駪渗霜孀双爽生牲笙甥省

五、唇音

（29）帮（中古帮、非两母）母

巴钯八霸波播钵拨剥博驳伯跛簸迫憋别逼彼鄙七比妣笔蔽蓖闭壁裨俾臂
泌祕闷毖庇癖畀毕必碧璧辟壁补卜布佈濮谱圃摆百柏拜杯碑卑悲北贝辈背臂
簪褒包胞苞剥宝保堡葆褓鸨饱报豹爆膘镖标飙彪表班斑颁般搬板版扮半绊砭
鞭编鳊边笾蝙贬窆褊扁匾变遍奔贲本畚彬斌邠豳宾滨濒殡鬓傧摈帮邦浜榜膀
旁谤崩绷绑迸槟冰兵禀秉丙炳邴昺柄饼并摒

发法福蝠幅辐府腑俯斧甫脯黼付咐赋傅富腹複非扉绯飞匪筐诽废痱沸否
缶藩蕃反返贩畈分吩粉粪奋喷方坊枋仿防航放风封葑讽

（30）滂（中古滂、敷两母）母

葩怕帕坡颇泼叵破粕魄撇瞥睥批砒坏披丕伾秠纰劈霹噼匹癖媲澼譬屁僻
醅怖铺扑菩普溥浦璞朴拍湃派胚醅沛霈配抛泡炮飘漂缥剽剖攀潘番盼判泮
篇偏翩骗片喷缤姘品聘滂潺雱胖烹澎怦砰抨俜

敷孵郛莩稃麸郫俘孚拂佛抚拊赴讣副覆蝮妃霏菲菲斐肺费泛氾芬纷氛雾
芳妨仿彷访捧丰沣鄷峰蜂锋烽丰

（31）并（中古并、奉两母）母

拔跋魃茇耙杷琶罢爬铍勃渤泊箔帛舶薄婆鄱别鳖鼻敝毙陛髀婢避比篦弼
愎薜皮疲埤脾裨陴蚍貔枇琵蚝否痞圮辟甓饽哺捕部簿步埠蒲菩脯葡匍仆瀑曝
白稗败排俳徘牌倍蓓背悖焙被备培陪赔裴邳佩珮雹抱鲍暴袍咆庖匏跑瓢莩荸
瘢瓣办伴拌盘槃磐蟠磻叛畔辨辩弁昪卞汴忭辫便缠梗骈谝笨盆膨贫频濒苹颦
嫔牝傍棒蚌旁膀彷庞朋鹏彭膨篷蓬病并冯凭平坪评苹瓶屏萍洴

乏伐阀罚佛符苻夫蚨扶芙凫浮蜉桴匐罦涪服鹏伏茯袱釜腐辅父附驸鲋赙
妇负阜缚復复馥鳆肥沘腓翡吠帆凡烦繁蘩燔璠膰藩蕃樊攀范犯梵饭焚汾棼蚡
粉坟愤忿分份防房鲂肪冯逢缝凤奉俸

（32）明（中古明、微两母）母

麻马玛骂祃摸魔磨摩靡馍模谟膜末抹沫没殁莫寞漠墨默陌貊貉灭蔑篾蠛
迷谜糜縻弥猕麋米靡弭密蜜宓谧觅幂汨姥母拇亩牡暮慕墓募幕木沐目穆牧睦
苜埋霾买卖迈劢麦脉梅枚媒煤莓玫眉嵋湄楣霉每浼美袂妹昧媚魅寐猫毛耄旄
芼茅矛蝥卯昂茆冒帽瑁牦貌茂贸懋瞀袤苗描藐渺秒眇庙妙缪谋眸侔牟某谬蛮
螨蹒谩鳗馒蔓幔漫幔墁曼绵棉眠免勉娩冕缅腼湎俪沔黾丏眄面门扪闷
懑岷缗闽旻闵悯敏愍泯俛皿忙芒茫邙龙庞盲虻岷莽蟒漭蘴萌盟蒙濛朦朦蒙檬
猛懵孟梦明鸣名铭冥溟暝蓂瞑螟茗酩命

袜巫诬无毋芜武鹉舞忤怃侮务雾鹜鹜婺物勿微薇尾娓未味晚挽万蔓曼文
纹蚊雯闻吻刎紊问攵碗亡忘冈网惘辋魍妄望

[一屋]屋木竹目服福禄谷熟肉族鹿腹菊陆轴逐牧伏宿（住宿）读（读书）犊渎牍椟黩毂复粥肃育六缩哭幅斛戮仆畜蓄叔淑菽独卜馥沐速祝麓镞蹙筑穆睦啄曲秃縠覆（翻也）扑鹥辐瀑漉恶（忸）鹏竺簇曝（暴）掬郁襆蓿蓿塾蹴碌踘舳蝠辘凫蝮俶俶䴔茯髑孰骕

[二沃]沃俗玉足曲粟烛属录辱狱绿毒局欲束鹄蜀促触续浴酷缛瞩躅褥旭蓐欲顼梏笃督赎劚蹋勖渌騄鹄告（音梏，忠告）

[三觉]觉（知觉）角桷榷摧岳乐（礼乐）捉朔数（频数）斫卓涿啄（啅）琢剥驳（駮）雹璞朴壳确浊擢濯幄喔握渥荦学

[四质]质（性质）日笔出室实疾术一乙壹吉秩密率律逸（佚）失漆栗毕恤（卹）蜜橘溢瑟膝匹述慄黜踬弼七叱卒（终也）虱悉诘戌（地支名）柣昵窒必佶秫蟀嫉篳筚（荜）怵帅（动词）溧聿溧蒺蟋塞宓飋

[五物]物佛拂屈郁乞掘（月韵同）讫吃（口吃）绂黻绋弗髴祓诎勿迄不

[六月]月骨发阙越谒没伐罚卒（士卒）竭窟笏钺歇突忽袜勃蹶鹘（黠韵同）揭（屑韵同）筏厥蕨掘（物韵同）阀殁粤兀碣（屑韵同）橜羯渤龁（屑韵同）蟨字纥暍搰楬曰

[七曷]曷达末阔活钵脱夺褐割沫拔（拔起）葛阘渴拨豁括聒抹秣遏挞萨掇（屑韵同）跋魃獭（黠韵同）撮怛刺秸钹泼斡捋妲

[八黠]黠札猾拔（拔擢）鹘（月韵同）八察杀轧辖戛瞎獭（曷韵同）刮帕刷铩滑

[九屑]屑节雪绝列烈结穴说血舌洁别缺裂热决铁灭折拙切悦辙诀泄咽噎杰彻哲鳖设啮劣碣（月韵同）掣谲玦截窃缬阅瞥撇臬蹀抉冽鷩衰歠襭蠛齧涅颉撷撤跌蔑浙篾澈揭（月韵同）孑孽蕝薛绁渫啜桀辄热迭佚冽掇（曷韵同）拮捏桔拽（捭）

[十药]药薄恶（善恶）略作乐（哀乐）落阁鹤爵弱约脚雀幕洛壑索郭错跃若缚酌托削铎灼凿却络鹊度（测度）诺萼橐漠钥著（着）虐掠获泊搏箔锷霍嚼勺博酪谑廓绰霍烁镬莫箨铄缴（弓缴）谔鄂恪箔攫骆膜粕拓鳄昨柝酢貉愕寞膊药噩各芍濩

[十一陌]陌石客白泽伯迹（跡）宅席策碧籍（典籍）格役帛戟璧驿麦额柏魄积（积聚）脉夕液册尺隙逆画百辟赤易（变易）革脊获翮屐适帻剧庬（厄）碛隔益栅窄核虢舄掷责圻惜擗僻辟掖腋释舶拍择轭摘绎怿斥奕弈帟迫

疫译昔瘠赫炙（动词）谪虢硕颐夥亦鬲骼只珀踯埸蝎踖峄绤席貊檗跖汐摭吓郤鹊

[十二锡]锡璧历枥击绩笛敌滴镝檄激寂翟觋逖籴析晰溺觅狄获幂鹢戚涤的吃甓霹沥霓惕踢剔砾嫡迪淅蜥倜

[十三职]职国德食（饮食）蚀色力翼墨极息直得北黑侧饬贼刻则塞（闭塞）式轼域殖植敕（勒）饬棘惑默织匿亿臆忆特勒劾仄昃稷识（知识）逼克蜮即拭弋陟测翊抑恻肋亟殛忒鷊嶷洫稿啬鲫或薏

[十四缉]缉辑戢立集邑急入泣湿习给十拾什袭及级涩粒揖汁笈（叶韵同）蛰笠执隰汲吸絷茸岌翕裛浥熠悒挹檝（楫，叶韵同）

[十五合]合塔答纳榻阖杂腊蜡匝阖蛤衲沓榼鸽踏飒拉遝盍塌呷

[十六叶]叶帖贴牒接猎妾蝶叠箧涉鬣捷颊楫（檝，缉韵同）摄蹑谍堞协侠荚惬聂睫浃笈（缉韵同）慑蹀挟铗躞燮镊靥耷摺嗑魇怗躐辄衱婕聂蛱

[十七洽]洽狭（陜）峡硖法甲业狎匣压鸭乏怯劫胁插锸歃押狎袷掐箑夹恰眨呷

（以上内容由姜林负责编写）

参 考 文 献

[1]《古汉语常用字字典》编写组. 古汉语常用字字典[Z]. 北京:商务印书馆, 1996.

[2] 向熹. 古代汉语知识词典[M]. 成都:四川辞书出版社, 2007.

[3] 许慎. 说文解字[M]. 北京:中华书局, 2013.

[4] 张玉金, 吴媛媛. 古代汉语[M]. 北京:高等教育出版社, 2017.

[5] 中国科学院考古研究所. 甲骨文编[M]. 北京:中华书局, 1965.

[6] 张双棣.《古代汉语知识教程》学习指导书[M]. 北京:北京大学出版社, 2002.

[7] 荆贵生. 古代汉语练习与测评[M]. 呼和浩特:内蒙古大学出版社, 2002.

[8] 许嘉璐. 古代汉语[M]. 北京:高等教育出版社, 2011.

[9] 殷国光. 古代汉语[M]. 北京:中国人民大学出版社, 2003.

[10] 荆贵生. 古代汉语[M]. 武汉:武汉大学出版社, 2008.

[11] 王力. 古代汉语[M]. 北京:中华书局, 1962.

[12] 郭锡良, 唐作藩, 何九盈, 等. 古代汉语[M]. 北京:商务印书馆, 2010.

[13] 朱振家. 古代汉语[M]. 3版. 北京:高等教育出版社, 2010.

[14] 张世禄. 古代汉语教程[M]. 3版. 上海:复旦大学出版社, 2005.

[15] 周及徐. 新编古代汉语[M]. 北京:中华书局, 2009.

[16] 周绪全, 王澄愚. 古汉语常用词源流辞典(第一版)[M]. 重庆:重庆出版社, 1991.

[17] 古敬恒, 刘利. 新编说文解字[M]. 徐州:中国矿业大学出版社, 1991.

[18] 段玉裁. 说文解字注[M]. 上海:上海古籍出版社, 1981.

[19] 刘庆俄. 古汉语速成读本[M]. 北京:中华书局, 2002.

[20] 古敬恒, 刘利. 新编说文解字[M]. 徐州:中国矿业大学出版社, 1991.

[21] 周绪全, 王澄愚. 古汉语常用词源流辞典(第一版)[M]. 重庆:重庆出版社, 1991.

[22] 王力. 汉语史稿[M]. 北京:中华书局, 1962.

[23] 蒋宗许. 古代汉语词尾纵横谈[J]. 绵阳师范高等专科学校学报. 1999(6).

[24] 周建成, 何松山. "为(wèi)动用法"和"为(wéi)动用法"[J]. 阅读与写作, 2000(6).

[25] 董秀芳. 古汉语中动名之间"于／於"的功能再认识[J]. 古汉语研究,2006(2).

[26]聂志军. 漫谈"之"字在中学文言文中的教学[J]. 现代语文,2006(10).

[27] 王兴才. "然"的词尾化考察[J]. 汉语学报,2009(3).

[28] 王兴才. "R为A所V"的形成和发展[J]. 重庆三峡学院学报,2016(1).

[29] 温欠欠. 古代汉语动词、形容词活用为名词例说[J]. 濮阳职业技术学院学报, 2018,31(6).

[30] 罗常培. 汉语音韵学导论[M]. 北京:北京大学出版社,1956.

[31] 林序达. 反切概说[M]. 成都:四川人民出版社,1982.

[32] 唐作藩. 音韵学教程[M]. 北京:北京大学出版社,2002.

[33] 黄伯荣,廖序东. 现代汉语[M]. 北京:高等教育出版社,2017.

[34] 王力. 诗词格律[M]. 北京:中华书局,2001.

[35] 杨伯峻,何乐士. 古汉语语法及其发展[M]. 2版. 北京:语文出版社,2001.

[36] 唐兰. 中国文字学[M]. 上海:上海古籍出版社,2001.

[37] 中国社会科学院语言研究所古代汉语研究室. 古代汉语虚词词典[M]. 北京:商务印书馆,1999.

[38] 李佐丰. 古代汉语语法学[M]. 北京:商务印书馆,2004.

后　记

　　摆在大家面前的这本《古汉语基础》，从项目的申报到书稿的正式编撰完成，历时五载有余。之所以编写这本书，主要基于以下一些原因。

　　第一，20世纪古汉语课程出现了许多高质量教材，比如王力、郭锡良、许嘉璐、朱振家等所编教材，其主要按照当时各高校人才培养目标而编写。进入21世纪，随着高等教育教学改革的进一步深化，这些教材已越来越不适应汉语言文学本科专业教学需要。

　　第二，我校对本科人才培养方案已先后进行多次修订，新的培养方案在人才培养目标、教学要求、教学课时等方面有了新的变化和新的要求。古汉语课程教学，需要及时改变和更新教学内容和教学方法，原来使用的教材也需要随之进行调整。

　　第三，我校古汉语课程多年以来一直使用王力主编的教材，其按单元统领全书、每一单元又分"文选""常用词""通论"的编写体例，为高校古汉语课程所推崇。但该教材一是内容庞杂繁多，许多知识需要剥离出来；二是受教学课时限制，教材中大量内容没法讲授。这样一来，就造成多卷本教材在使用上的极度浪费，也增加了学生不必要的负担。

　　第四，进一步深化教育教学改革，提高人才培养质量，满足创新型、复合型、应用型人才培养目标需要，为重庆三峡学院升大更名、为把学校汉语言文学专业建设成国家一流专业，提供有力支撑。

　　2018年，《古汉语基础》即有幸获准重庆三峡学院高质量教材建设项目的立项。立项以后，我们赓即成立了教材编写团队。编写团队成员多次开会讨论，确立教材体例、内容、重难点及编写时间节点和具体要求，突出教材内容上的简要性、针对性和实用性等特点，强化教材对古汉语知识进行介绍，在此基础上辅之以大量的文选阅读、通俗易通的文选注释和常用词词义的梳理讲解，使古汉语课在有限教学课时之内，达到既传授古汉语知识，又培养和提高学生古书阅读能力的教学目的。

　　本书的编写分工如下：

　　（一）通论部分，绪论：王帮容；第一章"文字"：王帮容；第二章"词汇"：熊健余；第三章"语法（一）"：段文华、黄莉淇；第四章"语法（二）"：熊健余；第五章"音韵"：王兴才、晏昌容；第六章"训诂"：郝从燕；第七章"修辞与文体"：段文华、夏凤、郝从燕；第八章"诗律"：王兴才、王帆。（二）文选部分，第一章：王华树；第二章：王梓凝；第三章：

徐虹、王帆；第四章：唐子龙；第五章：王华树、姜林；第六章：王梓凝、晏昌容；第七章：唐子龙、王宗兴；第八章：徐虹。（三）常用词例释：李桂林。"附录一"和"附录二"：姜林。王兴才负责全书的大纲编写、统稿校改、经费筹措、出版事宜及协调工作。

本书在编写过程中参阅了国内一些学者的著述和相关资料，除列入本书的参考文献之外，还有可能因编写工作的疏漏而未一一注明者，在此一并致以诚挚的谢意！

在这里特别要说几句话。首先，十分感谢重庆三峡学院给予本书出版经费的支持。如果没有项目经费的资助，要想本书得以顺利地出版，则是难以想象的。其次，特别要感谢的是时任学校教务处处长韩红宇教授、副处长曾毅教授，如果没有他们的上下协调及每到关键处的及时斡旋，如果没有他们的加油、鼓劲与鼎力相助，本书能否出版，尚是一个未知数。最后，还要感谢编写团队的所有成员。在各自教学、科研及手上工作十分繁忙的情况下，如果没有大家的精诚合作及"心往一处想，劲往一处使"的精神，本书的编写、付梓，是不可能顺利完成的。

尽管我们竭尽全力来编写这本书，但由于自身的学识与水平有限，书中错谬在所难免，恳望专家学者给予批评和指正。

于万州·学府北苑
2023年5月20日